공공역사를 실천 중입니다

공공역사를
실천 중입니다

공공역사문화연구소 기획
이하나 외 23인 지음

역사와 더불어 살며
역사문화를 향유하는
당신은 이미
공공역사에
참여하고 있습니다.

푸른역사

서설
풍부한 현실, 이론의 빈곤

"저는 역사학자이고 싶지, 공공역사가이고 싶지는 않아요."

역사콘텐츠 기획·개발을 사업 내용으로 하는 역사 연구자 네트워크를 표
방하며 2018년 출범한 '역사공장'이 2년여의 고민 끝에 '공공역사문화연
구소'를 설립했을 때, 역사공장의 멤버이자 대학에서 교수로 재직하고 있
는 한 역사 연구자는 이렇게 말했다. 자신은 역사학자가 되려고 그 힘든
학위과정을 마치고 갖은 노력을 다한 것이지, '공공역사가'가 되기 위해
그 고생을 한 것은 아니란 거다. 그런데 이 연구자는 교수로 임용되기 전
대학 박물관에서 학예사로 근무한 경력이 있고 국립 박물관의 부설 연구
소에서 대중 사업을 담당했으며, 지금도 여전히 역사 관련 여러 용역 사
업을 진행하거나 자문회의에 참석하고 대중 강연이나 대중서 집필에도
열심히 참여하고 있다. 이 연구자는 이미 자신이 해왔고, 하고 있는 일을
왜 부정 내지 폄하하려고 하는 걸까? 이유는 간단하다. 논문이나 전문 학
술서 집필 외에, 자신이 지금까지 해온 많은 일이 실은 '공공역사'에 해당
하며, 자신도 그동안 '공공역사가'의 역할을 해왔다는 것을 인식하지 못
하거나 인정하고 싶지 않기 때문이다. 아직도 많은 역사학자가 이 '생경

한' 용어에 대해 이 같은 거부감을 갖고 있을 것이다.

"사실은 큐레이터가 되고 싶었는데, 사학과에서는 그 꿈을 숨겨야 했어요."

연구소 설립을 준비하고 있을 때 만난 한 박물관의 어느 학예사는 이렇게 말했다. 이 학예사는 사학과 학부와 대학원을 다니는 동안 아무도 몰래 혼자서 학예사 준비를 했다고 한다. 서울의 이른바 명문사학이라 불리는 대학의 사학과에서 그의 꿈은 그리 지지받지 못하는 분위기였기 때문이다. 그런데 시험에 통과하여 박물관 학예사로 일하게 되었지만, 전시 기획에 관해서는 배운 적이 없었기 때문에 무척 애를 먹고 있다는 것이다. 그 학예사는 사학과에도 전시 기획에 관한 커리큘럼이 있었다면 진로 선택에 큰 도움이 되었을 거라고 말해, 다소 무모했던 연구소 설립 계획에 확신을 주었다.

실제로 사학과 학부를 졸업한 학생 중에 역사학자가 되는 비율은 매우 낮다. 그런데 역사교사의 경우를 제외하면 역사 관련 직업을 선택하는 학생들이 역사학자가 되는 학생들보다도 더 적다는 사실은 좀 충격적이다. 인문학 전공자가 으레 그러하듯 역사를 좋아해 사학과를 선택했던 학생 대부분이 졸업 후에는 전공과 아무 관련 없는 직업을 선택한다. 물론 그게 나쁘다는 것은 아니지만, 종종 취업 면접에서 "사학과 졸업생이 왜 여길 왔느냐"는 식의 굴욕적인 눈빛을 견뎌야 할 확률이 크다. 왜 그래야만 할까? 좋아하는 역사를 활용해 더 재미있는 일을 할 수 있는 방법은 없을까? 역사를 활용한 콘텐츠들이 날로 인기가 높아가고 있는 걸 보면 역사 관련 분야에서 먹고사는 것이 불가능한 것도 아닌데 정작 사학과 졸업생들은 왜 그러지 못할까? 사학과에서 가르치는 것은 역사학자가 되기 위한 방법이지, 역사와 더불어 사는 방법이 아닌 것이다.

"이건 영화지 역사가 아닌데 왜 역사학자들은 가만히 있는 거요?"

역사 소재의 영화를 연출한 경험이 있는 한 원로 영화감독은 이렇게 말했다. 감독은 공들여 만든 영화가 역사 왜곡 논란에 휘말려 흥행에 결정적 타격을 입고 추락하는 것을 여러 번 목격하면서 그 울분을 역사학자들에게 터뜨렸다. 영화는 일종의 판타지인데 역사와 같지 않다고 비판하는 것이 말이 되느냐는 것이다. 대중의 취향과 인기가 원동력인 상업영화를 만드는 영화인들이 대중들의 비판 앞에서 한없이 약자가 되어 속수무책으로 당하고 있는 현실을 안타까워한 이 원로 영화인은 (권위 있는) 역사학자들이 나서서 어차피 영화는 역사가 아니라고 대신 말해주면 좋겠다고 하소연했다. 이런 영화인들의 기대와 달리 역사학자들은 미디어를 통해 보이는 역사 재현물에 대해 되도록 말을 아끼는 것을 미덕으로 여겨왔다. 한편으로는 그것이 월권이나 간섭으로 보일 것을 우려하기 때문이기도 하고, 다른 한편으로는 대중적 영역에서 일어나는 일에 대한 무관심과 무지, 그리고 약간의 무시 때문이기도 하다. 역사학자는 학계 안에서 논문이나 학술서로 말해야지 대중적 영역에 대해 언급하는 것은 본연의 임무와 역할이 아니라고 여기는 분위기가 여전히 존재한다. 하지만 역사영화를 만드는 영화인도 역사학자도 역사영화가 일종의 공공역사이며, 이를 제작하거나 논평하거나 토론에 참여하거나 하는 일이 실은 공공역사를 실천하는 중이라는 것을 이해한다면 각자의 고민은 더욱 깊어질 테지만 우리가 더 좋은 역사영화를 만날 확률은 커질 것이다.

이 세 가지 사례가 말하고 있는 것은 명확하다. 공공역사는 우리가 그 개념을 알든 모르든 이미 오래전부터 우리 사이에 와있다는 것이다. 이 책은 역사학자들, 혹은 역사학자가 되려는 이들에게 '공공역사'가 얼마나 우리 주변에 풍부하게 존재하며 현실에서 큰 영향력을 발휘하는지 알리고,

역사학이 어떻게 '공공역사'를 시야에 넣을 수 있을 것인지 관심을 환기시키려는 책이다. 이 책은 또한, 사학과 학부생이나 대학원생들에게 인생에서 역사를 사랑하고 역사를 매개로 삶을 살아가는 방법에는 역사학자 내지 사학과 교수가 되는 것만이 유일하고 훌륭한 방법은 아니라는 것을 알리려는 책이다. 하지만, 무엇보다도 이 책은 일반 역사 애호가들, 혹은 역사를 활용한 여러 문화를 만들어 내고 향유하고 즐기는 대중들에게 당신도 공공역사에 참여할 수 있고, 또 이미 하고 있다고 말해주려는 책이다.

'공공역사'가 대체 무엇이길래

바야흐로 '공공公共public'의 홍수다. 공공역사 외에도 공공정책, 공공외교, 공공미술, 공공지식, 공공데이터, 공공기술 등 전 세계적으로 '공공'을 접두사로 하는 여러 개념이 활발히 사용되고 있다. 이들 각각에서 '공공'이 의미하는 바는 조금씩 다르지만, 대중 지향 및 공공성의 추구라는 점에서는 공통된다. 하지만 현실에서는 공공성을 추구한다는 명목으로 오히려 공공성을 훼손하는 경우도 없지 않다. 한국 사회에서 '공공'의 범람이야말로 공공성의 위기를 보여주는 징표라고도 볼 수 있다. 하지만 거기에 역사학까지 더할 필요가 있을까? 대체 공공역사가 무엇이길래.

 'public history'를 한국에서는 '공공역사', 일본에서는 'パブリック ヒ ストリー'(퍼블릭 히스토리),[1] 중국에서는 '公眾史學'(공중사학)으로 표기/번역한다. 사실, public의 사전적 의미는 '일반인의', '대중의', '대중을 위한', '(정부에서 일반 대중에게 제공한다는 의미에서) 공공의'라는 뜻이다. 따라서 'public history'를 '공공역사'가 아닌 '대중역사'나 '공공을 위한 역사학', 혹

은 '공중公衆역사'라고 번역해도 크게 잘못된 것은 아니다. 이 용어를 처음으로 고안해 낸 로버트 켈리는 "교실 밖에서 실천되는 역사"라는 의미로 '공공역사'를 정의했다. 곧 '공공역사'를 "대중을 무시하는 고립된 역사학과 전통적인 역사학계에 대한 반대 개념"으로 정의하고, 학계 바깥에서 역사적 방법historical method을 사용하는 여러 분야의 실무자들에게 '공공역사가public historian'라는 정체성을 부여하는 것이 목적이었다.[2]

이후 이 개념은 초기의 이분법적이고 방어적인 개념에서 벗어나 조금 더 폭넓고 개방된 방향으로 진화를 거듭하여, "공중公衆을 위한, 공중에 관한, 공중에 의한 역사"라거나, "역사학계 바깥에서 과거의 현재성과 역사의 구성적 특징을 다루는 것" 혹은 "전문 연구자가 아닌 광범위한 공중을 지향하는 공적 역사 표현의 모든 형태"라는 등 다양하고 포괄적인 방식으로 설명되고 있다.[3]

하지만 같은 용어라도 그 용어가 사용되는 시공간적 맥락에 따라 사회적으로 통용되는 의미의 차이가 있기 마련이다. 현재 '공공역사' 개념은 북미와 유럽 외에도 오스트레일리아, 남미, 아시아, 남아프리카 등 세계 각지에서 지역 나름의 조건과 배경 속에 발전하고 있다.[4] 따라서 어떤 일관되고 고정된 정의 내지 이론이 이미 존재하고 있으며, 개념의 후발국가인 한국은 그 정답을 찾아내기만 하면 된다는 식으로 접근해서는 안 된다. '공공역사'라는 것은 현상인가, 지향인가?, 활동/실천의 과정인가, 그 결과물인가?, 역사학의 일부인가, 역사학의 외곽에 있는가?, 공공역사는 자신에 대한 비평과 담론을 포함하는가, 포함하지 않는가? 이 모든 것이 서로 얽혀있다.

2010년에 만들어진 국제공공역사연맹International Federation for Public History의 의장(2018~2021)을 역임한 토마스 코빈에 의하면 공공역사는 비학문적 청중Non-Academic Audiences, 과거의 활용Uses of the Past, 권위의 공유Shared Authority 등을 특징으로 하지만, 쉽게 정의되지 않는 역사 실천이기 때문에 지나치게 엄격한 정의를 내리려고 하는 것은 오히려 비생산적이라고 한다. 느슨한 정의loose definition야말로 '공공역사'를 생산적인 담론의 장으로 이끈다는 것이다.[5]

따라서 '공공역사'는 '학계 바깥에서 활용되고 재현되는 역사'라는 거칠고 느슨한 이해를 중심으로 여러 "경합하는 개념들을 포괄하는 일종의 지붕", 혹은 그간 저마다 따로 존재하는 것처럼 보였던 여러 활동 및 실천을 역사라는 공통된 손잡이 주변에 포진시키는, 크기를 가늠하기 어려운 우산과도 같은 개념이다.[6] 이것은 유동적이고 누구나 접근 가능하며 경계가 모호하면서도 역동적인 '지식의 민주화'를 지향한다는 점에서, 대중이 지식 생산의 중심에 서면서 언어별 판본이 따로 존재하는 위키피디아의 전략과도 유사하다.

한국에서 'public history'를 '공공역사'라고 번역한 것은 이 개념을 주도적으로 소개한 연구자들의 전공 분야인 독일사의 맥락이 작용한 결과이기도 하지만, 한국 사회가 그렇게 번역하도록 추동한 측면도 있다. 역사는 그 자체로 공공성publicness을 담보하는 것이지만, 이것이 국가/정치권력이나 시장 논리에 의해 훼손되는 일이 한국 사회에서 빈번히 일어나고 있는 사정과 관련되어 있다.

공공역사의 현장들

한국에서 공공역사는 구체적으로 무엇이며 어디에서 일어나고 있을까? 최근 몇 년간의 연구들에서 공통적으로 이해되고 있는 공공역사의 개념은 대체로 다음과 같이 요약된다. 공공역사는 전문 역사가들이 학계 바깥에서 행하는 역사 실천뿐만 아니라 대중적 현상으로 도처에 존재하는 역사의 공적 활용과 재현 및 이에 대한 비평 활동까지 포괄하는 개념이다. 이를 염두에 두고 공공역사의 현장을 몇 가지 범주로 나누어 보면 다음과 같다.

먼저, 공공역사를 "전문적 훈련을 받은 역사 연구자가 학계 바깥에서 하는 역사 실천"으로 좁혀서 이해한다면, 대학이나 학회 등 학계 내부가 아닌 각 정부기관이나 지자체, 기록보존소, 박물관, 기념관, 언론사, 기업, 재단, 기념사업회, 연구소, 위원회, 방송 등에서 이루어지고 있는 역사학자의 각종 자문이나 보고서 집필, 사료 발굴 및 해제 작업, 문화재 및 사적지 복원이나 발굴, 아카이빙 및 총서/자료집 편찬, 그 밖의 대중서 집필이나 대중 강연 등의 활동이 대표적인 공공역사라고 할 수 있다. 특히 정부 수립 후 국민 통합의 중심적 기제가 되었던 역사학의 위치를 생각할 때 국사편찬위원회(1946년 국사관 설립, 1949년 개칭), 정신문화연구원(1978년 설립, 2005년 한국학중앙연구원으로 개칭), 동북아역사재단(2006년 설립) 등 국가 출연 연구기관에서의 교과서 편찬, 아카이빙, 웹사이트에서의 대국민 활동 등은 시기별 국민국가 차원에서 요구하는 공공역사의 중요한 부분이었다. 1948년 반민족행위특별조사위원회 활동의 맥을 이은 1993년 김영삼 정부의 '역사바로세우기'운동, 2001년 대학교수 1만인 서명과 시민들의 자발적인 모금으로 시작된 《친일인명사전》 편찬 사업, 2005년 노무현 정부의 '친일반민족행위 진상규명위원회'와 '진실·화해를 위한 과거사정리위원회'의 활동, '일제강점하 강제동원 진상규명위원회'를 전신으로 한 '대일항쟁기 강제동원 피해 조사 및 국회 강제동원 희생자 등 지원위원회'의 활동 등은 문헌 조사 및 구술 작업, 아카이빙 등이 포함된 방대한 작업으로 대학원 석사과정 이상의 역사 연구자들이 대거 동원된 대규모 용역 사업이었다.

또한, 1990년대 말부터 본격화된 사료의 디지털 아카이빙 작업이나 2000년대 이후 지금까지 활발히 이루어지고 있는 구술사 작업 등도 실은 대부분 정부기관이나 산하단체 및 지자체의 연구 용역 형태로 이루어졌다. 구술사 작업 결과의 활용은 아직 미흡한 편이지만, 아카이빙 작업의 많은 결과물이 학술 논문 외에 보고서, 대중서, 웹사이트, 전시물 등 다양한 형태로 대중과 만나고 있다. 이러한 작업은 전통적 사료에서 배제되었던 다양한 주체들의 목소리를 드러내고 지역사회 곳곳의 작은 역사들histories을 발굴하며 일반 대중의 사료 접근성을 높였다는 측면에서 공공역사의 중요한 부분으로 평가할 수 있으며, 국가와 공공기관, 때로는 기업과 재단이 추진하는 여러 가지 역사 프로젝트는 그 자체가 공공역사의 현장이라고 할 수 있다.

다음으로, 공공역사를 "학계 바깥에서 (역사 전문가 및 비전문가에 의해) 이루어지는 모든 역사 재현 및 역사 실천"으로 이해한다면, 한국 공공역사의 현장은 좀 더 다양한 장소를 포함하게 된다. 이 장소들을 크게 몇 개의 카테고리로 나누어 볼 수 있는데, 이 책의 2부 구성은 이러한 카테고리에 준한 것이다.

첫째, 박물관과 기념관 등 역사를 테마로 한 전시 공간이 있다. 국립중앙박물관이나 대한민국역사박물관, 전쟁기념관과 같은 국립 박물관을 비롯하여 각 지역의 도립·시립 박물관 및 문화원, 한국 근·현대사의 특정 주제나 인물을 중심으로 한 여러 종류의 기념관, 더 작은 마을 단위의 박물관 등이 모두 공공역사의 현장이다. 이 장소들은 각각 국가 차원과 지역 차원, 그리고 마을이나 개인 차원의 역사를 다양한 방식으로 보여주고 있다. 특히 최근으로 올수록 단순히 유물을 전시하는 박물관 형태보다는 '기억의 정치', '기억문화'와 관련된 다양한 기념관, 기념 공원, 기념 조형물 등이 늘고 있다. 또한, '전쟁기념관'과 같이 과거의 국가 중심 서사를 강조하는 기념관에서, 국가폭력과 이에 따른 트라우마의 치유라는 면이 부각되는 기념관, 곧 '서대문형무소역사관', 일본군'위안부'역사관(나눔의집)', '전쟁과여성인권박물관', '4·3평화공원', '민주인권기념관' 등과 같이 역사의 진실을 발굴하여 피해자의 목소리를 사회적으로 공인하고 공유함으로써 그 상처를 함께 보듬으며, 그 기억을 후대에 전승하는 아래로부터의 서사를 강조하는 기념관으로 나아가고 있다.[7] 최근 디지털 전시 기술 및 전시 미술의 발전과 동시에 구술의 중요성이 커지면서 박물관/기념관은 전문 역사가뿐만 아니라 구술 전문가, 전시 기획자 및 실무자, 다양한 전문 스태프들이 결합하고, 피해자·유가족·시민이 함께 참여함으로써 공공역사의 대표적인 장소가 되었다.

둘째, 가장 문제적이면서도 가장 활발하게 역사 재현이 이루어지고 있는 장소로서, 대중문화가 포진한 각종 미디어가 있다. 단행본, 잡지, 신문, 라디오, TV, 극장 같은 올드 미디어에서 역사 활용의 매개로 이용되는 역사소설, 역사 다큐멘터리, 역사 드라마, 역사영화, 역사 교양/예능 프로그램을 비롯하여, 인터넷과 스마트 기기에서 구현되는 다양한 양식들, 역사 관련 사이트와 박물관/기념관이 운영하는 가상 박물관virtual museum 및 영상 아카이브, 다양한 장소에서 활용되고 있는 디지털 헤리티지digital heritage, 또한 유튜브 프리미엄, 넷플릭스, 디즈니플러스, 애플 TV 플러스, 웨이브, 티빙, 왓챠, 쿠팡플레이 등과 같은 OTT 서비스에서 제공되는 오리지널 콘텐츠, 인터넷으로 공개되는 웹툰, 웹드라마, 각종 게임, 메타버스metaverse에서 구사되는 여러 기술매체, 그리고 챗Chat

GPT와 같은 AI 기술 등 진화하는 테크놀로지와 결합한 올드 앤 뉴 미디어가 그것이다.

공공역사의 현장으로서 이들 미디어는 대중문화 부문에서 역사 활용의 다양성과 확장성을 보여준다. 일반적으로 많은 자본과 기술이 필요한 미디어의 역사 활용 및 재현은 공공역사에서 중시하는 '역사적 방법'이 종종 잊히거나 무시될 정도로 자유로운 상상력에 의해 지배된다고 이해되고 있지만, 미디어의 역사 활용 및 재현이 '항상' 역사적 방법을 무시하는 것은 아니다. 오히려 나름대로의 관점을 통해 역사적 방법을 사용하고 있으며, 여기에 대중을 설득하기 위한 세계관 구축과 스토리텔링이라는 방법은 사실 역사서술의 특징과도 무관하지 않다.

모든 대중적 역사 활용을 공공역사라고 불러야 하는지에 관해서는 이견이 있을 수 있지만, 대중적 역사 활용에서 공공역사라고 부를 수 있는 과정 및 결과물이 엄연히 존재한다는 것을 인식할 필요가 있다. 그것은 전문 역사가의 적극적 참여, 나아가 이들과 매체 전문가와의 협업을 통해서도 이루어지고, 비전문가가 나름의 방식으로 터득한 '역사적 방법'을 활용하여 역사를 재현/표현함으로써 이루어지기도 한다.[8]

셋째, 역사교육이 행해지는 공교육 및 시민교육의 장소로서 학교가 있다. 역사는 공동체의 기억을 공유하고 후대에 전승한다는 점에서 다분히 교육적 측면을 가지고 있다. 초·중·고 및 대학교에 이르기까지 역사를 사고하고 해석하여 비판적으로 인식할 수 있는 힘을 기르는 것을 목적으로 하는 학교에서의 역사 수업은 가장 첨예한 공공역사 실천의 장이다.

역사교육이 공공역사의 중요한 부분이라는 문제의식은 역사를 일방적 주입식 암기 과목으로 인식하던 것에서 벗어나 공공역사 실천의 훈련 과정으로 인식하게 함으로써 역사 수업을 획기적으로 변화시킨다. 1997

년 12월 고시된 제7차 교육과정 개편을 계기로 역사 수업에 토론이 도입되고, 역사 영상물이 보조 교재로 채택되며 가족이나 마을의 역사에 대한 문헌 조사와 더불어 지역민에 대한 구술 작업과 같은 학교 밖에서의 체험 활동이 과제로 주어졌다. 공공역사로서의 역사교육은 학생을 단순히 교육의 대상이나 교육 소비자가 아닌 공공역사에 참여하는 능동적 주체로서 재인식하게 된다. 역사교육은 학교만이 아니라 공적 기관이나 시민 영역에서도 이루어진다. 각 지자체의 문화원과 박물관에서는 그 지역의 역사와 문화에 대한 다양한 강좌가 열리고 있으며, 박물관의 역사 전시도 넓은 의미에서는 공공역사로서의 역사교육이라고 할 수 있다.[9]

시민단체들이 자체적인 민주시민 교육 프로그램의 일부로 진행하는 역사교육도 공공역사이다. 대표적인 것으로는 5·18기념재단의 '5·18교육'(2001~), 참여연대 부설 시민교육기관인 '아카데미느티나무'(2009~), 노무현재단의 '시민학교'(2009~), 노회찬재단의 '노회찬정치학교'(2019~) 등이 있다. 이처럼 공교육과 공공기관 안에서, 혹은 시민 영역에서 이루어지는 역사교육은 역사교사와 학생, 또는 역사 전문가와 대중이 만나고 소통하는 공간으로서 공공역사 실천의 중요한 장이다.

넷째, 구술사는 대중이 함께 만들어 간다는 점에서 공공역사이며, 구술이 행해지는 장소와 주체로서의 지역사회 및 체험 공동체는 공공역사의 주요 현장이다. 여기서 '체험 공동체'란 직업 집단이나 특정 경험을 공유한 집단을 말한다. 한국문화예술위원회 아르코예술기록원의 예술 자료 전문 아카이브나 한국영상자료원의 영화인 구술 자료집 발간, 국가기록원의 대통령 구술 채록 사업, 전쟁이나 재난을 겪은 당사자 및 유족들에 대한 구술 작업 등이 여기에 해당한다. 구술사는 박물관/기념관에서도, 역사교육 과정에서도 활용이 가능할 뿐만 아니라 그 자체로서도 중요한 역사의 표현이기도 하다. 구술사는 구술자의 실제 경험 세계에 대한 이해, 당대의 역사에 대한 인식, 그에 대한 시각과 가치관 및 태도 등에 좌우되는 살아있는 역사이며, 구술자와 구술을 녹취, 정리, 분석하는 연구자가 함께 만들어 가는 공공역사이다. 특히 한국 근·현대사의 진상 규명이라는 측면에서 사건의 피해자 및 직·간접 경험자들의 증언은 문헌 조사로는 제대로 밝힐 수 없는 역사의 진실에 보다 가까이 가게 해준다. 특히 지역 정체성과 관련되어 일반 지역민들을 대상으로 하는 구술사 작업은 역사의 주체에 관해 많은 시사점을 준다.[10] 이를 토대로 한 다양한 지역 축제와 지역문화 활성화 작업들은 역사 재현의 주체이자 장소로서의 지역 커뮤니티를 새롭게 인식하게 해준다. 여기서 지역민=대중은 단순한 참여자가 아니라 명실공히 역사의 주체 및 역사서술의 주체가 된다.

마지막으로 공공역사를 "학계 바깥에서 이루어지는 모든 역사서술, 역사 재현, 역사 활동 및 그 결과물, 역사 활용의 다양한 실천 양식, 그리고 이에 대한 비평 및 담론"까지로 확대하여 이해한다면 앞에서 서술한 현장에 더하여 비평과 토론 및 담론을 다루는 여러 매체가 포함될 수 있다. 신문이나 잡지, 서적과 같은 전통적 매체에서부터 인터넷 공간의 각종 커뮤니티와 댓글 창에 이르기까지 공공역사를 둘러싸고 벌어지는 토론과 이를 통해 형성되는 담론 역시 공공역사의 일부로 보아야 한다. 최근 영화와 드라마를 둘러싼 역사 왜곡 논란 등이 벌어졌지만, 큰 틀에서 보았을 때 개별 드라마를 둘러싼 논란도 당대 대중의 역사를 보는 시각, 역사인식을 드러내는 것이기 때문에 그 자체가 공공역사의 현상이라고 보아야 할 것이다. 공공역사는 '공공성이 이미 구현된 역사'가 아니라 대중적 영역에서 역사의 진실성과 공공성을 둘러싸고 서로 경합하는 토론/담론의 장소이다. 이렇게 본다면 온라인에서 역사 재현물에 댓글을 다는 대중까지 모두 어떤 의미에서는 공공역사를 구성하고 있으며 공공역사에 참여하고 있는 것이 된다.

공공역사가를 위하여

그렇다면 '공공역사가'는 누구일까? 공공역사에 참여하는 사람 모두가 공공역사가인가? 공공역사가의 범주를 이해하는 데에는 두 가지 방식이 있다. 하나는 학계 바깥에서 일하는 전문적 역사가만을 공공역사가로 이해하는 것이고, 다른 하나는 공공역사가의 범주에 역사학자만이 아니라 역사를 전공하지 않았지만 자신의 전문 분야에서 역사적 방법을 사용하는 역사 애호가들을 포괄하는 것이다. 그런데, 역사학을 전공하지 않았더라도 "역사에 대한 식견과 지적 훈련을 갖춘"[11] 비(역사)전문가까지 '공공역사가'로 호명하기 위해서는 '역사에 대한 식견'은 어느 정도여야 하고, '지적 훈련'이라는 것은 구체적으로 무엇을 말하는 것일까? 그 기준은 무엇이고 또 누가 정하는 것일까?

역사서술 및 재현, 역사 생산과 소비에 참여하는 모든 이들이 공공역사에 참여하고 있긴 하지만, 이 중에서 부분적 역할만을 수행하는 스태프나 외부 협력자들, 일반 참가자들까지 모두 '공공역사가'라고 말할 수는 없다. 해당 분야/장소에서 '역사적 방법'을 사용하여 역사 재현 및 실천에 핵심적 역할을 하는 사람들, 곧 역사교사, 구술사가, 언론/출판 분야의 역사 저널리스트와 역사 전문 편집인, 박물관과 기념관 등에서 전시 기획을 하는 큐레이터(학예사), (디지털)문화재 복원 전문가, 기록을 수집/보존/관리하는 아키비스트, 역사 다큐멘터리를 연출/제작하는 다큐멘터리스트, 대중소설·영화·방송·웹·온라인 게임 분야에서 역사를 활용하는 작가·프로듀서·제작자·감독 등을 포함한 스토리텔러, 도슨트docent, 문화해설사, TV의 역사 교양/예능물에서 활약하는 방송인 등 역사 대중서 및 미디어를 활용해 다양한 장소에서 역사를 해석해 주는 역사커뮤니케이터,[12] 역사커뮤니케이터에 속하지만 특히 팟캐스트, 유튜브 등 쌍방향 인터넷 공간에서 역사 관련 콘텐츠를 직접 생산하는 역사크리에이터, 지역 기반으로 연구와 활동을 하는 지역사학자나, 지역 역사를 문화적 형식으로 재현하는 지역문화 기획자 등이 모두 공공역사가이다. 이들은 다양한 분야에 종사하면서 '역사적 방법historical method'을 사용하거나 '역사하기doing history'를 수행하는 해당 분야의 실무 전문가들 및 역사에 깊은 조예를 가지고 지역사회 및 공공역사의 장소에서 역사 실천에 헌신하는 역사 애호가들이다. 대중이 직접 '역사하기'를 경험하도록 하는 것이 공공역사의 이상이라면 '공공역사가'라는 말에 지나친 권위와 자격 조건을 부여해서는 안 될 것이다. 역사적 방법을 통해 "과거에 대한 일반적/공공적 지식/이해/인식 형성에 참여하는 사람"이라는 느슨한 정의 정도로 충분할 것이다.[13]

그런데 '공공역사가'를 '공공역사'만큼이나 넓고 개방된 범주로 이해할 경우, 이들의 역사서술/재현 과정에서 학문적 엄밀성이 훼손되고 역사 왜곡 및 역사 부정이 일어날 수 있는 소지가 더 커지는 것이 아닌가 하는 우려가 있을 수 있다. 하지만, 단지 해석이 다른 것이 아니라 명백히 의도가 있는 역사 왜곡/부정이라고 할 수 있는 일들이 학자들 사이에서도 종종 일어난다. 오히려 역사의 다양한 해석 가능성을 부정하고 단일한 해석만을 진실로 예단하는 경우, 해석이 왜곡으로 곡해되거나 왜곡이 해석으로 합리화되는 더 위험한 상황에 놓일 수 있다.

전통적 역사학자들은 종종 미디어를 통해 재생산되는 역사가 왜곡/오용/남용되는 현실을 비판하며 "역사는 해석이 아니라 사실", "역사란 고정불변의 사실을 다루는 학문", "사실=사료에 기반한 역사만이 진짜 역사학"이라고 강조하곤 한다. 하지만, 이는 사료와 사실을 동일시함으로써 사료 역시 그것이 생산된 시대의 맥락 속에서 어느 정도 해석이 결합된 것이며, 단편적 사실 뒤에 가려진 다층적 진실을 찾는 것이 역사라는 것을 간과한 것이다. 물론 해석의 다양성을 인정한다는 것이 의도적 왜곡이나 자의적이고 비합리적이며 역사적 개연성을 무시한 해석까지도 모두 똑같은 비중으로 중요하다는 의미는 아니다. 심지어 어떤 주장은 차마 해석이라고도 부를 수 없는 것도 있다. 하지만 역사학자만이 역사를 해석할 능력과 권리를 가지고 있다고 믿는 것이 아니라면, 여러 분야에서 역사를 다루는 이들도 일정한 추론에 의해 역사를 해석할 권리가 있다는 것을 인정할 필요가 있다.[14]

모든 공적 영역에서의 역사 해석은 역사의 다양한 진실을 둘러싼 자유로운 경합 속에서 이해되고 판단되어야 한다. 따라서 '공공역사가'를 엄격하게 닫힌 개념으로 정의하고 뭔가 권위와 자격을 부여하려는 것은 오히려 '역사의 민주화'를 추구하는 공공역사의 전략에 위배된다고 할 수 있다.

이렇게 본다면 '공공역사가'의 개념과 범주 설정은 자격의 문제가 아닌 태도의 문제이다. 곧, '공공역사가'란 자격증을 갖추어야 하는 특정 직업의 이름이 아니라, 다양한 직업군을 포괄하는 일종의 사회적 역할이라고 이해해야 한다. '공공역사가'로서 일하기 위한 전문적 훈련과정도 필요하지만, 자신의 직업 세계에서 일정 정도 경험과 시행착오를 거치면서 역사에 대한 진정성과 조예를 갖춘 비전문적 역사가들도 충분히 '공공역사가'의 역할을 할 수 있다. 이들 역시 자료에 대한 중시, 합리적 추론, 시대적 개연성의 탐구와 모색을 통한 시대상 구현 등과 같은 '역사적 방법'을 사용하기 때문이다.

현실의 풍부함과 이론의 빈곤

비록 최근에야 개념이 소개되고 논의가 시작되었지만, 한국은 이미 공공역사의 각축장이다. 현실에서 풍부하게 존재해 온 공공역사를 포괄적으로 설명해 줄 개념과 이론이 없었을 뿐이다. 개념은 현실을 설명하기 위한 유용한 장치이긴 하지만, 개념에 현실을 맞출 수는 없는 노릇이다. 현실에 맞는 개념을 만들어 나가야 한다. '한국 현실에 맞는 공공역사 이론의 탐색'이야말로 이 책이 지향할 수 있는 최대치일 것이지만, 아직은 지향일 뿐이다. 역사학자는 사회과학자와 달리 이론을 만드는 사람이 아니라고 여겨져 왔지만, 공공역사가 역사학의 새로운 영역으로 인식되면서 앞으로 역사학자는 이론화에 대해서도 책임 있는 태도를 가져야 할 것으로 보인다. 이런 면에서도 진실 탐구/추구를 향한 역사학자의 학문적 치밀함과 전문성은 여전히 중요하다. 역사학자들이 그러한 전문성을 각 영역에 존재하는 공공역사에 대한 '꼰대스러운' 훈수로 소진하지 않고, 역사의 공공성 회복을 위한 보다 책임성 있는 헌신commitment으로 보여줄 것을 시대는 요구하고 있다.

이 책은 2021년 4월, 역사공장의 부설연구소이자 한국 최초의 공공역사 관련 연구소로 문을 연 공공역사문화연구소의 첫 번째 성과물이다. 여기서 역사공장과 공공역사문화연구소의 탄생과정에 대해 시시콜콜 지면을 할애할 여유는 없지만, 혹시 양자의 차이에 대해 궁금한 독자들이 있을지 몰라 말해두자면   역사공장은 공공역사의 실천기관이요, 공공역사문화연구소는 공공역사 연구 및 교육기관이라고 요약할 수 있겠다.[15]

　책의 1부는 한국에서 공공역사 논의가 시작된 배경, 논의의 흐름과 쟁점들을 다루었다. 2부는 위에서 설명한 공공역사의 현장들을 네 가지 범주로 나누어 살펴보았다. 필자들은 현장과 밀접한 관련이 있는 역사학자 및 공공역사가들로서 현장의 쟁점과 고민을 한 보따리 풀어놓았다. 3부에서는 2부에서 미처 다루지 못한 다양한 분야에서 활동하고 있는 공공역사가들이 직접 자신의 활동을 소개했다. 공공역사가 역할을 하는 다양한 직업이 있지만, 특히 과학의 원리를 알기 쉽게 대중에게 해설해 주는 '과학커뮤니케이터'에서 차용된, 역사학과 대중을 연결해 주는 '역사커뮤니케이터'라는 용어가 이번 기회에 한국에서도 정착되길 바란다. 이 밖에도 공공역사 및 공공역사가 관련된 더 많은 분야와 역할이 있음에도 불구하고 더 다루지 못해 아쉽다. 하지만 새로운 분야와 직업이 날로 생겨나고 없어지고 부침을 겪는 시대에 공공역사의 생생한 변화상을 추적할 필요성을 제기하는 것 정도로 소임을 다하고자 한다.

　공공역사를 소개하고 주장한 학자들은 한국에서 공공역사가 새로운 역사 연구의 영역으로 정립되어야 하고 이를 위해 학회 설립 등이 추진되어야 한다는 데에 입을 모은다.[16] 이 책은 어쩌면 그곳을 향해 가는 첫걸음이 될 수도 있을 것이다. 이 책의 원고들은 몇 편을 제외하고는 거의 모두 새로 기획된 것이며, 그 과정에서 또 몇 편은 논문으로 발표되기도 했다. 여러 필자가 함께 쓴 책인 만큼 어떤 일치된 의견이나 통일된 주장을 제시했다기보다는 때로는 대립되고 모순되는 입장들이 혼재하는 모호함과 혼란스러움을 여전히 갖고 있다고 보는 편이 좋을 것 같다. 하지만 한국의 공공역사가 이미 얼마나 풍성한지, 그에 비해 공공역사에 대한 학문적 여정은 얼마나 갈 길이 먼지를 드러내는 것이 이 책의 기획 의도 중 하나이고 보면, 이러한 모호함은 앞으로의 자유로운 논의 확장을 위해 어느 정도는 예견 내지 의도된 것이다. 이러한 '전략적 모호성'이야말로 공공역사 같은 광범위하고 개방적·유동적인 개념에 대한 논의를 시작하면서 취해야 할 미덕이라면 미덕일 것이다. 이 책은 한국의 공공역사에 대한 저서로는 최초의 것이기에 당분간은 공공역사에 대한 입문서 역할을 해주길 기대한다. 굳이 '당분간'이라고 쓴 것은 빠른 시일 내에 보다 진일보한 공공역사 관련 저서들이 속속 나오길 기대하는 마음에서이다.

첫걸음은 늘 서툴다. 하지만 서툰 것을 들키지 않으려고 애쓰기보다는 당당하게 있는 그대로를 드러내는 것이 항상 최선의 방책이라고 생각한다. 있는 길을 따라가는 것은 쉽다. 없던 길을 만드는 것은 어렵다. 하지만, 길을 내야 하는 방향을 가리키는 것은 더더욱 어렵다. 그 어려운 일을 한번 해보겠다고 무모하게 덤빈 신생 연구소의 막무가내 기획에 기꺼이 동참해 주신 필자들, 멀리서 지지와 응원을 보내주신 한국역사연구회를 비롯한 역사학계 안팎의 여러 선후배 동학 연구자들, 그리고 수년간 역사 전문 출판인으로서 공공역사가 역할을 묵묵히 해오고 있는 박혜숙 대표를 비롯한 푸른역사 식구들, 그리고 무엇보다도 역사공장과 공공역사문화연구소에서 함께 역사를 만들어 가고 있는 동료 선생님들께 무한한 감사와 존경을 드린다. 이 작은 발걸음에 보다 많은 역사 연구자들, 역사학도들, 역사 애호가들, 공공역사가들이 함께하길 바랄 뿐이다.

2023년 7월 집필자를 대표하여

이하나 씀

차례

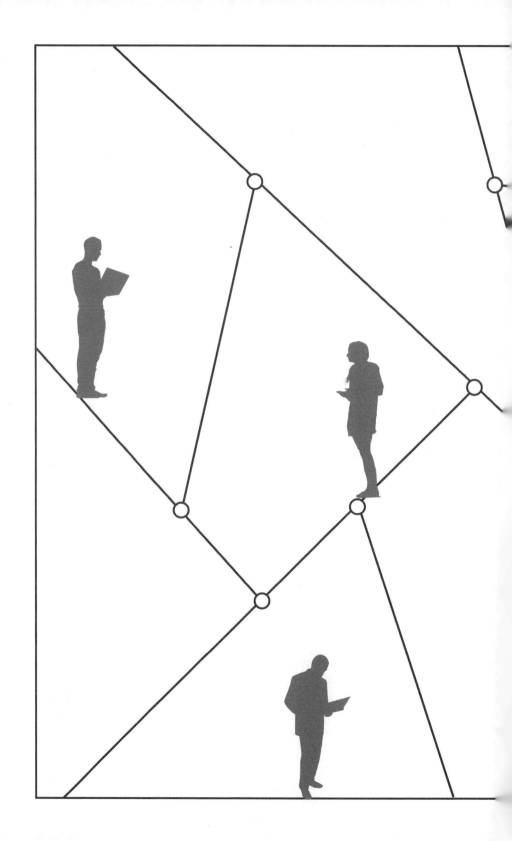

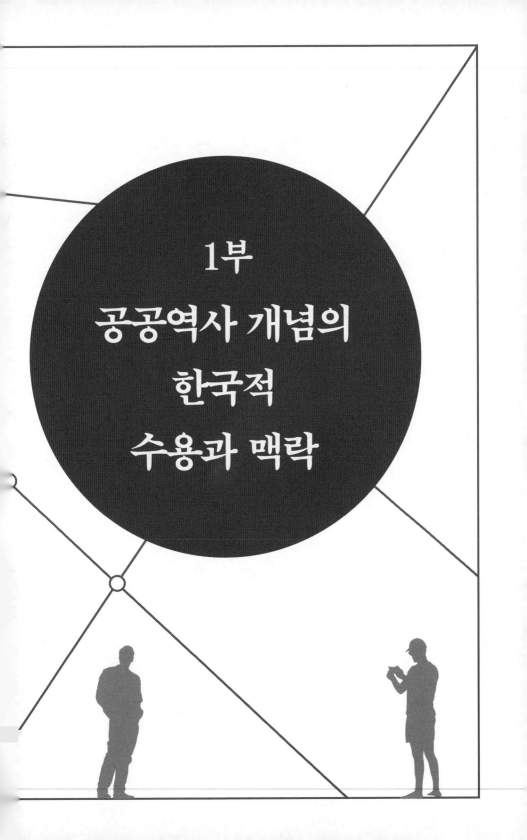

1부
공공역사 개념의
한국적
수용과 맥락

1
공공역사 논의의 한국적 맥락*

'공공역사public history'라는 용어는 1975년 미국 캘리포니아주립대학 역사학과 교수 로버트 켈리가 만들었다고 한다.[1] 한국에는 2016년에 서양사학자 이동기에 의해 처음 소개되었다.[2] 2019년부터는 대한민국역사박물관이 공공역사 토론회, 학술대회, 포럼 등을 개최하여 한국 사회에서 공공역사에 대한 토론이 본격적으로 시작되는 계기를 마련했다. 그동안 미국에서의 공공역사 및 '공공역사운동public history movement'이 소개되었고,[3] 독일어 원서의 번역본이 출간되어 독일적 맥락에서 공공역사의 전체상이 개괄적으로 알려졌다.[4] 그러는 사이 이 용어는 역사학계의 비상한 관심을 끌어 한국의 공공역사에 관한 논문들이 속속 나오기 시작했다. 구미에서는 공공역사가 다수의 학회와 저널을 거느린 역사학의 학문 분야로 인정받고 있을 뿐만 아니라 대학원 정규 커리큘럼의 하나로 자리잡았을 만큼 제도화되었지만,[5] 한국에서는 이제야 본격적인 논의가 시작되는 단계라고 할 수 있다.

그런데, '공공역사'라는 용어를 쓰지 않았을 뿐, 그동안 역사 대중화, 역사 소비, 역사와 공공성, 역사와 미디어, 역사와 문화콘텐츠 등 '학계 바깥의 역사'에 관한 역사 연구자들의 관심은 적지 않았다. 하지만 이러한 관심은 현실 속에서 실제로 이루어지고 있는 공공역사의 범위와 영향력에 비하면 매우 미약하다고 할 수 있다. 말하자면 '공공역사'가 한국 역사학계에서 새로운 개념으로 인식되고 있는 것과 달리, 현실에서 공공역사 활동은 이미 오래전부터 풍성하게 존재해 왔다는 것이다. 역사를 활용한 다양한 콘텐츠들이 전례 없는 대중적인 인기를 얻을수록 역사학자들은 오히려 소외감과 상실감에 시달리고 있다는 사실이야말로 이러한 인식과 현실의 간극을 웅변하고 있다.

공공역사 이전의 논의들

한국에서 공공역사에 대한 논의가 시작된 배경에는 크게 보아 세 가지 계통의 역사적 맥락이 있다. 첫째, '역사 대중화'의 맥락이다. 변혁운동의 일환으로서의 학술운동이 절정에 달했던 1980년대 후반부터 1990년대까지 역사학계의 화두는 단연 '역사 대중화'였다. 가히 '역사학계의 문체 혁명'이라고도 부를 수 있는 '역사 대중화' 프로젝트는 딱딱하고 어려운 학술 연구를 대중이 읽기 쉽게 쓴 역사, 대중의 흥미를 자아내는 역사로 전환하는 것을 주요 전략으로 하는 계몽의 기획이었다. 이 과정에서 기존의 정치·경제사 중심에서 사회·문화사 중심으로 역사서술의 분야와 시야가 확대되는 효과도 있었다. 연구 성과를 대중서 형태로 출판하는 것을 골자로 했던 역사학자들의 노력과 그 결과물들은 그 자체로 공공역사에 해당한다고 할 수 있다.[6] 그러나 '역사 대중화' 기획은 '대중의 무지'를 전제로 역사인식이나 역사서술에 대한 역사학자의 독점적 권위를 당연시한 것이었고, 이것이 오늘날 이 용어에 대해 많은 비판과 성찰이 이루어지고 있는 주요 원인이 되었다.

둘째, 이에 발맞춰 역사 연구의 패러다임이 정치사·사회경제사 중심에서 사회사·문화사 중심으로 옮겨가는 방법론적 전환이 한국사학계에도 영향을 주어 해석과 관점의 다양성을 지지하는 방향으로 연구 경향이 변화되었다는 점도 또 하나의 맥락을 형성한다고 볼 수 있다.[7] 1970년대 발견한 '민중'의 역사가 실제로는 지식인이 선도하는 '위로부터의 역사'와 다르지 않음을 반성하면서 1990년대 후반부터 젊은 연구자들 사이에서 '아래로부터의 역사'를 추구하는 새로운 민중사 및 사회사의 문제의식이 싹텄다.[8] 여기에 더하여 2000년대 후반부터는 탈민족주의적, 탈식민주의적인 서구 신문화사의 문제의식을 한국사학계도 공감하게 되면서 역사의 주체이자 역사서술의 주체로서 민중/대중/시민/일반인의 삶에 밀착된 역사에 관심을 갖게 되었다. 이에 따라 과거에 보조적이거나 지엽적으로 여겨졌던 분야와 시각이 새롭게 조명되었다. 연구 대상으로서의 문화사뿐만 아니라 한 시대를 바라보는 시각으로서의 문화사가 떠오르게 되었고, 특히 미시사, 생활사, 구술사 등은 역사적 방법론으로서 시민권을 획득하게 되었다. 이러한 역사학계 내부의 연구 경향 변화는 결국 대중 스스로 만들어 가는 역사의 가치를 보여주었다. 이는 역사를 대중에게 돌려주는 공공역사의 기획과 일맥상통한다고 볼 수 있다.

셋째, '역사학의 위기' 담론의 맥락이다. 1990년대 후반부터 역사학을 포함한 '인문학 위기론'이 제기되기 시작했다. 이는 인문학자들이 변혁운동으로서의 학술운동을 이끌던 1980년대가 지나고 냉전이 해체되며 한국 사회가 민주화되면서 역사학이 더 이상 새로운 사회의 주인공이나 견인차 역할을 할 수 없다는 자각 속에서 일어났다. 당시 인문학자들은 영상문화가 주도하는 새로운 사회에 인문학은 무엇을 어떻게 할 것인가를 고민하는 가운데 과거의 고전 해석 위주의 인문학에서 벗어나 디지털 시대에 맞는 새로운 융합인문학으로서 '표현인문학', '디지털인문학' 등을 제기했지만, 그것을 어떻게 구체적으로 실천할 것인가에 대해서는 뚜렷한 해답을 찾지 못했다.[9] '인문학 위기론'과 같은 맥락에서 시작되어 지금까지도 이어지고 있는 '역사학의 위기' 담론에는 역사학자들을 당혹스럽게 한 세 가지 배경이 있다.

역사학의 위기인가, 역사학자의 위기인가

'역사학의 위기'가 시작된 첫 번째 배경으로는 2000년대 후반부터 본격화된 '역사 공세'를 지적할 수 있다. 이는 두 방향에서 진행되었다. 하나는 교과서 국정화 시도와 대한민국역사박물관의 건립을 계기로 대한민국의 '발전'과 '영광'을 강조하려는 뉴라이트 학자들의 '역사 공세'이고, 다른 하나는 《환단고기桓檀古記》를 중심으로 고대사의 '위대함'을 되찾으려는 이른바 '재야사학'의 '역사 공세'이다. 결국 일맥상통하는 두 방향의 '역사 공세'에 대응하기 위한 역사학계와 역사교육계의 노력이 이어졌지만,[10] 그러한 노력에도 불구하고 애국주의와 민족주의로 포장된 두 방향의 '역사 공세'에 대한 역사학계의 대응이 오히려 '종북좌파'와 '친일파'라는 프레임을 씌운 비난으로 되돌아왔다. 더욱이 확증편향을 부추기는 알고리즘에 기반한 뉴미디어를 통해 오히려 '역사 공세'에 대한 대중적 관심이 더욱 확대재생산되는 상황을 목도하게 되었다. 그 연장선상에서 '식민지근대화론'에 뿌리를 둔 경제사가들의 저서 《반일 종족주의》(2019)와 하버드대학 램지어 교수의 일본군'위안부' 관련 논문[11]이 불러일으킨 역사 왜곡 문제에 대해 한국 역사학계의 대응이 너무나 느리고 미약하다는 뼈아픈 비판에 직면했다.

두 번째 배경은 역사학자의 학술적 연구와 거의 무관하게 진행되는 대중 영역에서의 '역사 소비'가 활발해지면서 자본과 미디어 기술이 결합하여 역사가 상업화되고 있는 현실이다. 역사를 진실을 다루는 진지한 연구 대상으로서가 아닌 오락과 '돈벌이'의 도구로 여기는 대중문화의 역사 활용 방식이야말로 역사(학)의 근간을 뒤흔드는 것이라는 주장도 같은 맥락에서 나왔다.[12] 하지만 역사학계도 역사가 소비 대상이 된 현실을 개탄만 하고 있을 수는 없었다. 2018년 열린 제61회 전국역사학대회에서 "역사 소비시대, 대중과 역사학"을 주제로 정한 것은 역사학자들도 이제는 역사를 생산과 소비의 관점에서 볼 필요가 있음을 인정했다는 것을 의미했다.[13] 하지만, 각종 미디어를 통해 예능화되는 역사의 탈정치화와 "학원강사 출신의 지식 에이전트들이 어느새 역사 전문가로서 프로그램을 주도"하면서 대중의 민족주의적 애국주의 정서를 자극하는 장면은 역사학자들의 우려를 증폭시켰다.[14] 더구나 그 과정에서 정작 제작진이 참고해야 할 역사학계의 성과들은 제대로 반영되지 않는 현실은 허탈감마저 일으켰다.[15]

하지만 무엇보다도 역사학자들을 고민스럽게 만든 배경은 '역사학자의 위기'와 관련된 것이다. 사학과 졸업생의 취업 문제가 대두되면서 비인기학과인 사학과가 나름의 대안으로 발견한 역사/문화콘텐츠학과로의 개편이라는 해법은 한때 위기를 기회로 바꾼 묘안으로 여겨졌다. 하지만 이것이 과연 역사학과 인문학의 미래인지에 대한 회의도 꾸준히 제기되었다.[16] 여기에 사학과 대학원 졸업생의 안정적인 취업 역시 만만치 않은 현실, 곧 10년 이상의 석·박사 학위과정을 마치고 나서도 전임 자리는커녕 강의 기회조차 쉽게 얻기 어려운 학위 소지자의 현실을 더 이상 외면하기 어렵게 된 것이다. 역사학자의 존재가 위태로워진 마당에 현실적으로 생계를 위해, 정치적 공세를 피하기 위해, 혹은 그 반대로 정치적 입신양명을 위해, 권위의 독점을 통한 지식인 행세를 위해, 역사학자들은 언제든지 스스로 공공성을 훼손할 수 있는 불안한 위치에 놓이게 되었다고 해도 과언이 아니다. 사실, 공공역사의 발생지인 미국에서도 그 탄생 배경에는 대학의 취업 위기가 있었다. 1970년대의 경제 위기에 따른 대학 정년 트랙 일자리의 부족은 박사과정 프로그램의 학생 수 감소로 귀결되고, 이에 대한 해결책을 모색하는 가운데 역사의 실용성을 강조한 공공역사라는 새로운 기회를 포착하게 된 것이다.[17] 한국에서도 공공역사는 취업에 목마른 사학과 졸업생들에게 '새로운 기회'로 받아들여질 가능성이 크다.

공공역사 개념의 차별성과 필요성

이러한 역사 대중화 담론, 역사 연구의 패러다임 변화, 그리고 역사학의 위기라는 상황은 한국에서 공공역사 논의가 시작된 배경이자, 동시에 '공공역사'라는 개념의 도입이 늦어지게 된 이유이기도 하다. '역사 대중화', '역사 소비', '역사/문화콘텐츠'라는 개념들이 그간 한국 사회에서 '공공역사'의 대체재 역할을 해온 것이다. '공공역사'는 이들과 어떤 점을 공유하고 있으며, 이들 개념이 미처 다 채워주지 못하는 '공공역사'의 특장점은 무엇인가? 만일 이 질문에 대답할 수 없다면 아무리 많은 나라에서 이 용어를 쓰고 있다고 해도 우리가 왜 지금 굳이 '공공역사'라는 개념을 받아들여야 하는지 충분히 납득하기 어려울 것이다.

앞에서 밝힌 것처럼 한국에서 공공역사 논의의 수용 맥락은 '역사 대중화'라는 역사학계의 오래된 과제와 연관이 있다. '역사 대중화'의 본령이 단순히 대중에게 역사 지식을 전파하여 대중을 계몽시키려는 것이 아니라 "역사를 대중의 것으로 만드는 일"[18]이라고 한다면 이는 공공역사의 목적과도 정확히 일치한다. '공공역사'라는 개념이 탄생한 배경이 역사학(자)의 위기나 사학과의 위기라고 해서 사학과 졸업생의 취업 문제 해결이 공공역사의 최종 목적은 아니다. 공공역사가 지향하는 것은 '권위의 공유'를 통한 '역사(학)의 민주화'이다.[19] 오랫동안 역사학자들은 역사 지식의 독점만이 아니라 역사 해석의 독점, 더 근본적으로는 사료에 접근할 수 있는 기회의 독점을 누려왔다. 하지만 사료의 현대어 번역과 디지털화, 인터넷으로 제공되는 1차 자료 아카이브 등은 대중의 사료 접근성을 높였다. 또한 해석과 관점의 다양성을 지지하는 역사학계의 학문 경향은 더 이상 역사학자의 유일무이한 해석만이 진리가 아니라, 대중 역시 역사를 해석할 권리가 있다는 데에 힘을 실어주었다. '공공역사'라는 새로운 개념은 대중을 계몽의 대상이나 지식 전파의 대상이 아니라 공공역사가와 협업을 하는 파트너이자 공공역사의 주체로서 인식할 것을 요구한다.

다음으로, '역사 소비'라는 개념은 서구 사회에서는 좀 더 긍정적, 적극적 의미로 사용되는 데 반해,[20] 한국에서는 종종 부정적이거나 방어적인 의미로 사용되는 경우가 많다. 역사를 '소비'하다니, 그렇다면 역사가 상품이란 말인가? 이 때문에 역사가 시장 논리에 의해 자의적이고 도구적으로 해석/재현되어 항시적인 역사 왜곡의 위험에 노출되어 있는 '잘못된 현실'에 뭔가 비판적으로 대응해야 한다는 사명감과 위기감, 불안감이 역사학자들 사이에 존재한다.[21] 하지만, 인정해야 할 것은 역사가 진지한 연구 대상이라고만 생각해 온 역사학자들의 생각과 달리, 현실 세계에서는 역사가 상품의 형태로, 혹은 상품과 같은 원리로 유통되고 있다는 사실이다. '역사 소비'라는 말을 사용함으로써 얻어지는 장점은 이것이 자연스레 '역사 생산'이라는 말을 떠올리게 함으로써 한 사회가 역사를 소비하고 동시에 생산하는 방식을 볼 수 있게 해준다는 점이다. 이때 대중은 역사의 소비자만이 아니라 생산자, 구경꾼이 아니라 참여자 내지 주체라는 것을 깨닫게 된다. 하지만, 역사 활용의 많은 부분이 대중문화 안에서 이루어진다고 해도 '과거의 상품화'가 역사의 사회적 존재 형태 전부를 설명해 주지는 못한다. 역사 활용은 시장에서만이 아니라 국가, 시장, 시민사회에 걸쳐있는 공공의 영역=시민의 영역 전체에서 일어나고 있다. 또한, 시장 내부에서도 공공성의 원리가 완전히 배제되는 것은 아니다. 따라서 '공공역사'는 시민 영역에 존재하는 역사의 공공성에 대한 지향을 드러낼 수 있는 용어로서, '역사 소비'라는 개념으로는 미처 다 표현되지 못하는 더 큰 범주를 표상하고 상상할 수 있게 해준다.

마지막으로, '역사/문화콘텐츠'라는 개념은 '문화기술Culture Technology' 개념과 함께 매우 보기 드문 '메이드 인 코리아' 개념이라고 할 수 있다. 위에서 살펴본 것처럼 미국에서 '공공역사'라는 개념이 탄생한 배경과 한국에서 '역사/문화콘텐츠'라는 개념이 탄생한 맥락은 놀라울 만큼 유사하다. 사학과 졸업생의 취업 위기 타개와 역사의 유용성 및 실용성 강조가 그것이다.[22] 아마도 그동안 한국 사회가 '공공역사'라는 개념을 그다지 필요로 하지 않았던 가장 강력한 이유도 '역사/문화콘텐츠'라는 대체재가 있었기 때문일 것이다.

원래 인문학에서 '(문화)콘텐츠'라는 용어는 1990년대 후반부터 쓰이기 시작해[23] 2001년 한국문화콘텐츠진흥원의 설립(2008년 한국콘텐츠진흥원으로 개편)과 함께 널리 쓰이기 시작했다. 역사학계에서는 2000년 전국역사학대회에서 '영상역사학'을 제창한 관련 연구자들이 2002년 10월 인문콘텐츠학회를 창립함으로써 학문 분야로 출범하게 되었다. 이 학회의 창립은 21세기 디지털 혁명과 문화산업의 시대에 '문화콘텐츠'가 인문학의 확장을 도모하는 데 핵심적 사안이라는 문제의식에서 시작되었다고 한다.[24] 이후 '문화콘텐츠학'은 관련 학회와 저널이 다수 창립/창간되어 학문으로 자리 잡았으며,[25] 2000년대 후반부터 정부의 대학 특성화 사업과 직·간접적으로 관련되어 지금까지 전국 30여 개 대학에서 역사/문화콘텐츠 관련학과 및 전공이 만들어졌다.[26]

해외 대학/대학원의 공공역사 교육 프로그램과 한국의 역사/문화콘텐츠 커리큘럼의 비교 분석은 또 다른 연구 주제겠지만, 대체로 미국과 유럽의 공공역사대학원 프로그램은 정책과 행정, 경영, 아카이브, 구술사, 보존과 관리 등 '공공역사가'를 길러낸다는 목표가 분명하기 때문에 역사적 방법론에 대한 강조 및 현장 훈련과 실습의 비중이 높고 내용이 보다 구체적이라는 차이가 있다. 또한 공공역사에 대한 비평 활동(역사 저널리즘)과 이론까지 포괄하고 있기 때문에 학문으로서의 정체성도 강하다.[27]

반면, 한국의 역사/문화콘텐츠학과 커리큘럼은 대학마다 사정과 특성은 다르지만, 신자유주의 무한경쟁의 쳇바퀴 속으로 포섭된 한국 사회와 대학의 현실에 좌우된 측면이 크다는 점에서 아쉬움을 남긴다. 결국 '문화콘텐츠'나 '문화기술' 등의 용어 뒤에는 역사학/인문학의 실용성과 자기존재 증명이 왜 한국 사회에서 유독 더 필요했는지를 보여주는 한국 대학 및 학계의 현실이 자리하고 있다고 해도 과언이 아니다.

K-문화가 전 세계적 현상이 되고 있는 지금, 한국의 '문화콘텐츠'를 배우기 위해 외국 유학생들이 한국으로 몰려오고 있다. 게다가 재일교포 작가의 원작 소설을 시리즈화한 〈파친코〉(애플TV, 2022)의 성공은 그야말로 'K-History'의 도래를 예감하게 한다. 그럼에도 이러한 세계적 수요를 역사학계가 얼마나 수용/소화하고 있으며, 또 그럴 의향이 있는지는 전혀 별개의 문제다. 이처럼 '역사/문화콘텐츠'와 '공공역사'는 상당 부분 문제의식을 공유하는 측면이 있긴 하지만,[28] 지칭하는 대상과 역사에의 접근 방식 측면에서 차이를 보인다. 우선, 전자는 문화산업에 기여하는 한 요소로서의 역사 활용이 중심이며, 후자는 공공적·시민적 영역에서 일어나는 역사 활용 전체를 지칭하므로, 전자는 후자의 일부분에 속한다. 또한, 전자는 역사가 그 자체로 온전한 목적이라기보다는 최종 가공품을 위해 존재하는 하나의 요소로 작용하기 때문에 시장이나 기술의 추이에 민감하다는 점이 장점이자 단점이다. 이는 역사 활용이 국가와 자본에 종속되기 쉽다는 것을 의미하기도 한다.

반면, 후자는 역사의 활용과 재현이 반드시 문화산업의 테두리 안에서만 일어나는 것이 아니라 더 폭넓고 다양한 분야에서 일어나고 있다는 것을 알려준다는 점에서 유용하며, 이러한 확장성과 개방성이야말로 공공역사 개념의 최대 장점이다. 하지만 무엇보다도 후자에는 전자가 가지지 못한 어떤 측면을 매우 중요한 요소로 가지고 있다. '공공역사'는 대중적인 역사 활용이나 재현을 상정하고는 있지만 거기에 public=公衆=대중에 대한 태도와 철학을 포함하고 있으며, 이를 기반으로 '역사의 공공성'

에 대한 갈망을 내포하고 있다는 점이다.

이렇게 보았을 때, '공공의 역사학', '시민의 역사학',[29] '공공성의 역사학',[30] 또는 '시민역사'[31] 등의 용어로 표현되는 역사학계의 여러 대안 모색은 논자마다 대상과 강조점이 조금씩 다르긴 하지만 '역사(학)의 공공성의 위기'로부터 나왔다는 공통분모가 있다. '공공역사'를 그간의 다른 용어들이 완전히 대체할 수 없었던 이유도 바로 이 '역사의 공공성'을 어떻게 추구할 수 있을 것인가에 대한 고민과 철학이 다른 개념들에서는 결여되어 있었기 때문이다.

요컨대, 한국 사회에서의 '공공역사'라는 문제의식의 수용은 위와 같은 여러 가지 맥락 속에서 역사의 공공성을 회복하고자 하는 기획의 일환으로 이루어지고 있다. 최근 역사학계에서는 역사 연구자들이 대중과 직접 소통하는 문화 기획의 주체가 되고자 하는 실험들이 일어나고 있는데,[32] 이를 단순히 '역사 대중화'나 '역사 소비'의 측면에서 바라보는 것은 이러한 경향의 본질을 제대로 파악하지 못하는 것이다. 이들은 출범 당시에는 공공역사라는 개념을 쓰지 않았지만, 사실상 한국 역사학계에서 역사 연구자들이 스스로 공공역사가로서의 역할을 자임한 공식 선언과 다름없다. 이는 역사학의 사회적 의미 변화에 따른 역사학계의 세대 교체를 의미하며 역사학자의 존재 방식과 역할에 대한 패러다임의 전환을 예고한다. 공공역사는 역사학자가 인정하든 안 하든 이미 한국 사회 도처에 존재한다. 공공역사는 역사학의 사회적 효용 가치를 주장하고 증명하기 위해 필요한 것이 아니라, 이미 다양한 분야에서 각기 다른 방식으로 존재하는 역사 실천의 현상들 속에서 공공성 회복을 위한 프로젝트로서 적극적으로 끌어들여야 하는 지향의 개념이다.　●이하나

2
공공역사의 쟁점과 과제[1]

'역사 소비'가 아니라 공공역사다

2018년 전국역사학대회의 총괄 제목 '역사 소비시대: 대중과 역사학'[2]은 당혹스러웠다. '역사 소비'라는 규정은 역사가 소비재 상품으로서 교환 대상이라는 것을 전제한다. '역사'를 물품 생산과 소비의 관점에서 보는 것은 역사와 사회의 관계에 대한 인식의 혼란을 초래한다. 비록 대중문화 영역에서 역사가 '문화콘텐츠'로 활용되어 상업 목적과 이윤 추구 동기로 문화상품 가공의 대상이 되는 경우가 있더라도[3] 사회 여러 영역에서 역사가 활용되는 것 전체를 '역사 소비'로 규정할 수는 없다. 사회 속 역사 활용은 문화상품 부스러기로 전락하지 않기 때문이다. 정치와 행정, 문화와 교육, 일상과 경험 세계에서 역사 활용은 소비로만 규정될 수 없다. 아울러 설사 역사 소비가 무시할 수 없는 현상임을 인정하더라도 그것을

'시대'라고 규정하는 것은 학문적 분석과는 무관하다. 김정인이 말한 '역사 소비시대' 규정은 자의적 개념 사용이자 용어의 남발에 불과하다.[4]

'역사 소비'라는 협애한 개념 또는 잘못된 문제 설정은 당일 토론회 참석자 모두를 곤혹스럽게 만들었다. 이를테면, 토론 패널로 참여한 역사 교사와 역사 박물관 학예연구사들은 '역사 소비'라는 규정 앞에서 제 역할과 활동의 위상을 찾는 데 어려움을 겪었다. 그들은 자신들이 "역사의 생산자이면서 소비자인 것 같다"는 식으로 반응할 수밖에 없었다. 역사 교육이나 역사 박물관은 역사가 소비재 상품으로 유통되지 않는 대표적 공공 영역이기 때문에 생겨난 당연한 반응이었다.

애초 초점은 역사서술과 재현 및 활용과 전승의 다양한 형식과 개방적 과정이었다. 현재 사회에서 과거에 대한 소유권이 민주적으로 열린 조건을 탐색하는 것이 중요했다. 역사 재현과 활용의 다원성과 과거에 대한 소유권의 민주적 확장은 '역사 소비' 프리즘을 통과하면서 오히려 생산자와 소비자라는 두 단색으로 환원되고 말았다. 그것은 역사와 공공 영역, 또는 과거와 현재 사회의 관계에 대해 새로운 토론의 장을 열지 못했고 오히려 낡은 문조차 억지로 닫았다. 오해를 피하자면, '역사 소비' 규정의 한계를 지적하는 것은 역사가 대중문화에서 독특한 문화상품으로 활용되는 것을 부정적으로 보는 것과는 아무 관계가 없다.[5] '역사 소비' 자체가 문제라는 것이 아니다. 역사가들에게 역사가 마케팅이나 상품화의 일부가 되는 현상은 환영이나 거부의 대상이기 전에 먼저 관찰과 분석 대상이기 때문이다. 다만, '역사 소비' 규정이나 관점은 사회에서 역사가 활용되는 현상 전체를 포괄할 수 없으며 때로는 그것을 곡해하기도 한다는 사실이 중요하다.

역사가 소비상품이 아니면서도 사회 속에서 활용되는 경우는 많다.

국가와 사회 차원의 과거사 정리나 역사교육, 공동체 차원의 역사 기념과 집단기억의 제도와 형식은 기본적으로 '소비'와는 무관하다. 설사 역사가 대중문화의 소비상품으로 현상하는 때도 그것은 공공 영역의 역사 재현과 활용의 한 부분 현상으로 살펴야 한다. 이하나는 '역사 소비' 규정이 '역사 생산'을 떠올리게 함으로써 사회와 대중의 역사 생산 능력과 주체화 과정을 부각하는 효과를 낳을 수 있다고 주장했지만,[6] 동의하기 쉽지 않다. 오히려 그 '생산'이나 '소비'라는 규정 때문에 역사 재현과 활용, 또는 '역사 실천'의 역동적인 관계나 복합적 양상들을 포착하지 못하기 십상이다. 이하나도 곧바로 인정했듯이, 상품 생산과 소비만으로는 공공 영역의 역사 재현의 복합성과 다양성 및 변화를 포괄하지 못하는 사실이 더 중요하다.

결국 잘못된 문제 설정으로 당일 토론은 처음부터 인습적인 '역사학의 대중화' 또는 '역사 대중화'에 매달려 뒷걸음쳤다.[7] 이미 국제적으로나 국내에서 '공공역사' 개념과 관점이 소개되고 확산되었지만,[8] 당시 전국역사학대회 준비 주체들은 여전히 뒤뚱거렸다. 역사와 사회 또는 역사와 공공 영역의 관계는 여러 차원에서 질적으로 새로워졌다. 행위가 아니라 현상을, 외면의 일부가 아니라 흐름의 속성을 이해하려면 개념과 관점을 달리해야 한다. '역사 대중화'나 '역사 소비'라는 용어들이 성립 불가능하지는 않지만, 공공역사의 개념에 의지해 그것의 한 영역이나 계기로 이해하는 것이 바람직하다.

'시민들의 역사 쓰기'가 아니라 공공역사다

공공역사를 민중사의 발전이나 '아래로부터의 역사' 맥락에서 이해하려는 관성은 강하고 상당 부분 정당하다. 사실 그것은 공공역사 등장과 수용에서 무시하지 못할 조건이었다. 1970~1980년대 유럽 각국에서 일었던 '역사작업장운동'의 맥락에서 공공역사가 발전한 측면을 부정할 수 없다. 한국에서 공공역사에 대한 관심도 '민중사'와 구술사, '아래로부터의 역사'의 발전을 빼놓고 논할 수 없다. 그런데 개념과 관점을 엄밀히 다룬다면 '대중' 또는 '시민'의 역사를 강조하는 것은 공공역사와 반드시 일치하지는 않는다.[9]

2018년 10월 전국역사학대회의 행사 표제도 그런 관성을 반영했다. 그 행사를 조직한 역사가들은 한국어 '대중'을 영어로는 'the public'으로 옮겼다. 오해다. 행사 준비위원들은 '대중'(the mass, 또는 people)과 공공 영역(the public, 또는 public sphere)을 혼동했다. 공공 영역의 역사 재현 주체들은 단순히 '대중'으로 축소될 수 없다. 국가와 중앙 및 지방 행정기관, 정치 엘리트와 공공기관, 언론과 지식인들, 대중문화 생산 단위와 기업 등도 '대중' 내지 '시민'만큼 중요한 역사 재현과 서술의 주체라는 사실을 기억해야 한다.

여기서도 오해를 피하자면, 비엘리트 또는 권력과 무관한 평범한 사람들이 역사서술과 재현의 주체로 나서는 현상을 주변화하거나 하찮게 보자는 말이 전혀 아니다. 민주주의 사회의 권력 비판과 다원주의 문화의 발전을 위해서라면 그와 같은 아래로부터의 역사서술과 재현은 더욱 권장되고 강화되어야 한다. 공공역사에서 그것은 상당히 중요한 일부를 구성한다. 그렇더라도 역사 재현과 서술의 소유권 확대를 곧장 '아래로부터의 역사' 확대로 이해하면 곤란하다. 최근에는 대중이 역사 재현 주체로 등장하는 현상과 매우 유사하게 역사 관련 공공기관을 비롯한 권력과 행정기관 및 각종 문화재단도 공공 영역에서 새롭게 역사 재현과 서술의 주체로 등장하고 있다. 그 과정에서 우리는 각종 역사 기념일과 기념 행사를 맞이했고, 역사 박물관과 기념관 건립의 홍수도 경험했다. '역사 대중화'니, '대중의 역사화'니 '시민역사'를 주창한 역사가들 스스로 자신과 주변을 잠시만 둘러봐도 공공기관의 각종 자문위원회에 참여하고 역사 관련 연구 용역 사업을 수행하는 경우가 한둘이 아님을 금방 알게 된다. 공공 영역에서의 역사 재현 동기나 유인이 '아래로부터'만이 아니라 '위로부터'도 새롭게 발현되고 있다. 일종의 이중적 '역사 붐'이다. 게다가 학원강사 출신의 '역사 연예인'들만 역사 관련 방송에 등장하는 것이 아니다. 방송과 언론에서 역사 지식을 뽐내는 역사 교수들은 이미 줄을 섰다. 유튜브나 게임산업에서도 전문 역사가들의 참여는 인상적이다.[10] 위나 아래만이 아니라 '옆'으로부터의 역사 붐도 무시할 수 없다.

상황이 그러함에도 불구하고 공공역사가 대학과 학회 바깥에서 이루어지는 역사서술과 재현이라고 하니 역사 비전문가 행위자들에만 초점을 맞추는 오류에 빠지고, 그것도 다시 사회의 특정 일부로만 제한하는 착오를 저지르는 이들이 많다. 대학과 학회 바깥에는 노동자나 민중, 또는 '대중'이나 '시민'만 존재하는 것도 아니고, 사회의 역사 활용에서 그들의 역사 관심만 결정적인 의미를 지니는 것도 아니다. 공공역사는 공공 영역에서 이루어지는 모든 종류의 역사 재현 활동을 지시하는 것이기에 민중 내지 '시민'들의 주체적 일상사와 생애사 서술 같은 것에 한정되지 않는다.

요컨대, 공공 영역의 여러 방향에서 역사 재현과 활용 요구가 거세다.

엄밀히 살피면, 공공역사는 사실 초기부터 아래보다는 오히려 위로부터의 요구에서 발원했다. 미국에서 공공역사 개념과 논의를 발의하고 발전시킨 로버트 켈리Robert Kelly는 애초 캘리포니아의 물과 채광의 역사를 연구했다.[11] 캘리포니아 검찰은 그를 고용해 수력 채굴과 그것이 환경에 미친 영향의 역사에 대한 보고서를 작성하도록 요청했다. 캘리포니아대학 역사학 교수가 된 켈리는 바로 그때의 경험을 살려 역사 연구가 공공기관을 위해 어떻게 기여할 수 있는지를 밝히며 1975년 '공공역사' 개념을 창안했다. '공공역사'의 기본 개념과 관점은 애초 정치와 행정기관을 위한 역사가의 정책자문에서 기원했다. 한편, 독일에서 공공역사는 저널리즘에서의 역사 재현에서 최초 발원했고, 과거사 정리 맥락에서 국가나 지방정부 주도의 나치 범죄 기억화 작업과 연결되었다.[12] 기원도 그렇고 발전도 그렇고 공공역사는 '아래로부터의 역사' 운동만큼 '위로부터의 역사' 재현과도 긴밀히 결합되었다.

그렇기에 공공역사는 '대중의 역사화'나 '시민의 역사' 같은 것과는 다른 차원과 지평을 말한다. 임지현이 '대중의 역사화'를 주창하며 제안한 '시민사회의 역사학' 또는 '공공의 역사학'은 대중들의 삶의 현장에 파고들어 그들의 생활 세계에 밀착한 역사서술이나 재현을 말한다.[13] 유럽의 '역사작업장운동'의 흐름에 조응하려는 이런 제안이 무상하지야 않지만 '공공의 역사학'이란 이름으로 내세울 일은 아니다.

그렇게 이미 필자는 임지현과는 다른 차원과 맥락을 배경으로 공공역사를 내세웠다. 그럼에도 임지현의 공공역사학과 나의 공공역사 개념을 같거나 유사한 것으로 간주하는 논평을 보면 당혹스럽다.[14] 한 번 더 말하건대, 공공역사는 그저 '시민들의 역사 쓰기' 같은 것이 아니다. 공공역사를 그렇게 한정한다면 딱히 그 개념과 관점을 가져올 일이 아니었다.

역사가를 한 축에 세워놓고 그 반대편에 집합 단수 '민중'을 세우는 것, 또는 '민중' 자리에 '대중'을 세우다가 다시 '대중' 자리에 '시민'을 세우는 사유 관성을 극복해야 한다. 이질적인 많은 사람을 집합 단수로 묶어 부르는 인습도 벗어나야 한다.

오히려 공공역사는 구술사나 '아래로부터의 역사', 또는 '시민들의 역사 쓰기' 주창자들에게 새로운 도전을 의미한다. 그것은 때로 불편하고 어색하다. 공공역사의 새로운 수행 주체들로 이른바 대중 내지 시민이 등장하면, 그들은 이제 역사학의 훈련을 거치고 역사서술의 경험을 가진 전문 역사가들의 보조자나 협력자를 넘어 공공 영역에서 경쟁자가 되기도 한다. 이를테면, 최근 지자체가 여러 곳에서 지방사 서술과 재현을 정치와 행정에 결합하고 지역 주민들의 '문화 활동' 참여를 독려할 요량으로 구술사 프로젝트를 지원한다. 그 프로젝트의 수혜자 내지 수행자는 대개 지방의 '비전문 역사가', 즉 '지역을 잘 아는 향토사가들'이지 전문 구술사가가 아니다. 오랫동안 '아래로부터의 역사'와 '대중의 역사 쓰기'에 관심을 가진 구술사가들은 그 현상을 환영해야 할지 우려해야 할지 모를 상황에 직면했다.

때로 로컬 역사가들은 지역의 오랜 연고와 실천 관심으로 의미 있는 역사서술을 발표한다. 하지만 자칭 '역사 애호가'들이 느닷없이 '역사 전문가'로 등장해 그곳의 정치 욕망이나 행정 이익, 또는 조악한 지역 자긍심 창출의 요청에 따른 역사 재현을 수행하는 경우도 적지 않다. 그들은 '대중적 역사 쓰기'를 내세워 아마추어리즘을 삶의 현장성을 살린 역사 쓰기라고 강변하기도 한다. 그들의 뒤에는 지자체나 각종 문화기관의 후원자들이 든든히 버티며 현지의 인적 네트워크는 강고하다. 구술사나 '아래로부터의 역사'를 옹호했던 전문 역사가들이 '대중적 역사 쓰기'를 이제 더 비판적으로 다루어야 할 때가 온 것인지도 모른다.

물론, 공공역사는 그런 '아래로부터의 역사' 전통을 이은 시민들의 주체적인 역사서술과 재현을 배제하지 않는다. 그렇기에 공공역사가 구술사나 일상사의 관심과 조응하는 맥락을 강조하거나 공공역사와 구술사의 협업을 강조하는 것은 의미 있다.[15] 다만 공공역사는 그것 외에도 다양한 사회 속 과거의 현재화 욕구에 조응하고 개입해 역사의 공적 활용의 지평을 확장하는 것을 말한다. 아울러 대학에 종사하는 학자들이 공공역사에서 배제될 이유도 없다. 오히려 공공역사는 대학의 전문 역사가들과 공공 영역의 비전문 역사가들 내지 다양한 사회적 행위 주체들이 함께 협력하고 보조하며 경합하고 논쟁하는 일이다. 이때 공공역사에 직업적으로 참여하는 역사가들, 또는 그것에 대해 식견을 갖거나 지적 훈련을 경험한 역사가들, 즉 '공공역사가public historian'들은 그 협력과 긴장관계에서 중개자나 조언자로서 중요한 역할을 수행할 수 있다. 그러니 공공역사의 발전을 위해서는 그것을 '시민들의 역사 쓰기'쯤으로 보는 관점과 빨리 이별해야 한다.

역사와 기억 사이의 공공역사

역사는 과거에 대한 인식이지만 현재를 이해하고 규명하는 작업이며 그것을 통해 미래를 위한 가치와 규범 및 지향과 전망의 창출을 '보조'한다. 역사가 직접 정체성 형성이나 강화에 매달리면 정치적 오용과 이데올로기화에 빠져들 위험이 생긴다. 역사는 한편으로 자기인식을 통해 공동체의 정체성 형성을 '돕지만', 다른 한편으로는 낯설고 불편한 삶의 흔적과 단절의 파편들을 올리고 밝혀 정적인 자기인식에 대해 개방적이고 비판적인 성찰을 자극한다.[16] 그럼으로써 역사는 단선적인 정치적 집단 정체성을 견제한다.

현대사의 주요 사건과 현상의 해석을 둘러싼 공동체 구성원들 사이의 '기억 투쟁'과 미래 전망과 연결된 역사 해석을 둘러싼 '역사전쟁'은 역사가를 비껴가지 않지만 그렇다고 역사가만 참여하게 내버려두지도 않는다. '역사는 너무도 중요하기에 역사가에게만 맡겨둘 수 없다'고 생각하는 시민들 또는 '전문가를 자임하는 역사 애호가'들이 너무 많다. 특정 사건과 역사 현상을 직접 체험했거나 경험했던 당사자들은 제 주관적 기억을 집단적 역사인식과 공동체 차원의 역사의식의 근간으로 삼고자 나선다. 바로 그 주관적 기억의 호황과 주체적 자기규정의 과잉 때문에라도 이미 역사, 특히 현대사는 공공 영역에서 '남의 것'이 되기 어렵다. 공공역사에서 역사인식 못지않게 기억이 중요해지는 이유다. 기억의 강렬한 개입은 학술 영역의 역사와 공공역사의 중요한 차이다. 공공역사는 공동체 구성원들의 기억과 직접 만나며 기억 형성을 돕기도 하고 견제하기도 한다. 특히 공공역사는 사적 기억을 넘어 집단기억을 창출하기도 하고 서로 다른 집단기억들이 경합하도록 만들기도 하고 맥락을 찾아 연결하거나 소통 가능하도록 조정하기도 한다. 바로 그런 역할 때문에 공공역사는 전문 역사학과는 다른 종류의 특별한 과제를 갖는다.

역사(인식으로서의 역사)와 기억은 같지 않다.[17] 기억은 사적 체험이나 개인 경험에 의지하든 집단 소통과 문화 실천의 결과든 인지 활동 외에도 주관적 감정과 감각을 동반한 해석이자 상징이며 이미지와 연결된 주체적 의미 부여의 결과다. 하지만 역사는 객관적 인식을 지향하며 학문적 매개의 인지 영역이며, 기억과는 달리 '연구를 통한 이해forschendes Verstehen'(요한 구스타브 드로이젠)로 확보되는 구성물이다.[18] 그 말은 기억과는 달리 역사는 항상 '진실'을 보장한다는 뜻이 전혀 아니다. 역사와 기억의 과거 수용과 구성 방식, 과정 및 그 결과와 의미가 서로 다르다는 뜻일 뿐이다. 제프리 K. 올릭의 말대로, 진실의 측면에서 "역사와 기억을 구분하는 것은 이제 어느 정도 힘을 잃었다."[19] 그런데 그 말이 역사와 기억의 구분이 사라진다거나 기억이 역사를 대체한다는 말로 연결되어서는 곤란하다. 둘 모두 각기 고유한 방식으로 진실을 주장하면서 실제 진실에 다가가고 동시에 진실을 넘거나 벗어난 차원들, 즉 권력이나 담론, 맥락의 복합성과 사료 공백을 숨기기도 하고 드러내기도 한다. 역사가 무조건 진실을 담지한다고 말할 수 없는 바로 그만큼 기억이 곧장 진실을 보증한다고 말할 수도 없다. 역사와 기억은 각기 서로 다른 방식의 구성과 재현의 실천이다. 둘 모두 유동적이고 다차원적 성격을 지닌다. 역사와 기억은 때로 충돌하기에 그 차이와 대립의 맥락을 밝혀 서로 보조하고 상호 작용하도록 만드는 것이 관건이다.

기억은 체험이나 경험, 관찰이나 인지, 영향과 상호 작용의 영역에서 존재하기에 주로 현대사와 연관되지만, 역사는 시공간을 넘는 인식 지평과 연결된다. 최소한 동시대 공동체 주민들의 일부가 직접 체험하고 경험하고 인지하고 영향을 받은 사건과 현상에 대한 기억은 여타 공동체 구성원들에게도 공유된다. 하지만 그것은 세대가 갱신됨에 따라 사라진다. 그때 기억은 역사로 대체된다. 고구려나 조선시대, 또는 로마제국이나 프랑스혁명은 역사의 주제이지만 기억의 대상은 아니다. 그와 같은 역사는 학문적 역사인식이나 집단적 역사의식의 주제나 내용은 되지만 기억과는 무관하다. 다시 말해, 집단기억은 문화적 실천을 통해 사회적 상호 작용과 세대 간 영향 속에서 형성되기에 때로 개인의 생애를 넘는 시간 지평과 연결되지만, 그 기억이 기억 주체의 생애 경험을 완전히 넘는 앞선 역사와 직접 맞닿기는 어렵다.[20]

역사는 기억과 충돌하기도 하지만 기억을 보조하며 맥락을 통해 기억의 의미를 전달한다. 역사인식이 다원적이고 경합적이라고 해도 기억의 복합성과는 구분되어야 한다. 진실과 객관성을 추구하는 역사인식과는 달리 기억은 원래 주관적이라 자주 엇갈리고 다방향이며 변덕을 일삼는다. 그 둘은 따로 조심스럽게 살펴야 둘의 연관관계에 다가갈 수 있다. 그럼에도 불구하고 기억이 역사를 대체하거나 역사인식 논쟁이 손쉽게 '기억 전쟁'으로 불리기도 한다. 이를테면 임지현의 《기억 전쟁》은 공공 영역에서의 역사 재현과 활용에서의 논쟁과 갈등을 곧장 '기억 전쟁'으로 부르며 위험한 길로 미끄러졌다.[21] 공공 영역에서 집단기억을 둘러싼 경합과 논쟁은 기억들의 보조와 연결 못지않게 민주주의 사회 기억문화의 자연스런 과정이다. 규범적 역사인식과 다원적 기억들의 공존은 그와 같은 논쟁을 통해서 형성되기 때문이다. 지배적 역사 서사가 희생자와 피해자 및 사회적 소수자들의 기억을 억압한 경우는 숱하게 존재한다. 하지만 비판적 역사는 이질적인 기억들의 경합과 공존을 보조한다. 비판적 역사 연구와 학문적 역사 논의는 기억의 맥락을 드러내 갈등을 조정하고 이질적인 기억의 담지자들을 소통 가능하도록 만든다. 때로 학문적 역사 연구에 기초한 과거사 정리 작업이 '기억'을 빙자한 정치 선동이나 다원주의를 방패로 내건 규범적 인식의 거부에 부딪혀 산산조각 나기도 한다. 그러니 기억을 내세워 역사를 부정하거나 주변으로 팽개칠 수는 없다. 탁월한 현대사가 토니 주트의 말대로, "역사가 없다면 기억은 악용될 소지가 있다."[22]

기억과 역사의 충돌과 격리, 보조와 연결의 장은 주로 연구실이나 학회가 아니라 공공 영역이다. 이때 '공공'은 하나의 단일한 총체가 아니기에 다양한 기억 담지와 실천 주체들을 전제해야 한다. 공공의 다양성을 수용해야 공공역사의 복합성에 다가갈 수 있다. 공공 영역에서는 개인과 집단들의 주관적 기억들이 학문적 역사서술과 역사인식들을 수용하고 활용하면서, 또는 충돌하거나 긴장을 유지하면서 제 정당성을 관철하고자 한다. 그렇기에 공공 영역에서 형성되는 집단기억은 공공역사의 핵심 주제가 된다. 역사 기념과 축제, 역사 박물관과 역사 조형물, 추모와 전승 사업이 공공역사에서 특별한 지위를 지니는 이유다.

독일어권 국가들에서는 오래전부터 그 문제를 다룬 개념이 따로 존재했다. '역사문화Geschichtskultur'와 '기억문화Erinnerungskultur'는 사회 속 과거의 현재화를 포괄하는 개념으로 발전했다.[23] 특히, 외른 뤼젠Jörn Rüsen은 역사교육 이론 연구를 경유하며 "사회적 삶에서 이루어지는 역사의식의 실제적이고 효과적인 표현"을 '역사문화'로 불렀다. '역사문화'는 개인적 기억을 넘어 사회적·문화적 상호 작용을 통해 형성되는 집단기억을 지칭한다는 점에서 '기억문화' 개념과도 겹치지만, 전문적 학술 연구 바깥에서 이루어지는 역사서술과 재현을 지시한다는 점에서는 '공공역사'와도 중첩된다. 다만 '역사문화'는 집단적 '역사의식'의 형성과 발전을 중요한 문제로 보고 그 핵심 현장을 역사교육이라고 보는 점에서 공공역사와는 좀 다르다. 공공역사는 반드시 집단적 역사의식의 형성을 전제하지 않을 뿐 아니라 학교 역사교육보다는 학교 바깥의 역사 재현과 활용에 더 주목한다.

'기억문화'는 정치공동체 구성원들이 집단적인 '문화적 실천'을 통해 과거에 대한 기억을 현재 목적에 맞게 형성하고 활용하는 것을 뜻한다. 그런데 앞서 말했듯이, '집단기억' 형성이나 '문화적 실천'과 관련 없는 역사 재현이나 기억 관련 실천도 적지 않다. '기억문화'가 곧장 공공역사와 일치하지 않는 이유다. 또 '역사문화'는 역사 연구 성과의 사회적 확장과 문화적 매개, 특히 정치적·교육적·미적 차원의 발현에 대한 분석 개념이다. 집단적 역사의식 창출에는 단순히 학문적인 역사 연구만이 아니라 정치, 교육, 예술의 독자 차원의 보조가 필수적이다. 그것은 '역사문화'의 주요 구성 범주다.

반면, '공공역사'는 사회 속 역사 활용의 다양한 실천 형식을 모두 포괄한다. 사회에서의 역사 활용이 반드시 또는 직접 집단적 '역사의식'이나 '역사문화'의 틀로 설명될 수 있는 것은 아니다. '역사문화' 또는 '기억문화' 개념은 공공역사에서 집단기억이나 역사의식과 관련한 논의에 도움이 되는 것은 사실이다.[24] 공공역사도 '기억문화'의 경우처럼 집단적인 문화적 기억의 공간을 새롭게 구성하고 창출하고 활용하는 과정을 포함한다. 그러나 공공역사에서는 그것을 넘어 더 광범위한 문화적 역사 재현과 정치와 행정의 역사 활용 및 대중문화의 역사 활용들이 다양하게 펼쳐진다. 공공역사는 역사 활용과 재현의 모든 실천을 지시하는 개념이기에 역사의식이나 집단기억을 넘어 그 실천과 적용을 위한 소통과 상호 작용, 포용과 비판, 경험이나 체험, 감정이나 감성, 상상과 가공, 진본성과 수용, 공연성과 매체 활용의 문제 등 여러 주제와 개념을 분석의 주제로 다루게 된다. 그렇더라도 민주주의 사회의 기억문화 내지 역사문화와 관련된 실천 준칙과 발전 전망은 공공역사의 준칙이나 실천 윤리로도 수용 가능하다.[25] 다원주의 소통과 전문성 존중, 포용 원칙 등은 공공역사에서 핵심 준칙이 될 수 있다. 또 그저 '기억 투쟁'이니 '기억 전쟁'이라 말하며 규범적 경계를 넘어선 주장들을 갈등의 정당한 한 축인 것처럼 자리를 내주어서는 곤란하다. 민주주의는 항상 민주주의 파괴나 거부의 흐름과 맞서 싸우며 발전했다. 민주주의 사회의 공공역사도 마찬가지다. 공공역사에서도 민주주의와 다원주의 부정에 맞서는 것은 중요하다. 공공역사의 각 영역에서 그것을 구체화해야 한다.

공공역사의 문제들: 상업화와 정치 악용

공공역사는 역사서술과 재현의 주체가 다양함을 전제한다. 전문적 역사 연구와 분석 능력을 갖지 못한 역사서술과 재현 주체들이 순식간에 등장하고 경우에 따라서는 그들이 오히려 특정 영역에서 전문 역사가들보다 더 위세를 떨친다. 공공역사는 권력과 자본의 영향에 종속되기 쉽고, 네트워크나 우연의 계기에 좌우되기도 쉽다. 그렇기에 공공역사의 위험과 문제들에 대해서도 관심을 많이 가져야 한다.

두드러진 난점 내지 곤경은 두 가지다. 경제 이익을 노린 상업화와 공적 자산을 통한 정치적 악용이다. 경제적 이익이 우선인 대중문화 수행자들이 역사를 소재로 하거나 주제로 다룰 때 당연히 그것은 역사 진실에 충실하기보다는 자극적 흥미나 억지 감동 내지 과도한 감정이입을 통한 흡인력과 파급력 확대를 중시하게 된다. 경제적 이익에 눈이 어두워 역사적 사건과 인물을 미화하거나 흥미 위주의 극적 재현이나 과도한 단순화에 말려든다. 감정적 자극과 일체감을 일방적으로 조장하는 일도 흔하다. 다만, 흥미 유발이나 감정 조장이 때로는 진실에 근거할 때 발생하기도 하기에 역사 진실 전달과 예술 재현의 관계는 단순하지 않다. 예술적 가공과 상상력이 때로는 역사 진실 내지 그 함의를 잘 전달하는 단순(또는 우회) 매개가 될 수도 있고 때로는 역사 진실로의 접근을 교란하며 역사 악용의 매끈한 포장로를 만들 수도 있다. 선험적이거나 규범적인 기준이 따로 있지 않다. 여러 영역과 현상에 대한 비평 작업의 축적을 통해 일정한 평가의 틀이 마련될 수 있을 것이다. 그러니 관건은 역사 진실이 더 중요하다고 매달리거나 예술 가공과 상상력을 적극 활용해야 한다며 뻗댈 것이 아니라 양자의 복합관계를 다양하게 분석하고 토론하고 실험하는 방식이다. 비평이 중요하다는 말이다.

공공기관의 역사 활용도 여러 방식이 있다. 지역의 역사문화 축제나 세계문화유산 등재 붐, 역사 기념관과 역사 조형물 건립 붐과 역사문화재단 건립 등은 모두 지역 단위의 행정과 정치 이익에 직접 연루되어 있다. 여기서 "돈이 도니" 온갖 종류의 아마추어들이 급히 결집해 '아래로부터의 역사 쓰기' 주역으로 나서고 있다. 성급하고 과도한 의미 부여 또는 견강부회 해석이 등장하고 외면적 성과 위주의 조악한 역사 재현과 활용이 넘친다. 지역의 경제 활성화나 위신 과시용 '역사문화' 사업들은 관광객 유치의 일환으로 전락하기 쉽다.

역사 관광과 문화답사의 성황이 불편하거나 불행하다는 얘기가 아니다. 하지만 관광객 유치에 목적을 두면 자극적 흥미를 넘어서는 역사 재현과 활용의 기회가 사라질 수 있다. 역사 현장의 아우라와 진본성, 역사 진실의 지적 자극을 통한 더 많은 역사 접촉과 활용의 방식과 기회들이 있음에 유의해야 한다.

사실 근본 문제는 학문적 연구의 엄밀성과 객관성을 공공역사의 역사 재현 작업에서 어떻게 유지하고 관철할 수 있을지다. 이를테면, 역사 박물관과 전시관의 역사 전시에서 흔히 발생하는 과도한 단순화와 맥락 이탈을 어떻게 극복할 수 있을지, 또는 전문적 연구의 학문적 성과가 공공역사에서 어떤 과정과 절차를 통해 수용될 수 있을지, 또는 반드시 수용되어야 하는지, 공공역사에서 교육적 차원과 오락적 요소의 긴장을 어떻게 풀 수 있을지, 공공역사의 역사 재현은 역으로 학문적 역사 연구에 어떤 자극과 영향을 주는지, 공공역사에서 중앙권력자나 지방행정, 또는 특정 기관의 당파적 개입과 주관적 전횡을 어떻게 제어할 수 있을지, 역사 재현과 해석을 둘러싸고 벌어지는 서로 다른 기억의 경합을 어떻게 조정하고 소통하게 할 수 있을지 등의 문제는 쉽게 답을 찾을 수 있지 않다. 기본적으로 공공역사가들은 이질적이고 경합하는 역사 해석과 가치들의 중재자가 되고 역사의 주제에 대한 광범위한 지지를 유지하기 위해 재정적 요구와 정치적 요구의 균형을 잡는 역할을 수행할 수 있다. 그렇지만 다시 서로 다른 학문적·정치적 경향과 관심을 가진 그들이 중재적 균형자 역할을 어떻게 수행할 수 있을지 질문이 생긴다.

어디든 공공역사는 아직 실험 중이다. 개념과 이론을 둘러싼 논의도 더 필요하겠지만 당분간은 실제 공공역사의 실천 또는 양상에 대한 경험적 분석과 비판적 조명이 더 시급하다. 규범과 당위를 성급히 내세우기보다는 공공역사의 여러 발전 양상과 논쟁과정, 결과와 영향에 대한 분석과 성찰이 더 중요해 보인다. 공공역사의 발현 방식과 운용 성격에 대해 더 논의해야 한다. 이를테면, 공공역사 박물관의 경우, 정치와 행정의 압박, 재정 운용의 방식, 사회의 관심과 시사성도 역사 재현의 특수한 조건으로 더 적극적으로 논의되어야 한다.

공공역사 실천은 연구실의 역사서술과 연구와는 완전히 다른 조건에 놓여있음에 유의해야 한다. 다양한 공공역사 발현의 장에서 한 가지 명료한 방책이 존재하지 않을 것이니 여러 경험과 관찰이 모여야 한다. 그것이 공공역사의 발전 방식이다. "이질적이고 경합하는 역사 해석의 중재자"가 되려면, "재정적 요구와 학문적 요구의 균형"을 잡는 역할을 수행하는 방식과 절차, 형식과 내용도 다시 공적 차원의 논쟁과 갈등, 조정과 중재, 협의와 절충을 통해 이루어질 수밖에 없다. 민주주의 사회의 공공역사가 갖추어야 할 첫 번째 덕목은 다양한 견해의 포용과 이질적인 입장들의 경합 기회 제공일 수밖에 없다. 정치가들이나 언론을 탓하기 전에 학계의 역사가들과 공공역사가들이 모두 어서 그것에 익숙해져야 한다.

공공역사는 역사학의 분과 영역이다

학술 영역과는 달리 공공 영역의 역사 재현 주체는 아주 다양하다. 수많은 개인과 집단, 사회 단위와 공공기관들이 공공 영역에서 역사 재현과 서술, 활용과 실험을 주도한다. "역사는 너무도 중요"하기 때문이다. 그들은 전문 역사가들에게만 역사서술과 재현을 맡겨둘 수 없다고 생각한다. 민주주의 사회의 공공 영역은 누구에게나 열려있다. 그것은 대통령을 비롯한 권력자들에게도 열려있고 중등학교 역사동아리 학생들에게도 열려있다. 일정한 규칙과 절차를 준수한다면 누구나 공공 영역에서 고유한 역사 재현과 서술을 요구하고 실천할 수 있다. 대학이나 연구소의 역사학자들에게도 공공 영역은 열려있다. 역사를 전공한 학자들도 여러 계기와 나름의 필요로 학술 공간을 넘어 공공역사에 참여한다. 마찬가지로 '공공역사는 너무도 중요하기 때문에' 공공 영역에만 맡겨둘 수가 없기 때문이다.

　학술 영역의 전문 역사가들은 역사 애호가에 불과한 비전문가들이나 행정이나 문화기관들이 공공 영역에서 역사 재현과 활용을 주도하는 것을 보고 의심을 가지며 난감해하다 기회를 찾고 만들어 공공역사로 기꺼이 진입한다. 역사학자들이 정치가들이나 행정기관의 역사 자문에 응하고 정부나 지자체 또는 공공기관의 연구 용역을 수행하는 것은 공공역사의 주요 실천 방식 중 하나다. 역사가들은 역사 박물관이나 전시관과 역사 유적과 축제 등과 관련해 연구 프로젝트를 수행하거나 자문 활동을 맡을 뿐만 아니라 실제 공공 영역의 역사 재현의 실천 작업과 기획을 떠맡기도 한다. "상아탑을 박차고 나온" 전문 역사가들이 쉬운 문체와 서사로 대중역사서를 쓰거나 신문에 역사 연재물을 집필하거나 토크쇼와 예능이 가미된 TV 역사 강의 프로그램에 나서는 것도 흔하다. 대중문화에서 그런 역할을 수행하는 역사교수들이 그렇지 않은 역사가들에 비해 유명세를 누리며 으쓱하는 일도 생겼다. 학문 영역 바깥에서 우연적 계기나 재주로 얻은 일시적 역할과 허명을 연구 활동과 성과의 공적 인정으로 착각하는 이들도 없지 않다. 역으로 공들여 수행한 학문적 성과의 사회적 소통과 문화적 전달을 그저 시샘하고 학문 외적 외도쯤으로 폄훼하는 인습적 역사가들도 여전히 넘친다.

문제는 공공역사 수행 주체가 학문적 성과를 보인 전문 역사학자냐 아니면 역사 전문가로 나섰지만 실상은 역사 애호가에 불과한 비전문가냐가 아니다. 비전문가 수행 주체의 허영과 사기, 학자 출신 수행 주체의 자만, 또는 주변 학자들의 시샘이나 폄훼도 그저 지나가는 바람일 뿐이다. 관건은 공공역사의 과정과 결과에 대한 비평과 토론, 분석과 연구다. 공공역사가 학술 영역 바깥에서 이루어지는 역사 재현과 활용이라고 해서 그 결과가 비판이나 분석, 평가의 대상이 되지 않는 것이 아니다. 오히려 정반대다. 공공역사는 이미 완성되고 인정된 역사학의 학문 성과를 '대중화'하는 작업이 아니다. 그것은 공공 영역에서 새로운 주체에 의해 만들어지고 구성되어 창출되는 역사이기 때문이다. 비록 그 과정에 전문 역사가들이 참여해도 공공역사는 각 영역에서 독자 수행 주체들과 과정 및 결과를 전제한다.

그렇다면 그것은 학술적 역사 연구의 결과물과 마찬가지로 수용과 비판, 검토와 평가과정이 필요하다. 아니, 공공역사에 대해서는 학술 연구 성과에 대해서 보다 더 많이, 더 다양하게 논평하고 분석하고 비판하고 대안이 등장해야 한다. 그것의 학문적 신뢰가 의심스럽기 때문(만)이 아니다. 공공역사의 목표는 '올바른 역사'의 훈육적 전달이 아니라 역사와 기억의 사회적 소통과 포용이기 때문이다. 그것은 분석과 논평을 필요로 한다. 학술 영역의 역사가들은 바로 그 비판과 분석 작업을 주도해야 한다. 공공역사가 역사학의 분과 학문으로 수용되는 것의 의미는 공공 영역의 역사 재현 수행자들을 공공역사가로 부르느냐 아니냐의 문제도 아니고 학술 영역의 역사가들이 공공 영역으로 활동을 확대하느냐 아니냐의 문제가 아니다.[26] 역사학자들이 공공역사에 대해 분석하고 대안적인 발전을 논의하면서 '예비 공공역사가'들을 훈련시키고 준비시키는 과제를 떠맡을 때 공공역사는 역사학의 일부로 자리를 잡는다.

대학이나 학계의 역사가들은 전문 지식과 심화 연구를 통해 공공역사에 대해 논평과 의견을 제시하고 수정과 반영을 요구할 수 있다. 그것을 통해 공공역사는 단순히 공공 영역에서의 역사 재현과 활용 실천과 결과를 넘어 역사 연구와 교육의 한 부분, 즉 역사학의 분과 영역으로 발전할 수 있다. 마치 오랫동안 역사교육이 학교 현장에서 역사를 가르치고 배우는 전체 과정을 지칭하면서 동시에 역사학의 한 분과로서 독립적인 연구 영역으로 발전한 것과 마찬가지다. 역사교육에 대해서와 마찬가지로 역사가들은 공공역사의 과정과 결과, 방법과 절차, 특성과 변화 등에 대해서 계속 관찰하고 분석하고 비판하고 개입하는 실천이 필요하다.

하지만 연구실의 역사 전문가와 공공역사의 관계는 일방적이지 않고 상호적이어야 한다. 그것은 이미 연구가 다 이루어져 완성된 역사상이나 학문적으로 충분히 밝혀진 역사 진실이 대중에게 잘 전달되는지의 여부를 따지는 것만을 전제하지는 않는다. 그것은 '역사 대중화'에서 흔히 등장하는 방식의 '역사적 진실' 여부를 따지는 것을 넘는 차원을 가리킨다. 연구실의 역사가들은 공공역사의 고유성과 특성을 존중하고 그것의 작동 방식과 역할을 숙고하면서 비판적 개입과 상호 작용의 방식을 찾아야 한다.

그것은 역사학자들에게 새로운 과제이자 버거운 도전이다. 역사적 진실의 반영만이 아니라 공공역사의 각 영역이 지닌 고유한 논리와 작동 방식에 대해서도 관심과 연구가 필요하기 때문이다. 이를테면, 역사 박물관의 경우, 역사학자가 전시 주제 선정과 전시 준비 기간과 방식, 시각문화나 디지털화, 수집 원칙과 범주, 박물관 교육 및 방문객 관점, 심지어 행정과 재정 운용 방식 등에 대해서 무지하거나 무관심해서는 역사 박물관의 역사 전시에 대해 건설적인 논평을 하기가 쉽지 않다.

공공역사는 시민사회의 '역사 붐' 내지 역사에 대한 공적 욕망의 발현을 포괄하는 새로운 개념적 도구이면서 동시에 역사학이 연구 대상으로 삼아야 할 특별한 현상이다. 역사학은 한편으로 역사에 대한 대중의 폭발적 수요와 사회적 요구에 능동적으로 응하면서도 다른 한편으로는 역사를 매개로 부상한 이 학문과 사회의 새로운 소통의 문제를 분석하고 연구해야 한다. 공공역사를 역사학의 한 분과 영역으로 인정하고 수용해야 한다. 그것을 통해 대학의 역사학자들은 역사를 전공하는 학생들에게도 새로운 취업 전망을 제공할 수 있다. 공공역사 작업에 대한 지식을 축적하고 그것에 대한 학문적·문화적 훈련을 거친 전문가를 길러내는 것은 대학의 역사학자들이 새롭게 개척할 과제다. 이미 공공역사가 훈련을 위한 교육 프로그램을 마련하고 채택하는 과제도 새롭게 등장했다.[27] 현재 한국의 대학 사학과들 중에서는 학령인구의 감소에 직면해 학과 존폐 논의와 교과과정 개편 요구에 시달리는 곳이 적지 않다. 공공역사를 대안이자 전망으로 숙고하는 것도 한 방편이 될 수 있다.

　그 혜택이 역사학 전공의 졸업생들에게 얼마나 돌아갈지는 의문이다. 그것은 대학원이 아니라 학부과정에서의 공공역사 훈련이 과연 전문 역량을 갖추는 데 실제 도움이 될지 또는 공공 영역에서 공공역사 수행의 전문성을 갖춘 인력에 얼마나 개방적인가에 달려있기 때문이다. 어떻든 대학의 역사가들은 훈련된 '공공역사가'를 공급하면서 공공역사의 질적 발전에 기여할 수 있다. 이때 공공역사에 관심을 가진 역사학자들은 제 뿌리인 역사학 방법론과 역사 연구의 절차와 검토과정을 무시하지 않으면서 공공역사의 방식과 절차, 즉 공적 토론과 다원주의 수용 및 포용, 역사 현장의 장소, 공간, 건물과 사물의 아우라와 진본성authenticity,[28] 전시와 재현 기술의 질적 발전, 시청각 자료와 디지털화, 인터넷을 통한 역사 재현 등의 새로운 양식과 절차에도 적극적으로 관심을 기울여야 한다.[29]

'공공역사학회'를 창립하자

최근 역사학자들과 일부 공공역사 기관에서 공공역사 이론과 실제에 대해 관심이 높아지면서 두 가지 과제가 등장했다. 먼저, 다양한 공공역사 수행 주체들이 공공역사 개념과 관점에 접근하고 그것을 활용하면서 학문적·이론적 논의의 심화가 필요해졌다. 공공역사에서 역사 재현의 방법이나 사회적 소통의 형식에 대해서 질문들이 쏟아져 나온다. 이를테면, 대중문화 영역에서 역사를 활용할 때 대중들의 기호에 따른 침소봉대 경향을 어떻게 극복할지, 또는 공공기관 주도의 역사 재현과 활용 시 정치 오용을 극복하기 위한 장치와 방안은 무엇인지 등에 대해서 관심이 높다. 공공역사에서 '공공성' 토론은 불필요한 사회규범 논의로 빠져들어 역사 재현의 역동성을 옥죄기에 무용하지만 공공역사에 적용되어야 할 민주주의와 다원주의, 즉 참여와 포용, 소통의 준칙이나 수행 주체들의 실천 윤리는 적극 검토되어야 한다.[30] 공공역사의 영역이 워낙 다양하니 각 영역의 역사 재현 실천과 관련해서는 질문과 쟁점이 계속 새롭게 등장한다. '역사 대중화'라는 낡은 구호를 외치거나 '대중역사'에 맞서 '시민역사'를 내세운다고 뾰족한 수가 생겨나지는 않는다.

현상 자체가 새롭고 쟁점이 꼬리를 물기 때문에 인습적인 틀로는 명료한 대응이나 규범적 해결이 나오기가 쉽지 않다. 역사가들은 공공역사의 수행 주체들이 개념과 관점을 발전시키도록 보조하면서도 이론적 검토와 숙고를 따로 적극 진행해야 한다. 그것은 기본적으로 공공역사의 실제 경험과 곤경에 대한 경험적 관찰과 숙고를 통해서 이루어질 문제이지 이론과 개념 자체의 순화나 가공의 문제가 전혀 아니다. 공공역사가 단순히 학문적 역사 연구의 성과인 역사적 진실(들)을 공공 영역에서 발현시키는 것이 아니고 독자적인 역사서술과 재현이기에 그것을 둘러싸고는 쟁점과 질문, 과제가 계속 쌓인다. 그것을 그냥 둘 수 없다.

두 번째는 21세기 전반 공공 영역에서 20세기 역사의 기념과 기억화 작업이 넘쳐나고 있다. 한국도 외국도, 한국사든 세계사든, 20세기 각종 사건들, 즉 혁명과 해방, 건국과 전환, 전쟁과 종전, 폭력과 살상, 연대와 화해 등의 역사를 기억하고 기념하고, 전승하고 계승하고, 재현하고 활용하는 거대한 역사 기념과 기억 행사와 실천이 새로운 역사 현상이 되고 있다. 그 현상은 새로운 학문 과제를 낳는다. 관성적이거나 음험하더라도 '기념 홍수'나 '기억 과잉'은 한편으로 다양한 종류의 역사가들에게 공공 영역에서 의미 있는 역할 수행의 기회를 제공한다. 각종 위원회와 연구 용역 사업은 나름의 역사 실천 구상 또는 지식 과시 욕심을 가진 역사가 들을 공공역사로 적극 이끈다. 역사가들은 개인적인 차원의 참여나 거부 를 넘어 그것을 비판과 분석, 성찰과 토론의 대상으로 삼아야 한다. 공공 영역에서 진행되는 사회적 기억화와 집단적 역사의식 형성과정 자체에 대한 분석과 검토가 체계적으로 진행되어야 한다. 그런 비판적 검토와 분 석적 개입이 없다면 전문적 역사 연구와 서술의 성과는 '역사는(현대사) 너무도 중요하기에 역사가에게 맡겨둘 수 없다'고 외치는 '역사돌격대'들 과 그들의 비위를 맞추는 '역사 이데올로그들', 또는 역사를 예능의 소품 정도로 만드는 '역사 연예인'들의 발에 걸려 넘어지며 계속 초라해질 것이 다. 특히 현대사가들은 공공역사와 기억문화 형성과 발전에 직간접으로 참여하면서 동시에 그것 자체에 대해서 따로 관찰하고 분석하고 연구하 고 서술해야 한다. 그것은 현대사가의 의무이자, 역사서술과 재현의 작은 재주를 가진 시민이라면 공동의 이익을 위해 그것을 사용할 책임이 있다.

그런데 위의 두 과제를 체계적으로 이행하기 위해서는 '공공역사학회' 가 따로 필요하다. 역사를 매개로 한 사회적 실천은 과거처럼 민주주의나 해방을 위한 동원과 결집이 더 이상 아니다. 역사학은 과거를 사회 속에 서 현재화하는 모든 형식과 방법에 대해 분석과 비판, 대안과 전망을 통 해 보조하고 안내해야 한다. 그것은 민주주의 사회에서 역사학의 새로운 실천 방향이다. 물론, 민주주의 사회의 규범을 흩트리고 교란하는 낡은 역사 악용 세력에 맞서 다시 결집해야 할 때가 있을지도 모른다. 하지만 다원주의 사회의 역사인식과 해석의 경합, 기억들의 조응과 부조응을 '역사전쟁'이니 '기억 투쟁'으로 환원해서는 안 된다. 그러기 위해서도 공공역사의 맥락에서 역사서술과 재현의 여러 방식과 내용에 대해 학문적 토론이 활발히 진행되어야 한다. 대한민국역사박물관은 2018년 중장기발전계획 연구 용역의 제안에 따라 2019년부터 수년 동안 '공공역사 포럼'을 운영했다. 2021년에는 공공역사문화연구소[31](대표 이하나)가 공공역사 토론장을 새로 열었다. 반가운 일이다. 다만, 특정 기관이나 연구소를 넘어 학회가 건립되어 전문적 연구와 개방적 토론으로 이어져야 할 것이다.

'공공역사학회'는 공공역사가들 외에도 대학의 전문 역사가들도 참여하도록 하는 것이 좋다. 위에서 말한 대로, 공공역사 토론은 이론과 실제에 대한 양면적 토론이 함께 진행되어야 하기 때문이다. 공공역사에 관심을 가진 학계의 역사가들과 공공역사가들이 학회를 통해 공공역사의 여러 쟁점과 곤경, 과제와 전망을 함께 토론하면서 서로 보조하고 견제해 발전을 도모할 수 있을 것이다. 아울러 공공역사는 이미 국제적 보편 현상이기에 한국공공역사학회는 국제공공역사연맹International Federation for Public History을 비롯한 외국의 공공역사학회들과도 협력하고 교류하면서 역사 실천의 국제적 전망도 함께 열 수 있을 것이다.[32] 글로벌 차원의 공공역사 논의의 큰 흐름을 한국만 굳이 비켜갈 이유가 어디 있는가?[33] 공공역사는 이미 역사학의 일부다. 공공역사는 역사가의 고유하고 독특한 '전문'적 '책임' 영역이다. 한국에서도 곧 공공역사학회가 창립되기를 바란다.

●이동기

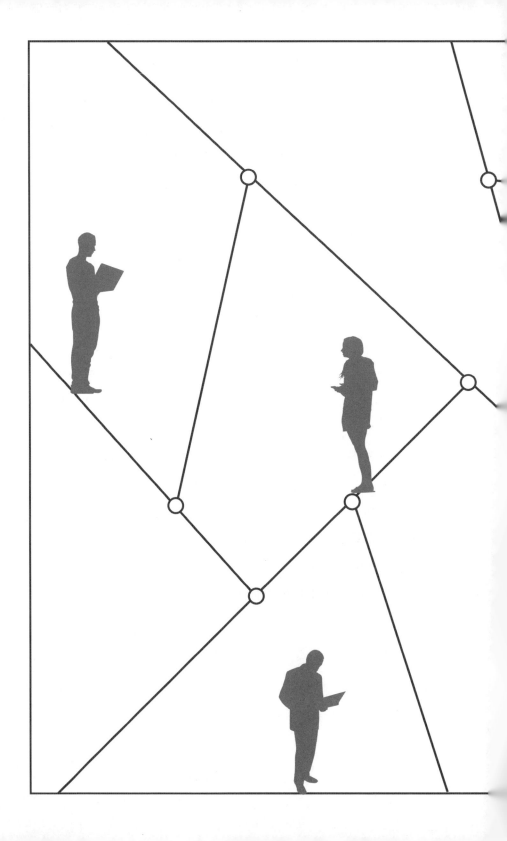

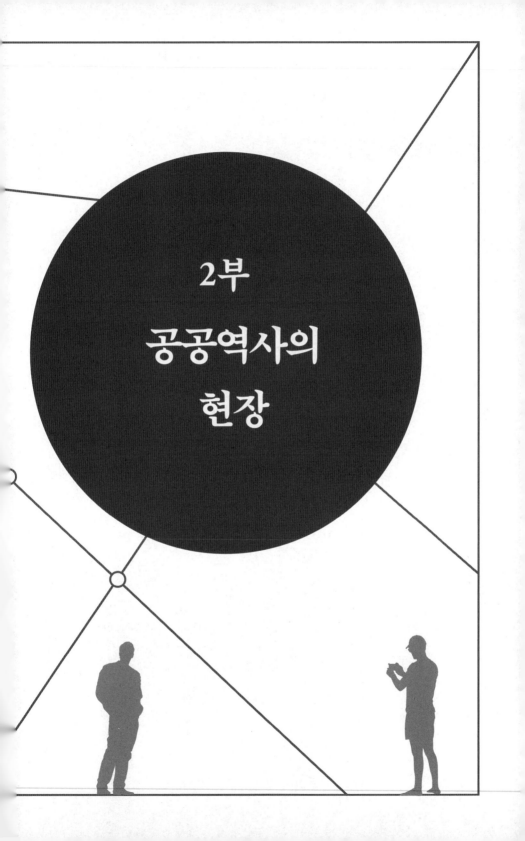

2부

공공역사의
현장

1장
박물관과
역사 전시

1
여성사박물관과 공공역사:
쟁점과 대안들*

왜 여성사박물관인가

서구에서 박물관은 19세기 말에서 20세기 초 식민주의와 제국주의 팽창과 함께 발전했다. 영국의 영국박물관이나 미국의 자연사박물관을 가보면 일국사적 재현이 아니라 식민제국들이 식민지에서 수집한 전리품들이 진열되어 있는 것을 확인할 수 있다. 박물관 컬렉션의 수집가들은 대부분 남성이다. 박물관 컬렉션은 남성 중심적인 시각이 지배적이고 유물에 기초하여 전시하는 실증주의적 경향이 강하다. 그 결과 박물관은 보편성이라는 이름하에 수집에서 전시까지 남성에게 대표성을 부여함으로써 여성이 비가시화하는 "몰젠더적gender-blinded"[1] 전시를 양산했다.

이에 대한 반작용으로 1980년대 이후 서양에서 여성(사)박물관[2]운동이 일어났다. 2015년 현재 전 세계적으로 60여 개의 여성(사)박물관이 건립되었거나 추진 중에 있다. 기계형에 의하면 여성(사)박물관은 "박물관을 통해, 역사의 수면 아래 깊이 잠겨있던 '여성'의 삶을 시각적으로 드러내 줌으로써 사회적 변화를 꾀할 수 있는 변화의 행위자라는 적극적인 의미를 지니게 된다."[3] 이런 의미에서 여성사박물관은 여성사를 주요 콘텐츠로 하여 역사 속의 여성들을 만나고 그들의 경험을 공유하고 소통하는 중요한 공공역사의 장이 된다.

박물관의 몰젠더성에 대한 비판은 대체로 세 가지로 나눌 수 있다. 첫째, 박물관 전시는 오브제 중심이기 때문에 오브제가 없으면 역사가 없게 되는 결과를 낳는다는 것이다. 박물관 전시는 존재하는 유물로 재구성된 선택적 과거라서 유물이 재구성한 역사적 사실과 그 실제 사이에 발생하는 차이를 관람객들이 알 수 없게 만든다. 많은 유물이나 유적지들은 과거 지배층들의 문화유산이다. 가부장제 사회에서 지배층의 문화유산에 여성 대부분의 삶은 반영될 수 없었다. 박물관의 몰젠더성은 여성의 삶과 경험을 드러낼 수 있는 유물의 빈곤함과 관련이 있다.

둘째, 사적·공적 영역을 나누는 이분법과 성별 분업으로 인해 과거 여성의 경험과 삶을 사적인 가내 영역으로 인식하고 거기에 역사적 가치를 부여하지 않았다는 것이다. 사적·공적 영역의 구분과 성별 분업은 산업화를 통해 만들어졌고, 서구에서나 한국에서나 산업화의 전사는 남성이라는 인식 때문에 여성 노동자의 존재와 기여는 박물관 전시에서 재현되기 힘들었다. 여성의 삶이 남성 가부장에 종속된 것이라는 인식은 전시 유물의 빈곤함으로 이어질 수밖에 없다. 과거 여성 노동이나 여성운동과 관련된 유물이나 유적이 남아있다 하더라도 그것이 역사라고 인식되지 않을 때는 유물이나 유적지가 될 수 없다. 이는 박물관 전시에서 여성 대표성의 결핍을 낳게 된다.

셋째, 박물관 전시에서 여성의 비가시화는 또 다른 문제인 여성 내의 차이와 다양성을 간과한다는 것이다. 박물관 전시에서 만나는 여성들은 대부분 지배계층에 속한 여성이거나 특정 분야에서 선구적인 여성들이다. 미국의 여성(사)박물관들에서도 전형적인 여성 프로필은 백인, 중산층, 프로테스탄트, 교육받은 싱글여성들이다.[4] 미국 여성참정권운동의 선구자인 수산 B. 안소니Susan B. Anthony 박물관과 엘리자베스 캐디 스탠튼Elizabeth Cady Stanton 집은 미국의 대표적인 여성사박물관이다. 이들 모두 백인 중산층의 교육받은 여성들이었다. 서구 페미니즘이 백인 중산층 중심의 여성운동에서 벗어나 유색인종 여성들의 다름과 차이를 논의하기 시작한 것은 1990년대 이후였다. 포스트모더니즘 이후 보편적인 여성과 보편적인 여성의 경험이라는 범주와 개념은 더 이상 유용하지 않게 되었다.

박물관의 몰젠더성에 대한 논의는 후기 구조주의의 "언어적 전환 linguistic turn" 이후 포스트모던 이론가들이 주장하는 "재현의 위기crisis of representation"와 관련이 있다. 기계형에 의하면 서구에서 1970년대 여성주의 예술가들이 "재현의 정치politics of representation"를 고민하면서 다양한 분야의 여성 전문가, 연구자들과 함께 여성(사)박물관을 공동의 터전으로 논의할 수 있게 되었다고 한다.[5] 페미니스트들은 탈구조주의 이론을 통해 모더니즘의 보편성과 남성 중심성을 해체하는 가운데 여성의 경험과 목소리 재현의 문제를 제기했다. 박물관 전시도 이러한 재현의 정치에서 벗어날 수 없다. 박물관의 몰젠더성은 박물관 전시의 내러티브와 구조를 지배하는 남성 중심적 재현의 정치에서 벗어나야만 극복될 수 있다.

공공역사와 박물관의 관계

공공역사는 학계 밖에서 국가, 지역사회, 사람들이 역사를 만들어 내고, 역사에 대해 생각하는 공공 영역에서 역사를 재현하고 활용하는 것을 말한다. 공공역사는 개인, 집단 및 기관들이 다양한 매체를 통해 역사를 재현·재생산하고 해석하는 영역이다. 이탈리아의 역사학자 일라리아 포르치아니는 공공역사와 박물관의 관계를 '복합적'이라고 했다.[6] 역사 박물관은 공공역사에서 가장 중요한 실천의 장이다. 미국에서도 공공역사가들이 가장 많이 일하는 분야가 박물관이다. 그만큼 박물관이 공공역사에서 차지하는 비중이 크다. 그러나 포르치아니는 박물관학 분야에서는 공공역사에 대해 그만큼 고민하지 않았다고 한다.[7] 공공역사가들은 박물관을 역사의 공공 재현의 장으로 인식하여 적극적으로 개입하려고 하는 반면, 박물관학자들은 공공역사에 별로 관심이 없다는 것이다.

박물관학자들이 공공역사에 관심이 없다고 해도 박물관의 변화는 더욱 공공역사와 밀접해지고 있다. 포르치아니가 언급한 바와 같이 전 세계 박물관의 대부분은 1970년 이후에 세워졌고, 지난 40년간 급속하게 변화해 왔다. 그 변화의 방향은 네 가지로 정리될 수 있다.[8] 첫째, 보존과 교육을 위한 닫힌 기관에서 시대에 맞춰 변화하고 상업화하는 분산되고 개방적인 박물관이 되고 있다. 둘째, 기존과 다른 방식으로 사물의 역사를 이야기하려는 시도를 통해 복수의 목소리들과 다성성multivocality을 확대해 왔다. 셋째, 전시와 관람객 사이의 접촉지대contact zone로서 상호 작용적인 전시를 통해 관람객들이 박물관을 큐레이팅할 수 있게 했다. 넷째, 미디어와 기술의 발전으로 전시 형식 자체가 더 중요성을 띠게 되었다.

포르치아니는 이러한 박물관 변화의 기저에는 현재주의presentism와 기억이 역사를 압도하는 현상이 존재한다고 지적한다. 민족의 현재가 강력하게 미래 및 과거와 연결되는 근대 서구에서는 역사와 박물관은 거의 동일한 이야기를 전했다. 그러나 이제 역사는 과거의 이해를 통해 현재와 미래에 의미를 부여하던 역할을 더 이상 하지 않게 되었고 대문자 역사 History는 해체되고 말았다. 역사의 중요성이 쇠퇴하면서 기억이 전면으로 대두하게 되었고 박물관도 변화했다. 포르치니아는 이 같은 박물관의 변화에 대해 다음과 같이 말한다. "이 장소들은 목격자들의 기억과 연결되어 있고, 장소들 자체가 중요한 증인이 되며 관람객들을 목격자로 만들어 간다."[9]

미국 공공역사가인 코빈은 공공역사가들이 박물관 컬렉션의 설계에 기여할 수 있는 방식들을 제시했다. 공공역사가들은 역사적 맥락에 대한 지식을 통해 유물의 역사적 가치를 평가할 수 있고 동시대에 수집할 유물의 미래적 가치를 판단하는 것을 도울 수 있다.[10] 그런데 이러한 공공역사가의 역할은 현재주의와 관련이 있다. 박물관 컬렉션이 점점 관람객 중심이 되고 관람객들이 익숙한 동시대 관련 전시를 하는 경향이 강화되고 있기 때문이다. 박물관에서 현재주의는 과거를 그대로 재현하지 않고 현재의 잣대로 진단할 뿐만 아니라 동시대인인 관람객들의 선택과 방향에 맞추어 가는 두 가지 의미가 있다. 살아있는 박물관, 소통하는 박물관으로의 변신 속에서 박물관의 현재주의는 강화될 수밖에 없다. 코빈에 의하면 특히 디지털 공공역사가들은 대중들이 박물관 컬렉션에 기여하고 접근할 수 있게 도와줌으로써 소외되고 주변화된 사람들에 대한 기록을 포함할 수 있게 한다.[11]

그렇다고 '소역사들micro histories'이 대문자 역사를 완전히 대체하고 있지는 않다. 특히 국립 박물관은 아직도 국가 이데올로기를 반영하는 대표적인 공공의 장이다. 그러나 박물관은 과거의 전시장이 아니라 더 넓은 역사적 맥락 속에서 관람객들이 과거의 의미들을 고민하도록 도와주는 공공서비스 기관이 되어야 한다. 포르치아니가 "역사는 너무나 중요해서 박물관 큐레이터에게만 맡겨두어서도 안 된다"고 주장한 것은 이런 이유 때문이다.[12]

국립여성사박물관 건립운동

한국 최초의 여성사박물관은 2002년 설립된 여성사전시관이다. 그런데 여성사전시관이 설립된 지 10년이 되자 한국여성사학회에서 여성가족부에 국립여성사박물관 건립을 위한 건의서를 제출했다. 같은 해 여성사전시관 10주년 기념 심포지엄에서 국립여성사박물관 건립을 위한 추진단 구성의 필요성이 제기되었고 여성계의 의견을 수렴하여 건립추진위원회가 발족되었다. 2013년부터는 국립여성사박물관 건립추진위원회 간담회가 지속되어 국립여성사박물관을 포함한 '여성발전기본법 일부 개정법률안'이 발의되었다. 같은 해 말에 이 개정법률안이 국회를 통과했고 사단법인 역사·여성·미래가 설립되었다. 2014년에는 국립여성사박물관 건립추진위원회가 여성사박물관 건립추진협의회로 명칭이 변경되어 사단법인 역사·여성·미래와 함께 현재까지 여성사박물관 포럼을 매해 개최하고 있다.

2020년까지 11차례 열린 여성사박물관 포럼 주제는 〈표 1〉과 같다. 11개의 주제들을 보면 포럼은 다양한 여성의 성차별 경험을 드러내는 젠더사라기보다는 역사에서 여성을 가시화하는 기존 여성사의 맥락에서 진행되었음을 알 수 있다. 그러나 국립여성사박물관 건립추진운동이 엘리트 여성 중심으로 이루어지고 있어서 일반 여성들의 참여와 지원의 저변 확대가 필요해 보인다. 여성 장인, 여성 언론인, 여성 간호사, 여의사, 여약사, 여성 과학기술인, 여성 미술인 등과 같은 포럼 주제는 기성 여성단체들의 영향을 받은 것으로 보인다. 젊은 세대 여성들을 포함하여 일반 여성들이 함께 참여할 수 있는 주제 선정이 필요하다. 또한 미국 국립여성사박물관처럼 온라인상으로 더 활발한 활동을 진행하고 소셜 미디어를 통해 젊은 여성들과 소통하여 지지 기반을 확대하는 것이 절실하다.

2012년 국립여성사박물관 건립에 대한 논의가 한창일 때 여성사전시

〈표 1〉 여성사박물관 포럼 주제[13]

차수(연도)	주제	주최
제1차 (2014. 2)	국립여성사박물관, 무엇을 담아낼 것인가	국회의원 길정우, 남윤인순
제2차 (2014. 6)	여성사박물관 건립의 목적과 필요성 및 건축 방향 모색	국회의원 정호준, 황인자
제3차 (2014. 9)	한국 국립여성사박물관 어디까지 왔나	국회의원 서상기, 유기홍
제4차 (2015. 1)	한국 여성 장인들의 역사와 예술 세계	국회 여성가족위원장 유승희
제5차 (2015. 11)	한국 간호역사 112년, 대한민국과 함께 달리다	국회의원 신경림
제6차 (2016. 9)	여성과 언론, 자유와 평등의 햇불을 드높이다	국회의원 나경원, 조배숙
제7차 (2017. 6)	여의사, 근대 사회 변화의 주체로 서다	국회의원 박인숙
제8차 (2018. 8)	한국 여성 과학기술인의 역사와 미래	국회의원 신용현, 박경미, 송희경
제9차 (2018. 11)	미래환경 변화와 약사	국회의원 김상희, 전혜숙, 김승희, 김순례
제10차 (2019. 8)	한국 여성 미술인 역사 다시 보기	국회의원, 신용현, 권미혁, 송희경, 김수민
제11차 (2020. 9)	여권통문과 박에스더	국회의원 신현영, 서정숙

관의 한계를 극복하고 "구체적이고 대민적인 접촉의 '체감형 여성 정책 사업'으로서 정책적 활용을 한층 강화하고 향후 '(가칭)국립여성역사박물 관'으로 발전할 수 있는 계기를 모색할 필요"[14]가 있다는 문제 제기가 있었다. 이에 한국여성정책연구원에서는 '(가칭)국립여성역사박물관'의 발전 방안에 대한 연구를 진행했다. 이 연구는 외국 여성사박물관의 사례를 검토하고 (가칭)국립여성역사박물관의 전시 방향과 내용, 그리고 건립 추진을 위한 법안 및 추진 방법을 제시했다.

연구에 따르면 박물관의 주요 기능은 여성 관련 문화유산을 수집 및 보존하고, 아카이브와 정보 자료관을 구축하며, 상설관 및 기획관을 운영하여 교육과 체험 공간을 제공하고, 글로벌 여성문화 네트워크를 구축하는 것이다. 박물관 전시의 방향은 역사 속에서 여성을 가시화하고 여성의 다양한 삶을 이해하며 시대적 변화 속에서 여성의 역할과 위상을 알리는 것을 목표로 하고 있다. 전시 분야에서의 특성화 전략은 〈표 2〉와 같다.

전시 방향을 보면 기존 박물관의 전시 구성 구조와 큰 차이가 없다. 기

〈표 2〉 (가칭)국립여성역사박물관 전시 특성화 전략[15]

구분	특성화 전략
전시 (상설 및 기획 전시)	●전국에 산재한 여성 관련 문화유산 수집, 보존, 연구, 전시 ●최첨단 과학기술을 이용한 디지털 영상관 및 사이버 박물관 운영 ●한국 고대부터 근·현대까지의 여성의 삶을 조명하는 상설 전시 ●일본군'위안부', 여성 독립군, 신여성 등 일제강점기 여성들의 삶 전시 ●산업화, 민주화시대의 경제 문화 활동 및 스포츠 분야 여성의 활동 전시 ●한국 여성사와 세계 여성사, 동양 여성사 비교 전시(기획안) ●탈북여성, 결혼 이주 등 소외된 여성의 삶에 대한 전시

본적으로 '여성도 거기에 있었다'라는 여성사 차원에서의 전시전략임을 알 수 있다. 일단 상설관은 고대로부터 시작하여 근·현대까지 여성의 삶을 보여주는 전시인데, 유물이 부족한 여성의 과거 흔적들을 어떻게 재현할 것인지가 궁금하다. 상설관을 위해서는 적극적으로 여성 관련 유물을 수집해야 하는데 시대적으로 볼 때 근·현대사에 집중될 가능성이 크다. 나머지 부분들도 근·현대사에 드러나는 여성들의 활동을 중심으로 기획되고 있다. 특히 상설관의 경우 단선적인 시대 구분을 통해 기존 박물관의 형태를 그대로 따르고 있다는 것에 문제를 제기하지 않을 수 없다. '민족 해방은 여성 해방을 가져왔는가'라는 질문을 해보면 여성사의 시기 구분이 기존의 통사를 따를 필요가 없다는 것을 알 수 있다. 오히려 여성 노동, 여성운동, 일과 가족, 여성 교육, 섹슈얼리티, 여성 이주 등 주제나 쟁점을 중심으로 상설관을 구성하거나 한국 여성의 삶에서 특별한 분수령들을 추린 후 그것을 연대기로 만들어서 상설관을 재편할 필요가 있다.

한국의 국력과 경제력에 비해 남성 대비 여성의 사회적·정치적 참여와 소득은 OECD 국가 중에서 하위권에 속해있음은 주지의 사실이다. 이는 제대로 된 국립여성사박물관이 아직도 만들어지지 않았다는 사실과 관련이 있다. 여성사가 학문 영역에서 소외 분야일 뿐만 아니라 공공 영역에서도 아직 대중들에게 잘 알려져 있지 않다는 점 또한 중요한 요인이다. 국립여성사박물관 건립추진운동이 더 대중적인 인지도를 얻고 더 많은 여성의 지지를 받을 필요가 있다.

여성사박물관 사례 분석:
'국립여성사전시관'과 '전쟁과여성인권박물관'

1-국립여성사전시관: 통사적 접근

국립여성사전시관은 현재 한국에서 유일한 여성 관련 국립 박물관이다. 2002년 여성발전기본법 제34조에 따라 건립되었는데, 서울 대방동 여성플라자에 있다가 2014년 경기도 고양시 고양 정부청사로 이전하였다. 2013년 여성발전기본법 제32조에 의거해 여성사박물관의 설립·운영을 신설하여 여성사전시관을 국립여성사박물관으로 발전시키고자 했다. 국립여성사전시관을 온전한 국립여성사박물관으로 자리매김하기 위한 노력에 힘입어 현재 국립여성사박물관 서울 이전 건립 프로젝트가 진행 중이다.

국립여성사전시관은 다른 국립 박물관과 마찬가지로 상설 전시관과 특별기획 전시로 구성되어 있다. 국립여성사전시관은 고양 정부청사의 1층 일부가 기획 전시실, 2층 일부가 상설 전시관으로 되어있다. 겨우 명맥을 유지하고 있는 셈이다. 상설 전시관은 통사관으로 고대, 고려, 조선, 근·현대로 시대를 구분해 전시하고 있는데 상세한 내용은 〈표 3〉과 같다. 상설 전시관의 시대 존은 민족사를 재현하는 기존 박물관들의 단선적인 구조에서 벗어나지 못하고 있다. 여성의 시각에서 여성이 전시의 내러티브를 주도하는 여성사 전시라고 보기는 힘들다. 여성을 역사 속에 드러내고자 하지만 기본적으로 전시할 유물의 빈곤이 너무나 두드러진다.

테마 존에서 다루고 있는 여성의 지역 활동, 직업 활동, 여성운동은 다양한 여성의 삶을 담보하기에는 너무 협소하다. 전쟁과여성인권박물관이 생겼기 때문에 기림 존에서 일본군'위안부'만을 다루어야 할 필요는 없다. 평화 존은 한국 사회의 남북관계의 특수성 속에서 여성의 역할을 드러내고자 한 것인데, 테마 존에서 다루어질 수도 있다. 테마 존도 여성의 지역 활동, 여성운동과 여성 노동만을 다루고 있다.

국립여성사전시관의 특별기획 전시는 매우 다양한 주제를 가지고 진행되어 왔다. 〈표 4〉는 2003년부터 2020년까지 전시된 특별기획 전시 주제들이다. 국립여성사전시관의 특별기획 전시 주제들은 〈표 1〉의 여성사박물관 포럼 주제보다 더 다양하고 폭이 넓다. 주제와 전시 시기를 보면 몇 가지 특징과 추세를 알 수 있다.

주제로 볼 때 초기에는 미술관과 비슷한 성격으로 여성문화 관련 전시가 많았던 반면 최근에는 여성운동과 독립운동이 주요 전시 주제가 되고 있다. 이는 초기에 여성사전시관의 운영을 여성문화 관련 단체들이 맡아왔기 때문으로 보인다. 전시 주제에서 여성 독립운동(4개)을 포함하면

〈표 3〉 국립여성사전시관 상설 전시관 구성

전시 존zone	내용
시대 존	●고대의 여성, 세상을 열다 ●고려시대의 여성, 세상으로 나아가다 ●조선시대의 여성, 세상을 그리다 ●근·현대의 여성, 세상을 바꾸다: 　－여성들, '여권통문'을 발표하다(대한제국) 　－민족 해방과 여성 해방을 추구하다(일제강점기) 　－대한민국 국민으로서 위상을 정립하고 전쟁을 딛고 일어서다(해방 이후)
테마 존	●지역사회 여성 활동 ●직업 활동에 나선 여성들 ●20세기의 여성운동
기림 존	●일본군'위안부', 기억하고 기리다
평화 존	●평화의 길을 열다
체험 존	●나에게 보내는 편지, 우리들의 이야기

<표 4> 국립여성사전시관 특별기획 전시

연도	전시 제목	주제 분류
2003	●개관 1주년 기념 특별전: 여성의 힘, 일상의 창조성 ●여성 주간 특별전: 가족과 호주제: 호주제 폐지, 행복한 가족으로 가는 지름길	여성문화 가족
2004	●특별기획전: 근대교육과 여성문화: 여성, 배움을 통해 세상을 그리다	여성 교육
2005	●특별기획전: 팬지꽃 아픔: 한국의 산업화와 여성 그리고 여성 노동자 ●특별기획전: 내일이 오면Will You Love Me Tomorrow?	여성 노동 여성문화
2006	●소장 유물전: 거리에 서면 전부 여인네뿐이로세 ●특별기획전: 사라지는 여자들: 음사열전	여성문화
2007	●특별기획전: 1950년대 여성지를 펼치다: 미제와 비로도, 신식을 욕망하다 ●특별기획전: 선-녀전: 경계를 넓힌 여인열전	여성문화
2008	●특별기획전: 여성과 이주, 100년간의 낯선 여행女行 ●건국 60주년 특별기획전: 여성 60년사, 그 삶의 발자취 ●소장 유물전: 1950년대 여성 삶과 이미지	여성 이주 여성운동
2009	●기획특별전: 여성과 노동, 일상 새로운 상상 ●봄맞이전: 7인의 여성작가전	여성 노동 여성문화
2010	●주제기획전: 이걸로 밥벌이?전 ●특별기획전: 워킹 맘마미아전: '그녀들에게는 모든 곳이 현장이다'전 ●소장 유물전: 서울로 간 순이전 / 엽서로 보는 여성의 삶 ●대관전 '귀신녀'	가족과 일 여성문화
2011	●특별기획: 한 컷으로 다시 보는 여성과 일 ●소장 유물전: 직업부인 블루스: 1920~30년대 슈퍼우먼 이야기 ●주제기획전: 다시 날다	여성 노동 가족과 일
2012	●소장 유물전: 모던 걸의 자존심, 가방 ●개관 10주년 기념 특별전: 세상의 중심에서 여성을 말하다	여성문화 여성운동
2013	●특별기획전; 일본군'위안부' 피해자: 기억을 넘어 평화를 품다 ●여성 주간 기념 특별전: 여성의 사회 참여가 행복한 대한민국을 이끌다 ●여성 독립운동가 사진전: 그날의 기억	여성운동 여성운동 여성 독립운동
2014	●이전 개관 특별전: 북촌에서 온 편지: 여권통문	여성운동
2015	●광복 70주년 기념 특별전: 독립을 향한 여성 영웅들의 행진	여성 독립운동
2016	●기증전: 기증 가방의 주인, 여성 독립운동가 조화벽 지사 ●가족과 함께한 출산과 양육의 역사	여성 독립운동 가족
2017	●기증전: 어머니의 유산 ●일본군'위안부' 순회 전시	여성 유물 여성운동
2018	●오늘, 여권통문을 다시 펼치다 ●여성, 체육의 새 지평을 열다	여성운동 여성 체육
2019	●여성 독립운동사: 3·1운동 및 임시정부 수립 100주년 기념 여성 독립운동가, 공감, 기억 그리고 미래 ●여성, 세상으로 나가다: 여성 직업 변천사 100년	여성 독립운동 여성 노동
2020	●방역의 역사, 여성의 기록	여성과 방역

여성운동(7개)이 11개로 가장 많은 비중을 차지하고 있다. 그다음이 여성문화로 7개, 가족과 일에 관한 것은 4개, 여성 이주를 포함하면 여성 노동이 5개, 여성 교육 1개, 여성 체육 1개, 여성 유물 1개, 여성과 방역 1개이다. 여성 노동을 가족과 일에 포함시키면 9개로 여성운동 다음으로 가장 많다. 즉 전시에서 가장 많이 차지하는 것은 여성운동(여성 독립운동 포함), 가족과 일(여성 노동 포함) 그리고 여성문화이다. 전시 주제의 전체적인 흐름은 2000년대 초반에는 여성문화, 중반에는 여성 노동, 가족과 일이 주류를 이루고 2010년대로 가면 여성운동이 부각되며, 중반부터는 여성의 독립운동에 대한 전시가 많아지고 있다. 여성사박물관도 일반 박물관과 마찬가지로 통사적 접근으로 광복, 3·1운동, 임시정부 수립, 건국 등 한국 근·현대사의 주요 사건들을 기념하는 전시들이 있다. 특별기획전도 한국 근·현대사의 다양한 분야에서 여성의 족적을 알리는 전시였다.

2-전쟁과여성인권박물관: 주제사적 접근

전쟁과여성인권박물관은 서구의 여성사박물관과 비슷하게 민간단체에 의해 하나의 운동으로 추진되었다. 1994년 한국정신대대책협의회(이하 정대협)에서 일본군'위안부' 생존자들을 기리기 위해 '전쟁과 여성 사료관 건립준비위원회'를 신설했고, 2004년 전쟁과여성인권박물관 건립위원회가 공식적으로 발족했다.[16] 2005년 정대협은 서울시에 박물관 부지 기부를 요청해 서대문 독립공원 안으로 부지가 확정되었으나 광복회를 비롯한 애국단체들의 반대로 중단되었다. 그래서 한국과 일본 시민들이 낸 건립 성금으로 2011년 성미산 자락의 주택을 매입하여 2012년에 개관했다. 윤미향 전 대표에 의하면 정부가 지원해 주지 않은 것이 오히려 전화위복이 되어 일본군'위안부' 생존자들에 대한 시민들의 부채감을 건립 성

금으로 모아서 박물관을 개관할 수 있었다고 한다.[17]

전쟁과여성인권박물관은 일본군'위안부'라는 특정 주제를 다룬다. 박물관의 이름에서 알 수 있듯이 일본군'위안부'들이 겪었던 일제하 전시 성폭력을 잊지 말고 승화시켜 평화와 여성 인권을 도모한다는 젠더 인지적 관점이 명확하다. 김명희에 따르면 전쟁과여성인권박물관은 "탈식민 대항적 공공기억의 가능성"을 보여주는, 참여하는 박물관이다.[18] 민간주택을 활용하여 주민들의 접근성과 친화성을 높였고, 전시 공간이 협소하여 동선의 용이성을 최대화함으로써 중층적인 테마와 전시 서사를 압축했다. 또한 사건사와 운동사, 증언과 전시, 설명과 서사가 만나는 서사적 박물관이다. 역사관, 생애관, 운동사관을 통해 일본군'위안부'는 피해자인 동시에 증언자, 운동가로 재현된다. 또한 반성으로 기억하는 가해의 역사를 보여주는 박물관이기도 하다. 이 전시는 일국사를 넘어서서 "일본군'위안부'운동이 걸어온 탈식민의 역사가 전시 성폭력에 반대하고 보편적 여성 인권과 평화를 옹호하는 초국적 시민운동과 연대할 수 있다는 점을 보여준다."[19] 〈표 5〉는 전쟁과여성인권박물관 홈페이지에 나와 있는 전시 구성표다.

한국 구술사 연구의 맥락을 보면 한국 근·현대사에서 문헌 기록으로 규명될 수 없었던 많은 사건이 개인적·집단적 기억들에 대한 구술 증언과 채록을 통해 하나의 집합기억이 되었다. 이 집합기억은 공식적인 역사에 저항하는 대항기억으로서 공공기억이 되었고, 많은 공공기억은 이제 공식적인 역사에 편입되었다.[20] 제주4·3항쟁, 5·18민주화운동과 함께 일본군'위안부'의 구술도 개인적 기억으로 시작된 구술사가 공공기억이 된 대표적인 사례다. 전쟁과여성인권박물관은 대중들이 일본군'위안부'에 대한 공공기억을 공유하여 현재에도 지속되고 있는 여성 성폭력과 여

〈표 5〉 전쟁과여성인권박물관 전시 구성

층별	전시실	전시 내용
지하 1층	맞이방 (여정의 시작)	−피해자의 일생이 담긴 티켓을 구입하여 한 분의 할머니와 인연을 맺은 후, 폭력과 차별의 벽을 뚫고 나비가 자유로이 날갯짓하는 인터렉션 영상을 경험합니다. −전쟁의 포화 소리와 함께 펼쳐지는 거친 돌길을 걸으며 피해자들이 겪어야 했던 전쟁과 고통의 시기로 들어섭니다.
	쇄석길 (역사 속으로)	−양쪽 벽면의 작품과 피해자들의 그림을 따라 어두운 지하로 향합니다.
	지하 전시관 (그녀의 일생)	−전쟁터와 위안소를 배경으로 피해자들의 고통스런 삶이 녹아있는 지하 전시관에 들어서면 티켓으로 인연을 맺은 피해자를 영상으로 만나게 됩니다. 어둡고 좁은 공간을 통해 피해자들이 겪어야 했던 세상과의 단절, 역사의 무게감을 느낍니다.
	계단 전시 (호소의 벽)	−피해자들이 절규하는 고통의 목소리가 사진과 함께 계단을 따라 벽 곳곳에서 메아리칩니다. 밝은 공간으로 나아갈수록 피해자들의 목소리는 자신과 같은 일을 다시 겪지 않기를 바라는 호소와 함께 희망의 목소리로 변해갑니다.
2층	역사관 (전쟁이 낳고 키운 기형적 제도−일본군'위안부')	−일본군 문서와 관련 자료의 전시를 통해 일본군'위안부' 문제의 진상을 밝히고 있습니다. 일본군에 의해 조직적이고 체계적으로 이루어진 국가범죄로서의 '위안부' 제도의 실체를 보여주며, 피해자들이 위안소에서 겪은 고통과 전후 상황 등을 살펴볼 수 있습니다.
	운동사관 (History를 Herstory로 바꾼 그녀들의 목소리)	−일본군'위안부' 문제 해결을 위한 운동의 발자취를 따라갑니다. 전시물과 영상을 통해 법정 투쟁, 국제 활동 등의 기록을 살펴볼 수 있고, 지금도 계속되고 있는 수요시위의 현장을 경험할 수 있으며, 주한 일본대사관 앞 평화로에 세워진 평화비를 만날 수 있습니다.
	생애관 1	−연행 시기와 지역 등 피해 기록이 소개된 패널과 함께 피해자들의 손때 묻은 물건과 유품이 전시되어 있습니다. 터치 스크린을 이용해 사진, 신문기사 등 피해자들의 삶에 대한 기록을 보다 상세히 살펴볼 수 있습니다.
	기부자의 벽	−전쟁과여성인권박물관이 건립되기까지 주춧돌이 되어준 후원자들의 명단이 2층 중앙 벽면에 새겨져 있습니다.
	생애관 2	−2015년 광복 70년을 맞이하여 마련된 공간으로, 해방 후 이어진 일본군 '위안부' 피해자들의 굴곡진 삶을 한국 현대사와 함께 조명하고 있으며 강인하게 삶을 일구어 온 생존자들의 모습을 마주하고 진정한 해방을 염원하는 공간입니다.
	추모관	−고인이 된 일본군'위안부' 피해자들의 얼굴과 사망 날짜가 벽면에 새겨져 있으며, 이름과 얼굴을 남기지 못한 채 희생된 피해자들 역시 검은 벽돌로 채워져 함께 추모할 수 있습니다. 누구나 직접 헌화할 수 있으며 다음 관람객의 헌화를 위해 자유로이 추모금을 기부할 수 있습니다.
1층	1층 상설관 (세계 분쟁과 여성 폭력)	−오늘날 전쟁 속에서 고통 받고 있는 세계 여성들의 이야기가 다양한 사례와 사진을 통해 전시되어 있으며, 벽면 영상을 통해 흐르는 전쟁의 참화를 한 편의 뮤직비디오를 보듯 감상할 수 있습니다. 기획 전시관과 함께 관람 외 시간에는 세미나 공간으로 활용되는 다목적 공간입니다.
	기획 전시관 1	−박물관 개관을 기념하여 '전쟁과여성인권박물관을 열기까지'의 희망의 역사를 첫 기획 전시로 선보였으며 전쟁과 여성 인권, 평화에 관한 다양한 이야기를 소개하는 공간입니다.
	기획 전시관 2	−광복 70년 특별전으로 베트남전쟁에서 한국군에게 성폭력 피해를 입은 베트남 여성들의 아픔을 소개하고 있습니다. 부끄러운 역사를 돌아보고 평화를 위한 한걸음을 내딛는 곳입니다.
	참여+약속의 공간	−일본군'위안부' 문제 해결과 전시 중 여성 폭력 중단을 위한 관람객들의 참여 의지와 약속을 직접 메시지로 남길 수 있습니다.

성 인권 문제에 대한 대안적 서사를 찾아가는 공간이다.

　전쟁과여성인권박물관은 역사적 유물보다는 일본군'위안부' 생존자들의 구술과 작품이 전시 오브제의 큰 비중을 차지하고 있다. 물론 이러한 구조와 형식은 일본군'위안부' 생존자들이 전시 내러티브를 주도할 수 있게 해준다. 하지만 그 내러티브를 음미하고 공유하고 소통할 수 있는 공간적 여백이 전혀 없다. 기존 주택을 개조한 공간으로 규모 자체가 너무 작기 때문이다. 게다가 전쟁과여성인권박물관은 일본군'위안부' 생존자들의 역사를 전시하는 곳이기도 하지만 동시에 정대협의 역사를 기록하는 공간이기도 하다. 박정애의 '소녀에 머문 기억'이라는 지적처럼 박물관에 재현된 일본군'위안부'들은 정대협의 운동사 속에서 재현된 모습이기도 하다.[21] 천경효 또한 '위안부' 문제가 재현되는 방식에서 피해자들의 전반적인 삶의 궤적에 대한 관심이나 초국가적 연대에의 연계성 부분이 충분히 드러나지 않음을 지적했다.[22]

　점점 일본군'위안부' 생존자들이 사라지는 상황에서 전쟁과여성인권박물관이 어떤 수집 정책을 가지고 전시를 유지해 갈 것인지가 궁금하다. 최근의 전쟁과여성인권박물관은 아카이브 중심의 박물관을 지향하고 있는 것으로 보인다.[23] 이는 박물관에서 일본군'위안부' 생존자들이 남긴 자료들을 아카이빙하여 전시하는 비중이 커졌기 때문인 듯하다.

두 여성사박물관에서 드러나는
여성 경험 재현의 쟁점과 대안들

1-통사적 접근의 한계

한국 사회에서 국립 역사 박물관들은 통사적인 접근 방식으로 상설관을 구성하고 특정 주제에 대한 기획전을 하는 전시 구조를 가지고 있다. 여성사박물관에서 사史는 기존의 통사 중심 전시를 떠올리게 한다. 역사 전시는 단선적이고 연대기적인 배열과 전시여야 한다는 인식 때문이다. 이러한 인식은 여성사박물관이 기존의 남성 중심적인 전시와 내러티브 구조를 극복하기 어렵게 만든다.

국립여성사전시관도 시대 존을 가지고 있지만 그 규모는 매우 보잘것 없다. 시대 존은 고대, 고려시대, 조선시대 그리고 근·현대의 여성으로 나누어져 있지만 전시 내용은 다른 역사 박물관의 상설 전시관과 비교할 수 없을 정도로 빈약하다. 여성 관련 전시 유물이 부족하기 때문이다. 전근대로 갈수록 기록이 남아있는 여성들이 거의 없고, 기록이 있다고 해도 모두 지배계층, 엘리트 계층의 여성이다. 현대 민주주의 사회의 시각에서 볼 때 기층 여성들의 기록이나 유물은 거의 없어서 전시관을 채울 수 없을 정도다. 국립여성사전시관의 시대 존도 대한제국 시기의 '여권통문', 일제식민지 시기 여성들의 독립운동과 여성해방운동, 그리고 해방 이후 대한민국 국민으로서의 여성 등 근·현대 여성 부분이 반 이상을 차지한다.

이는 여성사박물관이 다른 역사 박물관처럼 통사적인 상설관을 가져야 하는가에 대한 문제를 제기한다. 전시물의 빈곤함 때문에 여성사박물관에서 전근대 시기를 포기하고 근·현대 시기부터 전시를 시작할 수도 있다. 하지만 전근대 시기 여성들의 삶을 지배층 인물 중심으로 재구성한다면 빈약할 수밖에 없다. 여성들의 삶에 대한 시대적 재구성을 그림, 애니메이션 혹은 3D를 통해 구현하는 방식을 취할 수도 있다. 전근대 시기를 포기하기 전에 고대, 고려시대, 조선시대 여성들의 삶에 대한 연구 성과를 어떻게 전시로 구현할 것인가에 대한 역사적 상상력이 필요하다.

여성사박물관에 상설관이 필요하다면 시대 구분도 일반적인 통사적 구분이 아니라 여성의 삶에서 분수령이 되는 사건을 중심으로 구분하는 것이 중요하다. 현재 국립여성사전시관의 전시 방향은 대한민국 국민으로서 여성의 역사적 가시화라는 틀을 벗어나지 않는다. 하지만 이런 전시로는 가부장적인 국가사의 서술 구도를 극복할 수 없다. 이제는 전시 시기를 대한민국 국민으로서만이 아니라 한국 여성들의 삶에 획기적인 변화를 가져온 사건과 과정을 중심으로 구분해야 한다. 공식적 역사에서 벗어나 여성의 삶에 중대한 영향을 끼친 사건들 중심의 새로운 여성사 연대기가 필요하다.

기획전은 항상 현재 여성들이 처한 사회적 쟁점들과 관련된 주제들이 선정되는 경향이 있다. 국립여성사전시관의 경우 2020년 코로나19 시기를 반영하여 기획 전시를 '방역과 여성, 여성의 기록'으로 했다. 방역 및 의학과 관련된 다양한 여성들을 인터뷰하여 구술 전시를 했다. 하지만 이 같은 전시에도 불구하고 기획전은 국가사에서 중요한 사건들을 기념하는 전시가 주를 이룬다. 이제는 '국립' 박물관이 아니라 '여성사' 박물관에 더 방점을 두고 기획전을 구성해야 한다. 여성사박물관을 다양한 여성들의 삶과 관련된 문제들의 역사적 변천을 다루는 쟁점사 중심의 전시 공간으로 정립하려는 노력이 필요하다.

2-근·현대사 집중과 구술사 활용

사실 여성사박물관은 여성에 대한 기록과 유물이 급격하게 증가하는 근·현대사에 집중될 수밖에 없다. 그런데 이 시기에도 전근대 시기와 비슷한 문제, 즉 엘리트 여성 중심 전시라는 문제에 봉착하게 된다. 대한제국 시기부터 여권에 대한 인식을 가지고 활동했던 여성들이 대부분 엘리트 계층 여성들이기 때문이다. 일제 식민지 시기 독립운동에 참여했던 여성들과 여성해방운동을 주장했던 여성들도 대부분 교육을 받은 신여성들이었다. 해방과 한국전쟁 이후 다양한 분야에서 족적을 남긴 원로 여성들도 거의 식민지 시기에 교육 받은 엘리트 여성들이었다. 현재 한국 여성들의 학력을 볼 때 이들의 학력이나 계급적 배경이 큰 차이로 보이지 않을 수 있다. 하지만 20세기 초·중반 사회적으로 부각될 수 있는 여성들은 대부분이 엘리트 여성들이다.

이러한 문제점을 극복할 수 있는 방법으로 구술사를 적극 활용할 수 있다. 대표적인 것이 전쟁과여성인권박물관과 일본군'위안부'역사관(나눔의 집)이다. 일본군'위안부' 생존자들이 역사 속에서 드러나고 공식적인 역사로서 인정받은 것은 이들의 구술 증언 덕분이었다. 일제 식민지 시기에 강제동원되어 일본군'위안부'가 된 가난하고 배운 것 없고 나이 어린 여성들은 자신들의 삶을 기록할 수 없었기 때문에 구술이 아니라면 전시 대상이 될 수도 없었고 그들의 전시관도 존재할 수 없었다. 근·현대 시기에도 지속된 여성의 삶 속에서의 계급성은 구술 채록을 통해 어느 정도 상쇄될 수 있다. 구술사를 통해 현재 생존하고 있는 다양한 지역과 세대의 평범한 여성들의 삶을 전시 자료로 수집할 수 있다. 실제로 2010년경부터 여성정책연구원이나 여성가족재단과 같은 지역 기관들을 통해 지역 여성들에 대한 구술 채록이 이루어졌다. 최근에는 지역 여성들을 기록 수집가로 양성하여 지역 여성들의 기억과 경험을 수집하는 구술 채록 사업들도 증가하고 있다. 이렇게 수집된 구술 자료들을 적극적으로 활용한다면 국가사가 국가와 국민을 단일체로 보는 시각에서 벗어나 지역적 다양성과 여성 삶의 다양성을 담보할 수 있다.

3-여성사 연구와의 연계와 수집 정책

'(가칭)국립여성역사박물관'에 대한 논의에서 볼 수 있듯 여성사박물관은 여성사 연구와의 연계가 절실하다. 여성사가 역사학 내 하위 분야로서 자리매김되었지만, 여성사의 연구 결과가 여성사박물관에 전시 내용으로 변환되기 위해서는 기존의 연구 결과들을 모아 시대별·주제별로 정리해서 전시 콘텐츠화 해야 한다. 여성사 자료들이 부족하기 때문에 전국에 산재한 여성 관련 문화유산을 수집하여 보존하고 연구하는 노력도 필요하다. 지역에서 수집해 온 여성 관련 구술 채록 결과물들을 아카이빙하여 전시 자료로 활용할 필요도 있다. 요컨대 여성사박물관은 단순히 여성 유물의 전시장이 아니라 여성의 역사적 경험들을 발굴하여 전시 콘텐츠로 만드는 여성사 연구 및 활용의 공간이 되어야 한다. 그리고 여성과 여성사 연구자, 운동가와 활동가들의 네트워크를 활용하여 더 많은 여성들의 경험과 기억이 여성사박물관 전시로 구현되어야 한다.

이를 위해서는 무엇보다도 수집 정책 수립이 필요하다. 이제까지의 여성사 연구 성과들을 토대로 시대별·주제별·지역별로 여성 관련 전시 자료를 수집하는 정책이 세워져야 한다. 나아가 여성 관련 전시 자료는 빈약하기 때문에 박물보다는 전쟁과여성인권박물관처럼 아카이브 중심의 박물관을 지향하는 쪽으로 변화되어야 한다. 여성사 자료는 현존하는 것을 수집하는 것보다는 생산에 방점을 둘 수밖에 없기 때문이다.

수집 정책은 여성사박물관의 비전에 기초하여 장기적 그리고 중단기적인 자료 수집 및 전시 계획을 토대로 이루어져야 한다. 여성사박물관의 비전은 젠더 인지적인 여성의 공공역사를 창출하는 것이다. 이 비전에 기초하여 10년 단위의 장기적인 기획과 3년 단위의 중단기적인 기획을 세우고, 모든 전시는 1~2년 전에 기획해서 자료를 수집하고 전시 콘텐츠화하는 과정을 거치는 것이 바람직하다. 몇 주년으로 기념되는 국가사적 이벤트에 참여하기보다는 여성사 연대기에 기초하여 여성들의 축제가 되는 전시 이벤트를 만들어 갈 필요가 있다.

여성의 공공역사

한국에서 공공역사에 대한 논의는 여성사박물관의 내용과 방향에 새로운 비전을 제공한다. 공공 영역에서 여성사를 드러내는 것은 젠더 인지적 공공역사를 만들어 가는 것이다. 그것은 '여성의 공공역사women's public history'를 지향한다. 여성의 공공역사가 구현될 수 있는 공간이 바로 여성사박물관이다. 공공역사적 관점에서 볼 때 여성사박물관은 다양한 여성들의 기억이 공공기억이 되는 장소가 될 수 있다.

미국 공공역사 학술지인 《공공역사가The Public Historian》는 여성사박물관에 대한 관람 리뷰를 실고 있다. 뉴브런스윅대학에서 공공역사를 가르치는 허스킨스Bonnie Huskins는 '진전과 영구: 여성과 뉴브런스윅박물관: 1880~1980(Progress and Permanence: Women and the New Brunswick Museum: 1880~1990)'이라는 사이버 전시를 리뷰했다. 그는 여성사박물관 전시를 젠더사 연구 방법의 좋은 사례로 보고[24] 학생들에게 전시된 여성들의 삶에서 계급, 젠더, 인종 그리고 지역이라는 변수들의 상호 교차성을 들여다보게 했다.

영국의 공공역사가인 헤이워드Claire Hayward는 공공 영역에서 여성의 가시화를 위한 활동들을 보여주었다. 소설가 제인 오스틴Jane Austin 초상을 10파운드 지폐에 넣게 하고 여성들의 동상들을 만들어서 기념하는 캠페인을 전개했다. 여성사에 대한 공공의 인식이 확장되면서 여성의 공공역사가 발전할 수 있었다고 말한다.[25] 헤이워드는 여성사박물관과 관련하여 특히 중요한 점이 있음을 강조한다. 여성사박물관이 여성의 역사를 재현하는 곳이기 때문에 여성들이 여성의 공공역사에서 선두와 중심에 있어야 한다는 것이다. 헤이워드처럼 영국의 여성사가들은 공공역사에서 여성들이 생기 없고 말이 없고 소극적인 이미지로 재현되는 것을 막고 더 이상 피해자가 아니라는 점을 받아들이게 하기 위해 계속 투쟁해 왔다.[26]

헤이워드의 사례처럼 한국 역사학에서 새롭게 논의되기 시작한 공공역사도 공공 영역에서 여성사를 드러내는 실천의 장으로 만들어야 한다. 앞으로 설립될 국립여성사박물관은 공공역사가 젠더 인지적인 역사가 될 수 있도록 젠더사를 통해 여성의 공공역사를 만들어 내야 한다. 역사 속 다양한 여성들의 삶을 드러내는 것은 그녀들의 삶을 통해 현재까지 여성들의 삶을 규정하는 가치, 구조, 조건들을 드러내는 것이다. 그녀들의 삶을 공유함으로써 여성 내의 다름과 차이를 인정하고 여성 세대 간 소통과 연대의 장을 만드는 것이다. 나아가 성평등이 이루어진 미래를 제시하는 것이다.

국립여성사박물관이 여성의 공공역사가 되기 위해서는 여성사가, 여성학자, 여성운동가들이 공공 영역에서 여성사를 드러내기 위한 협업이 필요하다. 여성사가들은 학문적으로 여성사 연구를 확장시키면서 동시에 학계 밖 공공역사에서 여성들의 과거가 드러나야 한다는 필요성을 인식해야 한다. 여성학자들은 박물관 전시가 젠더 인지적으로 변화될 수 있도록 이론적·방법론적인 도움을 주어야 한다. 여성운동가들은 여성운동 차원에서 여성의 공공역사가 확산될 수 있도록 지원해 주어야 한다. 국립여성사전시관에서 진행해 온 여성사아카데미와 같이 여성사를 공공의 영역에서 알릴 수 있는 다양한 오프라인과 온라인 프로그램들을 만들어서 서비스될 수 있도록 해야 한다. 요컨대 국립여성사박물관의 건립은 여성 스스로가 여성의 공공역사의 장을 만들어 가는 작업이다.　•윤택림

2
전근대사 박물관의 공공역사로서 가치

현대 박물관의 새로운 동향

2017년 11월 8일 아랍에미리트 아부다비에 루브르박물관의 분관 '루브르 아부다비Louvre Abu Dhabi'가 개관했다. 루브르 아부다비는 2007년 3월 6일 프랑스 정부와 아랍에미리트 정부 양자 사이에 체결된 '루브르 아부다비 박물관 설립에 관한 협약'의 결과였다. 루브르 아부다비 개관의 핵심 배경으로는 대중의 박물관 향유 기회 제공과 함께 협약·설립 주체들이 고려한 운영의 경제성을 꼽을 수 있다.

협약에 준하여, 아랍에미리트 정부는 30년간 '루브르' 브랜드 명칭을 사용하고 10년 동안 해마다 300여 점의 소장품을 프랑스 국립박물관(주관 조직으로는 아장스 프랑스-뮤지엄Agence France-Muséums)으로부터 대여 받아 상설 전시할 수 있게 되었다. 프랑스 정부는 15년 동안 매년 4회씩 루브르 아부다비의 특별 전시를 기획하고 박물관의 소장품 구성과 운영체계 구축에 관한 컨설팅을 담당하게 되었다. 이들 사업에 투입되는 비용은 아랍에미리트 정부가 부담하는데, 프랑스 정부는 브랜드 사용에 4억 유로, 소장품 대여에 1억 9,000만 유로, 특별 전시 기획에 1억 9,500만 유로, 여기에 컨설팅 업무 비용 등 각종 명목으로 총 10억 유로를 받게 된다.

프랑스 정부 입장에서 루브르 아부다비 설립은 국립 박물관의 전반적인 운영, 특히 막대한 소장품 수장·관리에 필요한 재정을 확보하고 상당한 수익을 창출할 수 있는 선택이었다.[1] 장기적으로는 문화 소비의 주체인 대중이 두 개의 루브르를 방문하며 쓰게 될 비용을 포함하여 보이지 않는 큰 이익들이 예상된다.

루브르 아부다비의 설립이 상징하듯, 오늘날의 박물관은 기본적으로 대중의 관심과 기대, 요청에 발 빠르게 대처하면서, 구성 조직, 소장품 관리·활용, 인력 운용, 연구 수행, 사업 시행, 사회 참여 등 고유 기능의 이행과정에 요구되는 재정 안정과 수익 증액을 매우 중요하게 여기고 있다. 그만큼 기관의 지향과 운영의 무게중심이, 대중의 방문을 계속 이끌고 높이는 데 소요되는 적정 비용을 확보할 수 있는 쪽으로 옮겨갔다.

근대 이후 박물관이 대중에게 공공 영역으로 개방되기 시작하면서 한동안 특정한 역사적·사회적 '기억 수용자'로 지내왔던 관람자는 점차 '유효 소비자'로 전환되고 박물관에 유입되었다. 이제 그들은 적극적으로 비용을 들여 입장권을 구입하고 행사에 참여하며 문화상품을 구매한다. 이런 상황을 마주한 박물관들은 최근까지 급증한 기관들(2021년 기준으로 유네스코의 추산에 따르면 전 세계 박물관의 수는 10만 4,000여 곳에 이름) 사이에서 존립하기 위해, 관람 수익을 포함하여 적절한 수익을 창출하는 사업에 집중하고 있다. 그래야 소장하고 있는 특별한 기억을 유지하고 이를 기관들 나름대로 수립한 맥락과 서사, 압축한 정보들을 내보이면서 기관의 고유 기능을 유지하고 대중을 끌어들일 수 있게 된다. 이 때문에 대중의 소비와 밀접한 길항관계를 갖는 기관의 재정 현황은 박물관 본연의 역사적·문화적 과업보다 중요시되기도 한다. 이는 근대 박물관의 출범과 설립 목표, 곧 국민의 계몽에 유념했던 전례와 비교할 때 결이 제법 달라진 것이다.

이렇게 오늘날의 박물관들은 오랫동안 지켜온 학술적 임무와 사회적 사명을 준수하는 가운데서도, 현실에서 당면한 존립과 경쟁, 그리고 확장을 위해 분투하고 있다. 경제적 동기가 새로운 선택을 이끈 '루브르 아부다비' 박물관의 설립은 이를 상징적으로 보여준다. 과거 루브르박물관이 정치적 의도에 따라 출범하게 된 역사와 크게 대비되는 모습이다.

이 같은 박물관 변화의 중심에는 박물관의 공공성이 확대된 이후 박물관을 마음껏 드나들고 문화 공간의 이용 욕구도 강한 세계 각지의 '관람자'들이 자리 잡고 있다. 오늘날 박물관의 존립 의미를 결정짓는 이들의 입장에서 루브르 아부다비의 신설은 문화 향유의 대중 선택지가 점차 증가하는 현상을 상징한다. 박물관의 장구한 역사에서 보면, 대중이 '시민'으로서의 자기 위상을 높이면서 문화기관을 이용하는 주체로 정립되고, 그러한 수요에 대응해 많은 기관이 설립된 것은 사실 극히 근래의 일이다.

박물관 공공성의 확장

현재까지의 연구에 따르면, '기억의 장소'로서 박물관은 고대 알렉산드리아에 있던 무세이온Mouseion에 기원을 둔다. 무세이온은 당대 최고의 지식과 정보를 수립하고 생산하던 공간이었다.[2] 이로부터 출발한 '박물'의 장소성에 유형의 사물이 덧붙은 것은 그리스와 로마에서였다. 그 초기 사례로 파우사니아스Pausanias(?~?)는《그리스 주유기Periegesis tes Hellados》에서 아테네의 아고라에 소재한 야외 '박물관' 같은 주랑 현관과 아크로폴리스의 관문propylaia 내에 위치한 미술관pinacotheke을 기술했고 플리니우스Secundus Gaius Plinius(23~79)는《박물지Historia Naturalis》35·36권에서 고대 로마의 조각품 전시를 소개했다.[3]

중세에 이르러 장소성에 대한 중요한 의미 변화가 종교 영역에서부터 발생했다. 이탈리아 몬테카시노 베네딕트수도원의 성물 보관이 대표하듯, 이 시대부터 '박물'은 특별한 물품의 보관을 의미하게 되었다. 르네상스 시기 들어 이 같은 흐름이 정치·경제 영역으로 확대되면서, '유럽의 첫 박물관'으로 일컬어지는 이탈리아 메디치궁처럼 폐쇄적인 공간을 매개로 아름다움을 향유할 수 있는 자격은 오직 권력자와 그 주변을 둘러싼 일부에 국한되었다. 문화적 차별은 특권계층의 지배를 일상화했다.[4]

르네상스 시기에 새롭게 등장하여 자기만족적·폐쇄적 성격을 강하게 띤 진열 공간은 이후로도 '스튜디오studiolo'·'갤러리galleria' 등의 차단된 공간을 거치며 명맥을 이어나갔다. 15세기 말부터 본격화된 지리상의 발견으로 급증하게 된 세상 온갖 희귀물들이 '캐비닛cabinet'·'경이로운 방Wunderkammer'·'예술품이 있는 방Kunstkammer' 등에 내밀하게 보관되었다. 17세기부터는 대륙 간 교역이 증가하고 전보다 많은 수집물이 축적되면서 지리학적·사회학적 확대가 이루어졌다. 또한 이전의 저장소들이 분화하고 전문적인 수집들이 활발해지면서 전체 세계의 재현이라는 생각이 세계의 부분에 대한 정확한 연구와 서술로 대체되어 갔다.[5]

'지리상의 발견'이 낳은 세계와 지식의 확대, 그러한 확대가 이끈 상업혁명과 과학혁명은 세계 인식구조에서 체계와 논리의 정립을 자극했고 이는 '박물' 하는 공간에도 명확한 영향을 끼쳤다. 1683년 설립된 영국 애슈몰린박물관은 고중세의 특수한 성소, 특별한 수집 공간이었던 '기억의 장소'가 명칭을 'museum'으로 바꾸고 기능을 전시·학습·실험 등으로 분류하면서 전문적인 '습득의 장소'로 변모한 최초의 사례이다.

애슈몰린박물관을 선두로 이후 영국박물관(1759), 루브르박물관(1793), 영국 내셔널갤러리(1824) 등 여러 공공박물관이 건립되었다. 하지만 박물관은 정치·경제·종교와 긴밀했던 과거의 차단된 장소성을 쉽게 떨치지 못했다. 여전히 박물관의 '진정한' 이용객은 지식인과 예술가들, 즉 소수의 특권층에 한정되어 있었다.[6] '박물'과 '기억'은 전통적인 일부가 독점하는 기호이자 영역이었으며, 대중은 그 영역에서 배제되어 있었던 것이다. 당대의 루브르박물관은 그 전형이었다.

1789년 프랑스혁명이 일어난 직후부터, 루브르박물관은 체제 변혁의 상징적 장치로서 커다란 변화를 맞이했다. 1793년 혁명정부는 국왕의 미술 컬렉션을 국유화하고 루브르를 공공기관으로 선포하면서 그것을 새로운 공화제 국가의 탄생을 극적으로 선보일 기회로 삼았다. 국왕의 궁전이 만인에게 무료로 개방되는, 대중을 위한 박물관으로 재조직된 것이다. 이로써 루브르는 구체제의 몰락과 신질서의 등장을 알리는 명백한 상징이 되었다.[7] 이전 시기까지 특정 계층이 독점했던 루브르궁의 역사·문화 자산들은 국가의 문화유산으로 탈바꿈되었고 이는 새로 개관한 루브르박물관 내에서 국민국가의 민족 구성원을 위한 교육 매체로 전시되기 시작했다. 근대 박물관의 탄생은 '국민'이라는 정치적 가치로 고양된 새로운 '공공 영역'의 출범을 알리는 신호탄이었다.[8]

하지만 그 최초의 신호는 사실 '시민성'보다 '국민성'과 '국가주의' 훈육에 기울었다. 혁명이 촉발한 18~19세기경의 박물관들은 교육시설이자 명작들의 전시 장소였으며, 정체성과 민족을 확립하고 과거의 증언과 원천을 보존하는 곳으로 기능했다.[9] 이는 분명히 박물관이 권력자와 특권계층을 위해 존재하던 과거의 폐쇄적인 기질을 탈피하고 있음을 보여주는 증거였다. 동시에 혁명 세력이 계몽을 명분으로 박물관을 활용하여 대중을 사로잡는, 박물관의 과도기적 처지를 드러내는 증거인 셈이다.

문제는 당시의 국가 구성원들이 계몽의 주인공이 되어 소속 사회의 운명을 뒤흔들고 있는 혁명 세력을 향해 문제를 제기할 수 있을 만큼 성숙하지는 못했다는 데 있었다. 칸트는 에세이 〈계몽이란 무엇인가〉(1784)에서, 계몽은 '인류가 스스로 초래한 미성숙' 상태나 종교적 권위 혹은 정치적 권위의 '도그마와 인습'에 '나태하고 소심하게' 복종하는 상태에서 탈출하는 것으로 인식했다. 아울러 계몽주의는 "감히 알려고 하라Sapere Aude!"를 사명으로 삼는데, 여기에 기본적으로 사상과 표현의 자유가 필요하다고 판단하고, "후세가 그들의 통찰을 확대해서 자신의 지식을 늘리고 자신의 오류를 바로잡는 것을 앞선 시대가 미리 가로막아서는 안 된다. 그렇게 한다면 인간 본성에 대한 범죄가 될 것이다. 인간의 진정한 운명은 바로 그런 진보에 있기 때문이다"라고 주장했다.[10]

하지만 대중은 역사 변동의 주체들이 계몽을 명분 삼아 휘두르는 권력 행사와 감시, 규율의 대상이었다. 여전히 속박된 처지여서 스스로 통찰을 키우고 오류를 고치기 어려웠다. 이 한계는 박물관에서 상당히 도드라졌다. 마침내 박물관의 문호가 전 국민에게 개방되었으나 실제로 자물쇠를 관계 공무원과 소수 전문가들이 전유한 상황이었고 국민의 관람행위는 한동안 엄격하게 통제되었다.[11] 결국 박물관은 운영 방향과 관람 기회 등을 장악한 권력 주체들이 대중을 사회적으로 차별하는 수단으로 활용되었다.

공공 영역으로서의 정착

20세기에 들어 대중이 근대의 구속으로부터 서서히 벗어나게 되면서, 박물관들은 본격적으로 그들을 주인공으로 고려하고 맞이하기 시작했다. 전통 권력의 약화가 대중 권리의 강화로 이어진 점은 다행스러운 진전이다. 이는 지난 세기 동안 민주주의가 국가주의보다 우위를 차지하고 훈육 대상이었던 대중이 사회제도가 창안한 교육 기회들을 이수하며 시민으로 성장한 데 따른 변화였다. 특히 박물관 '교육'에서, 국가·민족 차원의 정보 보급과 민속 체험이 중심이던 유럽의 박물관들과 달리 시민의 가치 공유가 초점이 된 미국의 박물관들이 대중을 위한 기관 정착에 크게 기여했다.

예컨대 미국 자연사박물관은 공공·공립 교육기관으로서 대중의 과학 탐구와 발견, 정보 보급을 기본 철학으로 삼았고 메트로폴리탄미술관 역시 교육 기능을 으뜸으로 삼았다.[12] 이에 따라 대중은 박물관 교육을 경험하는 과정에서 실용주의·평등주의 등의 가치를 공감하게 되었다. 이는 시민의식이 향상되고 박물관이 '공공 영역'으로 재정립되는 데 유효한 영향을 끼쳤다. 일련의 과정은 미국 학계가 주도적으로 대중을 역사 생산의 주체로 설정하고 그들과 밀접한 주제를 선택하며 시민사회의 역사적 가치를 궁구하고 공유하는 차원으로 공공역사 연구의 의미를 규정하는 동향과도 맞닿아 있다.

20세기 전반의 박물관들은 기존의 업무에서, 특히 교육 부문에서 세기의 후반까지 이어질 일련의 계기들을 거치며 시민의 시대에 걸맞게 외연을 확장해 나갔다. 또한 공공 영역으로 자리매김하며 정치적·정서적 문턱을 크게 낮췄다. 1899년 브루클린 어린이박물관, 1913년 보스턴 어린이박물관의 개관은 박물관 진입에 있어 대중의 경험 연령을 크게 낮췄다. 제1차 세계대전 중 교사들의 참전으로 학교가 비게 될 때에는 박물관 건물이 그 교육 기능을 대신했다. 1920년대부터는 전문 교육 인력이 박물관에서 활동하기 시작했다.[13] 박물관을 통해 공공 영역 내부에서 상호 관계를 맺는 전문가와 이용자가 동반 성장해 나간 것이다.

박물관의 공익적 운영 토대가 곳곳에서 구축되는 단계에 접어들었던 1926년, 국제 차원의 박물관 협력을 위해 '국제박물관사무소International Museums Office(1926~1946)'가 창설되었다. 1946년에는 박물관의 제도화를 지향하며 '국제박물관협의회International Council of Museum(이하 ICOM)'가 창립되었다. ICOM은 1951년 7월 처음으로 박물관의 '의미'를 정의했다.[14]

공공의 이익을 위해 다양한 방법으로 예술품·역사 유물·과학 유물이나 기술 유물, 식물원이나 동물원·수족관 등을 보존하고 연구하여 가치 있게 하며, 대중의 교육과 여가를 위해 그 문화적 가치를 전시할 의무를 갖는 모든 상설 기관.

'현대사'가 개막한 이후 상징적인 시점에 '공공의 이익'과 '대중의 교육 및 여가'가 명시되었다. 그만큼 공공을 위한 박물관의 운영과 사명에서 대중이 차지하는 위상은 뚜렷해졌고 점점 꾸준하게 신장되어 오늘날의 높은 수준에 이르렀다.

2002년 1월 4일 제정된 '프랑스 박물관법'은 국가에 의해 인정된 박물관들의 위치를 조화롭게 조정하고 각각의 다양성을 존중하는 한에서 이들을 연합하기 위한 목적으로 마련되었다. '프랑스 박물관법'은 '문화의 발전과 민주화에 이바지할 중심 기관으로서 사회의 기대에 부응하는 박물관의 역할과 위치를 새롭게 규정'한 데 의의가 있는 것으로 평가받는다. 여기서도 교육과 보급의 임무가 단호히 명시되고 있다.[15] 박물관이 소수의 개인을 위해 특별한 사물을 가뒀던 공간에서, 다수의 대중을 위해 내보이고 공유하며 가르치고 공감하는 기관이자 공공 영역으로 변모한 것이다. 이 같은 진화의 방향에서 보면, 앞으로 박물관은 공공의 주체인 대중이 직접 박물관의 운영에 관계하고 전시와 교육에 관여할 수 있는 단계로 한걸음 더 나아갈 필요가 있다.

시민의 존재와 관심을 아우르는 다양한 주제의 박물관들이 세계 곳곳에 건립되고 굳건하던 루브르 파리의 공간성을 넓혀 루브르 아부다비가 설립된 배경에는 자기경험을 중시하는 능동적인 대중의 동력이 자리 잡고 있다. 대중의 능동적인 참여에 따라 박물관은 학계 바깥의 대중 참여와 역사 생산성을 중시하는 공공역사의 장이자 거대한 관계망을 이룬 미시의 거점으로 정착하고 있다.

대중의 역사 생산과 참여 기반으로서의 박물관

여기서 제한적이나마 한국의 국립 박물관으로 눈을 돌려, 우리의 상황을 조금 들여다보려고 한다. 그 하나로 국립중앙박물관은 현재 한국과 세계의 문화유산을 체계적으로 보존·연구·전시·교육하여 국민의 창조적 문화 창출과 행복 추구에 기여하는 종합문화기관으로서 '모두를 위한 박물관'이 되기 위해, 국민의 삶과 함께하는 박물관, 미래를 선도하는 박물관, 세계로 나아가는 박물관이라는 목표를 수립하고 있다.[16] 국립고궁박물관은 국민에게 품격 있는 조선 왕실과 대한제국 황실 문화유산의 의미와 가치를 전달하고 관람객이 그 문화를 보며 즐기고 느낄 수 있도록 '디지털 뉴딜로 만드는' 친절한 박물관, 관람하기에 안전하고 쾌적한 박물관, 사회적 가치를 실현하는 따뜻한 박물관, 왕실문화 연구 결과와 전문 역량을 나누는 박물관을 지향하고 있다.[17] 우리 전근대사를 대표하는 두 국립박물관의 기관 운영전략에서 보면, '국민'으로 포괄된 '관람자'가 기관 운영의 핵심 주체로 설정된 것이다.

두 사례가 압축하듯, 오늘날의 박물관에서는 박물관의 역사적·문화적 가치가 관람자의 선택과 방문을 기점으로 전이되고 확산되어 나간다. 관람자의 입장에서도 박물관 관람은 자신의 정체성을 찾는 계기가 되며, 이것이야말로 개인과 박물관이 맺는 상호관계의 궁극적인 목표라고 파악한다.[18] 박물관의 전시와 교육은 그 같은 관계를 가장 두드러지게 매개하는 주요 경로이다.

국제박물관협의회ICOM는 2007년 이래 박물관을 '교육·연구·향유를 제공하기 위한 목적으로 인류와 그 환경의 유·무형 유산을 수집·보존·연구·소통·전시하여 사회와 그 발전에 기여하고 대중에게 개방되는 비영리적 항구기관'으로 정의해 왔다.[19] ICOM은 2007년뿐만 아니라 1951·1974년에도 시대에 따라 변화해 온 박물관의 역할과 기능을 반영하여 박물관을 정의한 바 있다. 그 같은 정의와 재정의들은 한결같이 '대중'을 중요시한다. 2007년의 박물관 정의에서도 박물관의 역할과 기능이 기관의 고유한 성과를 사회 발전에 기여하고 대중에게 개방하는 방향에 맞춰 규정되었다. 거듭 공표된 박물관 정의에서의 대중 중심성은 현재 견고하게 이어지고 있다. 2022년 ICOM은 박물관 운영 환경과 직결한 그간의 사회 변화를 수용하며 박물관 정의를 새롭게 개정했다.[20] 여기서도 대중, 특히 각양각색의 주체들을 폭넓게 아우르며 끌어안기 위한 목표들을 강조한다.

> 박물관은 유·무형의 유산을 연구·수집·보존·전시 및 전달하여 사회에 봉사하는 영구적인 비영리기관이다. 대중에게 개방되어 접근하기 쉽고 포용적이며 다양성과 지속가능성을 촉진한다. 박물관은 전문적이고 윤리적이며 지역사회의 참여로 운영되고 교육·향유 및 지식 확장을 위해 다양한 관객 경험을 제공한다.

박물관 현장에서 대중의 여러 가지 요청을 수용하고 실천하는 매개 역할은 소장품 수집·관리 및 보존, 학술 연구, 전시 연출, 교육 운영 등을 맡은 박물관 종사자들이 수행하고 있다. '학예연구사'로 불리는 이들은 역사·문화 차원의 고유 업무를 담당하며, 대중을 공공 영역에서 활동하도록 지원한다.

사실 형식적으로 매우 엄격하게 분별하자면, 학술 활동으로 볼 때 그들은 학계와 긴밀한 관계에 있거나 학계의 일원이다. 따라서 그들을 학계 밖의 공공역사가로 분류하기에는 애매한 면이 있다. 그럼에도 불구하고 업무 수행과정에서 전시 관람자와 교육 학습자를 박물관 속의 역사·문화 자산에 어느 정도 관여시키고 있으므로 대중과 역사, 또 대중과 학계를 연계한다는 측면에서 그들을 '공공역사적 존재'로 규정해도 좋을 것이다. 이들의 활동으로 박물관의 의미에 관한 ICOM의 원론적 정의가 대중 사이에서 실현되고 있다.

대중은 교양 증진이라든가 역사문화 학습 또는 여가 선용 등을 목적으로 박물관을 방문한다. 박물관을 찾는 대중이 많아지고 기호도 다양해

지면서, 박물관과 종사자들은 이들 대중의 요구를 면밀하게 읽고 충족하기 위해 분투한다. 이런 차원에서 찰스 콜Charles Cole의 정의를 빌려 말하자면 박물관은, '공중을 위한, 공중에 관한 역사[21]'를 구체적으로 전시·교육하는 곳으로서 공공역사가 실현되는 장소이며, 학예연구사는 대중을 향해 이 같은 박물관의 기능을 발휘하는 존재이다.

전근대사 박물관의 공공역사적 성격과 존립 가치

전근대사 박물관으로 특정해서 공공역사의 성격을 따져볼 때, 이곳에서 '공중'으로 치환할 수 있는 대중이 역사를 생산한 성과는 극히 미미하다. 게다가 구석기시대에서 대한제국 시기 동안의 고고·역사·미술 등 여러 전문 분야에 귀속된 박물관 소장품의 면면과 전시 주제, 그리고 교육과정으로 재현하고 있는 역사의 서사도 현재를 살고 있는 대중의 삶 자체나 그 삶의 소재와는 경험의 거리가 제법 멀다.

대체로 공공역사의 개념은 다양하고 복합적이며 가변적으로 규정되고 있다. 이는 대학과 학계의 전문적 학술 연구와 대비되는 상대 개념으로 역사서술과 재현의 실천 양식을 함축한다. 또한 제한된 전문 학술 활동 공간을 넘어 사회의 다양한 공적 삶에서 수행되는 역사 관련 활동과 실천을 지시한다. 그렇다 보니 공공역사의 개념은 학회·대학·연구소 등 전문 학술 거점 외부에서 이루어지는 역사 지식의 공적 활용·재현·전달·소통·매개의 모든 형식으로 규정될 수 있다. 게다가 사회 속 역사 활용의 다양한 실천 형식을 모두 포괄한다.[22]

전근대사 박물관은 근·현대사 박물관보다 보관하고 있는 소장품에 대한 기억과 경험이 상대적으로 선명하지 않으므로, 공공역사의 전형적인 무대 가운데 하나로 설정하기가 주저된다. 하지만 공공역사를 넓게 정의했을 때 학술적 분석과 연구에 주력하는 전문 역사 연구와 대조적으로 실천적 재현과 공유에 집중하는 측면에 주목한다면, 전근대사 박물관의 성격을 '공공역사적'이라고 인식할 수도 있다. 이를 대표하는 박물관의 재현과 공유 형식은 전시와 교육이다.

그 탄생이 사물의 수집에서 비롯된 만큼, 박물관은 '유물'이라는 물질성과 불가분의 관계를 맺고 있다. 이에 박물관은 '사물 증거 아카이브'로 불리기도 한다. 특히 전근대사 박물관은 발견·발굴·전래 등의 과정을 거쳐 축적된 먼 과거의 자료와 실증적 긴밀성이 높다. 이는 목격·증언·기록 등의 과정으로 수집된 근래의 자료와 실제적 긴밀성이 강한 근·현대사 박물관과 뚜렷하게 대비되는 차이점이다. 따라서 전근대사 박물관은 시간이라는 특수성 덕분에 고유성을 획득한 수장 자료를 활용하면서, 전시와 교육으로 관람자와의 관계성을 강화하고 부분적으로 관람자의 참여를 이끌어 내려고 한다.

전시는 박물관과 대중을 직접적으로 연결하고 소통시키는 활동이다. 또한 역사를 감각적·미학적으로 인식할 수 있도록 표현하는 작업이다. 아울러 공간에 유물을 정보와 함께 제시함으로써 특정한 의미와 맥락을 생산하는 미디어이다.[23] 이는 보통 개최 배경이나 목적에 따라 '상설 전시'와 '특별 전시'로 구분되며, 시대·주제·소재 등을 갈래로 다양하게 연출된다. 이 같은 방식의 다양성은 박물관이 소장품을 순환하며 효율적으로 관리하는 동시에, 성향이 각기 다른 관람자들과 효과적으로 소통하기 위해 선택하는 방안이기도 하다.

학예연구사는 전시 주제를 나름대로 해석하고 내용을 의도대로 기획·연출한다. 관람자는 기획자가 의도한 방식으로 구성된 전시품의 배열과 동선, 정돈된 해설을 따라 전시를 관람하게 된다. 관람 목적이 확고하거나 관람 의지가 전혀 없는 일부가 순서 바깥에 있긴 하지만, 대부분은 학예연구사가 기획한 순서를 일관되게 준수하여 동선에 순응하면서 진열장 너머의 전시품을 감상한다.

관람자가 전시된 유물만으로 전시의 주제와 내용을 이해하기는 쉽지 않다. 현재로부터 격리된 시간만큼 형태가 낯설고 용도를 단번에 떠올리기 어려운 대상들이 제법 많다. 이를 보완하기 위해 학예연구사는 관람자의 눈높이를 치밀하게 고려해서 유물의 명칭·재질·크기·제작 및 사용 시기 등을 간결하게 정리한 '표제'와 대강의 이야기를 기술한 '설명'을 전시품과 함께 게시하고 다양한 매체를 활용하여 완성한 각종 전시 해설 자료를 제공한다.

대상의 나열과 해설의 병기로만 이루어진 전시는 박물관을 지나치게 엄숙한 공간으로 만들고 관람자 다수의 흥미를 떨어뜨릴 수 있다. 이를 보완하기 위해 박물관은 여러 장치들을 이용하여 청각·촉각 등 다양한 감각을 복합적으로 자극하고 최신의 첨단기술로 개발한 영상·매체 등을 제공하는 방법으로 관람자의 감상과 참여 수준을 높이고 있다. 다만 대중의 참여가 전시의 끄트머리에 소감을 써서 게시하거나 관람 사후 자신의 SNS에 품평하는 선에서 소극적으로 이어지고 있는 점은 아쉬운 부분이다. '온라인 전시관'과 '전시 안내 어플리케이션'처럼 관람자가 장소에 구애받지 않고 주도적으로 감상 대상을 선택하여 표제와 설명을 직접 채택할 수 있는 수단들이 꾸준히 늘어난다면, 공중의 참여 통로가 지속적으로 확대되어 갈 수 있을 것이다.

최근에 활성화한 '실감 전시'도 공중을 박물관으로 초대해 그들이 이곳을 매력적인 공간으로 체감하고 지속적인 방문 가치를 체득하게끔 이끈다. 전시실 곳곳에 배치된 '전시품 촉각 체험 복제 교구' 역시 장애가 있는 관람자의 전시 접근성뿐만 아니라 장애가 없는 관람자의 감상 이해도를 개선하고 신체의 장애를 뛰어넘는 협력적 연대의식도 형성한다. 이러한 장치들의 부연은 공중의 문화 향유를 지원하고 모두의 보편적 권리를 신장하는 데도 고무적인 시도가 된다.

또한 여러 박물관에서 어린이 체험 공간이 활발하게 부설되고 있는 추세도 공공역사의 확산에 대한 기대감을 높인다. 과거 미국에서 어린이 박물관의 연이은 개관으로 대중의 경험 연령이 크게 낮아진 것처럼, 그 추세는 관람자의 박물관 진입 연령을 낮추고 성장기 때부터 사회문화적 공간에 익숙할 수 있도록 돕는다. 이는 공중이 박물관의 운영에 보다 적극적으로 참여해서 역사를 함께 생산하는 토대가 될 수 있다. 이렇듯 어린이박물관의 기능과도 긴밀하게 연관되어 있는 박물관 교육은 전시만큼이나 공중의 참여를 구체적으로 유도한다.

교육과정에서 박물관은 공중으로 묶여있는 여러 계층 각각의 사회적·신체적 처지, 특히 어린이·장애인·노년 등 상대적으로 취약한 교육 대상을 섬세하게 고려하고 있다. 박물관 교육은 학습자가 박물관의 소장품과 전시품, 그리고 이들로 구성된 전시를 어렵지 않게 경험하고 이해할 수 있도록 돕는다. 나아가 이들이 박물관에 항상 관심을 갖고 계속 방문하는 관람자로 정착하는 데 유의미한 계기가 된다. 어린이가 복제 토기 조각을 맞춰보는 증험, 발달장애인이 나전상자를 재현하는 체험, 여성이 불교 조각을 감상하며 긴장된 몸을 풀어보는 경험, 치매노인이 도자기를 만지며 기억을 연상하는 효험 등은 학습자 스스로가 한 번의 감각을 긴 성찰로 잇게 독려한다. 교육 통계는 이미 박물관의 운영 성과를 가늠하는 필수 지표로 평가받고 있다. 이렇게 '공공역사적 공간'에서의 전시와 교육을 매개로 대중은 공공역사의 무대에 오르는 데 필요한 모습으로 성장하고 있다.

공공역사의 주인공들을 위한 과제

이제 박물관은 역사를 수식하며 전근대의 '우월한 민족문화'를 강조하던 시기를 지나 매우 개방적인 네트워크로 연결된 세계와 그 주체들을 의식하며 오늘날의 '가치 균등한 보편문화'를 표방하고 있다. 이 맥락과 맞닿는 대표 사례로 국립중앙박물관에 조성된 '세계문화관'을 들 수 있다. 소장품의 내역과 형식에 천착하기보다 대중을 위한 의미와 방식에 비중을 두는 박물관의 정책적 시도와 설립이 점차 늘어날 것이다.

다시 언급하지만 역사 연구는 공중의 존재를 지향해야 한다. 그들에 대한 이야기를 담는 차원에 머물지 않고 그들이 직접 자신의 삶과 사회의 이야기를 쓰고 말할 수 있도록 진행되어야 한다. '공공역사적 공간'으로서의 박물관 운영도 이 같은 역사 연구 방향에 호응해야 할 것이다. 이를 이행하기 위해 '기관의 존속'과 '대중 권리의 증대'가 절실하다.

국내 박물관들 가운데 상당수는 기본적인 재정과 인력 기반이 취약하여 학예 인력의 고용 비용을 정부로부터 지원받고 있는 편이다. 특수한 상황이긴 하나 최근 유네스코가 조사한 결과에 따르면,[24] 코로나19의 대유행으로 인해 2021년 1분기에 전 세계 박물관 가운데 약 43퍼센트가 폐쇄 위기에 처했다. 수익 역시 2019년에 비해 80퍼센트 정도 감소했다. 이 결과는 거의 90퍼센트에 해당하는 8만 5,000여 개의 기관이 한동안 휴관해야 했던 2020년 5월보다는 양적으로 완화된 수준이다. 하지만 외부의 위기가 발생하더라도 재정과 고용의 안정성을 유지할 수 있는 박물관은 국내외로 충분하지 않다. 결국 공간의 위기는 기회의 위축, 사람의 불안으로 이어지게 된다. 자생하기 위해, 그리고 자생해서 대중에게 보다 나은 기회를 제공하기 위해 기관의 현황에서 실현 가능한 방안들이 지속적으로 창출되어야 할 것이다.

디지털 기술의 발전에 힘입어 전시와 교육 수준이 점점 향상되고 경험과 체험이 풍족해지고 있다. 시간과 공간을 단번에 넘을 수 있는 온라인 전시 관람과 교육 참가가 가능하게 되었다. 첨단기술이 나날이 발전하면서 온라인 연결 속도는 사람의 예측을 초월한다. 디지털로 창조되는 가상 세계는 마치 거울을 댄 듯 현실 세계와 매우 흡사해지고, 진입 장벽과 접속 압력은 사람들이 기술을 자유롭게 쓸 수 있도록 점차 낮아져 간다. 가상 세계 속에 자신의 대역을 적극적으로 보내 현재의 삶과 크게 다르지 않은 가공의 삶을 사는 일상이 실현되고 있다. 이렇게 지금의 사회상을 끊임없이 갱신하고 있는 기술이 관계의 상호 의존성에 영향을 크게 미치는 초연결 사회에 이르렀다.[25]

이런 상황에서 되짚고 싶은 질문이 있다. "이 같은 발전은 수많은 각자들로 구성된 모두를 포용하고 있는가?" 장애와 노화는 디지털 기술을 습득하는 데 적지 않은 어려움을 가한다. 첨단기술을 두른 박물관은 과감하게 기술로부터 배제된 사람들을 연결할 수 있는 책무를 실천해야 한다. 이에 더해 사람 사이의 유대를 꼼꼼하게 연결하며 전시품과 전시품, 사람과 사람을 이어가야 한다. 박물관이 모두의 권리가 평등한 관계의 동선을 지향하며 대중과 활발하게 연대할 때, 대중은 자신의 이야기를 소재로 함께 역사를 생산할 수 있을 것이다. 이렇게 했을 때 박물관은 '공공역사적 성격'을 딛고 진정한 '공공역사의 장'에 오르게 된다.

최근 국립중앙박물관에 두 점의 국보 반가사유상을 나란히 병치한 '사유의 방'이 문을 열었다. 박물관은 관람자의 정서적·성찰적 만족을 희구하며 공간에서 사실의 나열과 해설의 간섭을 최소화했다. 걸음이 계속 이어져 많은 관람자들이 '사유의 방' 안에서 외부의 정보보다 자신의 내면에 충실하여 거듭 사유하게 되기를 바란다. 나아가 이를 통해 직접 역사를 생산하고 함께 활용할 수 있는 공공역사의 주인공들이 점차 많아지기를 희망해 본다. ●옥재원

3
다크 투어리즘:
국가폭력과 집단 트라우마의 시청각 체험

본래 '여행'은 '고통' 혹은 '고난'을 의미한다. 한자로 '旅行(여행)'의 '旅(여)'는 군기를 앞세우고 행진하는 군사들을 형상화한 글자다.[1] 전통사회에서 일반적인 사람들은 전쟁이나 추방 같은 아주 특별한 일이 아니면 자신의 마을 공동체를 떠날 일이 없었다. 마을 밖에 무엇이 있을지 알 수 없는 상황이고, 기본적인 먹고 자는 것부터가 고난의 연속일 수밖에 없었다. 이러한 여행의 의미는 서양에서도 비슷했다. 영어 단어 'travel(여행)'의 어원은 노동과 고통을 의미하는 'travail(고생)'이다.[2] 동양과 서양을 막론하고 '집 떠나면 고생'이란 말이다.

여행 경비 마련에서부터 의사소통의 문제, 낯선 환경과 음식 등 어려움이 적지 않다. '익숙한 것'을 떠나는 것이기에 고통이고, '낯선 것'을 마주해야 하기에 고생이다. 그런 '고생'이 여가 활동의 한 부분으로 인식되기 시작한 것은 근대 이후의 일이다. 산업혁명과 교통의 발달로 원거리

이동이 일상화되어 불특정한 외부인을 대상으로 한 식당과 숙박업소가 확산되면서 오로지 내 튼튼한 두 다리로 걸어야만 했던 이동, 그리고 식사와 잠자리에 대한 원초적인 걱정이 사라졌기에 가능한 일이었다. 등 따습고 배불러야 여유도 생긴다. 여유가 생겨야 주변을 둘러보고 즐거움을 느낄 수 있는 거다. 그런 면에서 지금의 중국에서 여행의 의미로 사용하는 '旅遊(여유)'라는 말은 아주 절묘한 표현이다.

이제 떠나는 것 자체를 즐길 수 있게 되었다. 인류가 남긴 빛나는 유산을 찾아보기 위해, 현대 생활에서 느끼는 소외로부터 탈출하기 위해, 일상을 떠나 다른 시대와 다른 장소의 새로움 속에서 재충전하기 위해, 여러 다양한 목적에서 여행을 떠난다. 근대 이래 여행은 휴양과 즐거움을 추구하는 대표적인 여가 활동이 되었다.

그런데 휴양과 즐거움을 위한 여행이 아니라, 바쁜 일상의 시간을 내서 기꺼이 국가폭력으로 자행된 역사의 현장이나, 인간의 잘못이 초래한 재해와 재난이 일어난 유적지, 그 실상을 보여주는 기념관 등을 찾아가는 여행이 있다. 다크 투어리즘Dark Tourism이다.

다크 투어리즘이란

다크 투어리즘은 전쟁·학살 등 비극적인 역사의 현장이나 엄청난 재난과 재해가 일어났던 당시의 장소, 역사적으로 어두운 상처나 과거를 되돌아볼 수 있는 기념관이나 박물관, 무덤 등을 여행 또는 방문하는 것이다. 그리고 이를 통해 역사적 실체를 파악하고, 재난과 사건 등으로 희생된 사람들을 애도하며, 죽음을 자신과 대입해 보면서 감정을 이입하고 비극적 사건의 본질을 성찰함으로써 교훈을 얻는 여행이다. 다크 투어리즘과 비슷한 의미로 블랙 투어리즘Black Tourism 또는 그리프 투어리즘Grief Tourism, 타나투어리즘Thanatourism이라는 용어를 사용하기도 한다. 국립국어원에서는 '역사 교훈 여행'으로 순화하여 사용한다.[3]

세계문화유산으로 등재된 아우슈비츠수용소는 가장 대표적인 다크 투어리즘 여행지로 꼽힌다. 폴란드에 위치한 이 수용소는 2차 세계대전 당시 나치 독일이 유대인을 비롯한 약 400만 명을 학살했던 홀로코스트의 장소이다. 현재 박물관으로 사용되고 있는 아우슈비츠수용소를 방문한 여행객들은 생체실험실, 고문실, 가스실, 처형대, 화장터 등 당시 학살이 자행된 현장과 함께 희생자들의 머리카락과 낡은 신발, 옷가지 등의 유품, 나치의 잔학상을 기록한 영상 등을 관람할 수 있다.

이와 함께 중일전쟁(1937) 당시 군국주의 일본에 의해 약 30만 명이 학살된 '난징대학살' 사건을 기리는 중국의 난징대학살기념관侵華日軍南京大屠殺遇難同胞纪念馆, 캄보디아에서 급진적인 공산주의를 표방한 폴 포트Pol Pot가 이끄는 크메르 루주(붉은 크메르) 정권이 4년 동안(1975~1979) 약 200만 명의 양민을 학살한 '킬링필드Killing Field' 사건의 유적지와 그 희생자들을 기리는 기념관, 2001년 이슬람 테러단체 알 카에다에 의한 항공기 충돌 테러로 많은 사람들이 희생된 '9·11테러 사건'의 현장인 뉴욕의 그라운드 제로Ground zero 등도 세계적으로 잘 알려진 다크 투어리즘 여행지다.

한국의 대표적인 다크 투어리즘 여행지는 1948년 제주도에서 경찰, 국군 등 국가권력과 우익 청년단체가 제주도민 수만 명을 학살한 사건인 '제주4·3항쟁'의 유적지와 그 실상을 알려주는 제주4·3평화공원, 한국전쟁 당시 공산 포로와 반공 포로 간의 유혈 사태로 많은 희생자가 나온 거제포로수용소, 1980년 신군부의 쿠데타에 저항한 '5·18민주화운동' 과정에서 쿠데타군에 희생된 시민들의 넋이 잠든 국립5·18민주묘지와 쿠데타를 일으킨 부당한 국가권력에 저항한 5·18민주화운동을 알려주는 5·18민주화운동기록관, 일제강점기에는 일본제국주의의 식민지배에 저항한 독립운동가들이, 해방 후에는 독재권력에 저항한 민주인사들이 수감되어 고초를 겪었던 서울의 서대문형무소역사관 등이 있다.

다크 투어리즘의 기원은 고대로까지 소급된다. 고대 그리스인들과 로마인들이 이집트 왕들의 무덤인 피라미드를 여행한 것이나, 중세의 순례자들이 종교적 박해지 혹은 종교적 성인들의 순교지 등을 방문하여 성스러운 죽음과 고통의 의미를 성찰한 것이 대표적인 사례이다. 하지만 이와 같은 여행을 현대의 다크 투어리즘과 동일 선상에서 비교할 수는 없다. 당시에는 여행 자체가 일상적이지 않았고, 순교성지를 찾아가는 여정 자체가 고행이었기 때문이다.

오늘날 다크 투어리즘의 성장은 교통과 통신, 그리고 대중매체의 발전에 의한 지극히 현대적인 여행 현상이다. 통신과 결합된 대중매체의 발달로 사람들은 TV 뉴스나 신문을 통해 거의 매일 죽음이나 재난에 대해 시청각적으로 생생한 정보를 획득하게 되면서 죽음을 특별한 일이 아닌, 일상생활의 하나로 수용하게 되었다. 또한 영상기술의 발전에 의해 죽음이나 참사의 재현, 또는 복제가 매우 용이해져 다양한 대중매체를 통해 죽음이나 참사를 간접적으로 경험할 수 있게 되었다.[4]

케네디 대통령 암살 사건은 당시 TV 뉴스를 통해 전 세계 사람들에게 반복적으로 중계되었다. 1991년에는 영화 〈JFK〉로 제작되어 암살 사건이 재현됨으로써 다시금 사회적인 관심을 환기했고, 이와 같은 대중매체로부터 자극받은 많은 사람들이 실제 케네디 대통령이 암살된 텍사스주

댈러스 시내에 위치한 딜리 플라자 일대를 방문하기도 한다.

이러한 현상은 한국도 비슷하다. 항일 독립운동과 관련된 지역이나 인물이 많음에도, 사람들은 TV 프로그램이나 영화 등의 대중매체를 통해 이미 간접 체험한 장소를 많이 찾는다. 일본제국주의에 저항하다 감옥에 투옥되어 모진 고문을 받는 독립운동가를 재현한 모습이나, 1945년 해방 후 우익 청년에 의해 암살된 백범 김구 선생의 마지막 모습에 자극받아 서대문형무소역사관이나 경교장을 방문한다. 비극적이고 역사적인 사건이 있었던 실제 장소를 직접 방문하려는 욕구는 편리해진 교통수단에 의해 어렵지 않게 실행된다. 대중교통을 비롯한 다양한 교통편을 통해 접근성이 좋아졌기 때문이다.

교통과 통신, 대중매체의 발달을 통해 사람들은 죽음과 참사에 대한 호기심에서 실제 장소를 방문하여 죽음과 참사를 간접 체험하고 이를 성찰의 계기로 삼는 전 과정을 소비할 수 있게 되었다.

이러한 여행에 대한 분석과 연구는 1990년대 중반부터 영국의 관광학계를 중심으로 발전하여 '다크 투어리즘'으로 체계화되었다. 1994년 영국의 관광학자 로젝C. Roject은 미국의 케네디 대통령이 암살된 장소나, 영화배우 제임스 딘이 교통사고로 사망한 장소, 폴란드의 아우슈비츠수용소 등 공통적으로 죽음과 고통을 의미하는 장소를 찾는 여행의 목적지로서 '블랙 스팟Black Spot', 즉 '어두운 곳'으로의 여행에 주목했다.[5] 비슷한 시기, 또 다른 영국의 관광학자 새턴A. V. Seaton은 1996년 죽음과 관련된 혹은 죽음을 의미하는 곳을 방문하여 죽음의 의미를 되새긴다는 여행의 목적에 주목하여 '사거관광(타나투어리즘)'이라는 개념을 제시했다.[6]

죽음과 고통을 의미하는 어두운 장소로 여행하는 것에 대한 용어로 '다크 투어리즘'을 사용하여 다크 투어리즘의 사회적 이해가 확대된 것은 스코틀랜드의 맬컴 폴리Malcolm Foley와 존 레논John Lennon에 의해서였다. 이들은 공동집필로 1996년 《국제유산 연구International Journal of Heritage Studies》에 게재한 권두언 〈어둠의 심연Heart of Darknessitorial〉과 〈JFK와 다크 투어리즘JFK and Dark Tourism〉이라는 논문에서 죽음이나 재난과 관련된 장소를 회상, 교육, 그리고 엔터테인먼트의 목적으로 방문하는 것을 '다크 투어리즘'으로 개념화하여 이 용어를 처음으로 사용하였다.[7]

이후 폴리와 레논이 2000년 공동 저서로 《다크 투어리즘》을 출간하면서 '다크 투어리즘'이 사회적으로 널리 알려지게 되었고, 이에 대한 연구의 저변도 확대되었다. 그들은 이 책에서 다크 투어리즘을 20세기 혹은 21세기 매스미디어의 영향, 상업화에 의한 관광 상품화, 근대성에 대한 불안이나 의혹으로부터 영향 받은 탈근대적이고 현대적인 관광상품 중 죽음 혹은 재난 지역이나 관련 상징물을 방문하는 관광 현상으로 재규정했다. 이를 통해 그들은 암울한 과거의 장소를 찾는 비슷한 유형의 다른 여행 개념과 다크 투어리즘을 차별화하는 동시에 교훈적 의미나 일상의 탈피를 체험하는 여행의 한 유형으로 해석하는 견해를 제시했다.[8]

나아가 폴리와 레논은 자신들이 규정한 다크 투어리즘의 개념에 따라 다크 투어리즘의 실제 여행을 크게 전쟁 지역·묘지 방문, 식민지 역사, 홀로코스트, 재난 지역, 유령 또는 공포, 감옥 여행 등 7개 유형으로 구분했다. 이와 같은 여행 유형의 분류는 주제에 따라 재난이나 죽음과 관련된 여행뿐만 아니라, 근대 이래 세계적으로 발생하고 있는 이념 대립이나 민주화운동 과정에서 나타난 무자비한 국가폭력, 인종차별이나 소수자에 대한 사회적 차별로 인한 참상을 비롯하여 공포·비극과 관련된 여행으로까지 상당히 폭넓게 다크 투어리즘의 영역을 확장했다.

최근에는 애쉬워스Ashworth, 이삭Isaac, 튠브리지Tunbridge, 강은정, 이

정렬 등의 관광학자들이 다크 투어리즘을 '불편한 유산dissonant heritage'과 관련된 관광 현상으로 파악하는 연구를 발표했다. 이들은 과거 참혹한 사건이 일어났던 장소를 방문한 여행객들이 느끼는 불편한 감정에 주목하여 다크 투어리즘을 불편한 유산 또는 잔학행위의 유산heritage of atrocity을 찾는 여행이라고 했다.[9]

지금까지 살펴본 다크 투어리즘에 대한 개념이나 대표적인 다크 투어리즘의 여행지를 살펴보면, 다크 투어리즘에는 뚜렷한 공통 요소가 있다. 바로 죽음이나 재난이 발생한 장소의 성격에 따라 다소 다르게 나타나지만, 부당한 국가권력의 폭력으로 인한 대규모 학살, 편향된 이념과 인종주의 등 사회적 광기에 따른 소외된 소수자에 대한 차별과 폭력, 통제를 벗어난 과학기술에 의한 대규모 참사 등 사회적 위기에 대한 관심과 인간과 사회에 대한 성찰이다.

다만, 현재까지 진행된 다크 투어리즘에 대한 개념이나 논의에는 일정한 아쉬움이 있다. 주로 어딘가를 찾아 방문하는 것을 전제로 한 관광학계 또는 여행학계를 중심으로 진행되어 왔기 때문인지 논의 중심이 관광산업의 관점에 치우쳐 있다는 점이다. 단순한 호기심 또는 공감과 성찰 등 여행객들이 다크 투어리즘을 실행하게 된 동기, 과거의 참혹한 죽음이나 사건이 다크 투어리즘의 여행객들에게 어떻게 이해되고 영향을 주는지 등에 대한 고민은 깊지 않다는 느낌이다. 이 부분은 참혹한 사건이 일어났던 장소를 상품화한다는 부작용과 함께 다크 투어리즘의 의미를 더욱 살리기 위해 많이 고민해야 할 문제라고 생각한다.

한국의 다크 투어리즘

다크 투어리즘이 한국 사회에 알려지기 시작한 것은 오래되지 않는다. 2000년대 들어 대안관광과 문화관광이라는 범주 내에서 새로운 개념의 관광 형태인 다크 투어리즘이 소개되기 시작했다. 때마침 학교 교육 현장에서 체험학습의 수요가 높아지면서 과거 수학여행과는 다른 교육관광이 여행업계에 새로운 수익원으로 등장했다. 교훈적 의미를 강조한 관광 상품의 개념과 다크 투어리즘이 결합되어 한국 사회에서 다크 투어리즘에 대한 인지도가 높아지게 되었고, 다크 투어리즘의 여행객도 점차 증가하고 있다.[10]

사실 한국의 경우 '다크 투어리즘'이라는 용어를 사용하지 않았지만, 전쟁, 학살 등이 일어난 참혹한 역사의 현장이나 엄청난 재난과 재해가 일어났던 당시의 장소를 방문하는 여행은 이미 2000년대 이전에 상당히 일찍 시작되었다.

1987년의 6월민주화운동 이후 한국 사회의 민주화가 크게 진전되면서, 그동안 이념과 독재정권에 의해 은폐되거나 공개적으로 거론할 수 없었던 과거의 참혹한 사건들이 하나둘 세상에 알려지기 시작했다. 또한 그때까지 사회를 옥죄고 경직시켰던 반공 이데올로기가 일정하게 붕괴되면서 역사학계에서는 그동안 공개할 수 없었던 한국에서의 사회주의운동 및 사회주의 계열에서 전개했던 독립운동에 대한 연구 성과들을 공개했다. 그리고 '국정교과서' 등을 통해 군사독재 정권하에서 강요되었던 획일적인 역사 해석을 탈피하여 과거의 역사 사건을 새로운 관점, 다양한 관점에서 재해석한 역사 서적들도 출간되기 시작했다.[11]

이러한 한국 사회의 변화, 역사학의 연구가 진전되는 과정에서 새롭게 알려지는 과거 역사적 사건들의 진상을 파악하기 위해, 그동안 주목하지 못했던 역사적 사건들을 새롭게 인식하기 위해, 그리고 그 역사적 의미를 되새기기 위해, 사건의 희생자들을 추모하기 위해, 역사학계와 진보적인 시민단체를 중심으로 참혹한 사건에 대한 당시의 현장과 관련 유적, 생존자를 찾아가는 '답사'가 진행되기 시작했다. 현재까지 남아있는 과거의 빛나는 역사유적을 찾아가는 일반적인 역사유적 답사와 다른 새로운 성격의 답사였다. 보통 하나의 사건 또는 주제를 중심으로 답사한다는 의미에서 '주제 답사'라는 명칭을 사용했다. 한국에서 다크 투어리즘의 본격적인 시작이라고 할 수 있을 것이다. 이러한 한국적 배경에서 국립국어원이 다크 투어리즘을 '역사 교훈 여행'으로 번역한 것인지도 모르겠다.

1980년대 말부터 시작된 한국적 다크 투어리즘으로서 주제 답사의 대상지는 1990년대까지 제암리 3·1운동 유적지, 서대문형무소역사관, 제주4·3항쟁 유적, 5·18민주화운동 유적 등 주로 근·현대사와 관련된 지역을 중심으로 전개되었다.

근·현대 역사적 사건들이 주목받은 이유는 우선 과거 권위주의 정권 및 군사독재 정권에서 공개적으로 거론할 수 없었던 사건들이었다는 점, 둘째, 당시까지는 대체로 관련자가 생존했기 때문에 직접 증언을 들을 수 있었다는 점, 셋째, 전근대 시대와 비교하여 상대적으로 관련 자료를 보다 많이 확보할 수 있었다는 점 등을 꼽을 수 있을 것이다. 2000년대 이후로는 역사학계의 연구 성과 축적과 세계적인 탈냉전의 분위기, 그리고 한국 사회의 경제력 향상 등을 통해 한국인들의 해외여행이 붐을 이루면서 다크 투어리즘의 대상 지역도 국제적으로 확장되었다. 1920년 만주에서 일본군에 의해 다수의 한인들이 학살된 사건인 '경신대참변'과 관련된 만주 지역, 한인들이 노예와 같은 노동을 했던 하와이의 사탕수수 농장과 멕시코의 알로에 농장, 1907년 제2회 만국평화회의에 고종황제의 특사로 활동하다가 사망한 이준李儁의 묘소가 있는 네덜란드의 헤이그, 한인들이 제국주의 일본에 의해 강제동원되었던 일본과 해외 각지 등이 새롭게 다크 투어리즘의 대상지로 확장되었다.

또한 역사적으로 재조명되었던 과거의 사건들이 사회적으로 재인식되어 제주4·3평화공원이나 국립5·18민주묘지, 서대문형무소역사관과 같이 기념시설들이 조성되면서, 현재 한국에서는 학생들의 교육 프로그램의 일환으로 대규모 교육관광이 진행될 정도로 다크 투어리즘이 활성화되고 있다.

다크 투어리즘의 부작용

빛이 있으면 어둠이 있다. 다크 투어리즘이 활발하게 진행되는 과정에서 다양한 부작용도 나타나고 있다.

가장 먼저 제기되는 부작용은 다크 투어리즘의 지나친 상업화이다. 앞에서도 살펴보았듯이 다크 투어리즘은 전쟁이나 재해, 인종말살과 같은 비극적인 역사의 현장을 확인하면서 희생자에 대한 추모, 지역의 슬픔 공유와 함께 자기반성을 통해 교훈을 얻는 여행이다. 그런데 이러한 여행이 관광산업 또는 상업과 결합하면서 누군가에게는 치유되지 않은 아픔과 고통을 대상화하여 기업들이 더 많은 이익을 위해 관광상품으로 개발하고 있다는 비판이 제기된다. 다크 투어리즘 여행객의 감정을 이익의 수단으로 삼는 것이다. 또 비극적이고 참혹한 사건이 발생한 지역을 많은 여행객들이 방문하면서 나타나는 무분별한 행위, 식당이나 상점과 같은 지역사회에서의 소란 등으로 인해 역사적·사회적 맥락의 이해라는 취지와 달리 지역 주민들의 일상생활이 방해받는 것도 문제이다. 다크 투어리즘이 아닌 오버 투어리즘으로 변질되는 것이다. 그리고 이 과정에서 해당 사건의 현장 보존, 기념물, 많은 여행자들의 방문 등으로 인해 해당 사건의 생존자나 목격자들에게 당시의 참혹상을 떠오르게 하는 트라우마 소환의 문제점도 있다.[12]

두 번째는 반역사적 또는 선택적인 기념물 조성의 문제점을 꼽을 수 있다. 일본은 인류역사상 유일하게 원자폭탄의 참혹함을 경험한 나라이다. 원자폭탄이 투하된 히로시마와 나가사키에는 모두 이에 대한 '평화기념관'이 조성되어 있다. 이 두 곳의 전시물을 통해 수만 명의 희생자, 생존한 피폭자의 아픔, 원자폭탄의 참혹한 결과를 생생하게 알 수 있다. 그런데 일본에 원자폭탄이 떨어지게 된 원인, 세계전쟁을 일으킨 일본의 역사적 책임에 대한 내용은 쉽게 찾아볼 수 없다. 전시물들은 원자폭탄으로 인한 참혹한 결과만을 강조하면서 앞으로 다시는 이런 일이 없도록 세계평화를 기원한다.[13] 역사적 맥락을 외면한 반역사적인 인식이라고 할 수 있다.

그렇다면 한국은 어떨까. 서울에 있는 '서대문형무소역사관'은 대표적인 다크 투어리즘 대상지 중 한 곳이다. 이곳을 찾은 방문객들은 실제 감옥으로 사용된 유적과 전시물을 통해 제국주의 일본의 잔혹한 식민통치와 수많은 독립운동가들의 숭고한 희생에 대해 알 수 있다. 그런데 거기까지다. 서대문형무소는 1908년 경성감옥으로 시작하여 1987년까지 실제 감옥으로 사용되었다.[14] 시간적으로 보면, 일제강점기에 사용된 시간보다 해방 이후 독립한 한국에서 감옥으로 사용된 시간이 더 길다. 제국주의 일본이 사용한 시설과 도구들은 해방 후 한국 정부에서도 그대로 사용되었다. 그 기간 동안 과거 독재정부에 항거한 많은 민주인사들 또한 이곳에 수감되어 고통받았다. 그중에는 일제강점기에는 독립운동가로, 해방 이후에는 민주인사로 수감되었던 분들도 있다. 하지만 서대문형무소역사관의 전시 내용에서 민주화운동과 관련된 내용을 찾기는 어렵다. 일제강점기부터 1987년까지 지속적으로 불의한 권력에 대항하여 투쟁했던 인물들이 수감된 곳이었으나, 해방 이후의 한국 정부에 부끄러운 내용은 외면하고 일제강점기의 독립운동 관련 내용만을 강조한다. 이것은 선택적 역사인식이라고 할 것이다. 이렇게 다크 투어리즘으로 당시의 역사상을 이해할 수 있도록 조성한 기념시설이라고 하지만, 그것을 조성한 세력 또는 정권의 인식이 투영되는 기념시설로 조성되는 문제점도 부작용 중 하나이다.

셋째, 다크 투어리즘 아닌 다크 투어리즘의 문제이다. 대표적인 것이 휴전선 지역에서 행해지는 안보관광이다. 방문객들에게 전쟁의 참상을 보여주고 전쟁에 대한 자기성찰을 할 수 있도록 한다는 다크 투어리즘의 명분으로 진행되지만, 실제 내용은 다르다. 여행 중에 맞닥뜨리게 되는 것은 북한군과 대치하고 있는 엄혹한 상황, 북한의 호전성, 이에 대한 대한민국 국군의 철통같은 방어태세 등이다. 북한에 대한 적개심과 대결 의지를 강조하고 있는 것이다. 한반도에서는 여전히 냉전이 진행 중이라는 사실 확인이다. 남한과 북한 모두에서 100만 명이 넘는 사망자, 국토의 황폐화 등의 전쟁의 참상이나, 이산가족의 고통과 세계에서 유일한 분단국가의 아픔, 그렇기에 소중한 평화의 가치 등과는 거리가 상당히 멀다. 결코 다크 투어리즘이라고 할 수 없다.

넷째, 지나치게 감정에 호소하는 해설이다. 이러한 문제점은 독립운동 관련 유산이나 참혹한 역사적 사건이 일어난 장소지만 기념시설 등 전시물이 전혀 없는 곳에서 주로 나타나는 현상으로, 실제로는 진행자 또는 해설사의 준비 부족이 가장 큰 원인이라고 할 수 있다. 깊이 있는 해설을 준비하지 못한 진행자 또는 해설사는 가해자를 절대악, 희생자를 절대선으로 대비시키면서, 제국주의 일본 또는 가해자의 잔혹함과 독립운동가 또는 희생자의 참상과 숭고함에 대해 방문객의 감정에 지나치게 호소하는 경향이 있다. 이는 그 자체로 문제이지만, 새로운 부작용도 발생시킨다. 일본제국주의의 잔혹한 고문이나 죽음의 위협 앞에서 굴하지 않고 당당했던 독립운동가나 희생자의 모습을 지나치게 강조함으로써 여행객들에게 독립운동가나 희생자들을 매우 특별한 존재로 생각하게 만든다. 이로 인해 여행객들이 독립운동가 또는 희생자들의 삶이나 희생에 공감하고 성찰하게 하는 것이 아니라, 그들은 애초에 태생부터 보통 사람인 나와는 본질적으로 다른 특별한 존재들로 분리하여 인식하게 한다. 나와 같은 사람으로서 희생자에 대한 공감이 아니라, 오히려 나와 다른 존재임을 인식하게 하는 부작용을 낳는 것이다.

이처럼 현재 진행되고 있는 다크 투어리즘에는 다양한 문제와 부작용이 있다. 그렇다면 어떻게 다크 투어리즘을 기획해야 할까.

다크 투어리즘, 어떻게 기획할까

다크 투어리즘은 단순한 호기심에 의해 죽음 또는 재난지를 여행하는 것과 구분해야 한다. 다크 투어리즘의 참여자들에게 공감과 성찰의 계기를 제공함과 동시에 과거 비극적인 사건에 대한 해당 지역 사람들의 트라우마를 소환하는 위험도 헤아려야 하기 때문에 그만큼 세심하게 기획되어야 한다. 참여자들과 진행자, 해설자가 처음부터 함께 과거의 사건을 학습하고, 방문지를 선정하고, 고려해야 할 여러 문제들을 고민해야 하는 기획이 되어야 한다. 그러나 본래 해당 사건을 함께 공부해 온 세미나팀과 같은 모임이 아닌, 다양한 생활환경을 가진 사람들을 대상으로 한 다크 투어리즘에서 이와 같은 기획은 현실적으로 쉽지 않다. 따라서 여기에서는 다크 투어리즘을 기획할 때 일반적으로 고려해야 할 사항을 중심으로 알아보도록 한다.

우선적으로 고려할 사항은 '어디로 갈 것인가'의 장소 선정이다. 다크 투어리즘은 휴양과 즐거움의 추구라는 여행의 일반적인 목적과 달리 과거 참혹한 사건이 일어났던 역사의 현장이나 재난이 발생했던 장소를 찾아 성찰과 공감하는 것이 목적이기 때문에 장소 선정은 다크 투어리즘의 목적과 직접적으로 연관된 매우 중요한 문제이다. 우리가 찾아가는 장소는 특정한 사회의 관계 및 가치, 의미를 담고 있는 사회적 공간이자 역사적 사건의 기억이 저장된 역사적 공간이다. 다크 투어리즘을 기획하는 주제의식이 충분히 담긴 장소를 선정해야 한다. 그리고 장소 선정에는 참여자들의 연령, 경험, 교양의 정도, 해당 사건에 대한 사전 지식의 정도 등을 고려해야 한다. 참여자들이 어린 학생들이라면, 그 역사적 사건에 대한 전시물과 기념물들이 충분히 조성되어 있는 곳이 좋다. 과거의 사건을 추상적으로 구조화하기 어려운 학생들이 다양한 시청각 전시물을 통해 사건의 내용을 충분히 파악할 수 있어야 한다. 예컨대 제주4·3 평화공원과 같이 과거 사건의 현장과 전시시설의 위치가 서로 다를 경우, 군이 역사의 현장만을 고집하지 말고 전시시설이 갖추어진 제주4·3 평화공원을 선택하는 것이 적절하다. 참여자들이 성인이라면, 아무런 전시시설이 없더라도 사건의 현장 방문을 더 추천한다. 현장이 자연상태로 방치된 곳이라고 하더라도, 당시의 역사적·사회적 맥락을 파악하면, 사회적이고 역사적인 공간으로서의 현장 자체가 가지고 있는 메시지가 전달될 수 있다.

두 번째는 진행과정의 고려 사항이다. 과거의 참혹한 역사적 사건이나 재난과 관련하여 한 곳이 아닌 여러 곳을 찾아가는 다크 투어리즘에서는 가능하다면 방문지의 순서를 당시 사건의 시간적 흐름에 따라 편성할 것을 추천한다. 사건이 발생한 시간의 순서에 따라 장소를 이동하면 당시 사건의 흐름과 맥락이 자연스럽게 이해되기 때문이다. 허용된 시간이나 교통편이 이것을 허락하지 않는다면, 해설자가 충분히 참여자들에게 사건의 흐름과 맥락을 환기시켜야 한다. 그리고 이 과정에서 식당과 식사 메뉴의 선택도 고려해야 한다. 어디를 가나 동일한 형태로 동일한 음식이 나오는 식당보다는 그 지역의 특징적인 음식이 나오는 식당을 선택하는 것이 좋다. 그 지역의 식재료로 만든 음식에는 그 지역의 고유성이 담겨 있다. 따라서 식사 도중 참여자들 간에 음식을 매개로 그 지역의 사회적·지리적·역사적 맥락과 관련한 대화와 토론이 가능하다.

세 번째는 전문성 높은 해설자이다. 다크 투어리즘에서 해설자는 매우 중요한 존재이다. 해설자는 참혹한 역사적 사건과 그 현장에 대한 깊이 있는 해설을 통해 참여자들의 관심을 이끌어 내고, 이들의 인식에 영향을 주며 성찰의 계기를 제공한다. 전시시설이 갖추어진 공간보다 기념시설 등이 조성되지 않은 자연상태의 공간에서 해설자의 역할은 훨씬 중요하다. 전시물이나 기념물이 전혀 없는 공간에서 사건에 대한 인식은 거의 전적으로 해설자의 해설에 의존하게 되기 때문이다.

따라서 해설자는 참여자들의 연령이나 교양 수준 등을 고려하여 적절한 해설을 준비해야 한다. 참여자들의 상황에 맞는 해설이 진행될 때, 참여자들의 사건에 대한 사회적·역사적 맥락에 대한 인식이 깊어지고, 그만큼 성찰의 계기도 풍부해진다.[15] 아는 만큼 보이고, 보이는 만큼 인식하게 된다.

이 과정에서 해설자는 참혹했던 사건이나 그 관련자들의 희생에 대해 지나치게 감정적으로 호소해서는 안 된다. 사건의 배경, 인과관계 등을 다양한 측면에서 구조적으로 해석해 주고, 희생자들에 대해서도 그들의 구체적인 직업이나 이전의 생활 등을 함께 설명하여 희생자들도 나와 또는 우리와 비슷한 사람이었음을, 결코 특별한 존재였기 때문에 희생된 것이 아니었다는 점을 해설해 줄 필요가 있다.

관련 인물들의 참상이나 희생을 너무 강조하면, 참여자들이 그들을 특별한 존재나 동정의 대상으로 인식할 위험이 있다. 그렇게 되면 참여자들은 과거의 사건에 공감하지 못할 뿐만 아니라, 나와 같은 일반적인 사람하고는 관련 없는 사람들이나 사건으로 인식하게 되는 부작용이 발생할 수 있다. 사건의 현장에 대한 해설에서도 해당 사건만 집중적으로 해설할 것이 아니라, 다른 시대, 다른 사건과 관련된 내용을 적절히 함께 해설할 필요가 있다. 그러한 해설을 통해 이곳이 결코 특별한 공간이라서 참혹한 사건이 일어난 것이 아니라, 그 이전부터 그리고 그 이후에도 여전히 사람들의 삶이 진행되는 사회적 공간이자 역사적 공간이라는, 공간의 다양성을 환기시킬 필요가 있다. 이를 통해 참여자들은 참혹한 사건이 발생한 역사적·사회적 맥락에 대한 이해를 높일 수 있다.

그 현장에서 발생했던 사건이 여전히 역사적으로나 정치적으로 논쟁이 계속되는 사건이라면, 해설자 자신의 판단을 강조하지 말고, 대립하는 주장들을 가감없이 해설하는 것이 필요하다. 사건에 대한 가치 판단은 참여자 스스로에게 맡겨야 한다. 대립하는 양쪽의 주장을 충분히 알게 되면, 그 사건에 대한 참여자의 새로운 관심이 유발되고, 이는 다크 투어리즘 이후에도 지속적인 관심과 학습으로 이어질 수 있다.

여행의 형태는 다양하다. 그중에서도 죽음, 재난, 참혹한 역사적 사건의 현장을 찾아가는 여행이 다크 투어리즘이다. 그렇다고 이와 같은 여행 모두가 다크 투어리즘일 수는 없다. 개인적으로 좋아했던 연예인이나 유명인이 사망한 장소를 찾아가는 여행과 국립5·18민주묘지나 아우슈비츠 수용소를 찾아가는 여행이 같을 수는 없다. 죽음을 매개로 추모를 위한 여행이라는 모습은 비슷하지만, 이 둘은 질적으로 다르다. 앞의 여행은 자신이 익히 알고 있는 사람을 추모하는 사적 행동이고, 뒤의 여행은 사망한 사람들의 희생의 가치에 공감하여 이름도 얼굴도 모르는 사람을 추모하는 사회적 행동이기 때문이다.

어두운 이미지의 장소를 찾아가는 여행이지만, 궁극적으로 밝은 사회를 지향하는 여행이다. 다크 투어리즘이 한국 사회에서 더욱 의미 깊게 전개되기를 희망한다. •한성민

2장
미디어와
대중문화

1
대중문화의 역사 활용과
공공역사로서의 역사영화*

대중역사인가, 공공역사인가

2022년 봄, OTT 시장을 뜨겁게 달군 〈파친코〉(애플TV)의 전 세계적 성공은 K-문화를 넘어 바야흐로 K-히스토리 시대의 서막을 알리는 신호탄일지 모른다. 우리에겐 따분하고 지겹고 때로는 부끄럽기까지 한 역사가 외국인들에게는 새롭고 흥미로운 이야기로 다가간다는 사실은 반갑고도 놀라운 일이다.

영어로 된 변변한 한국사 책이 많지 않은 현실에서 역사가 대중문화의 모습으로 생생하게 다시 태어나 세계의 대중들과 만나고 있다. 이처럼 대중문화의 다양한 스펙트럼 위에서 역사는 여러 방면으로 활용되고 있지만, 그것을 과연 '공공역사'로 부를 수 있을 것인가에 대해서는 이견이 있다. 차라리 역사의 실용성을 강조한 '응용역사applied history'나 오락성을 강조한 '대중역사popular history'라고 쓰는 편이 낫지 않을까?

"대중이 소비하는 역사"를 '대중역사'라 한다면, "대중이 소비하는 역사를 생산하는 주제"를 '대중역사가'라고 할 수 있다. 그런데 한국에서 '대중역사'라는 용어는 종종 부정적 어감으로 사용된다. 이런 시각에 따르면 대중역사는 보수성, 확증편향, 역사학과의 불화를 특징으로 가지며, 대중역사가들은 대체로 전문적으로 훈련받은 역사학자들이 아니지만, 그중에는 전문적인 역사학자도 '더러' 섞여있다고 한다. 따라서, '대중역사'란 대중문화/대중 영역에서 활용/재현되는 역사 전반을 지칭하는 것이라기보다는, 대중역사서, TV, 팟캐스트, 대중 강연, 유튜브 등을 통해 '역사 소비' 시장을 장악하면서 민족주의에 편향되어 대중적 인기를 누리는 역사를 말한다.

이 대중적 인기는 역사학자들의 우려 속에서도 교과서 서술이나 정부와 기관의 정책에까지 영향을 준다. 더구나 데이터베이스화된 사료가 인터넷에 제공되어 일반 대중들의 사료 접근성이 높아지면서 대중역사는 더욱 확산된다. 여기에 역사학을 전공하지 않은 비전문가들이 자신의 자의적인 기준과 기호에 따라 역사를 주관적으로 재구성하는 방식으로 '대중역사'를 유포시킨다. 이른바 '환단고기류'를 신봉하는 역사학자와 재야 사학자, 민족주의적 시각에서 다소 선동적인 방식으로 역사를 강연하는 방송인들, 역사 저널리즘을 추구하는 역사 르포르타주 작가 등의 활동과 결과물이 대표적인 '대중역사'인 것이다.[1]

'공공역사가'와 '대중역사가'를 구분하는 또 다른 견해에 따르면 '대중역사가'는 "역사 소비의 오락성을 가미하여 역사학자를 대신해 역사를 대중에게 전달하고 있으며, 과거를 대상으로 하는 문화산업의 발전에 일조"한다.[2] 이러한 구분에 의하면 '공공역사가'는 훈련받은 전문적 역사가로 한정되고, 대중문화 분야에서 역사를 활용하는 비전문적 역사 애호가들은 '대중역사가'로 호명된다.

그런데, 만일 이와 같이 전문성을 기준으로 양자를 구분한다면 그러한 전문성의 증거는 제도적으로 뒷받침되는 학위나 자격증 따위에 지나치게 의존하게 된다. 이것 역시 '공공역사', 혹은 '공공역사가'에게 어떤 권위를 부여함으로써 여러 다양한 해석들이 공존하고 경합하는 것으로 '역사의 민주화'를 꾀하는 공공역사의 지향을 스스로 배반하게 된다. 따라서 공공적 영역에서 일하는 전문 역사가뿐만 아니라 역사 재현의 다양한 분야에서 오랜 경험과 시행착오를 거치며 역사적 방법을 체득한 비전문 역사가들도 마땅히 '공공역사가'로 보아야 하지 않을까. '공공역사가'는 자격이 아니라 역할이기 때문이다.

'대중역사'와 '공공역사'를 구분하는 것은 의도치 않게 또 다른 위계화를 초래할 수 있다. 자칫 '대중역사'는 대중에게 인기가 있거나 대중에게 영합하는 역사, 그러므로 공공성을 잃어버린 역사라는 식으로 읽힐 위험이 있으며, 그 대립항으로서 '공공역사'를 상정하게 된다. 그러나 공공역사는 공공성을 선취한 역사라는 의미가 아니다. 이러한 구분은 공공역사를 지나치게 고정적인 대상으로 만들어 특권화함으로써 개방성과 탈권위라는 공공역사의 전략을 위배해 버린다. 대중문화에서의 역사 활용을 어떻게 바라볼지는 공공역사의 핵심적인 의제 중 하나인데, 특히 영화와 같은 영상 스토리텔링 콘텐츠에서의 역사 재현 방식은 문제적이다.

곤경에 빠진 역사영화

영화는 대중문화 가운데에서도 역사 재현에 가장 활발한 매체 중 하나이다. 영화, 드라마, 연극, 뮤지컬, 웹툰 등의 서사극 장르에서 역사를 소재로 한 것을 역사 서사극, 흔히 사극, 혹은 시대극이라고 부르며, 영화에만 국한한다면 '역사 극영화historical film'라 부를 수 있다. 여기서는 전체 역사 극영화 중에서 실존 인물, 실제 사건, 구체적인 시대의 재현이라는 세 가지 요소 중에서 한 가지라도 비중 있게 다루고 있는 모든 역사 극영화를 광범위하게 역사영화history film라고 부르기로 한다. 이는 곧 사극 중에서 구체적인 시대를 의미 있게 재현하지 않은 영화들은 논의에서 제외한다는 것을 뜻한다. 이러한 영화들은 역사에 대한 영화라기보다는 과거에 대한 부분적인 이미지만을 차용한 것이기 때문이다.[3]

이러한 규정은 역사영화를 "이윤 창출과 오락이 목적이 아닌 과거에 대한 이해를 우선시하는 영화"로 정의한 것이나,[4] "역사적 사실/진실을 진정성 있게 탐구하고 일관된 관점으로 재해석한 영화"라는 논의[5]보다 훨씬 폭넓은 범주로 역사영화를 논할 수 있다는 장점이 있다. 전자는 역사영화가 마치 이윤 창출이나 오락과는 완전히 별개의 영역에서 존재하는 듯한 오해를 불러일으킬 수 있으며, 후자는 '진정성'이나 '일관성'의 기준이 자의적일 수 있어 공공역사의 범주 자체를 협애화할 수 있기 때문이다.

아무리 역사영화가 사실에 기반했거나 그것을 모티브로 했다고 해도, 역사의 '재현 불가능성과 재현 불완전성'[6]으로 인해 사실을 그대로 담을 수 없다는 것은 당연한 일이다. 하지만, 우리가 역사영화를 볼 때 그것은 적어도 사실이거나 사실일지도 모르는 것을 다루는 영화라는 기대 속에 보게 된다. 따라서 역사영화가 사실과 다르거나 고증에 충실하지 못했다는 이유로 비판을 받은 것은 어제오늘의 일도 아니고 한국만의 일도 아니다. 하지만, 역사영화가 친일 문제나 역사 왜곡 문제로 크게 논란이 일고 흥행에까지 결정적인 영향을 미친 것은 2000년대 중반의 〈청연〉을 필두로, 2010년대 중후반의 〈덕혜옹주〉, 〈군함도〉, 〈나랏말싸미〉 등의 사례를 대표적으로 꼽을 수 있다.

〈청연〉(윤종찬, 2005)은 최초의 민간 여성 비행사 박경원(1901~1933)의 삶을 다룬 영화이다. 하지만, 박경원이 친일파이며 영화가 친일파의 삶을 미화했다는 논란이 일어 흥행에 큰 타격을 입었다. 온라인에서는 무려 100억 원의 제작비가 투입된 이 영화에 일본 자금이 유입됐다는 근거 없는 루머까지 떠돌아 영화 불매운동으로 이어지기도 했다. 사실, 그녀의 비행기는 일제가 하사한 것이었으며, 영화 속에 아름답게 묘사된 추락사 장면은 일제가 만주 침략을 홍보하기 위해 계획한 '고국 방문' 비행 중에 일어난 사고였다. 영화 홍보과정에서도 박경원이 최초의 여성 비행사라고 했다가 네티즌들이 잘못을 지적하자 부랴부랴 마지막 엔딩 자막을 별도로 고쳐 넣는 해프닝도 있었다.[7]

윤종찬 감독은 처음엔 박경원을 항일적 인물로 그리려 했다가 사실과 다르다는 것을 알고 나중에 수정했다고 한다. 또한, "한 사람이 꿈을 향해 노력하고 쓰러지는 과정을 보여주고자 했으며, 꿈을 향해 노력할수록 조국으로부터 멀어질 수밖에 없었던 박경원의 비극을 통해 시대의 비극을 그리고 싶었다"는 감독의 항변은[8] 이 영화가 친일파를 미화했다거나 심지어 친일 영화라는 과격한 비판들이 제작진의 입장에서 보면 억울한 점이 없지 않음을 보여준다.

하지만, 문제는 이 영화가 친일 논란의 소지가 있는 인물을 영화의 주인공으로 삼았다는 점보다는 주인공이 인생을 대하는 태도를 묘사/표현하는 방식이 당시 대중의 바람과 동떨어져 있다는 것에서 발생했다. 곧 '비행사 되기'라는 미션을 가진 주인공이 1920~1930년대라는 시대적 제약, 식민지민이라는 제약, 여성이라는 제약, 계급적 제약이라는 여러 가지 제약에 부딪혀 고군분투하다가 결국 꿈을 이루었나 했지만 안타까운 죽음에 이르는 과정은 충분히 영화적일 수 있다. 하지만, 영화 속의 박경원은 온갖 차별과 역경을 정면으로 뚫고 나아가는 주인공으로서의 피땀 어린 노력을 보여주는 대신, 친일파의 아들—비록 그가 내면적으로는 친일파가 아니라고 할지라도—과의 로맨스에 러닝 타임의 대부분을 할당함으로써 비극성을 낭만성으로 대체하는 결과를 초래했다.

실제로 최초의 여성 비행사인 권기옥이 독립운동을 위해 중국군에 들어간 것과 비교해 보면, 영화 소재로 권기옥이 아닌 박경원이 채택되어야 하는 이유를 비극성만으로 설명하기에는 설득력이 약하다. 관객은 역사 영화가 과거에 그랬다는 것을 보여주는 것에 그치지 않고 과거에 그러했던 것을 왜 이 시대에 우리가 다시 되새겨 볼 가치가 있는지를 보여주기를 기대한다.

〈청연〉과 마찬가지로 〈덕혜옹주〉(허진호, 2016)도 실존 인물의 일대기를 다룬 영화이다. 덕혜옹주는 대한제국의 마지막 황녀로서 만 13세에 강제로 일본으로 끌려가 정략결혼을 당하고, 해방 후에도 바로 조국에 오지 못하고 불행한 삶을 살다가 정신병원까지 가게 된 비극적 인물이다. 비극적인 인물을 다룸으로써 시대의 비극을 드러낸다는 전략은 〈청연〉과 동일하지만, 〈덕혜옹주〉의 경우는 실제로 그녀가 하지 않았던 일을 한 것처럼 묘사함으로써 인물을 미화하는 것을 넘어서 역사를 왜곡, 날조한 것으로 비판받았다.[9] 또한, 영화가 근왕주의나 복벽주의를 주장하고 있다는 오해와 더불어 반일 민족주의를 부추긴다는 비난도 받았다. 사실, 덕혜옹주는 영화의 주연 캐릭터가 되기에는 너무나 수동적인 인물이었다. 이에 감독과 제작진은 주인공으로서 인물의 매력도를 높이기 위한 몇 가지 허구적 에피소드를 추가하여 덕혜옹주가 마치 독립운동에 가담한 듯이 능동적 인물로 묘사했다.[10] 같은 지적을 받았던 동명의 원작 소설(권비영, 2015)보다도 한걸음 더 나아간 허구적 설정으로 인해 영화 속의 덕혜옹주는 실제의 덕혜옹주와는 동떨어진 인물이 되었다.

그런데 이 영화는 역사 왜곡이라는 비난 속에서도 560만 명이라는 적지 않은 관객 수를 기록했다. 이 수치는 이러한 논란이 아니었다면 더 커졌을 가능성이 있다. 이에 대해 감독은 이 영화가 왜 역사적 사실과 다른 선택을 했는지 긴 인터뷰를 했는데, 이는 감독이나 제작진의 입장에서는 '의도적으로' 역사 왜곡을 했다거나 '진정성 없는' 영화라는 것이 가장 견디기 힘든 비난이라는 것을 암묵적으로 보여준다. 만일, 영화가 캐릭터의 매력 여부보다는 실제 인물의 비극성을 더 깊이 있게 보여주는 데 집중했다면 왜곡 논란은 없었을 것이다. 비슷한 콘셉트의 〈마지막 황제〉(베르나르도 베르톨루치, 1987)가 미국, 프랑스, 영국, 이탈리아 4개국 합작영화이기 때문에 오히려 유지가 가능했던 제3자의 시선을 〈덕혜옹주〉는 견지하지 못했다. 자신이 그리려는 인물에 대해 냉정함을 갖기보다는 연민과 안타까움이 더 컸던 제작진의 인물에 대한 애정은 그가 "이러했으면 좋았겠다"는 희망사항이 되어 영화에 삽입되었다.

이듬해 개봉한 〈군함도〉(류승완, 2017)는 특정한 역사적 인물을 그린 영화는 아니지만, 당시의 수많은 강제징용 노동자를 대표/표상하는 인물들이 주인공인 영화다. 개봉 당시 '군함도'는 국민적 관심사였다. 2015년 일본은 군함도를 유네스코 세계문화유산으로 등재하면서 강제징용과 같은 역사를 알 수 있도록 표지판이나 카탈로그, 웹사이트에 적시하겠다고 약속했지만 그 약속은 끝내 지키지 않았다. 이에 분노한 한국인들은 〈군함도〉의 개봉 소식에 반색하면서 엄청난 기대감을 보였다. 이 영화가 일제가 은폐한 역사의 진실을 밝혀 반성하지 않는 일본에 따끔한 경고를 날려주기를 바랐던 것이다. 곧 강제징용을 당한 필부인 가상의 인물이 주인공으로 등장하여 이 주인공을 통해 당시 군함도의 전체 모습과 내부 사정, 강제징용의 실태와 일제의 식민 정책의 본질 같은 것들을 폭로하는 영화로 기대되었다. 실제로 이 영화는 "1945년 지옥섬 군함도, 그곳에 조선인들이 있었다"는 카피를 내걸어 "마침내 군함도의 진실이 밝혀진다"는 식으로 홍보되었다.

하지만 영화를 본 후 관객들의 반응은 이 영화가 역사의 진실을 밝히는 것에 관심을 두기보다는 이슈가 될 만한 역사적 소재를 차용하여 블록버스터의 문법에 충실한 오락적 요소를 너무 많이 배치함으로써 실제 역사의 진실과는 거리가 있다는 것에 실망했다는 것이었다.[11] 급기야 역사왜곡 문제에 당시 투자배급사인 CJ의 스크린 독과점 문제까지 더해져 비난이 빗발쳤다. 영화는 시기를 잘 타서 이슈화되면 흥행에 성공하고 그렇지 못하면 실패하기 마련인데, 이 영화는 거꾸로 화제성으로 인한 초기 흥행이 얼마 못 가 비난과 불매 등으로 이어져 결국 기대에 못 미치는 흥행 성적을 거두게 되었다. 하지만, 이 영화의 감독과 배우, 제작진들은 이러한 비판과 달리 진정성 있는 태도로 영화 제작에 임한 것으로 보인다.[12] 오락영화 연출에 일가견이 있는 감독과 스타 캐스팅 및 대규모 프로덕션 운영이 가능한 능력 있는 제작자는 자신의 장기를 살려 웰메이드 영화를 탄생시켰지만, 관객들은 이 영화가 오락영화이기보다는 조금 더 역사적 진실에 근접한 영화이기를 바랐던 것이다. 특히 일제보다 조선인이 더 나쁘다는 식의 묘사라든가, 강제징용 노동자 가운데 민족지도자나 독립군 등이 포함되어 있었다는 설정, 군함도의 좁은 갱도에서 일했으리라고 믿을 수 없는 근육질의 남성 캐릭터의 존재, 그리고 실제로는 가능하지 않았을 엔딩의 탈출 장면 등은 영화적 상상력이 역사적 개연성을 배반했을 때 어떤 비난에 직면할 수 있는지를 보여주었다.

그러나, 〈군함도〉에 대한 비판은 다소 과도한 측면도 있었던 것으로 보인다. 예컨대 영화에 등장하는 '조선인을 등쳐먹는 조선인'의 존재 자체를 일제에 대한 비판을 희석시키는 역사 왜곡으로 보는 견해가 있었는데, 이 영화가 구조의 본질을 미처 파헤치지 못했다고 할 수는 있어도 그러한 존재를 등장시킨 것을 역사 왜곡이라고 할 수는 없다. 이를 왜곡이라고 보는 것은 식민지 조선인 전체가 피해자이기만 한 '피해 공동체'를 상정함으로써 과거의 일제가 아닌 현재 일본과의 대결 구도를 영화 속에서도 확인받고 싶은 심정의 발로인 측면이 더 크다.

오히려 〈군함도〉가 군함도의 세계문화유산 등재를 방해하기 위한 '허구적 창작물'이라고 하면서 강하게 비판한 쪽은 일본이었다는 것을 상기한다면 〈군함도〉가 친일적이라거나 상업적 목적을 위해 의도적으로 역사 왜곡을 했다거나 하는 비난은 부당하다고 할 수 있다.[13] 반면 〈봉오동 전투〉(원신연, 2019)처럼 '시원하게' 일본군을 무찌르는 영화는 아무리 과장되었어도 적어도 큰 역사 왜곡 논란은 없다. 이는 역사영화와 민족주의적, 혹은 애국주의적 서사의 친연성을 보여준다.

마지막으로 〈나랏말싸미〉(조철현, 2019)는 처음부터 한글 탄생에 대한 진실을 밝힌다는 것을 강조했다. 말하자면 이 영화는 실존 인물 이야기를 바탕으로 하되 알려진 역사의 이면을 발굴하고 새로운 역사 해석을 제시한 영화라는 것이다. 한글 창제에 대한 정설은 예전엔 세종과 집현전 학자들의 협업의 결과로 설명되었는데, 연구가 진척되면서 집현전 학자들이 한글 창제에 그다지 도움이 되지 못했고 심지어 처음엔 알지도 못했다는 것이 밝혀짐으로써 최근에는 세종이 직접, 그리고 홀로 한글 창제를 주도했다는 세종 친제설이 정설로 자리 잡고 있다.

하지만 아무리 천재라고 해도 세종 혼자 그 많은 일을 해냈다는 것은 납득하기 어려운 일이다. 이 때문에 한글 창제의 진실은 여전히 미스터리로 남아있다. 2011년 SBS에서 24부작 드라마로 방영된 〈뿌리 깊은 나무〉에도 한글 창제와 반포에 얽힌 속사정, 세종과 신하와의 정치적 견해 차이로 인한 논쟁 등이 실감나게 묘사되었지만 세종이 한글을 창제했다는 상식을 깨는 것은 아니었기 때문에 역사 왜곡 논란은 없었다.

반면, 이 영화는 한글 창제 뒤에 숨은 조력자로서 신미 스님이 있었다고 말하고 있다. 조철현 감독은 이 영화가 세종의 위대함이 형성되어 가는 과정을 보여주고 싶었으며, 지금까지와는 전혀 다른 방식으로 한글 창제과정을 재해석한 영화라고 주장했다. 사실 그는 소문난 역사 애호가로서 이준익 감독이 연출한 〈황산벌〉(2003), 〈구르믈 버서난 달처럼〉(2010), 〈평양성〉(2011), 〈사도〉(2015) 등의 제작자이며 기획자, 각본가이기도 하다. 감독은 좀처럼 촬영 허가가 나지 않는 문화재 보유 사찰에서 영화 촬영을 허가받는 등 불교계와 인연이 깊었으며 불교계에서 주목한 신미 한글 창제론[14]을 알고 있었다. 그는 한글 창제에 얽힌 이야기를 영화로 만들겠다는 포부를 거의 20년 동안이나 마음에 품고 조금씩 자료를 모으고 공부를 해왔다고 한다. 또한, 한국사와 국문학사 분야의 관련 논문과 저서뿐만 아니라 몽골, 티베트, 인도 등의 언어학·음운학에 이르기까지 광범위한 자료를 섭렵했다. 역사학자, 국문학자, 언어학자들에게 수차례 자문도 구했는데, 특히 언어학자가 쓴 《한글의 발명》(정광, 2015)에 나오는 한글 제자製字 원리는 이 영화에 결정적인 영감을 제공했다고 한다.

이처럼 감독은 진정성과 사명감을 가지고 자료에 근거해 역사를 재해석한 것이라고 주장했지만, 관객들은 이를 세종을 폄훼하는 역사 왜곡으로 받아들이고 거세게 비판했다. 영화의 오프닝 자막에 이 영화가 많은 한글 창제설 가운데 하나임을 밝혔지만 소용이 없었다. 역사학자들은 《세종실록》의 기록을 근거로 세종이 신미를 만난 것이 창제 이후라는 것을 밝힘으로써 이 영화가 역사를 왜곡했다는 비판에 힘을 실었다.[15]

역사 왜곡 논란에, 한 출판사의 상영금지 가처분 신청,[16] 개봉 직전 여배우의 급작스런 자살이라는 비보까지, 여러 악재가 겹쳐지면서 이 영화는 제대로 된 영화적 평가를 받기도 전에 침몰하고 말았다. 감독이 개봉 1년 전 불교방송과의 인터뷰에서 자신의 '재해석'에 자신감을 보인 나머지, 지금까지 알려진 역사보다 이 영화가 더 진실에 가깝다는 식으로 말한 것이 뒤늦게 알려지면서 논란이 거세졌다.[17] 이에 감독은 이 영화가 결코 세종대왕을 폄하하려는 것이 아니었는데 소통과 노력의 부족이라며 관객의 마음을 존중한다는 심경을 밝혔다.[18]

위의 네 가지 사례에서 보듯 역사영화에 대한 비판은 다른 일반적인 영화에 대한 비판과 달리 영화의 완성도와 무관하게 이루어지는 경우가 많다. 역사영화 못지않게 사실성이 문제가 되는 SF영화의 경우에는 과학적 오류가 있다고 해서 그것이 '옥의 티' 이상으로 비난받거나 사회적으로 논란을 일으켜 흥행과 비평에 치명적 결과를 안겨주는 일은 거의 없다. 과학도 그 자체는 공공적인 것이지만, SF영화가 과학적 이론과 맞지 않는다고 해서 과학의 공공성이 훼손되는 것은 아니다. 그런데, 왜 유독 역사영화의 경우엔 문제가 되는가?

앞에서 살펴본 역사영화에 대한 비판과 논란은 역사영화가 가지는 강한 공공성을 반증하는 것이라고 할 수 있다. 따라서, 역사영화를 만들고

자 하는 영화인들은 자신의 의도와 무관하게 '사실상' 영상으로 역사를 서술하고 있다는 것, 곧 공공역사를 실천하고 있다는 것을 자각할 필요가 있다.

역사영화를 둘러싼 쟁점들

앞의 역사영화에 대한 비판적 논의들 속에서 도출할 수 있는 쟁점들은 다음과 같다. 첫째, 〈청연〉의 예처럼 역사영화는 부정적 인물—주로 친일적 인물—을 주인공으로 삼아서는 안 되는가 하는 점이다. 부정적 인물이나 반영웅적 인물이 영화의 주인공인 경우가 아주 없지는 않지만, 이것은 영화 제작자의 의도와 상관없이 영화의 주제와 반대의 메시지를 주게 될 가능성이 있다. 영화의 주인공은 관객이 감정이입을 하는 대상이기 때문에 영화의 주인공이 부정적 인물이라도 어쩔 수 없이 그에게 연민을 갖게 된다. 〈청연〉에서 박경원이 만주 일본군 위문비행을 한 것은 그녀가 친일적 인물이어서가 아니라 일제 측의 끈질긴 회유와 협박, 고민하는 그녀에게 "조선이 너한테 해준 것도 없잖아"라며 비행을 계속하라는 죽은 연인의 유지, 그리고 무엇보다 비행에 관한 그녀의 꿈 등 복합적이고도 인간적인 고뇌의 결말이었다고 항변한다. 이것이 단지 근거 없는 상상력의 산물에 불과하다고 해도 인간적인 갈등과 고민까지 아예 없었다고 단정 지을 수는 없다.

둘째, 역사영화가 허용하는 영화적 상상력은 어디까지인가 하는 점이다. 이는 역사영화에서 오락성의 추구는 어디까지 가능한가 하는 문제와도 연관된다. 〈덕혜옹주〉에는 역사적 사실과 맞지 않지만 제작진의 희망

사항을 그린 장면이 등장한다. 덕혜가 조선인들에게 힘을 주는 연설을 하는 장면이나 망명을 기도하는 장면 등이 그것이다. 이 장면은 명백한 역사 왜곡이라는 여론의 뭇매를 맞았는데, 이는 사실 주인공을 좀 더 능동적 캐릭터로 만들기 위한 장치였다. 또한, 〈군함도〉의 마지막 탈출 장면이나 리얼리티에 어긋나는 다소 과도한 설정들―갱도에서 촛불집회를 연다든지, 광복군이 몰래 숨어들었다든지 하는 것들―은 다분히 영화가 제작될 당시의 촛불집회를 은유하면서 동시에 오락적 목적의 선택이었을 것이다. 보통의 영화라면 당연하게 여겨질 이 오락성의 추구가 역사영화에서 역사적 진실의 추구와 서로 배치되는 경우에는 문제가 될 수 있다. 이 영화의 세트는 놀랄 정도로 정교하고 사실적이지만, 촛불집회를 열 정도로 여유 있는 공간, 넓은 갱도가 있었다는 설정은 외부와 완전히 차단된 통제된 삶을 살았던 강제징용 노동자들이 어린아이와 왜소한 남자 어른만 겨우 들어갈 수 있을 정도의 좁은 갱도로 상징되는 열악한 노동 환경에 처해 있었다는 것을 본의 아니게 은폐하게 된다.

상대적으로 큰 제작비가 소요되는 역사영화는 대개 상업영화의 테두리 안에서 제작되므로 흥행을 위한 오락성 추구는 불가피한 일이다. 하지만, 오락성이란 영화의 주제 및 정조情調에 맞게 달라지는 것이지 특별히 고정된 오락적 요소가 따로 있는 것이 아니다. 역사의 공백에 있었을 법한probable 일을 풍부한 상상력으로 채워 넣을 수 있는 재기발랄함 자체가 관객들에겐 재미의 요소일 수 있다.

셋째, 역사영화에 삽입된 상상적 허구를 일종의 역사 해석으로 볼 수 있는가 하는 점이다. 역사영화에서 허구의 개입은 역사 왜곡 논란을 일으킨다. 하지만, 실제로 일어났거나 일어났음 직한, 혹은 일어났을지도 모르는 일들을 다루는 역사영화에는 정도의 차이는 있지만 분명히 영화적 상상력에 입각한 허구의 설정이 들어가게 마련이며, 허구의 개입 자체가 역사적 진실 추구에 배치되는 것은 아니다. 진실은 사실과 항상 완벽히 일치하는 것은 아니며 진실은 사실만이 아니라 허구를 통해서도 드러날 수 있기 때문이다.

영화를 생산하는 주체들은 역사적 기록과 기록 사이, 알려진 사실과 사실 사이의 공백/여백을 상상력으로 메우기도 하고, 극적 재미와 공감을 불러일으키기 위해 허구적 설정을 넣기도 하며, 역사에 대한 재해석이나 주제를 드러내는 은유적 장치로서 허구를 넣는 경우도 있다. 이 때문에 기록에 나오지 않은 인물이나 정설이 아닌 이설을 소재로 삼는 역사영화도 얼마든지 존재할 수 있으며, 이때 창작의 주체들이 만들어 낸 상상력의 산물은 나름의 논리와 개연성이 뒷받침될 때 역사 해석이 된다.

그렇다면 대체 어디까지가 재해석이고, 어디부터가 왜곡이 되는 것일까. 분명한 것은 역사영화는 사실과 사실 사이의 빈틈, 기록과 기록 사이의 여백을 영화적 상상력으로 채움으로써 관객을 과거의 시대적 현실 속으로 옮겨놓는다는 것이다. 만일 기록과 배치되는 것을 영화에 묘사하고자 할 때는 타당한 이유가 있어야 하고 왜 그렇게 기록될 수밖에 없었는지도 아울러 설명할 필요가 있다. 영화 내적으로도 설명되지 않는 사실의 변형, 특히 정치적 의도에 의해 행해지는 명백한 사실의 부정은 역사 왜곡이라고 할 수 있을 것이다. 영화 〈타이타닉〉(제임스 카메론, 1997)에서 주인공 잭이 왜 승선자 명단에 없는지가 영화적으로 설명되었던 것처럼, 〈나랏말싸미〉가 한글 창제의 숨은 주역이 신미였다고 주장하려면 왜 《조선왕조실록》에는 세종과 신미의 만남이 한글 반포 이후로 기록되어 있는지도 설명했어야 했다.

이처럼 역사영화를 둘러싼 쟁점들은 역사영화를 생산하는 창작 주체들의 곤경을 보여줌과 동시에 이를 수용/소비/비평하는 대중들의 역사영화에 대한 모호한 태도를 드러내기도 한다. 역사영화가 내용뿐만 아니라 영화를 둘러싼 비평과 토론을 통해서 대중이 역사에 대해 가지는 인식과 정서가 표출되는 장소라면, 이에 대한 전략과 태도는 창작자/생산자와 수용자/소비자 각각의 다른 입장 속에서 설정될 수밖에 없을 것이다.

역사영화의 공공역사 전략

2010년대에 들어 역사영화는 한국 영화의 뚜렷한 주류를 이루고 있다. 역사 극영화 중에서도 역사를 단순한 소재나 배경으로 한 영화보다는 역사적 인물/사건/시대에 진지하게 접근하는 엄밀한 의미에서의 역사영화가 대세를 이루고 있다. 역사 왜곡 논란이 2000년대 후반부터 시작되어 2010년대에 특히 많아지고 있는 것은 이 시기의 역사영화가 그 이전에 비해 더 많은 역사 왜곡을 저질렀기 때문이 아니다. 이는 오히려 이 시기에 역사영화가 더욱 역사영화답게 되고 있다는 사실을 반증한다. 공공역사가 역사에 대한 사회적 토론까지 포함하는 것이고 역사영화는 그러한 토론을 촉발시키는 매개체라고 한다면, 특히 2010년대 이후 역사영화는 명실공히 '스크린 위의 역사전쟁'이라 할 만큼 공공역사의 중요한 부분을 차지하고 있다. 역사영화를 공공역사로 바라본다는 것은 역사영화의 생산자뿐만 아니라 수용자/비평자의 관점에도 일정한 변화가 필요하다는 것을 시사한다. 여기서는 이러한 시각 전환에 필요한 몇 가지 점을 제시하고자 한다.

첫째, 역사영화의 핍진성verisimilitude 문제이다. 이는 진리/진실에 가

깝거나 흡사한 정도를 일컫는 말로, 공공역사 논의에서 가장 중요한 개념 중 하나인 진본성authenticity 개념과 맞닿아 있다. 모든 것이 허구적으로 재구성된 역사영화에서 이는 영화 생산의 주체가 '믿을 만한' 영화를 만들기 위해 '진심을 다해' 노력했다는 것, 곧 '진정성'을 의미한다. 역사영화에서 '진정성'은 역사적 '진실'을 '진실되게' 보여주고 있다는 믿음에서 나온다. 그런데 역사영화에서는 사실에 부합하는가 여부에 못지않게 사실처럼 보이는 것이 중요하다. 영화가 하나의 세계를 창조하는 것이라는 점을 상기한다면, 역사영화가 보여주어야 하는 세계는 시공간이 특정된 구체적 현실 세계이다. 관건은 그러한 구체적 현실 세계를 일관성 있게 재현해야 한다는 점인데, 이를 위해서는 역사적 개연성에 충실한 상상력이 요구된다. 역사는 그 자체가 공공재이므로 누구든 함부로 바꿀 수 있는 것이 아니지만, 바로 그렇기 때문에 누구나 역사를 다르게 해석하거나 상상할 권리도 있다고 보아야 한다. 다만, 공공재인 역사를 상식 내지 정설과 다르게 해석하거나 역사적 공백을 상상할 때에는 반드시 뚜렷한 이유—그렇게밖에 될 수 없고 대개 그러하리라는—가 있어야 하며, 이를 관객에게 영화적으로 설득해야 한다. 이것이 역사라는 공공재를 소재로 차용한 역사영화의 숙명이다.

핍진성을 높이기 위한 역사영화의 전략에는 여러 가지가 있다. 언제부터인가 역사영화의 오프닝 자막에는 "이 이야기는 사실로부터 모티브를 얻었다"라거나 "사실에 근거했으나 사실과는 다르다"는 식의 설명이 붙기 시작했는데, 이 자막은 실은 이 영화가 역사로부터 소재를 차용한 이야기이긴 하지만 "사실과 똑같지 않다고 시비 걸지 마시라"는 의미이다. 역사 왜곡 논란을 피하기 위한 일종의 보험인 셈이다.

최근의 역사영화에 으레 나오는 역사학자의 자문 크레디트 역시 실제로 자문의 내용을 잘 수용했다는 의미라기보다는 이 영화가 역사적 사실에 비교적 충실하려고 나름 노력했음을 증명하고, 행여나 생길지도 모르는 역사 왜곡 논란을 피하기 위한 방편으로 쓰이는 경우가 많다. 누가 봐도 그 인물인 것을 알고 있지만 사실과 다른 설정으로 인한 부담을 덜기 위해 애써 실명을 피하고 가명을 쓰는 경우도 있다. 10·26사건을 소재로 한 〈남산의 부장들〉(우민호, 2020)은 역사적 사실과는 많은 부분에서 다르기 때문에 김재규, 김형욱, 차지철 등 주요 등장인물이 모두 가명으로 처리되었다. 문제는 이 모든 것이 실제로 핍진성을 높이기 위해서라기보다는 행여 있을지 모르는 유족들의 소송이나 역사 왜곡 논란을 피해가기 위한 궁여지책인 경우가 많다는 것이다.

역사영화는 때때로 관객들에게 영화적 쾌감을 선사하기 위해 판타지적 요소를 넣기도 하는데, 예컨대 〈암살〉(최동훈, 2015)에서 영화 말미에 친일파를 처단하는 장면과 〈군함도〉에서 강제징용된 조선인들이 군함도를 탈출하는 장면 같은 것이 그것이다. 하지만 전자는 왜곡 논란이 없었던 반면 후자는 왜곡 논란이 있었다. 그 이유는 같은 역사영화라도 〈암살〉에 대한 관객의 기대치와 〈군함도〉에 대한 관객의 기대치가 달랐다는 점을 들 수 있겠다. 〈암살〉은 역사에서 모티브를 따오긴 했으나 그 자체로 실화를 다룬 것이 아님에 반해, 〈군함도〉는 구체적인 피해자가 엄연히 존재하는 실화, 곧 아픔의 역사를 다루었기 때문에 관객들은 전자보다 후자에 훨씬 더 역사의 핍진성을 요구했던 것이다. 일단 관객이 기대하는 핍진성의 정도에 못 미치게 되면 실제 제작진의 의도가 어떻든 그 영화는 진정성 내지 진실성을 의심받게 된다.

둘째, 역사 해석자로서의 역사영화의 의미를 재인식하는 문제이다. 역사영화는 역사를 재현한 것이라고만 생각하는 경향이 있는데 그것이 재현을 넘어서 역사 해석의 표현이라는 인식을 가지는 것이 필요하다. 역사영화는 당대의 역사인식과 현재적 문제의식이 낳은 '영상으로 쓴 역사 historiophoty'일 수 있다.[19] 이는 역사를 해석할 권리가 역사학자에게만 있는 것이 아니라 역사를 진지하게 대하는 누구에게나 있는 것이며, 마땅히 영화인들도 역사를 재해석할 권리가 있다는 점을 수용자도 인식할 필요가 있다는 의미이다.

이는 공공역사의 시각에서 본다면 '역사의 민주화'라 할 수 있다. 문제는 역사 전문가이든 일반 대중이든 영화, 혹은 영화인이 역사를 재해석할 수 있다고는 생각하지 않는다는 것이다. 심지어 영화인들도 "영화는 영화일 뿐"이라고 말함으로써 역사영화가 역사를 영상으로 재해석한 것이라는 사실을 부인하곤 한다. 케네디 대통령 암살 사건의 진상을 파헤친 〈JFK〉(1992)를 연출한 올리버 스톤 감독이 역사 왜곡 논란에 맞서 스스로를 영상역사가cinematic historian로 자임했다는 것은 시사하는 바가 크다.[20]

〈나랏말싸미〉를 둘러싼 역사 왜곡 논란에는 영화는 그저 오락물에 불과할 뿐이라는, '한낱' 대중예술에 '불과한' 영화가 역사를 재해석한다는 것은 있을 수 없다는, 특히 한국인이 영웅시하는 위대한 인물에 대한 상식과 통념을 벗어난 재해석은 있을 수 없다는 사고방식이 들어있다. 또한 수십 년간 역사 애호가로서 역사에 조예가 깊은 감독/작가/기획자를 역사 해석의 주체, 곧 일종의 공공역사가로 인정하지 않는 정서, 나아가 대중예술인을 비하하는 사회 분위기가 녹아있다. 하지만, 역사영화를 공공역사의 한 형태로 본다면 영화인이나 대중도 나름의 시각으로 역사를 재해석할 권리가 있다. 따라서 영화가 한글은 세종대왕이 '혼자' 창제한 것이라는 현재의 정설을 다루지 않는다고 노여워할 필요는 없다. 정설과 다른 해석이 얼마나 그럴듯한가의 문제이지 정설이 아닌 것 자체가 문제는 아니다. 정설이란 얼마든지 다른 설에 자리를 내어줄 수 있다는 것은 역사학계에서는 상식이다. 하지만 암기식·주입식 역사교육으로 하나의 정답만을 배워온 대중들의 국민적 확신을 아무리 잘 만든 역사영화라도 뒤엎는다는 것은 매우 어려운 일이다.

역사영화가 공공역사라면 역사영화를 만든 영화인들은 공공역사가의 역할을 한 것이라고 말할 수 있다. 하지만 역사영화를 만든 영화인들이 모두 실제로 공공역사가와 같은 태도를 가진 것은 아니다. 한국 역사영화의 장인이라 불리는 이준익 감독은 〈사도〉(2015)를 계기로 더 사실에 가까운 역사영화를 만드는 데 주력해 왔는데, 1920년대 아나키스트 박열과 가네코 후미코의 이야기를 다룬 역사영화 〈박열〉(2017)에 "이 영화는 고증에 충실한 실화입니다"라는 자신만만한 오프닝 자막을 넣었다. 이는 이 영화가 '영상으로 쓴 역사'라는 점과 이 영화의 감독 및 제작진이 공공역사가의 태도를 지녔다는 것을 선언한 것이나 다름없다고 볼 수 있다. 〈자산어보〉(2021)의 오프닝 자막은 이 영화가 "《자산어보》의 서문을 바탕으로 한 창작물"이라고 명시하고 있지만, 감독은 영화에서 유일한 허구는 정약전이 실제로는 흑산도에 없는 철목어(짱뚱어)에 처음으로 이름을 지어주는 대목뿐이라고 말했다.[21]

고증에 엄격하기로 유명한 감독은 이 영화를 만들기 위해 비단 정약전의 일생만이 아니라 조선 후기의 시대상과 역사상을 파악하기 위해 많은 공부를 했다고 여겨진다. 특히 정약용의 '목민심서의 길'과 정약전의 '자산어보의 길'을 대비시키는 장면이나 여성을 '밭'에 비유하고 그 중요성을 설파한 대목은 오늘날에도 경세치용經世致用의 정신과 여성에 대한 존중이라는 메시지를 준다는 점에서 역사영화의 현재성을 보여준다. 또한 양반계급인 정약전이 필부에 불과한 창대라는 인물을 《자산어보》 서문에 명기하여 그의 이름을 후대에 남긴 것처럼 영화는 창대를 역사의 전면에 드러냄으로써 '아래로부터의 역사'를 구현한다.

〈자산어보〉와 〈나랏말싸미〉에 대한 평가는 엇갈렸지만, 두 감독이 역사영화에 대해 가지는 태도는 역사가가 역사서술을 할 때의 그것과 크게 다르지 않다. 역사영화는 역사학자가 역사를 서술하는 방식과 거의 유사한 방법으로 영화의 이야기를 재구성한다. 역사학자가 1차 사료에 근거한다면 역사영화는 주로 2차 저작물을 참고하고 하지만, 경우에 따라서는 1차 사료까지 찾아보기도 한다. 이를 위해 시나리오 작가, 감독, 제작자 등은 관련 자료를 공유하며 연구하고 함께 역사적 개연성을 타진해 가며 에피소드를 창작한다. 이렇게 만든 역사영화는 비평과 담론을 이끌어 내고 나아가 당대(제작 시기)를 증언하는 사료가 된다.

역사영화는 공공역사의 좋은 예이며 이때 작가, 감독, 제작자는 공공역사가로서의 역할을 하고 있다. 때로는 역사학자가 자문역으로 참여하기도 하지만, 실은 영화 제작 현장에서 제대로 된 협업을 이루기란 매우 어렵다. 진실을 추구하는 역사학자와 영화적 리얼리티를 창조하는 것이 목표인 역사영화 제작진 사이의 입장 차이와 동상이몽을 극복하기 위해서는 전문 역사가가 단순 자문역이나 평론가가 아닌 직접 영화 기획에 참여하는 것이 이상적이다. 그러려면 영화 생산의 전 과정에 대한 깊은 이해와 존중이 선행되어야 할 것이다.[22]

셋째, 역사영화에서 핍진성이 아무리 중요하고 역사 해석자로서 역사영화를 상정한다고 해도, 실은 역사영화는 과거에 대한 영화라기보다는 현재에 대한 영화라는 것을 인식할 필요가 있다. 이는 사실 역사영화가 두 개의 배치되는 과제를 동시에 갖고 있음을 시사한다. 하나는 과거를 오늘날의 대중 앞에 시각적·서사적으로 재현해야 하는 과제이고, 또 하나는 과거의 이야기에 현재적 감수성을 불어넣어야 하는 과제이다. 소재는 과거에서 빌려왔으나 말하고자 하는 주제는 단지 과거의 것만은 아니다. 그것은 현재 관객들의 관심을 끌 만한 주제이거나 시대의 공감을 일으킬 만한 주제, 혹은 오늘날의 대중들에게 제작진이 던지고 싶은 의미심장한 메시지이다.

예컨대, 〈남한산성〉(황동혁, 2017)은 1636년 병자호란 때 인조와 신하들이 남한산성에서 머문 47일 동안의 이야기를 다루고 있는데, 이 영화를 보는 관객들은 그것이 17세기 조선이 아닌 21세기 한국이 처한 외교 상황을 말하고 있으며, 나아가 중요한 선택의 기로에서 대의명분을 취할 것인가 실리를 취할 것인가 하는 인간의 보편적 딜레마에 대해 말하고 있다는 것을 알 수 있다. 역사영화는 과거를 빌려 현재의 욕망과 꿈과 문제의식을 말하는 영화이기도 하므로, 과거의 충실한 재현만으로 목표를 달성하는 것이 아니라 다양한 현재적 문제들을 과거에 투영하여 오늘을 사는 관객들의 공감을 이끌어 내는 것이 궁극적 목표가 된다. 〈광해〉(추창민, 2012)를 보면서 고 노무현 대통령을 떠올리고 〈군함도〉에 촛불시위를 연상시키는 장면이 등장하는 것도 역사영화가 갖고 있는 현재적 힘이다.

마지막으로, 역사영화의 '재현의 윤리' 문제를 언급하지 않을 수 없다. 재현의 윤리는 재현과정에서 일어날 수 있는 피해(자) 발생이나 인권 침해, 고통의 시각화 등에 대한 재현 주체의 윤리적 각성과 책임을 의미한다. 특히 재현 대상이 전쟁이나 홀로코스트와 같은 참혹한 기억일 경우, 인간의 존엄성을 훼손한 사건의 재현은 윤리적 문제를 야기하기 마련이다. 나치 학살의 현장을 찍은 사진이나 다큐 필름으로부터 촉발된 재현의 윤리 이슈는 역사영화에도 그대로 적용된다.

일본군'위안부' 문제를 다룬 〈귀향〉(조정래, 2016)은 감독이 수년간 '위안부' 할머니들에게서 들은 이야기를 토대로 하여 크라우드 펀딩crowd funding[23]을 통해 만들어졌다. 하지만, 봉사와 꾸준한 연대 활동 등 감독의 진정성 어린 노력에도 불구하고 성폭행 장면의 적나라한 묘사로 인해 이 영화는 재현의 윤리를 위반한 것으로 여겨져 비판받았다.[24] 감독의 입장에서는 다분히 억울한 면도 있겠지만, 영화 생산 주체의 진정성은 최종적으로 영화가 말해주는 것이지 제작진의 주관적 마음만으로 완성되는 것은 아니다. 〈군함도〉 역시 감독과 제작진이 촬영 현장에서부터 강제징용의 실상을 밝힌다는 자부심과 책임감을 강조하며 만들어졌지만, 관객들은 이 영화를 진정성 있는 영화로 보기보다는 아픔의 역사를 상업적 코드로 활용한 영화로 보았다.

한국의 근·현대사에는 전쟁, 학살, 성폭력, 인권 유린 등 참담한 장면들이 너무나 많은데, 이를 다루는 영화가 이러한 폭력과 고통을 어떻게 재현할 것인가는 앞으로 역사영화 제작에 있어 중요한 이슈가 될 수 있다. 종종 표현의 자유나 영상 미학 추구 등의 이름으로 폭력의 스펙터클화를 정당화하는 일도 있지만, 이 역시 재현의 윤리에 비추어 다시 한번 고민되어야 한다. 특히 실존 인물과 실화를 다루는 역사영화에서는 더더욱 조심스럽게 접근해야 할 문제이다.

개연성으로서의 역사

공공역사는 이미 한국 사회 어디에나 풍부하게 존재한다. 교실에서, 박물관에서, 도시 경관에서, TV 속에서, 극장에서, 인터넷과 게임과 메타버스에서, 역사의 활용과 재현은 생각보다 다채롭고 흥미롭게 변주되고 있다. 과거가 미디어를 만나 재현/표현되면 그것이 대중의 집단적 기억이 되며 그 기억은 문화가 되고 다시 역사가 된다.[25] 역사학자의 입장에서는 상업성에 포획된 대중문화의 지나치게 발랄한(?) 역사 활용을 공공역사라는 이름으로 포용하는 것이 우려스러울 수 있다.

하지만, 학계 내부에서도 얼마든지 오류나 역사 왜곡이 일어날 수 있다는 것을 상기하면, 진정으로 우려할 일은 대중문화의 역사 활용이나 상업성 자체가 아니라 학계에서 일어난 역사 왜곡이 대중문화의 모습으로 무분별하게 유포되고 확대재생산되는 일이다. 이들은 때때로 민족주의와 애국주의로 무장하며, 때로는 '민족주의 극복'이나 '해석의 다양성'을 내세우지만 오히려 진실을 가림으로써 이러한 가치를 훼손하곤 한다. 정치적 이유로 진실을 호도, 왜곡하거나 편견에 기반하여 혐오적 표현, 발언 등을 일삼는 것은 다양성의 표출이 아니라 범죄로 인식되어야 마땅하지만, 이마저도 사회적 토론을 거쳐 걸러지는 것이 바람직할 것이다. 공공역사의 주체는 대중/시민이므로, 결국 좋은 역사영화를 만드는 것도 좋은 관객/시민이다.

'공공역사'가 공공성을 지향한다고 해서 공공성을 완벽히 구현한 경우에만 공공역사인 것은 아니다. 동시대를 풍미한 이야기narrative, 그것이 공공역사이며, 공공역사가 생산, 유통, 소비되는 과정에서 일어나는 사회적 소통과 토론이 모두 공공역사의 한 형태라고 보아야 한다. 대중문화에서의 역사 활용이 종종 잘못된 역사인식에 기반하거나 역사적 사실을 곡해/왜곡한 경우에도 이러한 현상 자체를 넓은 의미에서의 공공역사의 논의과정에 포함시켜 보아야 한다.

대중문화에서의 역사 재현물은 그 내용이 지시하고 있는 역사를 정당하게 재현했느냐 여부에 관계없이 그러한 재현물을 생산해 낸 당대 주체들의 감성이 녹아있기 때문에 한 시대를 증언하는 사료가 된다. 또한 이들은 역사 비평과 토론의 대상으로서 담론 생성의 요소가 되고, 그 자체로 아카이브화되어 공공적 목적으로 대중에게 공개되며 시대에 따라 재해석되고 재평가된다.

역사영화는 한마디로 과거 속에서 현재를 발견하는 영화이다. 곧, 역사영화의 목표는 과거를 그대로 재현하는 데에 있는 것이 아니라 역사의 다양한 해석 가능성을 보여주고 그것이 현재 우리의 삶에 대해 갖는 의미를 파악하게 하는 데에 있다. 대중들의 다양한 비판 및 비평, 감상 등이 모두 공공역사의 한 부분이라고 할 때, 역사학자들이 역사영화에 참여하는 방법은 제작과정에 직접 관여하는 것 외에도 그것을 대상으로 '역사비평'을 하는 것 또한 포함된다. 사실과 사실이 아닌 것을 구분하여 대중들에게 전달할 필요도 있겠지만 그보다는 영화가 역사를 해석하고 재현하는 방식, 시대상을 구축하는 방식을 통해 드러난 당대의 역사인식에 대한 비평이 되어야 한다.

또한, 수용자(학자, 비평가, 관객)는 역사영화가 역사에 대한 영화적 해석임을 인정/인식하고 더 다양하고 풍부한 토론으로 이끌어야 하며, 영화인들은 역사학자의 자문이나 조언을 형식적인 통과의례 정도로 여길 것이 아니라 학계의 연구 성과를 존중하고 이들과 적극적인 협력관계로 나아가야 한다.

역사영화는 사실의 역사라기보다는 '개연성probability으로서의 역사'이다.[26] 그때 그 사건의 주역이었던 그 인물의 심리상태, 시대와 인물 사이의 갈등과 같은 내밀한 점들, 그때 그 장소에서 있었을 법하고 있었을지도 모르는 숨겨진 이야기를 재현하고 묘사하는 데 영화는 탁월한 장점을 발휘한다. 어쩌면 진실은 거기에 숨어있을지 모른다. 대중문화에서 '역사의 공공성' 회복은 오락성이나 상업성을 배제하는 데에서 오는 것이 아니라, 오히려 그것들과의 경합, 혹은 조화를 통해 어떻게 현재적 관점으로 역사를 재조명할 것인가를 고민하는 과정에서 달성될 수 있을 것이다.

공공역사는 많은 경우 역사학계의 학문적 성과에 빚지고 있지만 때로는 그와 동시에, 혹은 그보다 앞서서 진실에 다가서기도 한다. 진실을 찾아가는 데에는 다양한 경로가 있다. 공공역사는 그간 그 경로를 독점해 왔던 역사학 및 역사학자에게 시고도 달콤한 도전이 될 것이다. ●이하나

2
공공역사, 게임을 만나다*

역사 지식의 공적 활용과 소통: 소셜 임팩트 게임

공공역사는 역사 연구자뿐만 아니라 역사를 다루는 다양한 주체에 의해 표상되고 활용되기도 하지만 기존 역사 연구자에 대한 반발과 비판으로 아로새겨지고 있기도 하다. 이런 상황에서 이 글은 역사 연구자가 공공역사에서 어떠한 역할을 해야 하는지 그리고 무엇을 할 수 있는지 점검해 보고자 한다.

공공역사를 간단히 설명해 보자. 과거의 개인적인 견해와 서사는 지식으로 표현되고, 이 지식은 과거의 집단적 견해 및 제도화된 기본 서사와 결합되어 역사 지식으로 만들어진다. 이 역사 지식은 사회의 규범을 규정짓고, 미디어를 통해 전파된다. 이렇게 전파된 역사 지식은 개인이 수용하고, 개인이 수용한 역사 지식은 다시 개인의 관점과 서사와 결합해 사회적으로 수용된다. 이 수용을 둘러싼 여러 갈등의 현상 자체가 공공역사이다.

예를 들어보자. 드라마 〈미스터 션샤인〉은 격변의 시대에 백정으로 태어난 구동매가 의병을 사이에 두고 갈등하는 감정에 주목했다. 그러나 그보다는 '흑룡회' 논쟁으로 인한 친일 미화 문제로 점철되었다. 역사적 고증을 떠나 격변의 시기 다양한 주체의 고민이 친일 문제로 수렴되어 버린 것이다.[1] 이 같은 현상은 친중 문제가 불거진 〈조선구마사〉에서 극단적으로 나타났다. 앞으로도 이와 같은 역사 미디어와 사회의 갈등 문제는 지속적으로 발생할 것이다.

기존의 공적 역사 지식은 '지배와 저항의 이분법', '반일주의', 관제 민족주의와 의도치 않게 공모한 문제이기도 하다. 서대문형무소역사관, 독립기념관 등 각종 역사시설과 기념시설에서 무엇을 재현하고 있는지 생각해 보면, 이 같은 대중과 사회의 반응은 자연스럽다. 이처럼 역사 지식의 공적 활용과 소통은 '팔기 좋은 역사'라는 흐름에 갇혀있고, 대중의 역사인식과 역사 지식의 줄다리기는 전자에 쏠린 듯 보인다.

공공역사는 가치의 균형성(민주주의 주체, 공공선 실천), 탈중심적(누구에게나 열린 과거 및 역사에 대한 접근), 사회적 합의(공공이라는 선을 추구), 공론장(지속적인 토론과 논의가 필요)의 형성을 전제로 한다. 하지만 '국사 체계'에서 만들어진 국수주의적 역사인식은 한국의 '공공역사'가 과연 적절한가라는 문제를 제기했다. 소통과 합의보다는 '아我'와 '피아彼我'로 나뉘어 역사인식의 다양성이 아닌 한쪽의 항복만을 요구하는 세태가 이전 시기보다 극심해진 것이다.

이 같은 상황을 타개하기 위해 필자는 두 가지를 제시하고자 한다. 첫째, '거대 서사'의 재해석이며, 둘째, '거대 서사'에서 배제된 역사의 복원이다. 이를 위해 역사 지식의 공적 활용을 통해 사회와 소통하고 과거의 사람들과 현재 사람들이 '공명'했던 사례를 살펴보고자 한다. 이러한 사례는 무수히 많다. 필자는 그중에서도 영화·드라마에 비해 역사 재현 매체로 크게 주목받지 못했던 역사를 다룬 소셜 임팩트 게임을 살펴보고자 한다.

소셜 임팩트 게임이란 무엇인가. 최근 기업의 사회적 가치에 대해 평가하는 소셜 임팩트 사업이 유행이다. 예를 들어 케냐의 새너지SANERGY 는 고품질 저비용 화장실을 제조, 유통한 후 수집한 폐기물을 유기비료 및 곤충 기반 동물 사료로 활용한다. 이를 통해 케냐의 위생 문제를 해결하고, 고용 창출 효과까지 거두었다. 이처럼 소셜 임팩트 사업은 기업이 단순히 원조하는 것이 아니라 사업 비즈니스 모델을 통해 수익 창출과 함께 사회 문제를 해결하는 것을 의미한다.[2]

임팩트 게임은 사회적 메시지 전달을 사업의 목적으로 삼는 소셜 임팩트 개념을 게임에 반영한 것이다. 이용자에게 사회적 메시지와 교감을 유도하기 위해 콘텐츠 기획 단계에서부터 사회적 메시지를 주제로 삼는 것이 특징이다. 요컨대 임팩트 게임은 물질적 가치보다는 비물질적 가치, 즉 사회의 발전, 갈등 봉합, 공감을 내세운다. 게임의 미디어적 성격인 고발·지식 전달을 넘어서 사회 문제의 직접적 체험과 공감 확산을 가능케 하는 것이 목표이다.

'자라나는 씨앗'의 대표인 김효택에 따르면 임팩트 게임은 다양한 사회적 가치를 다루는 것을 목표로 한다. 게임의 본질은 재미에 있지만 영화와 드라마처럼 게임도 꾸준히 사회적 효과를 창출할 수 있다고 주장한다. 그러면서 마켓 3.0은 더 이상 경쟁의 시대가 아니며, 게임 속에서도 공유 가치를 쓸 수 있다고 말한다. 실제로 글로벌 시장에서는 임팩트 게

임에 대한 실험이 활발하게 진행되고 있다.[3]

그렇다고 임팩트 게임이 상업성을 고려하지 않는 것은 아니다. 임팩트 투자는 기업의 재무제표 이외의 사회적 가치를 포괄하여 기업의 가치를 매기는 개념에서 출발했다. 이 개념에 기반한 임팩트 게임 또한 사회의 다양화, 시민사회의 성장, 사회적 요구의 다양화, 사회적 메시지에 대한 수요 등이 늘어날 것이라는 전망에 따라 상업적 성공을 기대하고 있다. 사회적 기여가 상업성과 비례한다는 관점에 기대고 있는 것이다.

이와 같은 흐름은 세계적으로 확산되고 있다. 미국의 비영리단체 '게임즈포체인지Games for Change(G4C)'는 게임 콘텐츠로 사회 문제를 해결한다는 목표를 내걸고 2004년부터 매년 'G4C 페스티벌'을 개최하고 있다. 지난 2014년에는 유럽 최대 규모의 게임 제작사 유비소프트Ubisoft가 제1차 세계대전을 참전 군인의 관점에서 바라보는 〈발리언트 하츠: 더 그레이트 워Valiant Hearts: The Great War〉를 페스티벌에 내놓으면서 화제를 모았다. 이 게임은 글로벌 대형 게임사가 승패보다 전쟁의 위험성을 직접 체험하게 하는 것을 목적으로 만든 최초의 임팩트 게임으로 기록되었다.[4]

뚜렷한 성과를 낸 대표적인 사례로는 폴란드 게임 제작사 11비트스튜디오11 bit studios의 〈디스 워 오브 마인This War of Mine〉을 들 수 있다. 보스니아 내전을 기반으로 무고한 민간인을 통한 전쟁의 이면을 표현한 게임이다. 2014년 출시 이후 인디게임 페스티벌, 타임지 선정 베스트 게임, 2015 SXSW 게이밍, SXSW Gaming Awards 등을 수상했다. 또한 글로벌 게임 유통 플랫폼 '스팀STEEM' 내에서만 다운로드 수 450만을 기록했다. 11비트스튜디오는 게임으로 벌어들인 수익 일부를 전쟁아동구호기구 '워 차일드War Child'에 기부하기도 했다.[5]

게임 원작은 영화·드라마로도 제작되고 있다. 1960년대 타이완의 계엄령시대를 다룬 모바일 게임 〈반교Detention〉가 대표적인 사례다. 타이완 게임 제작사 레드캔들게임즈는 〈반교〉의 흥행에 힘입어 판권 매출을 올리고 있다. 게임을 원작으로 한 동명의 영화가 2019년 개봉됐고, 넷플릭스에서 드라마로 만들어져 2020년 방영되었다.[6]

이 밖에도 인도의 인권운동가 레나 케즈리왈Leena Kejriwal이 주도해서 제작한 게임 〈미싱Missing〉은 미국 펀딩 서비스 킥스타터에서 5만 달러 규모의 투자를 유치하면서 성매매로 이어지는 인도의 여아 납치 현실을 고발했다.[7] 이처럼 게임은 역사의 깊은 우물에서 소재를 길어올려, 역사의 현장에 참여할 수 있는 기회를 이용자에게 제공하고 있다.

공공역사가 역사 지식의 공적 활용과 소통을 통해 여러 공적 사안의 사회적 합의를 추구하듯, 소셜 임팩트 게임 역시 역사 속의 여러 문제를 현실과 연결하고 현재의 문제로 표상하도록 함으로써 공적 공간에서 역사적 문제의 해결을 촉구한다. 공공역사와 역사를 기반으로 한 소셜 임팩트 게임은 단순한 지식 전달이 아니라 역사를 '나'와 '연루'된 것으로 인식하게 하고, '역사를 진지한 태도로 접근하는 대중들의 다양한 반응'을 보여주는 것이다.[8]

정리하자면, 역사 지식의 공적 활용과 소통을 살펴보기 위해 게임을 선택한 이유는 다음과 같다. 미디어는 은연중에 새겨진 메시지를 독자에게 전달하며 역사 이해에 영향을 미친다. 반면 게임은 이용자의 선택이 역사의 결과에 영향을 미치도록 설계되어 있기 때문에 역사 해석의 주체적 이해를 돕고 선택과 그에 따른 책임을 느끼게 한다. 이용자 자신이 역사적인 격동을 진행함으로써 스스로를 역사에 겹쳐놓아 과거와 현재 사이의 강한 연속성의 감각(동일화) 및 '연루'의 감각을 느낄 수 있게 만드는 것이다.

이러한 새로운 형태의 공감적 연계는 인류가 겪었던 슬픈 경험과 침묵 속에 남아있던 목소리를 이용자 스스로 듣고 느끼게 해, 이용자에게 새로운 형태의 상상적인 연계를 제공한다. 영웅주의, 국수주의에서 벗어나 인생, 인간, 역사 속 인간성을 생각하게 하는 것이다.

'국수주의' 역사 극복

여기서는 한국사 게임인 〈페치카〉 제작과정에 참여한 경험을 바탕으로 국수주의적 역사관 극복의 한 방안을 제기하고자 한다. 만인만색과 협업한 제작 업체는 인디게임 업체[9] '자라나는 씨앗'(이하 '맺음')이다. '맺음'은 고전 명작을 '스토리 어드벤처 게임'으로 제작해 왔다. 대표작으로는 〈오즈의 마법사〉, 〈지킬 앤 하이드〉로 후자는 글로벌 250만 다운로드, 구글 무료 인기 7위, 카테고리 어드벤처 1위를 기록했다. 또한 2016~2018년 KOCCA 이달의 우수게임, 2018년 구글 인디게임 페스티벌 Top 3 등 각종 상을 수상할 정도로 인디게임 업계에서 유망한 기업이다. 앞서 언급한 것처럼 '맺음'은 게임의 사회적 가치를 강조하는 임팩트 게임 제작을 목표로 한다.

주류 게임 시장의 흐름을 비판하며 고전문학을 게임으로 재현하던 '맺음'은 한국콘텐츠진흥원의 지원을 계기로 연해주 독립운동을 다룬 최초의 스토리보드 게임 제작을 시도했다. 최재형을 모티브로 한 이 게임의 제목은 〈페치카〉이다. 〈페치카〉는 20세기 초 러시아 연해주 독립운동가들을 '영웅'이라기보다는, 날마다 고민과 갈등에 휘둘리며 살아가는 '우리들의 모습'과 닮은 사람들로 재현하고자 했다. '맺음'이 내세운 건 당대 사람들의 다양한 삶을 통해 현재 사회에 메시지를 주면서도 역사적 사실과 맥락에서 벗어나지 않는 게임을 개발하는 것이었다.

〈페치카〉는 기존의 '영웅주의' 사관에서 벗어나 독립운동가의 고민과 감성을 느끼는 것을 목적으로 했다. 역사 연구 영역에서 '지배와 저항'의 이분법, '국수주의'적 역사관은 주류를 빼앗긴 지 오래이다. 하지만 대중의 역사에서는 이분법적 역사관이 여전히 주류이다. 〈페치카〉의 기획 의도는 '지배와 저항', '반일주의', '국수주의'로 흐르기 십상인 대중의 독립운동 서사를 게임 속에서 바꿔보겠다는 것이다. 역사적 맥락은 변하지 않지만, 스토리 전개에서 자신의 선택에 따라 주인공의 위치와 역할이 결정된다. 이것은 '내가 그 시대에 살았다면'이라는 체험을 제공한다. 본인이 주인공이 되는 게임의 가장 큰 장점은 당대 연해주의 다양한 인간군상을 체험하고, 직접 문제를 해결하며 스토리를 이어간다는 것이다. 자연스러운 체험으로 이용자에게 여운과 사회적 메시지를 전달할 수 있다.

〈페치카〉는 실존 인물과 가상 인물이 섞여있다. 가상 인물은 당대에 그러한 사람이 있을 수 있다는 '개연성'을 기반으로 설정되었다. 역사적 사실과 흐름을 왜곡하지 않는 선에서 가상 인물이 등장한다. 예를 들어 '조선인 노비 출신으로, 연해주로 넘어가 러시아인의 양자가 된 인물', '조선에서 러시아로 이주한 포수' 등 당시 조선인 연해주 이주 상황을 본다면 충분히 존재할 수 있는 인물이다. 요컨대 역사에 나오지는 않지만, 존재할 수 있는 '개연성'을 담보하고 있는 존재들이다.

물론 역사콘텐츠에 허구가 개입된 경우 역사를 대중에게 효과적으로 전달할 수 있는 매개체인지 상업오락 콘텐츠인지에 대한 경계는 명확하지 않다. 대개 후자인 경우가 많다. 이를 보완하기 위해 〈페치카〉는 가상 인물과 실존 인물의 구분을 게임 엔딩 후 사후 서술로 공개함으로써 이용자에게 충분한 정보를 제공하고, 각 사건과 인물 정보에 관한 사전事典 시스템을 제공한다. 이는 책으로도 출판된다.

　게임의 주인공인 표트르는 조선의 노비, 러시아인의 양자, 일본영사관의 밀정이라는 정체성 속에서 조선 독립을 고민하는 캐릭터이다. 마치 〈미스터 션샤인〉의 구동매와 영화 〈밀정〉의 이정출을 합쳐놓은 듯한 인물이다. 이러한 정체성 속에서 독립운동가를 암살하면서도 그들과 함께 일해야 하는 정체성의 혼란, 밤마다 자신이 죽인 사람들을 보는 꿈의 반복 등 그가 겪는 고뇌와 책임감을 이용자가 느낄 수 있게 제작되었다. 각 중요 순간에 표트르는 선택을 해야 하는데 그에 따라 총 7개의 엔딩이 제공된다. 그중에는 1923년 표트르가 일본 장성을 암살하러 가다가 함정에 빠져 사망하는 새드 엔딩도 포함되어 있으며, 미디어에서 일반적으로 다루는 독립운동과 다른 결말도 포함되어 있다.

어두운 역사 전달하기

공공역사는 역사와 관련한 논쟁, 기념, 전시, 콘텐츠에 걸친 영역에서 무엇을 전달할 것인가라는 물음에서 출발한다. 역사 지식 전파를 넘어 사회의 아젠다에 대한 역사적 시각을 공공의 영역에서 재현하는 것이다. 그런데 역사의 어두운 이야기는 사람들에게 감정 소모와 피로감을 유발시킨다. 예컨대 만인만색의 5·18민주화운동 방송 반응이다. 다음 〈표〉의 댓글을 보면 당위로서 기억해야 하는 역사는 사람들에게 감정적 소모를 일으켰다. 아이디 '고속 복사 용지'는 옛이야기는 충분한 거리감이 있는 반면 근·현대사는 정서적·감정적으로 상처받는 것이 두렵다고 했다. 그런데 게임을 통한 역사 재현은 이러한 두려움을 줄일 뿐만 아니라, 역사 주체에 대해 공감하게 하고 시대상의 이해를 충족시키면서 역사에 대한 접근성을 높일 수 있다. 그 예시를 아래 〈표〉에서 살펴보자.

어두운 역사 이야기는 폭력과 희생으로만 기억되며, 그중에서도 폭력이 부각되어 선정적으로 흐르기도 한다. 또한 정해진 내러티브는 거대한 서사 속에서 사람들의 삶을 가려버린다. 마치 미군 폭격에 의해 희생된 월미도 주민을 기억하는 사람이 거의 없는 것처럼.[10] 어두운 역사 이야기를 우리는 모두 안다고 생각한다. 하지만 거기에 가려진 수많은 사람들의 이야기에는 눈을 감는다. 게임을 통해 이야기를 재현하고 이용자가 체험했을 때, 과거의 이야기는 '뻔한 서사'가 아닌 현재 우리의 이야기가 될 수 있다. 아래에서 '거대 서사'와 '뻔한 서사', '슬픈 역사'에 가려진 주체를 주인공으로 내세운 세 게임(〈마이 차일드 레벤스보른My Child Lebensborn〉, 〈디스 워 오브 마인〉, 〈언폴디드〉)을 살펴보고자 한다.

〈마이 차일드 레벤스보른〉은 잘 알려지지 않은 나치의 전쟁범죄를 다룬다. 아리아인 우월주의에 빠졌던 나치는 프랑스부터 동유럽까지 모두 아리아인이 지배하는 세상을 꿈꿨지만, 세상을 지배할 아리아인 수가 부

〈표〉

고속 복사 용지	공화국의 리버럴	호랑이 형님
……옛이야기는 충분히 거리를 가지고 즐길 수 있는데, 내 아버지와 어머니들, 할아버지와 할머니들의 이야기가 되면 정서적, 감성적으로 상처받는 게 두려워……	●저만 그런 게 아니었군요. 위안부, 5·18, 세월호 같은 소재는 모두 심적으로 부담되어서 볼 수가 없어요. ●〈항거〉는 볼까 했다가 후기 보고 안 봤어요.	●저도 5·18 주제는 듣지 않았습니다. 1. 정답이 널리 알려져 있다. 2. 금기시되는 내용이 많아 패널들이 말할 수 있는 범위가 제한적이다.

족했다. 이 문제를 해결하기 위해 나치는 레벤스보른(생명의 샘) 프로젝트를 추진했다. 금발에 파란 눈, 창백한 얼굴, 인종적으로 우수하다고 평가받은 아리아인들끼리 시설(레벤스보른)에 들어가 아이를 낳고, 이후 나치 친위대 장교 부부가 입양하는 방식으로 '순종 아리아인'을 '만들고자' 했다. 이것으로도 부족했던 나치는 아리아인과 비슷한 인종이 많다고 생각한 노르웨이에도 레벤스보른을 설치했다. 1941~45년 약 1만 2,000명의 아이가 노르웨이 레벤스보른에서 태어났다. 전체 레벤스보른 아이의 절반에 이를 정도로 큰 규모였다.[11]

1945년 전쟁은 끝났지만, 아이들은 남겨졌다. 주로 한 부모 가정에 입양된 아이들은 '나치의 잔재'로 여겨졌다. '독일 자식'이라는 욕설을 들으며 조롱과 멸시, 차별과 왕따의 대상이 됐다. 괴롭힘에 시달려 자살하는 일까지 생겼다. 세월이 흐르며 이런 일은 까맣게 잊혀졌다. 젊은 세대는 특히 그랬다. 이런 현실이 안타까웠던 노르웨이 기자 출신 엘린 페스퇴위는 게임 개발사 사렙타스튜디오와 함께 〈마이 차일드 레벤스보른〉이라는 게임을 개발했다. 전쟁이나 분쟁 중에 태어난 아이들의 고통이 과거의 일만은 아니라고 생각했기 때문이다. 그는 게임이 직접적인 체험과 몰입으로 피해자의 고통을 체감하는 경험을 가장 잘 줄 수 있다고 믿었다.[12]

이 같은 역사적 사실을 배경으로 한 〈마이 차일드 레베스보른〉은 이용자가 이 아이들의 부모가 되어 매일 상처받은 아이들을 보듬으며 당시의 고통을 공감하고 기억하게 한다.[13] 플레이어는 레벤스보른 아이를 입양한 한 부모 가정의 가장이 된다. 밝고 쾌활했던 아이는 학교에 입학하면서 상처를 입고 어두워진다. 게이머는 이 상황을 감내하며 아이를 보살펴야 한다. 도저히 손쓸 도리 없는 부모 처지에서 아이보다 더 큰 정서적 아픔을 겪을 수밖에 없다.

〈디스 워 오브 마인This War of Mine〉[14]은 제2차 세계대전 이후 유럽에서 가장 참혹한 전쟁으로 기억되는 보스니아전쟁(1992. 3~1995. 10)을 배경으로 한다. 내전이 종결된 지 20년이 지난 현재까지도 보스니아 내 민족들은 경제적 고통 및 사회 통합의 한계를 겪고 있다. 내전을 종결시킨 '데이턴 평화안'에 의해 수립된 '1국가 2체제'라는 정치 시스템하에서 과거 역사와 여러 역사적 사건에 대한 보스니아 내 민족 간의 인식 차이와 상이성, 그리고 도리어 확대된 민족 갈등이라는 두 가지 난제에 직면해 있다.[15]

보스니아전쟁을 다룬 〈디스 워 오브 마인〉은 "전쟁에서 모두가 군인인 것은 아니"라며 기존 전쟁게임과 다르게 민간인을 플레이한다. 기존 게임은 민간인이 아닌 군인이 되어 전쟁에서 승리하는 것이 최종 목적이었다. 그러나 이 게임은 9만 명이 넘는 민간인 사망, 220만 명의 난민 발생, 1만 7,000여 명의 실종자 등 참혹했던 전쟁의 와중에 인종 청소, 민간인 강간 등 민간인이 겪는 삶과 고통을 간접 체험하게 하고, 전쟁이 어떠한 의미인지 이용자에게 묻는다.

소재 자체가 가볍지 않고 게임의 분위기도 무거워서 상업적인 성과를 내기 힘들 것이라는 우려와 달리 이 게임은 출시 이틀 만에 손익분기점을 넘는 성공을 거두었으며 시사주간지 《타임TIME》에서 수여하는 2014년의 베스트 게임 15선에도 선정되는 등 작품성도 높은 평가를 받았다.

〈디스 워 오브 마인〉의 목표는 전쟁이 끝날 때까지 살아남는 것이다. 그 과정에서 굶지 않기 위해 음식을 찾아야 하고 다치거나 병들었을 때는 의약품을 구해야 한다. 겨울이 왔을 때는 난방도 필요하다. 이렇듯 사람들이 생명을 유지하기 위해 필요한 물자들이 많지만 전쟁이라는 상황은 그러한 기본적인 생명 유지를 어렵게 만든다. 모든 것이 부족한 상황에서 사용자는 어려운 선택들을 만나게 된다. 자신이나 동료들을 위해 다른 죄 없는 사람들의 물건을 빼앗거나 심지어는 그들을 죽여야 하는 경우도 생긴다.[16]

가장 중요한 문제는 게임이 실제로 선하고 고귀한 행동에 대해 보상하지 않는다는 것이다. 개발자는 "전쟁, 기근, 살인, 자살, 실패에 대한 슬프고 심오한 경험을 제공하여 플레이어가 피해자와 유사한 피해자에게 더 가까이 다가가게 함으로써 전쟁의 반작용 교육이 될 가능성이 있습니다"[17]라고 말한다. 전쟁에서 민간인의 삶을 조명하고 반전의 메시지를 전달하는 것이다.

마지막으로 살펴볼 게임은 〈언폴디드(4.3)〉이다. 〈언폴디드〉는 게임 제작팀인 코스도트cosdots가 2018년 4·3희생자 70주기 추념식을 영상으로 접한 후 제주4·3항쟁을 널리 알리겠다고 마음먹고 만든 게임이다.[18] 1989년 비로소 공론화된 제주4·3항쟁은 2003년 민간인 희생자에 대한 노무현 대통령의 사과, 2014년 '4·3희생자 추념일'의 국가기념일 지정으로 이어졌다. 이후 꾸준한 노력으로 4·3사건의 민간인 학살 문제에 대한 대중의 인식은 증대되었다.[19] 그러나 '양민학살'이라는 '비민' 분리 문제, 피해자들이 그동안 목소리를 낼 수 없었던 이유, 그들이 가진 트라우마 등 4·3을 통해 보고 느낄 수 있는 다양한 역사적 맥락은 충분히 전달되지 못했다. 도리어 학살의 고정된 내러티브는 '뻔한 이야기', '진부한 슬픈 역사'로만 인식되는 측면이 있다.

반면 〈언폴디드〉의 이용자는 4·3을 가르는 거대한 이념 대립의 틀에서 벗어나, 동주의 시선과 심리를 통해 4·3을 겪었던 민간인들의 삶을 간접 체험하게 된다. 영화 〈지슬〉의 주인공처럼 되는 것이다. 〈언폴디드〉는 할아버지가 된 동주가 일지를 보며 손자에게 자신의 기억을 들려주는 방식을 취하고 있다. 일지가 쓰인 시간대가 다르다는 점에 착안하여 〈언폴디드〉는 일지의 어느 부분을 펼치는가에 따라 다른 이야기를 등장시킨다. 〈언폴디드: 오래된 상처〉는 일지의 중반, 즉 동주와 어머니가 군인들의 학살을 피해 동굴에 숨어 사는 이야기를, 〈언폴디드: 참극〉은 일지의 초반 부분, 즉 동주와 어머니가 어떻게 해서 도망치게 되었는가를, 〈언폴디드: 동백꽃〉은 앞의 오래된 상처를 합치고 새로운 이야기를 추가한 버전이다.

〈언폴디드〉는 어린 소년(동주)의 관점에서 희생자들이 느꼈을 공포와 아픔을 그려낸다. 제주4·3항쟁의 구체적인 참상보다는 어린아이의 시선에서 이데올로기가 무엇인지, 왜 군인들은 빨갱이를 찾고 동굴에 있는 사람을 향해 총을 쏘는지 동주는 알 수 없다. 플레이어는 그저 생존하기 위해 묻는 말에 대답해야 한다. 플레이어는 게임을 통해 무장한 국가권력의 실체가 얼마나 잔혹하고 폭력적인지 직접 경험하게 된다.[20]

세 게임은 한때 금기시되었던 기억을 다루고 있다. 〈마이 차일드 레벤스보른〉의 '나치의 아이들', 〈디스 워 오브 마인〉의 민간인 피해, 〈언폴디드〉는 제주4·3항쟁의 중산간 초토화 작전 학살 문제가 그것이다. 이처럼 '소셜 임팩트 게임'은 정해진 내러티브에서 벗어나 가려졌던 사람들을 주체로 전면에 내세움으로써, 과거의 무겁고 슬픈 역사를 현재의 나와 동일시하는 체험을 제공한다는 점에서 공공역사의 한 부분으로 자리매김할 필요가 있다.

임팩트 게임의 가능성을 기대하며

지금까지 소개한 게임의 공통점은 이용자가 역사적 순간에 선택을 내려야 한다는 것이다. 〈언폴디드〉에서 동주가 무엇을 선택하든 동굴 안의 사람은 '빨갱이'로 몰려 죽는 것처럼 결말이 바뀌지 않기도 한다. 하지만 그 선택의 순간 느껴지는 무게감과 긴장감은 이용자에게 역사의 현장에서 살았던 사람들의 마음을 느끼게 해준다.

이처럼 소셜 임팩트 게임은 사회에 전달하는 메시지가 있다는 점에서 재미와 상업성만을 추구하는 오락게임 시장과는 다른 결이 있다. 이용자 자신이 직접 가상 세계의 과거로 돌아가 실제의 사건을 체험하고 느끼게 하여, 그 아픔에 공감하고 더 나아가 현재에도 비슷한 사람들의 이야기를 이해할 수 있게 하는 것이다. 이런 점에서 역사 소재의 소셜 임팩트 게임은 공공역사의 성격을 가지고 있으며, 학계의 연구 성과와 맞닿을 뿐만 아니라, 학술적 글쓰기에서 상상하기 어려운 부분까지 포괄하여 역사의 다양성과 해석을 풍부하게 해주는 효과가 있다.

지금까지 소개한 게임 중 한국의 소셜 임팩트 역사 게임은 대부분 인디게임 업체가 제작했으며, 제작비는 국비와 개인의 후원으로 충당되었다. '위안부' 피해자를 다룬 겜브릿지의 〈웬즈데이〉 게임처럼 제작비 대비 낮은 품질이 문제된 적도 있다. 〈페치카〉, 〈언폴디드〉의 성과와 비교했을 때 아쉬움이 많이 남는 결과이다. 하지만 그럼에도 꾸준한 투자와 후원이 이어진다면 역사를 기반으로 한 소셜 임팩트 게임의 가능성은 무궁무진하다. 앞으로도 역사 게임이 다양한 소재와 표현 방식으로 대중의 역사인식과 역사 지식 사이에서 공공역사로서 큰 역할을 해주기를 바란다.

•김태현

3
메타버스와 역사의 리얼리티

메타버스 시대의 도래

메타버스는 한마디로 '디지털 가상 공간'을 뜻한다. 어원적인 의미에서 풀어보면 '우주宇宙'를 뜻하는 '메타Meta'와 '세계世界'를 뜻하는 '버스Verse'의 합성어이다. 그래서 '가상 세계假想世界'라는 별칭도 가지고 있다. 또 다른 측면으로 해석해 보면 '메타버스'란 가상假像을 의미하는 '메타meta'와 현실 세계를 의미하는 '유니버스Universe'의 합성어로 이전에 우리가 많이 사용했던 인터페이스인 '가상 현실'보다 훨씬 확장된 개념이다. 코로나19 팬데믹 이후 전염병이 창출한 비극적인 환경에 적극적으로 대응하기 위해 등장한 전 세계가 주목하는 전혀 새로운 기술 유형이자 세계관으로도 볼 수 있다.

메타버스의 실체를 한마디로 정의하긴 쉽지 않다. 메타버스는 살아

움직이는 기술 트렌드인 동시에 가상 세계를 대변하는 가장 핫한 키워드이기 때문이다. 어떻게 보면 메타버스란 '조절 가능한 꿈'이라고도 말할 수 있다.

실제 현실에서는 어떤 사람이 꿈을 꾸었다면, 꿈속에서 경험한 자신의 이야기를 주위 사람들과 공유했을 때 듣는 사람은 간접적인 경험만을 얻을 수 있다. 남의 꿈 이야기를 그저 들었기 때문이다. 반면 메타버스에서는 수백만 아니 수천만 명이 함께 집단적인 꿈을 꿀 수 있다. 일종의 계획된 꿈이니 가능한 것이다. 디지털 가상 세계에서는 이런 '꿈'을 통제할 수 있고 일종의 프로그램으로 바꿀 수 있다.

메타버스의 출발점은 여러 사람이 동시에 접속하는 MMORPG(대규모 멀티플레이어 온라인 롤 플레잉 게임) 형태의 온라인 게임에서 찾을 수 있

〈그림 1〉 메타버스의 진정한 완성 형태를 보여주었던 영화 〈레디 플레이 원〉의 오아시스의 공간 진입 모습(위)과 문학 속에 등장하는 《아라비안나이트》 마법의 양탄자(아래). 날아다니는 양탄자는 현실 세계에서는 불가능하지만 '메타버스' 공간에서는 가능하다.

다. 게임 체험자는 게임 속의 캐릭터를 키보드나 마우스로 컨트롤한다. 메타버스는 오감 표방을 통해 몰입성을 강화하고 있는 추세로, 2차원 게임 무대가 어느덧 3차원 3D가 되고 헐리우드 SF영화에나 등장할 법한 비주얼이 구현되고 있다. 가상 현실VR 구현을 위한 헤드 마운티드 디스플레이HMD 글라스를 장착하면 360도 공간으로 들어가 입체적인 가상 공간을 경험할 수 있다.

사실 꿈은 통제가 불가능한 지극히 개인적인 사건이지만 메타버스는 통제 가능하면서 혼자만의 꿈이 아닌 다수 인원이 계획된 시간과 계획된 장소에서 향유 가능한 일종의 '디지털 드림'이다. 메타버스 정의에 관해 수십 가지가 넘는 의견이 있지만 필자는 메타버스를 일종의 '디지털 드림 Digital Dream'으로 정의한다.

사람들은 유토피아든 디스토피아든 제각각의 다양한 꿈을 꾸며 평생을 살게 된다. 그러나 멋진 꿈을 경험하고 싶다고 계획해도 계획대로 안된다. 꿈은 의도대로 이루어지지 않는다. 인간의 꿈은 의도적으로 꿀 수 있는 그런 성격이 아닌 것이다. 반면 메타버스는 흥미진진하고 현란한 꿈을 마음대로 계획적으로 꿀 수 있는 장치다.

메타버스 열풍 분석

'메타버스'는 학문적 용어가 아니다. 세계적으로나 미디어 업계에서 광범위하게 쓰이는 공식적인 용어도 아니다. 메타버스는 로블록스Roblox라는 게임이 나스닥 상장 전 다른 게임과의 차별성을 강조하기 위해 SF소설에서 원용한 용어다. 그동안 온라인 게임이나 일부 논문에서 지엽적으로 사용되어 온 메타버스라는 단어가 2021년부터 대한민국에 건너와 거의 모든 미디어 혹은 콘텐츠 산업에 걸쳐 들불처럼 폭발적으로 사용되고 있다.

그렇다고 모든 나라들이 '메타버스'라는 용어를 사용하는 것은 아니다. 한국과 몇몇 나라만 사용한다. 그 밖의 나라들은 다른 용어를 쓴다. 하지만 용어만 다를 뿐 소위 '가상 공간' 등에 관한 연구는 전 세계적으로 광범위하게 이루어지고 있다. 사실 메타버스라는 단어는 1992년 미국의 공상과학 소설가인 닐 스티븐슨Neal Stephenson의 《스노우 크래시Snow Crash》라는 소설에 처음 등장했던 단어다.

최근 업계의 메타버스를 대변하고 있는 것은 뭐니 뭐니 해도 페이스북 브랜드이다. 지난 20년 가까이 SNS 업계를 이끌어 온 페이스북이 회사명을 '메타'로 변경한다고 깜짝 발표를 했다. 전통적인 SNS 업계의 강자인 페이스북의 CEO 마크 저커버그가 가상 현실VR 기반의 메타버스로 가상 현실과 소셜 네트워크를 결합한 호라이즌Horizen을 전략적으로 앞

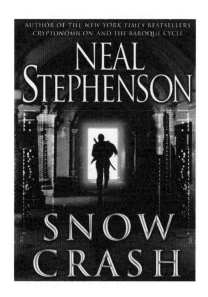

〈그림 2〉 닐 스티븐슨은 소설 《스노우 크래시》에서 '아바타Avatar'라는 용어를 쓰면서 인터넷으로 접속하는 3D 가상 세계를 메타버스라고 명명했다. 메타버스 이슈가 뜨거워진 것은 주요 언론의 전망과 IT산업을 이끌고 있는 리더들의 언급 때문이기도 하다.

세우려는 것이다. 마이크로소프트 또한 마인크래프트를 인수하고 홀로렌즈 2를 전략 사업으로 추진하는 등 미국의 대표적인 IT 거대 기업들은 저마다 메타버스를 IT의 미래로 직·간접적으로 인정하고 있다. 메타버스 관련 산업 규모가 2025년에는 약 315조 원(2,800억 달러)에 달할 것이라는 예측이 제기되기도 했다.

이처럼 메타버스 관련 장밋빛 IT기술이 불과 몇십 년 사이에 급격히 발전하면서 우리 삶의 양식을 송두리째 변화시키고 있다. 특히 PC, 인터넷, 스마트폰을 가능하게 만든 IT기술의 발전에 의해 인류의 생활 방식이 이전과는 완전히 달라졌다고 해도 과언이 아니다.

1980년대 말 개인이 컴퓨터를 보유하게 된 PC 혁명, 컴퓨터를 통해 안방에서 전 세계에 접속 가능하게 된 1990년대의 인터넷 혁명, 전 세계 사람들이 고성능 컴퓨터인 스마트폰을 가지고 다니게 된 2010년대의 모바일 혁명, 이와 같은 기술혁명은 VR(Virtual Reality, 가상 현실), AR(Augmented reality, 증강 현실), MR(Mixed Reality, 혼합 현실), 메타버스로 진화하고 있고 가장 최근에는 거대 생성 AI인 챗Chat GPT가 등장하여 새로운 기술 트렌드를 만들어 가고 있다.

메타버스는 그런 의미에서 많은 통찰을 가져다 줄 수 있는 하나의 현상이다. 과거 사이버 스페이스Cyber Space와 가상 현실로 명명되던 것들과 공상과학소설 속에서나 등장했던 일들이 IT기술의 발전에 따라 실제로 구현될 수 있는 환경이 제공되어 모든 것들이 가능해진 셈이다.

'아마도 곧 조만간 일어날 수도 있겠네……'라고 편하게만 생각되었던 메타버스는 이미 여러 가지 변화된 형태로 이미 우리 일상생활 속에 속속 파고들어 오고 있다. 이러한 변화는 코로나19의 팬데믹 현상과 더불어 가속도가 붙게 되었다.

그렇다면 메타버스의 진정한 미래는 어떤 형태여야 할까?

비록 영화 속 미래이지만 스티븐 스필버그 감독의 걸작 SF영화 〈레디 플레이어 원〉에서 메타버스의 미래를 볼 수 있다. 지금은 스마트폰이나 컴퓨터, 오큘러스와 같은 VR 기기로 가까이 다가설 수 있는 공간이지만, 웨어러블 컴퓨터 같은 실제 옷처럼 장착하는 바디 착용형 컴퓨터를 통한 일체형 휴먼으로 접속할 날도 머지않았다.

조금 더 나아가 보면 360도 홀로그램 등과 결합될 경우 내가 있는 장소 자체가 메타버스로 바로 접속할 수 있는 완벽한 가상 공간과 현실 공간으로 동시에 이루어질 수 있을 것이다. 그렇게만 된다면 더 이상 현실 공간과 가상 공간인 메타버스를 구분할 필요가 없어지는 궁극적인 온·오프라인 융합형 공간이 탄생하게 되는 것이다.

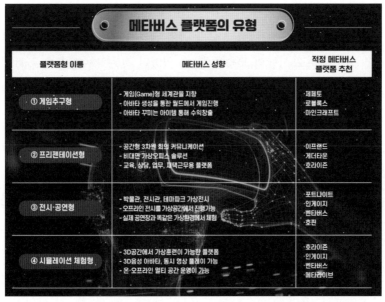

〈그림 3〉 기존에 나와 있는 메타버스 플랫폼을 대상으로 한 '메타버스'의 형태 분류.

아직 진정한 메타버스 시대는 멀었다

누군가는 메타버스를 차세대 인터넷 공간이라고도 말한다. 인터넷 공간이 '메타버스'라면 기존 인터넷과 메타버스의 가장 큰 차이점은 또 무엇일까?

1980년대 후반부터 출발한 PC용 인터넷과 메타버스의 가장 큰 차이점은 가상 공간 내에 인간의 존재가 들어있느냐 들어가 있지 않느냐이다. 1990년대부터 대중적으로 보급된 네비게이터나 익스플로러를 시작으로 지난 30년 동안 인터넷의 역할은 문자정보 위주의 정보 검색이 대부분이었다. 초창기 마이크로소프트사의 익스플로러 웹페이지를 접속하면 연구자들의 논문이나 단편적인 뉴스 같은 텍스트가 검색할 수 있는 전부였다.

지금은 인터넷 속도가 빨라지면서 고화질의 영화를 넷플릭스를 통해 마음껏 감상하는 수준에까지 이르렀다. 하지만 이곳에도 사람은 없었다. 사람이 있고 없음이 인터넷 공간과 실제 공간의 차이인 것이다. 인터넷 공간에서 최초로 사람의 모습을 볼 수 있었던 것은 '싸이월드Cyworld'가 시작이었다. 휴대전화 카메라를 가진 유저들이 사진 촬영 후 이를 그대로 싸이월드에 업로딩하기 시작했다. 이를 기점으로 인터넷 사용자가 기하급수적으로 급증하기 시작했다. 세상에서 제일 흥미로운 일이 다른 사람이 무엇을 올렸는지를 간접적으로 구경하는 것이기 때문이다. 이후 싸이월드는 블로그를 시작으로 페이스북이나 인스타그램에 점차 그 자리를 내주었다.

페이스북이나 각종 SNS 프로그램의 한계는 그 속에 저장된 정보가 모두 과거 시점이라는 점이다. 사람들이 찍은 사진을 보고 댓글을 올리면 시간이 지난 후 또 다른 사람이 접속하여 '좋아요'를 누르거나 댓글을 올리며 사진에 반응하는 식이다. 전화가 나와 상대방 간 현재 시점에서의 실시간 소통이라면 편지와 엽서는 항상 한 박자 늦은 과거 시점에서의 교류인 것과 매우 흡사하다.

시점時點이라는 측면에서 보면 소위 '아바타'가 횡행하는 메타버스 플랫폼 '제페토' 같은 공간이야말로 본격적인 실시간 소통이 가능한 가장 메타버스틱한 공간이라고 할 수 있다. 비록 내가 선택한 디지털 형태의 아바타로 형상화해서 만들어진 존재지만 손발과 표정이 있는 아바타 캐릭터를 통해 잠시 한 면만을 기록하는 사진이나 짧은 영상보다 더욱더 참여감과 현실감을 느낄 수 있었다. 그런 아바타들이 서로 실시간 상호 작용하는 것은 분명 이전과는 다른 공간을 창조하게 된다.

그럼에도 메타버스 혁명은 너무 성급한 호출이었다. 메타버스라는 단어가 시대를 너무 앞서가 버린 것이다. 메타버스 가상 공간에 진입하게 만들어 주는 디스플레이 등이 아직까지도 만족스럽지 않기 때문이다. 최근 20년 동안 인류의 삶에 가장 큰 영향을 준 가장 결정적인 매체는 스마트폰이었다. 스티브 잡스는 애플 스마트폰으로 인류사에서 혁명적인 시대를 이끌었다.

종래 매킨토시 컴퓨터의 GUI는 마우스로 조작했지만, 스티브 잡스의 애플 스마트폰은 터치스크린 조작으로 손가락 터치를 통해 정보와 연결될 수 있게 한 엄청난 혁명을 달성했다. 스마트폰은 어찌 보면 인간의 신체가 컴퓨터와 연결된 것이라 말할 수 있다. 그런데 메타버스 아바타는 아직까지 키보드와 마우스로만 움직일 수 있다. 이것은 온라인 게임이 일상화된 MZ세대에게는 친숙하겠지만 어떤 사람들은 아직도 PC 모니터 속에 보이는 아바타 캐릭터와 게임을 즐기는 관람자가 일치된 느낌을 도저히 갖지 못한다.

메타버스를 즐길 수 있는 하드웨어 플랫폼 역시 속도나 그래픽의 질 면에서 만족스러운 수준에 이르지 못하고 있다. 메타버스 공간과 연결되는 가상 현실 기기를 편하고 저항 없이 받아들일 수 있는 스마트폰 수준의 혁명적인 디바이스가 출현하기 전까지 본격적인 메타버스 시대는 오기 어려울 것이다.

최근 가장 높은 판매량을 자랑하는 페이스북의 '오큘러스 퀘스트 2' 같은 VR이나 마이크로소프트사의 '홀로렌즈 2'가 메타버스 시대를 만들지 않았냐고 주장할 수도 있을 것이다. 한손에 잡히는 스마트폰은 24시간 내내 가지고 있어도 질리지 않지만 '퀘스트 2'와 같은 VR용 HMD 기계는 무거워서 5분 이상 착용하기 힘들다. 장시간 사용하면 목에 디스크가 올 것만 같고 조금만 오래 사용하면 멀미와 어지러움증까지 겪는다. 이처럼 메타버스의 제반 기술이 따라주지 않은 상태에서 메타버스라는 단어를 너무 빨리 불러버린 감이 있다. 그렇다. 아직 본격적인 메타버스 시대는 오지 않았다. 사실 인간의 몸과 메타버스 공간 속의 '아바타'가 저항감 없이 하나로 연결될 때 비로소 '메타버스 시대'가 도래할 것이다.

요즘 일말의 희망이 보이고 있기는 하다. 최근 전 세계를 강타한 챗 GPT의 충격이다. 최근 챗 GPT의 등장으로 '거대 생성 AI'가 화두가 되고 있다. 챗 GPT 같은 거대 생성 AI가 메타버스의 '아바타'와 결합되면 또 다른 메타버스 세상이 열릴 것이라 기대한다. 그럼에도 아직 본격적인 메타버스 시대는 오지 않았다. 한국인들의 조급성에 기인하여 '단어 개념'이 먼저 와버린 것 같다. 아직 본격 메타버스 시대가 도래하지 않았기 때문에 '메타버스는 현재 진화進化 중'이라는 말이 더 잘 맞을지 모른다. 메타버스 과도기인 지금 상황을 '메타버스 Version 1.0'에 와있다고 말하고 싶다. 앞서 〈그림 1〉에서 보여준 스필버그 감독의 〈레디 플레이어 원〉에 등장하는 진정한 가상 공간인 '오아시스' 수준이 되려면 Version 5.0쯤 되어야 진정한 메타버스 세계를 맞이할 수 있다.

메타버스 최근 사례

메타버스는 현실을 반영 또는 초월한 가상 현실이라 할 수 있다. 가상 공간 내에서 콘텐츠를 향유한다는 측면에서 보면 VR, AR, MR 등을 포함하는 XR(eXtended Reality, 확장 현실)과 AI도 넓은 범위에서 메타버스의 범주에 포함할 수 있다. 그러나 VR, AR, MR 등과 메타버스의 가장 큰 차이점은 가상 공간 내에서 다른 사용자들과 커뮤니케이션이 가능하고, 커뮤니티를 구성할 수 있으며, 가상 공간 내에서 사회 활동과 경제 활동이 가능한지 여부이다. 메타버스를 이용하는 주 이용층은 MZ세대이다. 이들은 스마트 기기에 능숙하고, 가상 공간에 대한 이질감이 없으며, 특별하고 이색적인 체험을 좋아한다.

이런 MZ세대의 소비 공간으로 불리는 메타버스로는 어떤 플랫폼들

〈표 1〉 메타버스 소비 세대와 비교 분석을 위한 세대별 특징

세대 구분	주요 특징
아날로그 세대	●라디오, TV 등이 익숙한 세대 ●현재 디지털 기기 격차로 많이 어려워하는 세대
디지털 세대	●디지털 기기와 인터넷 등을 편하게 이용하는 세대 ●컴퓨터, 인터넷, 스마트폰 시대 ●스마트 공간 도래 ●주로 1990년대 대학을 다닌 X세대가 주축임
MZ세대(네이티브 세대)	●디지털 사회에서의 소비 주체로 부상 ●디지털 미디어를 생산, 소비, 보급하는 주역 ●코로나19로 발생한 언택트 문화 체험 세대

<표 2> 메타버스 기능과 구성에 따른 플랫폼 비교

플랫폼 명		특징	비고 (제작사/출시연도)
제페토 Zepeto	기능	이용자가 자신의 3D아바타를 생성, 아바타를 기반으로 가상 활동	국내 (네이버Z, 2018)
	주 사용자	10~20대, 총 이용자 수는 약 2억 명 (해외 이용자 90퍼센트, 10대 비중 80퍼센트)	
	구성	●아바타를 꾸밀 수 있는 아이템과 3D공간 구성 오브젝트 ●사용자에게 크리에이터라는 아이덴티티 부여로 3차원 오브젝트 메쉬를 형성할 수만 있다면 누구든지 제페토의 크리에이터가 되어 제페토 월드를 구현할 수 있음 ●아바타는 사용자 얼굴 인식과 증강 현실 기술을 활용하여 생성 ●블로그와 SNS, 영상 제작, 가상 쇼핑, 관광, 생산 판매 등 기능	
로블록스 Roblox	기능	사용자가 게임을 직접 프로그래밍하여 타 유저도 즐길 수 있도록 하는 가상 공간 내 게임 플랫폼	해외 (로블록스, 2016)
	주 사용자	미국 MZ세대, 개발자는 700만 명, 가입자 수는 약 1억 6,000만 명	
	구성	●사용자가 가상 공간 내에 직접 게임을 만들 수 있으므로, 게임신 내에서는 어떠한 시나리오도 가능함 ●이에 따라 로블록스 공간 내에 가상 회의 및 모임 등의 게임이 만들어지면서 메타버스 세계관으로 진화한 것임 ●현재 로블록스 메타버스 내에 약 1,800만 개의 게임이 존재함 ●로블록스 메타버스의 핵심 기능은 소통을 위한 SNS 기능과 유희를 위한 엔터테인먼트 기능임 ●로블록스 메타버스의 8대 핵심요소는 다음과 같음 Identity - 아바타를 통해 가상 세계에서 정체성을 가짐 Friends - 가상 세계에서 세계 곳곳의 친구를 사귐 Immersive - 현실과 구별되지 않는 수준의 몰입감을 제공함 Low Friction - 원하는 공간으로 즉시 이동할 수 있어야 함 Variety - 풍부한 콘텐츠를 제공함 Anywhere - 어느 곳에서도 어떤 기기로든 접속할 수 있어야 함 Economy - 활성화된 경제시스템을 제공함 Civility - 성숙한 디지털 시민의식을 고취시킴	
게더타운	기능	현실 세계의 데이터를 가상 공간에 반영하여 오프라인 활동을 대체할 수 있는 온라인 서비스	해외 (Gather, 2020)
	주 사용자	학생, 사무원 등 사무, 학업 관련자	
	구성	이용자들이 가상의 공간에서 만나 대화와 업무를 할 수 있음	
인게이지	기능	현실 세계에서의 박물관 전시, 공연장 콘텐츠를 그대로 온라인에서 구현 가능한 메타버스 서비스 플랫폼	해외 (Immersive VR Education, 2017)
	주 사용자	전시 관계자, 공연 기획자, 박물관 큐레이터	
	구성	●인게이지 플랫폼에서 오프라인에서 진행되는 전시, 공연, 이벤트 등을 온라인에서 서비스 가능 ●인게이지 플랫폼은 주로 '가상 전시' 공간으로 적합	

<표 3> 최근 메타버스 플랫폼의 특징

구분	제페토	이프랜드	로블록스	게더타운	벤타버스
제작 국가	대한민국 (네이버)	대한민국 (SK텔레콤)	미국	미국	대한민국 (벤타브이알)
최대 동시접속 인원 (1방 기준)	16명 (관전 모드 60명)	31명 (관전 모드 100명)	50명	적정 400명 (최대 500명)	적정 40명 (최대 100명)
그래픽	3D	3D	3D	2D	3D
제작 방식	Order Made	Order Made	User Open Builder	Open Builder (단독 자체 공간 제작)	Open Builder (단독 자체 공간 제작)
접속 방식	App. (iOS, Android)	App. (Adroid)	App. (iOS, Android)	Web/App (Mobile Beta Ver.)	Web/VR
쌍방향 커뮤니케이션	보이스, 텍스트챗	보이스	보이스, 텍스트챗	보이스, 텍스트챗, 화상챗	보이스, 텍스트챗
아바타	User Customizing 가능			User Customizing 불가	User Customizing 불가
화면 녹화	셀카/ 동영상 지원	스크린샷 지원	셀카/ 동영상 지원	미지원	셀카/ 동영상 지원
영상 및 PDF 공유	미지원	지원	미지원	지원	지원(라이브/ 화면 공유/ 유튜브)
주 사용 용도	MZ세대를 타겟으로 하는 브랜드 홍보 (브랜드 쇼케이스, 브랜드 전시, 소규모 팬미팅)			100명 이상 인원의 동시 참여 이벤트 (프리젠테이션, 공연, 강연, 페스티벌 등)	상설 오픈 또는 소규모 동시 참여 이벤트 (가상 오피스, 회의실 등) 실사 그대로 메타버스화가 필요한 이벤트 (유적지, 미술 작품, 모델 하우스 등)

이 있을까? 국내외에서 가장 널리 쓰이고 있는 메타버스 플랫폼은 '제페토'와 '로블록스'라고 할 수 있다. 그 밖에 게더타운이나 인게이지 같은 플랫폼도 널리 보급되고 있다. 〈표 2〉는 각 메타버스 플랫폼의 특징을 정

리한 것이다.

앞의 〈표 3〉을 통해 보면 메타버스 플랫폼별로 특징과 용도가 분명하다. 따라서 디지털 문화유산 메타버스도 초기 진입 단계에서는 가장 보편적이고 일반적인 것을 활용하는 것이 바람직하며, 중장기적으로는 용도나 적용 시기에 따라 플랫폼을 다변화할 필요가 있다.

메타버스와 AI 디지털 휴먼

메타버스를 정의할 때, 큰 범위로는 '디지털 가상 공간'으로 정의하지만, 협의의 의미로 정의할 경우 메타버스 존재 여부를 두고 가상 공간에서 '아바타'가 존재하느냐 존재하지 않느냐의 차이로 나뉜다. '아바타'는 메타버스 공간에서 활동하는 AI 디지털 휴먼이다.

일찍이 필자는 디지털 휴먼을 크게 가상인간형, 역사인물형, 휴먼재현형, 캐릭터형 등 4가지로 분류한 바 있다. 가상인간형은 신한라이프의 CF모델로 활약했던 '로지'가 대표적인 예다. 휴먼재현형은 주변 인물 중 돌아가셨거나 지금 생존해 있는 인물들을 디지털 복제를 하는 것으로 생각하면 된다. 지난 MBC 휴먼 다큐멘터리인 〈너를 만나다〉에 등장한 인물 등에 해당된다.

AI 디지털 휴먼의 분류 중에 특히 필자가 주목하는 것은 바로 '역사인물형'이다. 지난 2022년 JTBC 방송의 교양 간판 프로그램인 〈차이나는 K 클라스〉에 등장하여 패널들과 서로 대화했던 안중근 의사가 대표적인 예다. 이런 역사인물형은 그 인물에 대한 정확한 인물 지식과 여기에 따른 빅데이터가 구축되어 있어야 재현이 가능하다. 조선 후기를 대표하는 실

학자 다산 정약용을 AI 디지털 휴먼으로 제작하려면 《목민심서》를 비롯
약 500여 권에 달하는 그의 저서를 빅데이터로 구축해야 한다.

반면 신라시대 김유신 장군을 AI 디지털 휴먼으로 재현한다면 조금
문제가 있을 수 있다. 조선시대 인물 정약용에 비해 빅데이터를 구축할
수 있는 정보의 양이 굉장히 적기 때문이다. 김유신을 묘사한 《삼국사기》
등 굉장히 적은 양의 정보를 가지고는 역사적인 사실의 깊이가 떨어진
다. 역사 인물들에 대한 빈약한 정보들을 확장할 수 있는 초거대初巨大 AI
가 등장하기 전까지는 불가능하다.

필자가 2018년 수행했던 AI 디지털 휴먼 사례로 1,300년 전 신라의 혜
초 스님을 살펴보자. 중국으로 건너간 혜초는 인도의 불교성지를 답사하
고 이슬람 지역까지 여행한 후 당나라로 돌아와 《왕오천축국전》이라는
불멸의 여행기를 남겼다. 마르코 폴로의 《동방견문록》에 비견되는 세계
적인 여행기이다.

〈그림 4〉 '공공역사' 부분을 디지털로 풀었다고 할 수 있는 JTBC의 〈차이나는 K클라
스〉 '디지털로 부활하는 K-문화유산' 방송의 포스터와 방송 화면.

《왕오천축국전》에 수록된 한자 약 5,000자를 바탕으로 혜초 스님에 관한 빅데이터를 구성했다. 전해지는 초상화가 없어 얼굴은 20대 초반의 신라시대에 존재했음 직한 인물을 채택하고, 복식은 최대한 고증을 하여 8세기 당시 신라와 당나라 스님 복장을 반영했다. 이런 과정을 거쳐 만든 3D 혜초 재현도를 바탕으로 국내 최초의 '역사인물형' 인공지능 혜초를 탄생시켰다. 혜초 전시관을 방문한 관람객들은 이 역사인물형 AI형 인터 랙티브 콘텐츠 혜초와 일대일 맞춤형 대화를 할 수 있다. 예를 들어 "당 신은 왜 16세의 나이로 서라벌을 떠나 먼 구법 여행을 떠났습니까?"라든 가 "《왕오천축국전》의 범인국 부분을 보니 그 나라 풍습에 대해 소상히 적어놓았던데요. 실제로 당신이 본 이야기입니까? 들은 이야기를 기록한 것입니까?" 등 단순한 질문에서부터 고급한 질문까지 모든 질문이 가능 하며 혜초는 각 질문에 걸맞은 답을 해줄 수 있다.

여기에 조금 더 상상력을 얹는다면 빅데이터가 충분한 역사적 인물을

〈그림 5〉 혜초의 《왕오천축국전》 내용을 빅데이타화하여 통일신라시대 승려 '혜초'를 AI 디지털 휴먼으로 재현하여 대중 체험형 서비스로 만들었다.

각각 다른 연령대로 설정해서 대화를 나누게 할 수도 있다. 예를 들면 2021년 2월 26일 타계한 이어령 교수도 '휴먼재현형'(〈표 4〉 참조)으로 부활시킬 수 있다. 20세기에 살았던 25세의 청년 이어령과 21세기 88세까지 마지막 지성의 불꽃을 지핀 노년의 이어령이 각기 AI 디지털 휴먼으로 재현된다고 가정해 보자. 이어령의 젊은 시절 '아바타'와 노년 시절 '이어령 아바타'가 만나는, 일찍이 한 번도 해보지 못한 인공지능 실험도 가능하다.

이런 가상 AI 만남을 통해 청년 이어령은 훗날 본인이 대한민국의 초대 문화부 장관이 되는 것이나 88서울올림픽 문화행사의 중심 인물이 된다는 것을 전혀 몰랐던, 그저 시대의 우상을 타파하고 싶었던 열정 가득한 청년일 뿐이었을 것이다. 반면 노년의 이어령은 이미 완숙한 지성인이

〈표 4〉 4가지 AI 디지털 휴먼에 대한 구분

순서	명칭	특징	예시
1	가상인간형	●국적, 시대 불명 등 출신지가 명확하지 않으나 지향하는 바가 분명한 미래형 가상 인간 ●극상업적인 디지털 휴먼 일종의 '디지털 배우'임	●신한라이프 TV모델 '로지' ●SM엔터테인먼트의 '에스파' ●LG전자가 만든 DJ '김래아Reah Kim' ●자이언트 스텝 '빈센트'
2	역사인물형	●인류 역사상 유명 인물들을 CG로 복원하고 여기에 그가 남겼던 DB를 반영 ●과거 유명 예술가, 정치인, 문학가, 유명 배우를 재현함 ●생물학적으로는 사망했으나 CG와 AI의 결합으로 가상 공간에 재탄생	●김구 인공지능 ●혜초 인공지능 ●유관순 열사 인공지능 ●고봉 기대승 인공지능 ●칭기스 칸 인공지능
3	휴먼재현형	●현재 살아있는 인간을 디지털 복제하는 형태 ●나의 현재 모습을 가상 공간에 디지털 휴먼 형태로 투영 ● 돌아가신 조상을 기리는 디지털 휴먼	●MBC 다큐멘터리 〈너를 만나다〉 ●BTS슈가 공연 디지털 휴먼
4	캐릭터형	●인간을 희화한 카툰형 디지털 휴먼 ●동물 캐릭터인데 인간처럼 말하는 형태도 포함	●도라에몽 ●슈퍼 마리오

지만, 1980년 후반에 접어들어 청년 시절을 그리워하는 인물로 묘사할 수도 있다. 청년기와 노년기라는 이어령이 살아온 시대에 어떤 데이터가 쌓였느냐에 따라 이어령은 생물학적으로 같은 동일 인물이지만, AI 디지털 휴먼을 통해 각각 전혀 다른 인물을 창조할 수 있게 된다.

또한 시공간을 초월한 동서의 역사적 인물들의 만남도 가능할 것이다. 예를 들어 《걸리버 여행기》를 쓴 영국의 작가 조나단 스위프트와 《홍길동전》을 쓴 허균이 만나 본인들의 작품 세계에 대해 대화, 토론하는 장면도 연출 가능할 것이다.

메타버스 세계에서는 《걸리버 여행기》의 공간과 《홍길동전》의 공간을 합쳐 《걸리버 율도국 여행기*Gulliver Yuldo Island Travel*》라는 전혀 새로운 문학 세계와 공간 세계를 탄생시킬 수도 있다. 영국과 조선이라는 만난 적 없는 각기 다른 '디지털 문학 세계'를 메타버스에서 재창조할 수 있는 것

〈그림 6〉 '이어령 교수'를 빅데이터에 기반한 AI 디지털 휴먼으로 재현해 낼 수 있다. 실례로 미국 플로리다주에 있는 '달리 박물관'에서는 1989년 사망한 스페인의 화가 '살바도르 달리'를 AI 디지털 휴먼으로 재현하여 관람객과 인터랙티브하게 대화하는 서비스를 제공하고 있다.

이다. 이처럼 환상적인 메타버스 세계는 과거의 어느 순간을 현재로 불러와 시대를 관통하는 감동까지 자아낼 수 있다. 그럼 AI 디지털 휴먼은 '공공역사'에 어떻게 활용할 수 있을까? 몇 가지 예를 들어보자.

가장 쉽게 공공역사 부분으로 접근할 수 있는 부분은 '역사교육'이다. 예를 들어 교육자들은 AI를 활용하여 학생들에게 역사적 사건들을 더 생생하게 전달할 수 있다. 가상 현실 기술을 통해 학생들이 역사적인 장면을 직접 체험하도록 할 수 있다. 또한 비디오 또는 사진의 이미지를 자동으로 분류하고 해석하는 AI를 사용하여 역사적 사건에 대한 시각적인 이해를 높일 수도 있다. 둘째로, '역사 연구'에도 적용 가능하다. 인공지능AI은 역사적인 데이터를 더욱 쉽게 수집하고 분석할 수 있도록 도와줄 수 있다. AI는 수천 개의 문서, 논문, 책 등을 분석하여 유사한 패턴을 찾을 수 있게 한다. 또한 문서에서 중요한 단어나 구절을 찾아내 연구자들이

〈그림 7〉 영국의 소설가 조나단 스위프트의 《걸리버 여행기》(1726)에 등장한 '라퓨타'의 모습. 《걸리버 여행기》에 나오는 상상의 나라로 걸리버 여행기의 세 번째 이야기가 바탕이 되는데, 라퓨타는 하늘을 날아다니는 섬으로 약 7.24 킬로미터에 걸쳐있다. 메타버스 공간을 통해 걸리버 여행기의 일곱 번째 공간을 《홍길동전》에 나오는 '율도국'으로 조성한다면 율도국을 배경으로 한 《걸리버 여행기》 외전도 구성할 수 있다.

더욱 정확하게 분석할 수 있도록 돕는다.

셋째는 '역사 보존'이다. AI는 역사적인 기록문서, 역사적인 인물이 남긴 유물 등을 디지털로 보존하는 데에도 사용될 수 있다. 예를 들어 AI를 사용하여 문서나 유물 이미지를 디지털화하고 저장할 수 있다. 이렇게 하면 문서나 유물이 노후화되거나 파손되는 것을 방지하고, 다른 사람들도 손쉽게 역사적인 자료에 접근할 수 있도록 돕는다.

AI는 역사적인 데이터를 기반으로 예측 모델을 만들 수도 있다. 특정 사건이 어떻게 발생할지 예측할 수 있는 것이다. 이를 통해 예방 조치를 미리 취하거나 적절한 대처 방안을 마련할 수 있다. 이러한 방식으로 AI 디지털 휴먼 기술은 공공역사의 다양한 영역에서 활용될 수 있다.

메타버스, 디지털 헤리티지의 또 다른 도전

디지털 헤리티지Digital Heritage는 문화유산을 기반으로 한 첨단 ICT (Information and Communications Technologies, 정보통신 기술) 및 콘텐츠 융합을 바탕으로 디지털 문화유산을 연구·보존·전시·관리·기록하고 전반적인 행정까지 처리하도록 돕는다.

1980년대 중반 이후부터 컴퓨터가 대단위로 보급되자 유럽을 시작으로 역사가 오래된 국가 중심으로 자국의 문화유산 산업 활성화에 대한 관심이 커졌다. 이에 따라 디지털 기술을 이용한 문화유산 디지털 헤리티지가 점차 각광받고 있는 추세이다. 한국은 2018년 전후 소위 '제4차 산업혁명'이라는 이름으로 기술과 문화유산의 활발한 랑데뷰 작업이 이루어져 왔다. 최근에는 '실감 콘텐츠'라는 이름으로 디지털 헤리티지가 각광을 받으면서 '메타버스'가 화두가 되어 다시 한번 일대 르네상스 시대를 맞이할 것으로 예상된다.

디지털 기술 측면에서 3D입체 기술을 시작으로 최근 챗 GPT로 주가를 올리고 있는 인공지능, 이 글의 주제이기도 한 메타버스 등의 영향으로 말미암아 박물관이나 전시관이 가지고 있는 기존의 '벽'이 깨지고 있다.

디지털 헤리티지용 메타버스 플랫폼

2021년부터 대한민국에 소위 '메타버스' 열풍이 불어닥친 이후 지방 자치단체마다 메타버스를 서로 하겠다고 앞다투어 나서고 있다. 필자도 2021년 가을 익산시에서 열린 '미륵사 메타버스' 회의에 참석한 '제페토' 제작자들을 만났다. 그들의 고충을 들어보니 요즘 거의 모든 지자체들은 메타버스 제작 대상을 항상 '제페토'만을 염두에 두고 있다고 한다. 항간의 메타버스 열풍 때문에 '제페토'가 엄청나게 주목받고 있는 것이다. 이에 따라 '메타버스=제페토'라는 등식이 성립되었다. 그러나 '제페토' 콘텐츠 제작자들은 메타버스 하면, 즉 메타버스 플랫폼 하면 일반인들이 무조건 '제페토'로 인식하는 점에 대해 불만이다. 실제로 그렇지 않음에도 메타버스 플랫폼이 지나치게 특정되면서 불만이 쏟아지기 시작하자 이에 대해 제작자들도 불편함을 토로한 것이다.

다른 논리는 '제페토'가 메타버스 전체를 뜻하는 것이 아니라는 것이다. 메타버스는 가상 공간 전반을 아우르는 말로 '제페토'는 수많은 메타버스 플랫폼 중 하나에 불과하다. 더 정확히 말하면 제페토는 게임형 메타버스 중 하나다. 필자는 대한민국에 일고 있는 이런 메타버스 세계의 혼란을 정리하기 위해 현재까지 나와 있는 메타버스 플랫폼을 따져보고, 유형별로 〈표 5〉로 정리해 보았다.

'제페토'는 메타버스의 절대적인 왕좌도 아니며 메타버스의 도깨비 방망이도 아니다. 앞으로도 많이 쏟아질 메타버스 플랫폼 중 하나일 뿐으로, 다만 먼저 나왔을 뿐이다. 메타버스 플랫폼 시장을 '제페토' 혼자 감당할 수 없다. 대상과 소재에 따라 가장 적절한 메타버스 플랫폼을 선택하면 된다. 따라서 앞으로 나올 메타버스 콘텐츠 전부가 제페토에서 구현되어서는 안 된다. 소재와 대상의 특성에 적합한 메타버스 플랫폼을 취사선택해야만 초기 목적과 의도를 성취해 나갈 수 있을 것이다.

〈표 5〉 목적과 용도에 따른 메타버스 형태 분류

목적과 용도	메타버스 성향	적합 플랫폼
게임 추구형	●게임 세계관 메타버스 ●자신의 아바타를 생성하고 이를 통해 다양한 월드에서 게임 진행	제페토 로블록스 포트나이트
프리젠테이션형	●2차원 Zoom 기능을 3차원 가상 공간에서 실제 회의와 같이 커뮤니케이션할 수 있음 ●비대면 컨퍼런스나 가상 이벤트에 적합 ●초·중·고 및 대학의 비대면 수업용 ●비대면 PT를 진행하거나 가상 공간에서 업무 진행 ●채팅과 화상 공유로 커뮤니케이션 용도가 강함 ●온라인 마케팅 가능	이프렌드 게더타운 제페토
전시·공연형	●박물관, 전시관, 테마파크 가상 전시에 적합 ●시공간적 제약을 벗어나 언제 어디서나 누구든 전시를 체험하고 동시 체험한 내용 공유 가능 ●실제 공연장과 같은 가상 환경에서 체험 가능 ●비대면 작품 감상 가능 ●소셜 네크워크 활동과 자발적으로 이루어지는 '이용자 콘텐츠 창작UGC(User Generated Contents)' 활동 가능	인게이지 벤버스 포트나이트 벤버스
시뮬레이션 체험형	●온라인 공간에서 제품의 가상 품평회 진행 가능 ●우주 체험, 극지 체험 등 실생활에서 체험하기 어려운 것들을 대체 체험할 수 있음 ●온라인과 오프라인 상호 작용 가능 ●가상 엔터테인먼트 체험 가능	어쓰2(Earth2) 인게이지 벤버스

디지털 헤리티지 메타버스 최근 개발 사례

대한민국을 대표하는 VR 1세대 기업인 ㈜벤타브이알은 지난 2021년 10월 코엑스에서 개최된 제1회 메타버스 코리아 전시회에서 자체 플랫폼인 '벤타버스'에 경주의 총 10개 문화유산을 가상 관광콘텐츠로 선보였다. 벤타버스는 교과과정, 발달 학습과정을 고려한 역사 유적지, 미술 작품, 관광자원을 실감 스캔 및 모델링하여 AI 전문가이드의 안내를 받아 체험할 수 있는 메타버스 서비스다. 석굴암 메타버스의 경우, 통일신라 재상인 김대성이 등장하여 관람객 아바타에게 석굴암 조성에 대해 설명해 준다.

'메타버스 석굴암' 콘텐츠는 세계 어디에서든 동시에 '석굴암 메타버스'에 접속하여 관람자의 아바타가 석굴암을 돌아다닐 수 있고, 석굴암의 창작자인 통일신라 경덕왕 대의 재상 김대성을 인공지능 아바타로 만나

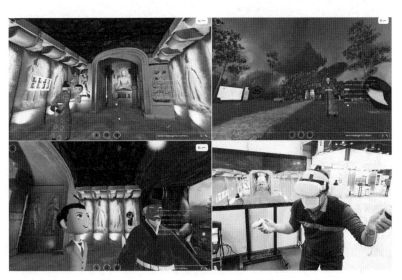

〈그림 8〉 ㈜벤타브이알의 '석굴암 메타버스'. ㈜벤타브이알의 메타버스 플랫폼인 http://ventavr.com/sga에서 인용.

볼 수 있다. 이전 디지털 헤리티지 기술들이 정보 제공과 디지털 복원에 중점을 두었다면 최근 메타버스는 현실과 가상을 넘나드는 총체적인 경험 공간을 제공한다. 기존 가상 현실에 들어가게 되면 가상 현실 속 다양한 상황을 1인칭 시점에서 체험하지만, 메타버스는 아바타를 통해 다른 이들과 소통이 가능하다는 점에서 VR보다 훨씬 폭이 넓다.

해외의 경우 메타버스의 범위를 확장해서 보는 경향이 있으며, 이에 따라 일반적으로 지칭하는 메타버스 플랫폼 이외에 VR, AR, MR을 포함하는 XR 등 가상 공간에 콘텐츠를 구현하는 분야도 메타버스 범주에 포함시킨다.

〈그림 9〉 1948년에 사망한 백범 김구를 딥러닝 등의 인공지능 기술을 통해 재현이 가능하다. 백범 김구의 'AI 디지털 휴먼' 모습과 대중과의 가상 콘서트도 진행한 바 있다. ©비빔블.

챗 GPT와 AI 디지털 휴먼

챗 GPT는 생성 AI라는 인공지능 기술 중 하나다. 챗 GPT의 시작은 미국 기업 테슬라사 사장인 일론 머스크와 스탠포드대학 출신 샘 올트먼 대표가 합작해 만든 회사다. 'Open AI'가 만든 거대 생성 인공지능인 "Chat GPT(Generative Pre-Trained Transformer AI)"를 2022년 하반기에 전격 공개했다. 이전에도 비슷한 거대 생성 AI가 출시되었지만 2022년 12월에 선보인 챗 GPT는 사람들과 대화할 수 있도록 만들어진, 이전과는 전혀 차원이 다른 높은 수준의 인공지능이다.

챗 GPT는 수억 개의 데이터를 빅데이터 형태로 축적하고 인간의 언어와 거의 모든 광범위한 지식을 취득한 후 이를 데이터화한 것이다. Open AI를 사용하는 관람자는 마치 이웃들과 대화를 하듯 챗 GPT를 자유로이 주고받을 수 있다.

결국 거대 생성 인공지능인 챗 GPT가 디지털 인격체까지 구현하는

〈표 6〉 Chat GPT 포함한 거대 생성 AI의 종류

개발기업	해당 국가	명칭	현황	초거대 AI 보유
Open AI	미국	챗 지피티 Chat GPT	MS의 검색엔진 빙에 실림 Chat GPT-4(2023년 출시)	GPT
구글	미국	바드 Bad	●가장 최신 정보 반영 ●급하게 공개하다 오류 발생	Lamda
바이두	중국	어니봇 Ernie Bot	●매개 변수 약 2,600억 개	Ernie
카카오	한국	서치 지피티 Search GPT	●매개 변수 60억 개 ●2,000억 개 토큰의 한국어 데이터로 구성됨	Hyper clova
네이버	한국	코 지피티 Ko GPT	●한국어 특화된 언어 모델 ●학습 매개 변수 2,040억 개	Ko GPT

길이 열린 것이다. 그동안 인공지능은 우리 일상생활과 관련 없는 일로 치부해 왔다. 2016년 이세돌 9단이 인공지능과의 대결에 밀렸다는 것, 그래서 인공지능이 인류의 지능을 앞설 수도 있다는 신문기사만을 접해 왔을 뿐 대단한 인공지능의 위력을 실감한 사례가 없었다. 그런데 2016년 이세돌과 당시 가장 강력한 인공지능이라고 불리는 '알파고'의 바둑 대결 이후 수 년이 지난 지금 챗 GPT가 야기한 인공지능 충격이 전 세계를 강타하고 있다.

구글에서 만든 인공지능 '알파고'가 바둑천재 이세돌 9단을 꺾으면서 당시 전 세계는 인공지능이라는 충격에 휩싸였다. 인공지능이 조만간 인간의 지성을 뛰어넘을 수 있다는 점을 각인시켜 주었기 때문이다. 그로부터 7년이 지난 지금, 단지 똑똑하기만 했던 인공지능이 새로운 콘텐츠를 쏟아내는 '생성형Generative AI'로 발전했다.

2022년 11월 30일 미국 비영리기업 오픈 AI의 챗 GPT가 시발점이 되었다. 서비스가 시작된 지 일 주일도 안 돼 일간 사용자 수 100만 명을 돌파했다. 챗 GPT의 단순 기사 검색이나 구글 서치 같은 기능에 감탄하는 것이 아니라 질문자가 던진 대화 물음에 대한 전체적인 문맥을 이해하고

〈그림 10〉 거대 생성 AI중 하나인 Chat GPT의 초기 화면 모습.

그 문맥에 따라 완벽한 대답으로 반응하거나 창작 영역인 시를 짓고 소설까지 창작하는 등 그 경지가 이전과는 완전히 다르기 때문이다.

　미국의 미래학자 레이먼드 커즈와일은 그의 명저인 《특이점이 온다》에서 "인공지능 기술의 놀라운 발전으로 말미암아 인류는 마침내 2045년에는 특이점에 이르게 된다"고 주장했다. 여기서 특이점이란 영어로 "싱귤래리티Singularity"로 표현되는데, 쉽게 말하면 인공지능의 지능이 인간을 앞서는 시기를 뜻한다. 현재 거대 생성 AI인 챗 GPT 현상을 보고 있노라면 굳이 2045년까지 가지 않더라도 5년 내 이러한 '특이점'에 벌써 도달할 듯하다.

챗 GPT와 메타버스

어찌 보면 이 글의 주제인 '메타버스'는 최근 대세로 자리 잡고 있는 챗 GPT 직전에 세상을 사로잡았던 유행어다. 메타버스는 챗 GPT와 어떤 관계가 있는가? 최근 거대 생성형 인공지능의 붐을 보면 메타버스는 먼 기억이 되고 퇴보하면서 다른 용어로 대체될 수도 있을 듯하다. 생각보다 메타버스가 힘을 발휘하지 못했던 것은 메타버스는 기본적으로 '아바타'가 횡행하는 공간인데 메타버스 속 아바타는 수동적이라는 점 때문이었다.

　한마디로 '아바타'에는 인공지능의 내재성이 없었다. 하지만 챗 GPT와 같은 거대 생성 인공지능의 등장으로 말미암아 메타버스 내 아바타가 인공지능 기능을 가진 '능동형 아바타'로 변모될 것이다.

　그리하여 마침내 종래 '메타버스'가 몇 단계 더 발전할 가능성도 충분하다. 어찌 보면 챗 GPT의 등장이 메타버스 부흥시대를 앞당길 수도 있을 것이라는 성급한 전망도 제기할 수 있을 것이다.

디지털 헤리티지와 메타버스의 미래

디지털 헤리티지는 인공지능, 메타버스, 혼합 현실, 증강 현실, 가상 현실 등의 영향으로 박물관이나 전시관이 가지고 있는 기존의 벽을 넘어, 관람자 개인이 정보를 자유로이 선택할 수 있는 소위 '디지로그 메타버스' 문화유산을 구상할 수 있는 단계로 점차 진화될 것이다.

〈그림 11〉 거대 생성 AI이며 이미지를 창조해 내는 인공지능 시스템 '미드저러니Midjourney'로 그려본 알폰스무하 풍의 조선 왕후 모습. 이렇듯 거대 생성 인공지능은 공공역사 부문의 대중화를 크게 앞당길 것이다.

공공역사 분야에 있어 디지털 헤리티지의 역할은 매우 중요하다. 디지털 헤리티지는 전통적인 유산관리 방식을 보완하고 보다 현대적이고 창의적인 방식으로 공공역사 유산을 디지털적으로 보존, 관리 및 전달하는 활용이 가능한 매개체가 될 수 있다. 디지털 헤리티지를 통해 공공역사 분야에서 보유하고 있는 기록물, 유물, 유적 등의 유산을 디지털 형태로 보존하고 관리할 수 있다. 공공역사 유산의 물리적인 손상이나 소멸을 막을 수 있다. 언제 어디서든 디지털적으로 접근하여 대중에게 디지털 콘텐츠 형태의 서비스도 가능하다.

디지털 헤리티지를 통해 공공역사 분야의 전달 방식에 큰 변화를 줄 수도 있다. 3D 스캐닝, 가상 현실, 증강 현실, 혼합 현실, 확장 현실 등 첨단 디지털 기술을 활용하여 문화유산의 가상 전시, 가상 체험 등을 제공할 수 있다. 이를 통해 더욱 효과적으로 공공역사를 대중들에게 파급시킬 수 있다. 나아가 디지털 헤리티지를 통해 공공역사 유산의 관리·보존뿐만 아니라, 다양한 사용자들이 참여하고 창의적으로 활용할 수 있는 오픈 데이터 플랫폼을 구축할 수도 있다. 이는 보다 장기적인 활용 방안이 될 수 있을 것이다. 디지털 헤리티지야말로 미래 공공역사 분야에 있어 매우 중차대한 역할을 해줄 것으로 기대한다.　　　　　　　　　　　　　●박진호

※ Open AI의 거대 생성 AI인 'Chat GPT'에 공공역사 분야에 있어 '디지털 헤리티지Digital Heritage의 역할'과 '디지털 헤리티지와 메타버스의 미래'에 대한 의견을 묻고 그 답에 대한 결론을 본 필자가 정리하여 AI 디지털 휴먼 '공공역사' 적용 최종 원고에 반영했음을 밝힙니다(사용 시기: 2023년 3월 5일 Open AI 사이트 서치).

3장
역사교육의
안과 밖

1
학교 공공역사와 역사교육의 현주소

학생들이 일상에서 만나는 역사

푸르른 잎이 햇살에 반짝이는 여름의 끝자락에 고등학교 1학년 한국사 수업을 마치고 잰걸음으로 교무실로 향하고 있었다.

"선생님, 5·18민주화운동을 주도한 사람들이 북한 간첩이에요?"

평소 한국사 수업에 열심히 참여하던 학생이 다가와 호기심 어린 눈빛으로 수줍게 물었다.

"음…… 넌 어떻게 생각해? 너 중학교 때 역사 수업 시간에 5·18민주화운동 배웠잖아."

"배우긴 배웠죠. 영화 〈택시운전사〉도 봤어요. 저는 당연히 아니라고 생각하죠. 그런데 이번 여름방학 때 우연히 보게 된 유튜브 동영상에서 5·18민주화운동에 참여한 시민 중에 북한에서 내려온 사람도 있다고 하더라고요. 저는 아닌 것 같은 데 사진도 보여주고 그러니깐 헷갈려서요."

"아, 유튜브에서 가짜 뉴스를 봤구나. 5·18민주화운동은 전두환을 비롯한 신군부 세력에 맞서 광주 시민과 대학생들이 주도한 민주화운동이야. 곧 수업 시간에 교과서 보면서 공부할 거야. 그때 자세하게 팩트 체크 해 보자."

5·18민주화운동을 주제로 한 가짜 뉴스를 보고 직접 확인하러 온 학생은 처음이었다. 역사교사가 교과서를 활용하여 공교육을 하는 역사교실이 유튜브 가짜 뉴스에 흔들리고 있다는 생각이 들었다. 그도 그럴 것이 5·18기념재단에서 실시한 '2022년 5·18 청소년 의식 조사'[1]에 의하면 청소년들이 5·18 가짜 뉴스를 접한 매체는 유튜브가 36.7퍼센트로 가장 많았고, SNS 22.5퍼센트, TV 10퍼센트, 포털사이트 9.2퍼센트, 신문 5퍼센트, 교과서 2.5퍼센트, 라디오·홍보 책자 등 기타 14.1퍼센트 순으로 뒤를 이었다. 설문 조사 결과 10대 청소년 10명 중 9명이 5·18 가짜 뉴스를 제대로 구분하지 못하고 있는 것으로 나왔으니 학생의 질문이 특별한 것은 아니었던 셈이다.

역사 대중화가 진전되면서 최근 학생들은 역사적 사실의 진위와 상관없이 다양한 매체를 통해 일상에서 역사를 접하고 있다. 미디어 환경의 변화로 인해 스마트폰만 있으면 유튜브, 웹툰, 웹소설, 역사 게임을 비롯한 OTT 서비스로 더욱 다양한 채널에서 역사를 접할 수 있게 되었다. 또 역사소설과 같은 출판물을 비롯하여 공연, 여행, 문화유산, 축제, 박물관이나 역사 관련 유적지에서 역사를 만나고 있다. 특히 역사영화는 역사적 '팩트fact'와 '픽션fiction'이 결합한 '팩션faction'을 통해 학생들에게 딱딱한 역사교과서보다 더 영향력 있는 역사교육 콘텐츠로 자리매김되고 있다. 개항기 의병의 독립운동을 역사학자들의 연구 성과가 아닌 TV드라마

〈미스터 션샤인〉을 통해 아는 경우가 더 많고《조선왕조실록》을 해석한 글보다 웹툰 〈조선왕조실톡〉에 더 열광하는 학생들이 넘쳐난다. 이처럼 학생들은 교과서와 역사 수업으로 대표되는 학교 교육 외에 일상에서 만나는 다양한 대중매체를 통해 역사 지식을 습득하고 역사의식을 형성하고 있다.

영화와 유튜브에서 접한 역사는 역사 수업 시간에 배운 내용보다 더 강렬하고 오랫동안 기억에 남을 수도 있다. 학생들이 수업 시간에 배운 한국사 내용은 학교 지필평가와 수능, 즉 시험이 끝나면 학생들 머릿속에서 사라져 버리곤 한다. 5·18기념재단에서 실시한 설문 조사 결과처럼 학생들이 일상에서 만나는 역사 정보를 무분별하게 받아들이면 오개념으로 왜곡되고 편협한 역사의식을 형성할 수 있다. 학생들이 다양한 매체에서 역사를 접할수록 학교 역사교육이 중요한 이유가 바로 여기에 있다.

공공역사의 플랫폼 학교

대중들은 일상적인 삶 속에서 다양한 경로로 역사를 만나고 있을 뿐만 아니라 나아가 역사를 자신만의 관점으로 재해석하여 카드 뉴스를 만들거나 영상을 편집하여 SNS에 게시하며 역사를 재현하고 활용하기도 한다. 이렇게 역사를 생산하는 일이 역사학자들의 전유물이 아니라 일반 대중들도 참여할 수 있는 행위가 되면서 공공역사 플랫폼이 형성되고 있다.

최근 국내 역사학자들 사이에서 이러한 공공역사에 관한 관심과 연구가 증가하고 있다. 역사학자들마다 명칭과 정의가 다르긴 하지만 대체로 공공역사는 제도권 안의 공적 교육기관인 학교, 대학, 연구소뿐만 아니라 제도권 밖의 공공 영역에서 역사학자와 대중들이 함께 역사 지식을 생성하는 데 참여하고 공유하는 것을 의미한다.

학교는 대표적인 공적 교육기관으로, 역사학자들의 연구 성과가 반영된 교과서를 활용하여 전통적인 역사교육을 하는 곳이다. 이로써 학교는 국가 교육과정에 따른 역사교육의 목표를 달성하는 동시에 가장 효율적으로 역사 대중화를 실현하고 있는 곳이기도 하다. 그래서 학교는 공공역사라는 개념이 등장하기 전부터 이미 공공역사를 실천하는 플랫폼이었다.

전통적으로 공공역사를 실천하는 플랫폼으로서 학교의 역할은 시대의 흐름에 따라 변화를 요구받았다. 미래학자 앨빈 토플러는 《부의 미래》에서 시속 100마일로 달리는 기업에 취업하려는 학생들을 시속 10마일의 학교가 준비시킬 수 있냐는 질문을 던졌다. 그의 말처럼 학교는 변화의 속도가 느리다. 그러나 일부 역사교사들은 앨빈 토플러의 지적과 달리 빠른 속도로 변화하고 있다. 교과서를 기반으로 한 수업에서 벗어나 다양한 영역의 공공역사를 교실로 끌어들여 새로운 형태의 역사교육을 시도하고 있는 것이다.

'미디어를 활용한 역사 수업 실천모임' 교사들은 역사를 소재로 한 영화, TV 드라마와 예능을 역사교육에 어떻게 활용할지 연구하며 실천하고 있다. 한 달에 한 번씩 자체 세미나와 연수를 개최하여 미디어를 활용한 다양한 역사 수업 실천 사례를 나누고 있다. '교사 성장학교' 에듀테크 역사교육 분과에서 활동하는 교사들은 메타버스Metaverse, 구글을 활용한 방탈출 게임과 챗Chat GPT와 같은 AI 인공지능을 활용한 역사교육을 실천하고 있다. 또 교사들은 역사 현장을 방문하지 않고 역사를 체험할 수 있는 프로그램을 직접 개발하기도 한다. 2023년 3월 1일에 진행된 제1586차 수요시위는 전국의 초·중등 교사들이 모여 '메타버스 수요시위'로 기획한 프로그램이다. 일본군 '위안부' 소녀상이 세워져 있는 주한 일본대사관 앞 거리를 메타버스 가상 공간으로 재현하여 현장과 온라인에서 동시에 수요시위가 이루어졌다. 이 프로그램은 피해자 할머니들을 응원하고 평화와 인권을 지키기 위해 목소리를 높이고 싶어하는 전 세계 시민들이 함께 참여할 수 있는 새로운 형태의 수요시위였다.

학교가 시대와 학생들의 변화에 맞게 공공역사를 실천하는 플랫폼의 역할을 제대로 수행하기 위해서는 위 사례처럼 역사교사들이 교과서에 있는 역사적 사실을 전달하는 수준을 넘어서야 한다. 세상은 학교의 속도보다 빠르게 변하고 있고 학생들은 이미 일상적으로 학교 밖 공공 영역에서 흥미로운 역사를 마주하고 있기 때문이다.

공공역사를 실천하는 역사교사

공공역사는 역사를 역사학자들의 전유물로 보지 않고 대중의, 대중을 위한, 대중에 의한 역사를 추구한다. 이런 점에서 공공역사 속 역사교사와 학생은 모두 '대중'에 해당한다. 특히 역사교사는 제도권 교육기관인 학교에서 교육 활동을 통해 역사서술과 재현에 핵심적 역할을 하고 있으므로 공공역사를 실천하는 '공공역사가'이기도 하다.

공공역사의 관점에서 학생들 역시 역사 지식을 생산하고 활용하여 소비하는 대중이다. 그런데 역사학자들이 '대중'을 역사를 소비하는 수동적인 존재로 파악한 것처럼 역사교사는 학생들을 가르쳐야 할 대상으로만 인식하기도 한다. 기존에 역사학자들은 주로 역사 지식을 생산하는 존재, 대중은 생산된 역사를 소비하는 대상으로 여겨졌다. 이러한 인식의 연장으로 역사교사도 학생을 배움에 대한 수동적 존재로 바라본 건 아닌지 돌아볼 필요가 있다.

학생들은 학교에서 이루어지는 역사교육을 통해 과거와 소통하고 현재를 성찰하며 따뜻한 세상을 꿈꾸는 경험을 한다. 또한 과거 인물의 삶을 공부하고 어떻게 살아갈 것인가를 고민하며 역사의식을 확립한다. 이 과정에서 학생들은 다양한 방법으로 역사를 소비하고 새로운 역사를 생산한다. 따라서 역사교사가 학생들을 공공역사를 실천하는 역사적 행위 주체로 설정하는 역사 수업이 이루어져야 학교는 공공역사 플랫폼의 역할을 온전히 수행할 수 있을 것이다.

한편, 역사교사들은 공공역사를 실천하고 있음에도 불구하고 스스로 '공공역사가'임을 인식하지 못하기도 한다. 교사 학습 공동체 활동을 함께하고 있는 역사교사들과 공공역사에 관한 이야기를 나눌 기회가 있었다. 공공역사의 개념뿐만 아니라 단어조차 모르고 있는 교사도 있었다. 공공역사에 대한 논의가 역사학계에서 진행되고 있지만 아직 학교 현장에서는 낯선 개념이기 때문이다. 역사교사들 사이에서 공공역사와 공공역사가에 대한 논의가 활발하게 이루어져서 역사교사가 공공역사를 실천하고 있는 공공역사가임을 인식할 필요가 있다.

학교 안과 밖에서 만나는 공공역사

2016년 미래교실네트워크에서 진행하는 연수에서 거꾸로 교실[2] 수업을 하는 교사들을 만난 적이 있다. 그들은 교사 위주의 주입식 수업에서 벗어나 학생들의 참여를 유도하는 다양한 활동으로 수업을 디자인했다. 학생들은 소통과 협업을 바탕으로 스스로 문제를 해결하는 과정에서 능동적으로 수업에 참여하고 있었다. 내가 경험하고 알고 있던 교실의 모습이 아니었다. 의자에 앉아서 수동적으로 교사의 강의만 듣는 학생들이 아닌, 서로 소통하며 가르치고 배우면서 질문과 웃음이 넘쳐나는 교실이었다. 교사는 강의를 하지 않고 학생들의 활동을 도와주는 조력자의 역할을 하고 있었다. 《다른 세계는 가능하다》라는 책 제목처럼 '다른 교실은 가능하다'라는 것을 눈으로 확인하고 내 수업을 바꿔보기로 결심했다. 수업을 바꾸는 데 대한 두려움이 많았지만 오랜 망설임 끝에 거꾸로 교실 수업에 도전하게 되었다.

내가 디자인한 거꾸로 교실 수업은 역사 속 인물의 삶, 학생의 삶, 그리고 교사의 삶을 알아가는 시간이다. 수업을 통해 학생들은 교과서에 나오는 역사 인물의 삶을 역사적 맥락 안에서 살펴보고 무엇을 닮고 피해야 할지 배울 수 있다. 나는 역사 속 인물들이 겪은 사건과 사고, 그들의 판단과 행동을 통해 현재 학생들의 삶을 돌아보는 경험을 중요하게 생각한다.

이러한 수업 철학을 바탕으로 학생들의 삶과 연계된 수업을 구상하게 되었다. 학생의 현재의 삶과 미래의 삶에서 경험할 만한 소재를 찾아 수업에 적용하고 아울러 학교 밖의 다양한 공공영역에서 역사 행위 주체들이 역사를 재현하고 있는 공공역사를 역사 수업에 활용하게 되었다.

학교 밖 공공역사와 만나는 현대사

현대사는 공공역사에서 다양한 역사인식과 서술'들'로 존재하고 다채롭게 재현되어 활용되고 있다. 전문 역사학자뿐만 아니라 역사 지식을 생산하고 활용하여 소비하는 다양한 주체들은 저마다의 방식으로 '현대사'를

'현재사'로 재현하는 역사하기를 수행하고 있다.

2015 개정 교육과정에 따른 교과서는 시·계열성을 고려해 중학교는 전근대사, 고등학교는 근·현대사 중심으로 구성되었다. 이에 따라 고등학교 한국사 교과서는 근·현대사 분량이 늘어났다. 교과서에 있는 현대사의 굵직한 몇몇 사건들은 아직 역사적 평가가 진행 중인 경우도 있고 역사의 당사자가 살아있는 경우도 있다. 이런 상황 속에서 역사교사가 현대사를 교실에서 수업하는 것은 상당히 부담스러운 일이다. 자칫 말 한마디 잘못했다가 언론의 뭇매를 맞을 수도 있기 때문이다.

나는 진도를 맞춰야 하는 부담과 민원의 당사자가 될 수 있다는 두려움에도 불구하고 현대사 교육에 힘을 쏟았다. 현대사에서 배울 수 있는 평화, 인권, 민주주의와 다문화 등 다양한 가치를 학생들과 나누고 싶었기 때문이다. 현대사 교육을 더욱 풍부하게 진행하기 위해서 학교 밖 공공역사를 교실로 소환했다. 현대사의 사건이나 인물을 소재로 한 책을 읽고 영화를 보며 새로운 역사 지식을 습득하고 소통했다. 또 역사 관련 기관과 문화기관에서 진행하는 역사 프로젝트에 직접 참여하거나 비슷한 행사를 기획하여 학교 안에서 실천했다. 학생들이 교과서와 교실을 넘어 학교 밖 역사의 현장을 발로 걷고 몸으로 느끼며 머리로 생각하는 역사를 체험할 수 있는 기회를 제공했다.

1 - 6월민주항쟁, 더 나은 민주주의를 향해

한국의 교육기본법 제2조의 교육이념에는 "교육은 홍익인간의 이념 아래 모든 국민이 인격을 도야하고 자주적 생활 능력과 민주시민으로서 필요한 자질을 갖추게 함으로써 인간다운 삶을 영위하게 하고 민주국가의 발전과 인류 공영의 이상을 실현하는 데에 이바지하게 함을 목적으로 한다"라고 명시하고 있다. 경기도 교육청은 2013년에 선도적으로 《더불어 사는 민주시민》 교과서를 보급하여 교과 수업과 창의적 체험 활동에 활용할 것을 권고했다. 2015 개정 교육과정 총론과 각론에서는 모든 교과의 기본 목표를 '민주시민 육성'으로 명시하여 모든 교사는 과목과 상관없이 민주시민 교육을 수행할 것을 규정했다. 이에 발맞추어 역사 과목에서도 민주시민 교육을 강조하고 있다.

현재 고등학교 1학년 학생들은 2016년 겨울과 2017년 봄에 거리에서 또는 언론을 통해 교과서에 나올 법한 진정한 '민주주의'를 경험했다. 당시 박근혜 대통령과 관련된 국정 농단 사건이 일어나 대통령 퇴진과 탄핵을 외치는 촛불집회가 전국에서 열렸다. 매주 토요일마다 전국에서 성별과 나이를 불문하고 많은 시민이 촛불집회에 참여했다. 결국 시민들의 요구대로 국회에서 대통령의 탄핵 소추안이 가결되었고, 2017년 3월 10일 헌법재판소의 결정으로 박근혜 대통령은 파면되었다. 학생들은 대통령도 잘못하면 시민들의 요구에 따라 헌법 절차에 맞게 파면당할 수 있다는 것을 알게 되었다. 당시 언론에서는 촛불집회를 '제2의 6월민주항쟁'이라고 부르기도 했다. 학생들은 교과서에 텍스트로 남아있는 과거의 민주주의가 아닌 현재의 민주주의를 직·간접적으로 경험했다. 이런 학생들에게 민주주의를 살아있는 역사로 가르치기 위해 공공 영역의 다양한 공공역사를 활용한 교육 활동을 진행했다.

◐ 교실과 학교에서 배우는 6월민주항쟁

나는 학생들이 6월민주항쟁을 공부하며 민주주의는 특별한 사람이 아닌 평범한 시민들의 힘으로 만들어 왔음을 깨닫고 학생 자신이 민주주의를 만드는 행위 주체임을 자각하길 바랐다. 이에 교과서와 더불어 책과 영화를 통해 6월민주항쟁을 공부하고 역사의 현장을 직접 방문하여 민주주의를 훼손하고 진실을 은폐하려는 독재정권에 맞선 평범한 시민들의 거대한 함성을 느껴보는 역사 체험 활동을 기획했다. 그리고 일상에서 민주주의를 실천할 수 있는 민주주의 캠페인과 소확행(소소하지만 확실한 행동) 프로젝트를 진행했다.

교실에서 6월민주항쟁의 배경, 과정, 결과와 의의는 교과서를 통해 배운다. 그러나 당시를 살았던 인물의 삶을 들여다보는 학습은 교과서만으로는 부족했다. 6월민주항쟁을 쉽게 그린 만화 《100℃》는 당시를 살았던 대학생의 시선과 고뇌를 간접적으로 경험할 수 있는 훌륭한 보조 자료이다. 이 책을 통해 현재를 살아가는 학생들이 1987년 당시 평범한 시민이었던 주인공 영호의 시선으로 6월민주항쟁을 바라볼 수 있었다.

더 나아가 6월민주항쟁을 '직접' 경험한 교사의 삶을 나누는 민주주의 토크 콘서트를 진행했다. 국어를 담당하고 있던 86학번 선생님을 토크 콘서트의 게스트로 섭외했다. 민주주의 토크 콘서트는 책 《100℃》와 영화 〈1987〉에 등장하는 가상 인물이 아닌 내 곁에 있는 사람이 경험한 생생한 6월민주항쟁을 만날 수 있는 역사교육 프로그램이었다. 학생들에게는 본인을 가르치는 선생님이 교과서에 나오는 6월민주항쟁을 직접 경험한 사람이라는 것 자체가 신기한 일이었다. 토크 콘서트에 맞게 춤과 노래도 기획했고 토크 콘서트에 참여하고 싶은 학생들을 사회자, 노래 공연단, 율동 공연단, 일반 참가자로 구분하여 모집했다.

노래 공연단은 1987년에 시민들이 광장에서 불렀던 〈광야에서〉, 현대사 민주주의 발전을 상징하는 〈아침이슬〉을 기타 반주에 맞춰 노래했다. 율동 공연단은 2016년 겨울 치열했던 촛불시위를 떠올리며 촛불을 들고 더 나은 민주주의를 위한 대합창으로 영화 〈1987〉의 OST 〈그날이 오면〉

을 불렀다. 그리고 박근혜 대통령의 탄핵을 외치며 시민들이 광장에서 불렀던 〈헌법 제1조〉에 맞춰 율동 공연을 했다. 교사가 증언하는 1987년 6월민주항쟁 이야기와 학생이 노래와 율동으로 재현하는 민주주의를 통해 토크 콘서트 참가자들은 더 나은 민주주의를 위해 내가 할 수 있는 일은 무엇인지 스스로 고민하게 되었다. 여느 유명한 역사학자나 학원 강사가 게스트로 나오는 역사 토크 콘서트보다 감동적이고 의미 있는 시간이었다. 또한 토크 콘서트를 통해 학생들은 민주주의는 나와 다른 대단한 사람들이 만드는 것이 아니라 나와 같은 평범한 시민들의 참여로 이루어진다는 것을 경험할 수 있었다.

2017년 12월에 개봉한 영화 〈1987〉은 교과서에 담을 수 없는 1987년

〈표 1〉 공공역사와 연계한 학교 안과 밖 6월민주항쟁 교육 활동

주제	6월민주항쟁, 그날이 오면		
학습 활동 소개	●교과서, 책, 영화를 통해 6월민주항쟁을 공부하고 일상 속에서 지속가능한 민주주의를 실천할 수 있는 방안을 모색한다. ●학교 안에서 '민주주의 캠페인'을 진행하고 학교 밖에서 '민주 올레' 역사 체험 활동을 통해 민주시민 의식을 함양한다.		
공공역사와 연계한 학습 활동 사례	구분	주제	활동 내용
	교과서	6월민주항쟁 바로 알기	●교과서로 6월민주항쟁 바로 알기
	책	책으로 읽는 6월민주항쟁	●《100℃》를 읽고 6월민주항쟁 공부하기
	영화	영화로 보는 6월민주항쟁	●〈1987〉 영화를 보며 6월민주항쟁 팩트 체크하기
	학교 안 역사 체험 활동	민주주의 캠페인	●6월민주항쟁 바로 알기, 민주주의 인증샷 찍기
		소확행 프로젝트	●학교를 바꾸는 '소소하지만 확실한 행동'
		민주주의 토크 콘서트	●86학번 선생님과 함께하는 민주주의 토크 콘서트
	학교 밖 역사 체험 활동	민주주의 여행 민주 올레	●6월민주항쟁 주요 현장 답사 ●교실 속 민주주의 온라인 민주 올레

을 살아간 평범한 사람들의 삶을 엿볼 수 있게 해준다. 학생들은 영화를 통해 한 젊은이의 죽음이 역사의 물줄기를 바꾸는 거대한 흐름으로 확장되는 과정을 생생하게 확인할 수 있었다. 또한 평범한 일상을 살아가던 시민들이 민주주의를 지키기 위해 광장에 모이는 모습을 보면서 삶 속에서 어떻게 민주주의를 실천할 수 있을지를 고민하게 되었다.

일부 역사학자와 역사교사는 역사를 소재로 한 영화가 역사를 재현하여 새로운 역사를 생산하고 소비하는 과정에서 발생하는 허구성 때문에 소위 '역사영화'를 수업에 활용하는 것 자체를 반대하기도 한다. 그러나 영화의 허구성은 역사교사들의 다양한 수업 활동을 통해 팩트 체크가 가능하다. 역사영화는 교과서에서 전달할 수 없는 생생한 역사를 보여주기 때문에 학교 역사교육에서 유용하게 활용되는 공공역사의 영역이다. 역사영화와 같은 미디어 콘텐츠가 역사 학습의 도구가 될 수 없다는 발상은 시대착오적이다.

민주주의는 시민들의 참여와 실천으로 완성된다. 6월민주항쟁도 학생, 노동자, 농민 등 다양한 시민들이 평화적인 시위를 벌여 군사독재를 끝낸 민주화운동이다. 1987년 6월민주항쟁으로 절차적 민주주의를 실현한 후 더 나은 민주주의를 위해 일상 속 생활민주주의가 강조되고 있다. 이를 위해 학생들에게 교과서에 갇힌 민주주의가 아닌 삶 속에서 민주주의를 실천하는 경험이 필요했다. 민주주의에 대한 자신만의 생각을 표현하고 주변 친구들과 나누는 민주주의 캠페인은 일상에서 민주주의의 소중함을 경험할 수 있는 교육 프로그램이었다. 또한 학생들이 학교 생활 속에서 개선이 필요한 문제를 찾고 해결 방안을 마련하여 2주 동안 직접 실천하는 '소소하지만 확실한 행동, 소확행 프로젝트'를 진행했다.

소확행 프로그램으로 학생들은 학교 문제를 조사하고 개선 방안을 작성하여 교장 선생님에게 직접 의견을 전달하는 활동, 지역의 문제를 조사하고 개선 방안을 작성하여 화성시에 의견을 전달하는 활동, 학내 문제 또는 사회 문제를 개선하기 위한 캠페인을 하는 활동을 하였다. 또 주변 친구들에게 웃음과 힐링을 주는 활동, 자신의 재능을 나누는 활동 등도 함께했다.

학생들은 소확행 프로젝트를 통해 6월민주항쟁이 그랬던 것처럼 나의 작은 움직임이 세상을 바꿀 수 있다는 것을 알게 되었다. 민주주의는 내가 발 딛고 있는 곳과 내 삶을 바꾸는 것부터 시작임을 인식했다. 그 과정에서 학생들은 나, 교실, 학교, 사회로 시선이 확장되었다. 나의 작은 변화가 모여 사회를 움직일 수 있고 따뜻하게 만든다는 것을 몸소 경험하는 시간이었다. 또 나눔과 실천을 경험하며 더불어 살아가는 삶의 소중함을 깨닫게 되었다.

[소확행 프로젝트 참가 학생 소감]

●학생 1: 이번 활동은 좀처럼 쉽게 할 수는 없지만 의미 있는 활동을 하게 된 것 같아 뿌듯했다. 이전부터 계속 언급되었던 교내 쓰레기 문제 해결에 이 프로젝트가 조금이나마 도움이 된 것 같다. 그리고 생각보다 많은 친구들이 프로젝트에 참여하는 모습을 보니 우리 학교 학생들도 스스로 변하고 발전해 나아갈 수 있다는 생각이 들었다. 내가 올해 들어 한 일 중에서 무엇보다도 말보다 행동이 앞서나가는 활동이었던 것 같다.

●학생 2: '알쓸신과', 이 제목을 낸 아이디어가 나서서 그런지 더욱 뿌듯하고 대견하게 느껴지는 것 같다. 사실 우리가 한 것이라고 해봤

자 신문기사를 찾고 그것을 우드락에 옮겨 적고 꾸미는 단순한 일이 지만, 이런 소소한 행동이 다른 사람들에게는 좋은 영향을 끼칠 수 있다는 사실이 무척 의미 있는 것 같다. 그리고 나도 기사를 찾으며 새로운 과학에 대한 상식을 쌓을 수 있는 계기가 되어서 좋았던 것 같다. 우리가 쓴 기사를 보며 친구들이 흥미로워 하는 걸 보니 뿌듯 했다. 소소하지만 확실한 행동이 이타적인 행동이 되어 '나 하나쯤 이야'라는 생각을 없애주었다. 그리고 소확행 프로젝트를 하는 동안 학교에 많은 변화가 일어났다. 이런 소소하지만 확실한 행동들이 모 여서 큰 행동을 만든다는 것을 알게 되는 좋은 계기가 되었던 것 같 다. 다음에 또 이런 프로젝트를 한다면 더 잘할 수 있을 것 같다.

● 학생 3: 스티커를 직접 디자인하고 제작해 보며 너무나 의미 있는 시 간을 보내는 것 같아 내 자신이 뿌듯했고 이번 프로젝트로 학교 친 구들이 다시 한번 세월호와 위안부를 기억나게 할 수 있어서 마음이 따뜻해지던 활동이었다. 수행평가를 통해 좋은 경험을 하게 되어 너 무 기쁘고 직접 활동하여 이 경험이 평생 의미 있게 가슴에 남을 것 같다.

◑ 학교 밖에서 배우는 6월민주항쟁

학교에서는 오래전부터 교실과 교과서를 넘어 역사의 현장에서 학습하 는 교육 활동을 다양하게 진행해 왔다. 소위 말하는 답사 또는 역사 체험 활동이 이에 해당한다. 나는 교과서에 없는 생생한 역사를 학생들에게 알 리기 위해 역사 기념관과 역사 현장을 방문하는 프로그램을 진행하였다.

민주화운동기념사업회에서 진행하는 '민주주의 현장 체험 민주 로드'

프로그램을 참고하여 '교사와 학생이 함께하는 민주주의 여행 민주 올레' 프로그램을 진행했다. 1987년 6월민주항쟁의 현장과 현재 민주주의를 상징하는 현장을 방문하여 민주주의의 소중함을 느끼는 프로그램이다. 이 프로그램에는 학생들이 민주주의 역사를 해설하는 '학생 역사 해설사'가 있다. 학생 역사 해설사는 민주 올레 이전에 사전 학습을 통해 친구들에게 해설하는 또래 교사 역할을 한다. 학생들은 학교에서 역사를 배우는 대상이지만, 때론 스스로 역사를 재구성하여 가르치며 공공역사를 실천하는 역할을 하기도 한다. 학생 역사 해설사는 학생인 동시에 공공역사가인 셈이다.

민주인권기념관(옛 남영동 대공분실)은 공권력의 고문시설 치안본부(경찰청의 전신) 남영동 대공분실을 보존하고, 아픔을 기억하며 희망으로 미래를 열어가자는 취지로 민주화운동기념사업회와 시민사회가 함께 힘을 모아 건립한 기념관이다. 이곳에서 학생들은 영화의 한 장면으로 알고 있던 박종철 열사의 삶과 죽음을 직접 마주했다. 평범한 대학생이 거대한 역사의 소용돌이에 휩싸이며 민주주의를 지키려고 했던 투쟁을 통해 민주주의의 소중함을 배운다. 또 민주인권기념관의 좁은 복도를 따라 걸으면서 당시 군부독재 정권이 얼마나 치밀하게 민주화운동을 탄압했는지 확인할 수 있다.

박종철 열사와 함께 1987년 6월민주항쟁의 도화선이 된 이한열 열사를 만나기 위해 이한열기념관도 방문했다. 이한열기념관은 이한열 열사의 유품을 비롯한 6월민주항쟁의 기록을 보존하고, 연구하며, 전시를 통해 민주주의의 역사를 교육하는 박물관이다. 기념관에는 이한열 열사가 최루탄에 맞고 쓰러질 때 착용했던 옷과 운동화가 복원되어 있다. 학생들은 이한열 열사의 삶과 죽음 그리고 투쟁을 통해 민주주의를 더욱 깊게 배울 수 있었다. 또 당시 이한열 열사가 최루탄을 맞고 쓰러졌던 연세대학교 정문을 방문하여 민주주의를 지키려고 했던 대학생들의 투쟁을 마주하였다.

마지막으로 박근혜 전 대통령 탄핵을 이끌었던 촛불집회의 상징적인 장소인 광화문 광장을 찾아 현재 민주주의의 소중함을 이야기했다. 민주주의가 위기에 직면할 때마다 시민들이 자발적으로 광장에 모였던 촛불집회의 의미를 되새기며 더 나은 민주주의를 함께 고민하였다. 사회적 거리두기로 인해 민주 올레 프로그램을 진행할 수 없었던 해에는 민주화운동기념사업회에서 제작한 '6월민주항쟁 계기 수업 자료'를 활용하여 온라인 민주 올레를 진행했다.

민주 올레 프로그램은 교사와 학생이 함께 준비하고 민주인권기념관, 이한열기념관, 연세대학교 관계자들의 협조와 도움으로 진행되었다.

〈표 2〉 공공역사와 연계한 학교 밖 6월민주항쟁 교육 활동

학습 활동	민주주의 여행 민주 올레	
학습 활동 소개	●학교 안에서 '민주주의 캠페인'을 진행하고 학교 밖에서 '민주 올레' 역사 체험 활동을 통해 민주시민 의식을 함양한다. ●또래 교사인 학생 역사 해설사가 6월민주항쟁의 현장을 소개하고 6월민주항쟁의 현재적 의의를 토론한다.	
민주 올레 프로그램	장소	주요 학습 내용과 활동
	민주인권기념관 (옛 남영동 대공분실)	●박종철 열사의 삶과 죽음, 옛 남영동 대공분실의 역사적 의의 ●민주인권기념관 역사 체험
	이한열기념관	●이한열 열사의 삶과 죽음, 이한열기념관 역사 체험
	연세대학교	●연세대학교 정문, 한열동산 역사 체험, 연세대 학생식당 체험
	광화문 광장	●2017년 광화문 촛불 민주주의의 역사적 의의와 더 나은 민주주의를 위한 방안 토론 ●〈진실은 침몰하지 않는다〉 노래 합창

공공역사를 실천하는 다양한 기관들은 학생들이 학교에서 배운 역사를 더욱더 생생하고 다양하게 경험할 기회를 제공해 준다. 학교 밖에서 공공역사를 실천하는 다양한 기관과의 유기적인 연계를 통해 교과서와 교실에서 전달할 수 없는 새로운 역사를 학생들에게 알려주며 공공역사를 실천할 수 있었다.

[민주주의 여행 민주올레 참가 학생 소감]

●학생 1: 수업 시간을 통해 민주주의가 쉽게 얻어진 것이 아님을 깨닫고 어떻게 하면 이 희생을 기릴 수 있을까 고민했습니다. 그 결과 민주주의의 역사가 깃든 현장에 직접 가보고 민주주의를 위해 투쟁하신 분을 직접 만남으로써 민주주의를 직접 경험하는 것이 많은 도움을 줄 것이라 생각하여 참가하게 되었습니다.

민주주의 여행 민주 올레 프로그램으로 민주인권기념관(옛 남영동 대공분실)을 방문하여 민주인권기념관 역사 해설사의 생생한 6월민주항쟁 경험을 들을 수 있었다.

●학생 2: 민주주의란 무엇인가 생각해 보게 되는 계기가 된 활동들이었습니다. 학교 역사 시간이나 사회 시간에 민주주의에 대해 배운 적이 많았지만, 항상 민주주의라는 단어는 멀게만 느껴지고 딱딱하고 어렵게만 느껴졌었습니다. 하지만 민주 올레나 토크 콘서트를 통해 제가 직접 눈으로 보고 느끼고 조사하고 발표하며 제가 생각하는 민주주의란 무엇인지 의미를 생각해 보는 경험이 되었습니다.

●학생 3: 활동에 참여하기 전에는 민주주의가 어렵고 멀게만 느껴졌습니다. 하지만 활동을 하면서 스스로 민주주의에 대해 생각해 보는 시간을 가지며 민주주의가 어려운 것만이 아니라는 것을 느끼고, 제가 생각하는 민주주의란 무엇인지에 대해서도 정의 내릴 수 있었습니다.

2 – 연대와 실천으로 일본군'위안부' 바로알기

학교에서 역사교사들은 매년 일본군'위안부' 문제를 학생들에게 어떻게 가르칠까 고민한다. 교사들은 학생들이 일본군'위안부'의 실상을 알고 아픈 역사를 기억하고 공감하는 것에 머무르지 않고 전쟁과 여성, 보편적 인권에 대한 감수성을 기를 수 있는 교육 활동을 기획하려고 노력한다.

나는 고등학교 1학년 학생들과 학교 안과 학교 밖에서 일본군'위안부'를 배우고 실천할 수 있는 교육 활동을 진행하였다. 교실에서 교과서와 책으로 역사적 사실을 배우고 학교에서 '평화의 작은 소녀상 세우기'와 같은 캠페인 활동을 통해 배움을 실천할 수 있도록 하였다. 이 과정에서 학생들이 일본군'위안부' 문제를 일제강점기에 발생한 과거의 사건이 아닌 현재진행형인 역사로 인식하길 바랐다. 또 교실과 학교를 벗어나 일본군'위안부' 문제의 증인이자 역사인 피해자 할머니들의 삶과 투쟁을 간접적으로 경험할 수 있는 '수요시위'에 참여하기도 하였다.

◑ 교실과 학교에서 배우는 일본군'위안부'

2015 개정 교육과정에 따른 한국사 교과서에는 주로 일제강점기 1930 ~1940년대 전시동원체제와 민족 말살 통치 부분에서 일본군'위안부' 문제를 소개한다. 교과서마다 일본군'위안부' 문제를 소개하는 분량과 방식이 다르지만 대부분 본문에 그치지 않고 특별 코너를 구성하고 있다. 교과서에 일본군'위안부' 문제가 특별 코너로 구성되어 있어도 학교에서는 지필평가를 위해 진도를 나가야 하는 부담감 때문에 일본군'위안부' 문제를 따로 시간을 할애하여 교육하기란 쉽지 않다. 그럼에도 불구하고 역사교사들이 시간을 조직해서 일본군'위안부'를 주제로 다양한 교육 활동을 진행하고 있다.

일본군'위안부' 할머니들의 삶과 투쟁은 고등학교 필수 과목인 '한국사' 교과서만으로 학습하기에는 부족했다. 그래서 교과서 외에 영화와 책을 활용하여 학생들이 피해자 할머니들의 삶과 투쟁을 간접적으로 체험할 수 있는 기회를 제공하였다.

영화 〈아이 캔 스피크〉는 휴먼 코미디 장르 영화로 자칫 어렵고 무거운 주제로 비칠 수 있는 일본군'위안부' 문제에 흥미를 불러일으키기 충분했다. 또 영화는 자극적이지 않으면서도 학생들에게 왜 일본군'위안부' 문제에 관심을 기울이고 해결해야 하는지 알려주었다. 전 세계 앞에서 자신의 아픈 역사를 증언하고 일본에 사죄를 요구하는 일본군'위안부' 피해자 할머니의 용기 있는 행동을 통해 우리를 돌아보고 연대의 필요성을 깨닫게 되었다.

학생들은 일본군'위안부'를 주제로 한 책을 읽으면서 일본군'위안부' 문제를 긴 호흡으로 바라볼 수 있다. 교과서에서 배울 수 없는 역사적 사실과 교사가 전달할 수 없는 역사적 진실을 《25년간의 수요일》을 통해 배운다. 학생들은 수행평가를 위해 어쩔 수 없이 투덜대며 책을 보지만, 일제강점기 일본군의 전쟁 수행을 위해 동원되고 희생된 수많은 여성들의 가슴 아픈 이야기를 통해 평화와 인권의 소중함을 알게 되었다. 또 학생들은 생존해 있는 일본군'위안부' 할머니들의 고통스런 증언들을 통해 앞으로도 우리가 왜 이 문제를 기억하고 해결해야만 하는지를 깨닫게 된다.

학생들은 책을 읽고 1992년부터 비가 오나 눈이 오나 매주 수요일 12시에 열리는 수요시위의 역사를 알게 된다. 일제강점기 일본군에 의해 강제로 끌려간 어린 소녀였던 할머니들이 해방 후 50여 년 동안 이어진 긴

〈표 3〉 공공역사와 연계한 일본군 '위안부' 교육

주제	연대와 실천으로 일본군'위안부' 바로 알기		
학습 활동 소개	●교과서, 책, 영화를 통해 일본군'위안부' 문제를 공부하고 학교 안에서 일본군'위안부' 캠페인을 진행하고 평화의 작은 소녀상을 제작한다. ●일본군'위안부' 문제 해결을 위한 '수요시위'에 참가하여 평화·인권 감수성을 키운다.		
공공역사와 연계한 학습 활동 사례	구분	주제	활동 내용
	교과서	일본군'위안부' 바로 알기	교과서로 일제강점기 민족 말살 통치와 전시동원체제를 이해하고 '위안부' 문제 바로 알기
	책	책으로 읽는 일본군'위안부'	《25년간의 수요일》, 《꽃 할머니》 책을 읽고 일본군'위안부' 문제 해결 방안 모색하기
	영화	영화로 보는 일본군'위안부'	〈아이 캔 스피크〉 영화를 보며 일본군 '위안부' 팩트 체크하기
	학교 안 역사 체험	일본군'위안부' 캠페인	동아리, 학생자치회와 함께하는 일본군'위안부' 평화의 소녀상 세우기 캠페인
	학교 밖 역사 체험	수요시위 참여하기	주한 일본대사관 앞에서 진행하는 '수요시위'와 온라인 '수요시위' 참여하기

절망을 깨고 역사의 중심에 우뚝 서는 과정을 생생하게 알려주고 싶었다. 학생들은 책을 읽으며 누구에게도 말할 수 없었던 자신의 아픈 이야기를 꺼내기도 힘들었던 할머니들이 역사의 진실을 밝히는 투사가 되어 긴 세월 동안 수요시위를 이어온 역사를 마주하게 된다. 일본군'위안부' 피해 할머니들과 함께하기 위해 멀리서 찾아온 수많은 학생과 시민들의 연대와 실천을 학생들이 간접적으로 경험하고 일본군'위안부' 문제 해결을 위해 내가 할 수 있는 일을 고민해 보도록 하였다.

2016년부터 서울에 있는 이화여고를 시작으로 전국의 고등학교에서 일본군'위안부' 할머니들을 잊지 않고 기억하기 위해 평화의 작은 소녀상 세우기 운동을 하였다. 당시 전국적으로 163개 학교에 평화의 작은 소녀상이 세워졌다. 평화의 작은 소녀상은 주한 일본대사관 앞 소녀상을 제작한 김서경, 김운성의 작품으로 30cm×30cm 크기의 작은 소녀상이다. 전국적으로 진행되는 평화의 작은 소녀상 세우기 운동에 동참하기 위해 교내 캠페인을 진행하였다. 학생들과 수차례 회의를 통해 학생자치회, 캠페인단, 12개 동아리가 함께 기획하여 전교생이 참여하는 대형 프로젝트 교육 활동으로 확장되었다.

캠페인은 3일 동안 진행되었다. 학생자치회는 학생과 교사를 대상으로 평화의 작은 소녀상 건립 캠페인의 취지를 설명하는 연설을 하고 대의원회를 개최하여 학급별로 어떻게 동참할 것인지 토론하였다. 캠페인단 학생들은 아침 등굣길에 피켓을 들고 캠페인을 하고 쉬는 시간과 점심시간에 교실을 돌아다니면서 홍보와 모금 활동을 하였다. 동아리 학생들은 동아리의 특성에 맞는 활동을 기획하여 평화의 작은 소녀상 건립에 동참하였다. 할머님들께 편지 쓰기, 서명운동 하기, 평화나비 만들기, 일본군 '위안부' 문제 이야기, 일본군'위안부'를 주제로 한 책 전시회, 일본군'위안부' 문제 영상 보기, 일본군'위안부' 문제에 관한 역사퀴즈 대회 등을 진행했다.

학생들이 주도하고 교사들이 함께 참여하는 사제동행을 통해 학생들은 자신들이 하고 있는 활동이 교사들의 지지를 받고 있다는 생각을 한다. 일본군'위안부' 문제를 어렵게 느끼던 학생들도 교사들이 적극적으로 동참하는 것만으로도 힘을 받고 캠페인 활동에 열심히 참여했다.

학생들에게 교과서에서 배운 내용을 실천할 수 있는 경험을 할 수 있도록 기회를 주는 것은 매우 중요하다. 학생들이 스스로 일본군'위안부' 문제를 해결하기 위한 활동을 찾아서 경험하기 어렵기 때문이다. 학교에서 공식적으로 진행하는 교육 활동을 통해 배움을 실천하고 그 과정에서 비로소 일본군'위안부' 문제가 타인의 문제에서 나의 문제로 그리고 우리의 문제로 받아들이게 된다.

[평화의 작은 소녀상 세우기 캠페인 참여 학생 소감]

●학생 1: 일본군'위안부' 문제에 대하여 내가 직접 할 수 있는 활동이 있다는 것에 기뻤고, 위안부 문제에 대해 사람들이 좀 더 관심을 기울이고, 평화의 작은 소녀상 세우기처럼 조금씩 위안부 문제에 다가갈 수 있다면 좋겠다는 생각이 들었습니다. 예비교사로서 후에 교단에 나가 학생들을 지도하게 된다면, 물론 위안부 문제가 제가 교단에 나가기 전에 사과를 받았으면 좋겠지만, 만약 그렇게 된다면 저 또한 위안부 문제에 대해 학생들에게 교육하고 학생들이 스스로 주도하여 할 수 있는 프로그램을 기획하고 싶다는 생각이 들었습니다.

●학생 2: 평소에 일본군'위안부' 문제에 많은 관심을 갖고 있었으나

직접적으로 아무 도움을 줄 수 없다고 생각해 왔습니다. 하지만 이 활동을 하고 등교를 할 때마다 학교에 세워진 평화의 작은 소녀상을 보며 제가 이 문제 해결을 위해 작은 도움이 될 수 있었다는 것을 느꼈습니다. 그와 더불어 제가 제작한 공익광고를 보며 다른 학생들이 일본군'위안부' 문제에 조금이라도 관심이 생겼을 것이라고 생각하여 더욱 뿌듯했습니다. 이제부터 일본군'위안부' 문제뿐만 아니라 다른 역사 문제도 제가 해결하는 데 도움이 될 수 있다는 생각이 들었고, 앞으로 조금이라도 제가 도움이 될 수 있는 부분이 있으면 최선을 다해야겠다고 다짐하는 계기가 되었습니다.

● 학생 3: 평화의 소녀상은 우리 국민들에게 있어서 동상 그 이상의 의미를 가지고 있다고 생각합니다. 소녀상을 볼 때마다 잊어서는 안되는 아픈 과거에 대해 떠올릴 수 있기 때문입니다. 아이들이 많은 시간을 보내는 학교에 이러한 소녀상을 설치함으로써 아이들이 과거를 잊지 않고 이 문제에 대해 경각심을 가지며 행동할 수 있도록 관심을 이끌어 냈다는 것은 말할 수 없는 벅참과 보람을 주었습니다. 또한 작은 힘이 모여 큰일을 해낼 수 있다는 사실을 깨닫고 앞으로도 역사의식을 가지며 항상 행동할 줄 아는 시민으로서 살아가야겠다는 다짐을 할 수 있었습니다.

● 학생 4: 이전까지 일본군'위안부' 문제는 교과서 속 기억해야 할 아픈 역사에 그쳤다면, 평화의 작은 소녀상 세우기 활동을 통해서 일본군'위안부' 문제는 우리가 함께 행동하고, 실천하며 연대해야 할 현재진행형 문제라는 생각으로 전환되었습니다. 일본군'위안부' 피

해자 할머님들이 설령 남아계시지 않을 미래까지도 이 문제가 해결
되지 않는다면 끊임없이 투쟁하고 행동해야 한다고 생각했습니다.

◑ 학교 밖에서 배우는 일본군'위안부'

역사교사들이 학생들과 수요시위에 참여하는 것은 꽤 큰 용기가 필요
하다. 학교 일정과 물리적인 거리 문제뿐만 아니라 지역적 특색과 학교의
분위기에 따라 수요시위 참여 자체가 어려운 경우도 있다. 학교 관리자가
수요시위에 참여하는 교육 활동을 원치 않거나 학부모가 반대해서 참여
하지 못하는 학교도 있다. 내가 근무하는 학교는 서울에서 꽤 멀었지만 다
행히 수요시위에 참여하는 데 큰 걸림돌은 없었다.

나는 교실과 학교에서 일본군'위안부' 문제를 공부하고 역사의 현장에
참여하고 싶어하는 학생들에게 연대와 실천의 경험을 마련해 주고 싶었
다. 이에 학급 체험학습 코스에 수요시위를 포함하고, 한국사 수업을 듣
는 학생들 중 참가를 희망하는 학생들과 함께 참여하기도 했다.

수요시위에 참가할 학생을 모집하고 자신만의 손피켓을 제작하였다.
수요시위에서 율동 공연에 참여할 학생들은 유튜브 영상을 보며 처음 보
는 〈바위처럼〉 율동을 연습했다. 학생들은 공연에 사용할 음악을 편집하
고 연대 발언을 위해 글을 작성하는 과정에서 이미 일본군'위안부' 문제
를 해결하기 위한 행위 주체로 성장하고 있었다.

역사의 현장에 직접 가지 못하지만 비대면으로도 참여하고 싶어서
정의기억연대에 〈바위처럼〉 율동 공연과 자유 발언을 신청하였다. 교사
와 학생이 함께하는 율동과 학생들의 자유 발언을 촬영하여 정의기억연
대에 전달하였다. 한국사 수업 시간에 유튜브로 생중계되는 온라인 수요
시위에 참여하였다. 우리가 촬영한 율동과 자유 발언 영상을 보았고 실시

간 채팅으로 구호를 외치기도 하였다.

일본군'위안부' 할머니들의 삶과 투쟁은 평화와 인권의 역사 그 자체이다. 일본군'위안부' 피해자의 자리에 멈추지 않고, 평화인권운동가로 살아온 할머니들의 치열한 삶과 투쟁이 일본군'위안부' 문제의 시작과 끝이다. 나는 학생들이 할머니들의 삶을 지지하고 투쟁에 연대하면서 자기 삶 속에서 작은 실천이 어떻게 세상을 바꿀 수 있는지를 경험하는 것이 보편적 인권 감수성을 키우는 역사교육이라 생각했다. 학생들은 일본군'위안부' 문제를 교과서, 책, 영화로 공부하고 학교 안에서 진행한 캠페인과 학교 밖에서 경험한 '수요시위'를 통해 평화와 인권의 가치를 실천하는 시민으로 성장할 것이다. 배움이 삶이 되고 실천적 삶이 다시 배움이 되는 공공역사를 체험한 학생의 소감은 학교 역사교육에 시사하는 바가 크다.

평화의 소녀상 세우기 캠페인단 학생들은 학교 곳곳을 돌아다니며 교사와 학생들에게 일본군'위안부' 문제를 알리고 평화의 소녀상 세우기에 동참할 것을 호소하였다.

● 학생 1: 고등학교 시절에 경험한 평화의 소녀상 세우기 활동은 행동하고 실천하는 교육이 얼마나 값지고 오래 마음에 남는지를 직접 경험하게 해주었습니다. 수요집회에 참여했을 때 뵙게 된 《25년간의 수요일》의 저자 윤미향 작가님의 말씀, 부축을 받으며 차에서 내리시던 할머니의 야위신 모습, 더운 여름 바닥에 옹기종기 모여 앉아 함께 구호를 외쳤던 친구들까지. 몇 년이 지났음에도 이런 장면들이, 그때 제가 느낀 감정들이 아주 생생하게 기억납니다. 이러한 경험을 바탕으로 이제 저는 일본군'위안부' 문제뿐만 아니라 사회적으로 일어나는 다양한 문제들에 관심을 기울일 줄 아는 사람으로 성장하게 되었습니다.

● 학생 2: 《25년간의 수요일》이라는 윤미향 작가의 책 읽기, 일본 대사관 앞 수요집회 참가 등을 통해 일본군'위안부' 문제를 해결하기 위해 노력했습니다. 수요집회에 참가했을 당시 친구들과 함께 일본군 '위안부' 피해자 할머님들 앞에서 공연을 선보였던 것이 기억에 남습니다. 노래와 춤으로 끝까지 함께 싸우겠다는 의지를 드러낸 경험은 아마도 평생 잊지 못할 것입니다.

박물관·기념관에서 만난 역사

역사 박물관과 기념관은 학교 역사교육과의 연계 프로그램을 통해 역사 유물이 나열되어 있던 전시 공간에서 공공역사 교육의 현장으로 거듭나고 있다. 역사 박물관과 기념관은 학교 교육에서 채워지지 않는 역사 학습의 즐거움과 깊이를 제공함으로써 역사교사들이 재미있고 살아있는 역사교육을 할 수 있도록 지원해 준다. 또 역사 박물관과 기념관은 다양한 유물과 전시 프로그램을 통해 학생들의 흥미를 높일 뿐만 아니라 즐거운 역사 체험을 통해 '역사하기'를 가능하게 해주는 공간이다.

몇몇 역사 박물관과 기념관에서는 학교 현장에서 이루어지고 있는 블렌디드 수업에 활용할 수 있는 다양한 전시·교육 콘텐츠를 개발하여 보급하였다. 또 박물관 방문이 어려운 교사와 학생들이 학습 자료로 활용할 수 있는 VR 전시실을 마련하여 간접적으로 역사 체험을 할 수 있는 기회를 제공하고 있다.

대한민국역사박물관은 홈페이지 '한국 근현대사 학습 자료실'을 통해 독립운동가 소개 영상인 〈나의 독립 영웅〉 100편과 근현대 한국 문화를 담은 온라인 전시·해설 콘텐츠 24편을 제공하고 있다. 근현대사기념관에서는 학교 현장에서 수업 시간 또는 동아리 활동에 활용할 수 있는 학습 키트를 제공해 주기도 했다.

학교 역사교육에서 박물관을 활용한 수업은 크게 세 가지 형태로 구분된다. 첫 번째는 박물관을 직접 탐방하는 활동, 두 번째는 박물관에서 제공하는 교육 프로그램과 연계한 활동, 세 번째는 박물관 홈페이지를 활용하는 활동이다.

역사교사들이 학생들을 인솔하여 역사 박물관과 기념관을 직접 방문하는 활동은 역사 박물관과 기념관을 활용한 교육 활동 중 가장 일반적인 형태이다. 그러나 시간과 공간의 문제로 인해 일회성으로 끝나는 경우가 많다. 그럼에도 역사교사들이 박물관을 찾는 이유는 박물관이 학교 역사교육에서 해결해 주지 못하는 부분을 메워주기 때문이다. 학생들과 서대문형무소역사관, 전태일기념관, 민주인권기념관, 이한열기념관을 직접

〈표 4〉 역사 박물관과 기념관을 활용한 역사교육 사례

구분		교육 활동 안내
청주 고인쇄 박물관	학습 주제	세계에서 가장 오래된 금속활자본이자 유네스코 세계기록유산인 《직지》
	교육 활동	●세계기록유산《직지》와 고려 금속활자 VR 전시 감상하기 ●《직지》의 우수성을 조사하여 SNS 홍보 글 작성하기 ●인쇄술의 역사를 조사하고 현재 사용 가능한 '나만의 폰트' 개발하기
독도 박물관	학습 주제	독도, 얼마나 알고 있니?
	주요 활동	●독도 박물관 홈페이지 둘러보기 ●독도 보드 게임으로 독도와 친해지기 ●독도가 우리 땅인 근거를 조사하여 독도 지킴이 포스터, 만화 그리기, 구글어스와 VR로 떠나는 가상 독도 여행하기
서대문 형무소 역사관	학습 주제	서대문형무소, 그날의 아픔이 오늘에 남긴 것들
	주요 활동	●서대문형무소역사관 VR 전시 감상하기 ●서대문형무소역사관 중 가장 가보고 싶은 장소와 이유를 작성하기 ●서대문형무소에 수감되었던 독립운동가 인물 카드 제작하기 ●'서대문형무소' 6행시 작성하기와 서대문형무소가 오늘날 우리에게 남긴 것은 무엇일까?
민주인권 기념관	학습 주제	6월민주항쟁, 역사의 현장을 찾아서
	주요 활동	●민주인권기념관 홈페이지 둘러보기 ●온라인 민주주의 여행 민주 올레
동학농민혁명 기념관	학습 주제	동학농민운동, 근대 국민국가 수립을 위한 노력
	주요 활동	●동학농민혁명기념관 홈페이지 둘러보기 ●동학농민운동 전개과정을 백지도에 그리기 ●전봉준 타임라인 일기 쓰기, 전봉준의 최후 변론문 작성하기 ●동학농민운동과 전봉준 뱃지 디자인하기
제암리 3·1운동 순국기념관	학습 주제	우리가 잊지 말아야 할 역사…1919년 4월 15일 제암리 학살사건
	주요 활동	●제암리 3·1운동순국기념관 VR 전시 감상하기 ●화성 독립운동 아카이브를 통해 우리 지역 독립운동가 바로 알기 ●3·1절 특집 〈역사채널e- 제암리 1919〉를 보고 소감 나누기 ●〈나의 독립 영웅—프랭크 스코필드〉를 시청하고 스코필드에게 주는 〈감사의 상장〉 만들기 ●1919년에 일어난 화성 제암리, 고주리 사건을 추모하는 시 작성하기
근현대사 기념관	학습 주제	4·19 혁명, 그리고 어제와 만나는 오늘
	주요 활동	●〈잔인한 사월, 위대한 혁명〉 VR 전시 감상하기 ●가장 인상 깊은 전시, 사진, 영상과 이유를 작성하기 ●4·19 혁명 전개과정과 오늘날 의미 작성하기
전태일 기념관	학습 주제	바보 전태일은 왜, 아름다운 청년일까?
	주요 활동	●〈청계 내 청춘, 나의 봄〉 VR 전시 감상하기 ●가장 인상 깊은 전시, 사진, 영상과 이유를 작성하기 ●'바보 전태일은 왜, 아름다운 청년일까?' 글쓰기

방문하였다. 그곳에 전시된 다양하고 흥미로운 자료를 통해 학생들은 학교에서 배운 역사를 더 풍부하고 깊게 공부할 수 있었다.

최근 학교에서 비대면 원격수업이 늘어나면서 역사 박물관과 기념관 홈페이지를 활용한 역사교육이 활성화되고 있다. 나는 교과서를 활용하여 우리나라 인쇄술의 발달과정을 학생들에게 알려주고 청주 고인쇄박물관 홈페이지에서 세계기록유산《직지》와 고려 금속활자 VR 전시를 감상하도록 안내했다. 학생들은 박물관에서 제공하는 교육콘텐츠를 활용하여《직지》의 우수성을 SNS에 홍보하는 글을 작성했고, 현재 사용 가능한 '나만의 폰트' 개발 활동을 진행했다. 독도를 주제로 수업을 할 때는 독도박물관 홈페이지를 방문하여 독도 지킴이 포스터, 만화 그리기를 진행했다. 이후 구글어스와 VR로 떠나는 가상 독도 여행까지 진행했다. 또한 동학농민혁명기념관에서 제공하는 교육콘텐츠를 활용하여 동학농민운동과 전봉준을 상징하는 배지 도안하기 활동도 하였다.

이처럼 기억과 역사 재현의 공간인 역사 박물관과 기념관을 활용하여 학교 역사교육의 도구로서 교과서가 가지고 있는 한계를 극복하며 교육활동을 진행할 수 있었다. 그런데도 역사교육 현장에서 학습자의 '역사하기'를 위한 박물관 학습에는 어려움이 따른다. 일반적으로 학교에서 진행하는 박물관 교육은 정규 수업 시간이나 교과 내용 외의 일회성 현장 학습으로 이루어지고 있으며, 이를 주도하는 교사의 이해 부족이나 교과의 제한된 시·공간 등은 학습자의 사전·사후 학습에 한계로 작용한다.

한편, 역사 박물관과 기념관은 역사적 사건과 인물에 대한 공적 기억을 전달하기 때문에 해석의 여지 없이 공적 기억에 매몰되기 쉽다. 따라서 학생들이 역사 박물관과 기념관에서 전시하거나 제공하는 자료를 비판적으로 받아들일 수 있도록 지도해야 한다.

공공역사는 공적 삶의 영역에서 전개되는 역사 지식의 생산과 전달, 소비와 활용에 관련된 모든 실천을 대상으로 삼는다. 이러한 공공역사의 개념에 따르면 박물관이야말로 공공역사에 더없이 적합한 장소이다. 박물관은 역사를 사회의 모든 구성원과 공유하며 대화하는 곳이기 때문이다. 기억과 역사 재현의 공간인 역사 박물관과 기념관이 학교 역사교육과 더 긴밀하게 연계하고 협력한다면 학교 역사교육 역시 공공역사를 실천하는 플랫폼의 역할을 잘 수행할 수 있을 것이다.

공공역사를 실천하는 학교 역사교육을 위한 제언

미국의 천문학자 도널드 오스터브룩(1924~2007)은 "역사는 너무나 중요하기에 역사가들에게만 맡겨둘 수 없다"라고 말했다. 역사는 더 이상 전문 역사학자들만의 전유물이 아니라는 것이다. 역사학자들이 대학이나 역사 연구소 같은 전문 학술기관에서 오랜 연구 끝에 얻은 역사 지식을 대중에게 전달해 그들을 계몽하는 시대는 지났다. 언론과 미디어에서 연일 역사 관련 기사가 쏟아지고 있고 영화, 드라마, 예능, 책, 게임 등의 문화콘텐츠로 역사가 재현되고 있다. 다양한 집단과 기관 그리고 대중들은 사회의 공적인 삶의 영역에서 역사를 생산하여 소비하고 공유한다. 공공역사가 이미 우리 사회 곳곳에 존재하는 것이다.

학교가 공공역사의 플랫폼 역할을 제대로 수행하기 위해서는 첫째, 역사교사가 공공역사가임을 인식해야 한다. 이미 오래전부터 공공역사를 실천하는 공공역사가였음에도 불구하고 역사교사들은 이 사실을 인식하지 못하고 있다. 더욱 안타까운 현실은 내 주변에 '공공역사' 개념 자체를 모르고 있는 역사교사들이 많다는 점이다. 최근 역사학계에서 공공역사에 관한 관심과 연구가 활발히 진행되고 있음에도 불구하고 '공공역사'는 아직 학교와는 먼 이야기다. 역사교사들 사이에 공공역사에 관한 논의가 이루어지고 공공역사 실천 사례가 확산할 때 학교는 공공역사 플랫폼으로 자리매김할 수 있을 것이다.

둘째, 역사교사들은 학생들을 공공역사의 행위 주체로 인식해야 한다. 최근 학교에서 교과서에 대한 인식이 변화하고 있다. 교과서는 교육과정에 의해 개발된 학습 자료의 하나이며 교과서를 가르치는 것이 아니라 교과서로 교육과정을 가르친다는 인식이 보편화되고 있다. 그러나 교사는 학생들을 평가하기 위해 교과서에 있는 역사 지식을 정해진 기간 안에 가르쳐야 한다. 학교에서 교과서를 학습 자료의 하나로 여기며 교육 활동을 하기에는 여전히 교과서가 차지하는 비중이 크다. 교사들은 지필평가 범위가 결정되면 정신없이 진도를 나가야 하는 현실적인 어려움이 있다. 그 과정에서 교사는 본의 아니게 학생들을 교사가 전달하는 역사 지식을 받아들이는 존재로 인식한다. 학생들은 프로슈머prosumer[3]처럼 교과서와 대중매체에 있는 역사를 스스로 재현하고 활용하는 '생산적 소비자'이다. 역사교사들이 학생들을 공공역사의 행위 주체로 인식하고 역사 지식의 생산에 직접 참여하고 이를 공유하며 활용할 수 있도록 교육 활동을 디자인할 필요가 있다.

셋째, 학생의 배움과 성장을 위한 교사 교육과정이 활발히 운영되어야 한다. 교사 교육과정은 교사가 학생의 삶을 중심으로 국가, 지역, 학교 수준 교육과정을 공동체성에 기반하여 적극적으로 해석하고 학생의 성장 발달을 촉진하도록 편성·운영한다. 교육과정의 최종적 실천자인 교사가 국가 수준의 교육과정을 학교와 학생에게 좀 더 적합한 교육과정이 되도록 만들어 가는 것이다. 교사 교육과정은 학생들의 필요와 요구에 적극적으로 대응하기 위해서 학생 중심 교육을 지향하면서 교사 자신의 역사관, 역사 지식, 주변 환경들을 고려하여 기존 교육과정을 상황에 맞게 재구성한 교육과정이다. 따라서 교사의 교육관에 따라 학습자의 참여와 배움이 이루어지는 다양한 수업을 설계하고 학습과 성장을 돕는 평가가 보장되어야 한다. 이러한 교사 교육과정이 가능할 때 학교 밖 공공역사를 교실로 불러오기 수월하고 교사가 공공역사의 행위 주체로 바로 설 수 있을 것이다.

공공역사의 플랫폼인 학교 현장에서 이미 공공역사가로 살아가고 있는 전국의 수많은 교사들은 오늘도 학생들과 더 나은 역사를 고민하며 역사교실에서 고군분투 중이다. 교과서 텍스트로 존재하는 역사가 아닌 학생들의 삶과 연계된 역사교육을 하기 위해 노력하고 있다. 학교 상황과 교사의 교육관에 따라 차이는 있겠지만 학교 밖 공공 영역에서 재현되는 공공역사를 활용하여 역사교실에서 새로운 공공역사를 만들어 가고 있는 선생님들께 연대와 감사의 인사를 드린다.　　　　•이종관

2
학교 역사교육과 공공역사의 만남,
어떻게 볼까*

역사는 일상의 일부분이다. 우리는 영화, 뮤지컬, 강연에서 과거에 대한 이야기를 소비한다. 역사소설을 읽고, 밈을 만들고…… 역사 게임을 하고……현재를 맥락화하고 이해하기 위한 정보를 찾는다. 이러한 일상적인 공공역사는 학교에서 가르치고 배우는 역사와는 거의 독립적으로 유지되고 있다. 학교에서 공공역사의 역할은 무엇인가? 역사 수업에 대해 공공역사가 제기하는 도전은 무엇인가? 공공역사가 창조해 낼 수 있는 기회는 무엇인가?[1]

역사교육의 실천, 그리고 관련 연구에서 공공역사라는 다소 '낯선' 분야의 중요성이 더해지고 있다. 학교 현장의 분위기를 좀 더 직접적으로 드러내는 수업 사례의 표제어로 '공공역사'가 등장했고, 교사들은 학교 담장 밖 역사적 실천과 역사 수업을 접목하면서 '역사 학습의 공간'을 사각형의 교실 너머로 확장하는 기회를 넓혀가고 있다.[2] 이제 학교 역사교육과 공공역사의 관계, 공공역사가 학교 역사교육에 제기하는 도전이나 기회 등에 대해 폭넓은 질문을 마주할 때가 된 듯하다.

공공역사는 역사를 공적·사회적으로 다루는 분야로, 사회심리학, 고전학, 역사교육 등 다양한 분야의 학제적 접근을 통해 발전해 왔으며, 국제화를 주요 방향으로 삼는 실천 영역이다.[3] 역사서술과 재현이 이루어지는 사회 영역을 근거로 '과거의 현재화'를 담기 위한 개념으로서, 대학과 학계의 전문적 학술 연구와 서술에 대비되는 광범위한 공중公衆을 지향하는 공적 역사 표현의 모든 형태를 의미한다. 이때 '공중'은 단일한 총체가 아닌, 오히려 다양한 행위 주체이며, 공중의 다양성과 개방성을 수용해야 공공역사의 능동적이고 복합적인 성격에 다가갈 수 있다.[4] 다양한 공중의 입장에서 본다면, 공공역사는 역사가 구성되는 과정 속에서 자신의 역사를 창조하는 과정으로 사람들을 이끄는 실천이다.[5]

이미 오래전부터 역사는 대중적 현상으로 도처에 존재해 왔다. 특히 세계적인 '역사 붐' 이후 역사는 역사학자들만의 영역이 아니었다. 공공영역은 이미 역사서술과 재현의 또 다른 장으로 열렸다. 역사 박물관이나 역사를 소재로 한 전시회·출판물·드라마·영화·애니메이션·공연예술이 주요 영역이고, 국가폭력 및 과거사 청산에 관련된 진상 조사 활동, 주변국과의 역사 화해에 관한 활동, 문화유산 보호와 프로젝트, 역사재단의 역사 강의와 세미나, 역사 답사기행 사업, 기록보관서의 사료, 구술사를 활용한 지방사와 가족사 등의 저술 작업 등도 공공역사에 포함된다.[6] 역사 기념 및 추모를 담당하는 역사재단의 종사자들, 역사 축제나 역사 행사 관계자들 및 역사 문제 관련 소송이나 사건을 담당하는 검찰과 사법부도 역사서술과 재현과 생산과 소비에 참여하며 역사의 공적 활동을 주도한다.[7]

역사교육과 공공역사는 어떤 관계인가

어느 나라에서든 학교 역사교육과 공공역사는 상당히 밀접하게 서로 소통하는 가운데 영향을 주고받는다. 공공역사의 공간으로서(as) 학교는 학생들이 '공공역사가'의 위치에 서서 과거에 접근하고 재현하는 총체적 경험을 제공할 수 있다. 또는 학교 (역사) 교육과정 안(in)으로 공공역사가 들어와 프로그램의 일부를 구성하거나 교재로 활용되기도 한다(〈표 1〉 참조).

학교 역사교육은 공공역사의 주요 영역인 동시에, 공공역사와 구분되는 특성을 지니고 있다. 과거를 재현하는 실천으로서의 공공역사와 역사교육은 두 가지 공통점을 지닌다. 첫째, 역사교육과 공공역사 모두 전문 역사학계를 넘어 역사를 널리 전파하고자 하는 열망을 공유한다. 둘째, '비전문적인' 청중을 대상으로 한다. 둘 사이의 차이점도 분명하다. 학교 역사교육은 비전문적인 청중 가운데 특정 연령의 청중을 대상으로 한다. 그리고 국가(민족) 단위로, 사회나 공동체의 이익을 교육적 차원에서 구현하는 실천, 즉 공교육, 제도교육으로서 국가 단위의 교육 목적과 교육 과정을 가진다. 공공역사는 '공중을 위한, 공중의, 공중에 의한, 공중과 함께', 즉 다원적 공중의 '수요와 필요'를 살피며 합당한 매체와 방식을 찾는다. 다양한 청중에게 무엇을, 왜 제공할 것인가의 차이, 즉 목표의 차이는 방법론뿐 아니라 그 역할을 담당하는 '전문가'의 자격 조건의 차이와 관련 연구 주제의 차이를 가져온다.[8]

역사교육의 궁극적 지향은 삶과 앎의 주체로서 학생의 자기형성, 역사의식의 형성에 있다.[9] 그리고 학생은 '비전문적 청중'이면서도, 스스로 역사(과거) 재현과 활용에 참여하는 주체이다. 공공역사는 역사의식의 형성이 광범위하게 진행되는 사회문화적 소통 속에서 이뤄진다는 것을 강

<표 1> 역사교육과 공공역사의 관계[10]

범주	내용	사례/비고
1	역사교사들은 공공역사 영역에서 개발된 방법과 교수전략을 이용한다.	●학교 교육과정을 운영하면서 구술사 방법을 활용하여 교내외 활동을 연결	●학생들은 구술역사 인터뷰 수집, 가족 기념물 보존, 과거와 관련된 학교 전시회 및 행사 조직과 같은 프로젝트에 공공역사가로서 참여하고 인터넷 등의 매체를 통해 소통
2	역사교사들은 공공역사 시설이나 공간, 모임 등을 이용하여 가르친다.	●거리, 박물관, 영화관 또는 역사적 행사, 재현, 박람회, 캠프, 기행 프로그램, 쇼 등 공공 영역에서 역사 수업을 진행	●학생들은 수업이나 동아리 활동과 연계하여 참여 ●박물관 등에서 학생 교육 담당 별도 조직 운영, 공공기관이 보유한 교재 자원으로 학교 수업에 협력
3	공공역사 기관들은 교사들에게 연수의 기회를 제공한다.	●공공역사 기관들이 온라인, 오프라인으로 연수를 제공하거나, 온라인상으로 특정 주제와 관련된 팁을 제공 ●국제 컨퍼런스나 국제 회의에서 공공역사가와 교사들의 협력	●(폴란드의 경우) 아우슈비츠박물관의 온라인 수업 준비 팁, 포로수용소 기록보관소의 사진과 출처를 활용한 내러티브 제공
4	교사들은 학생들과 함께 공공역사 행사를 자체적으로 기획한다.	●각종 국가 기념일을 활용한 행사를 자체적으로 기획 실행	●공식 의례, 혹은 시와 노래를 곁들인 역할 놀이 활동, 기념 경연 대회, 에듀테인먼트 등
5	교사들은 학생들의 공공역사 경험을 기반으로 교육한다.	●정규(비정규) 수업을 통해 역사 재현물의 내러티브를 분석	●역사 기반 컴퓨터 게임 분석, 텔레비전 쇼, 잡지의 내러티브 분석
6	공공역사 기관들이 교사와 학생이 협력적으로 참여할 수 있는 활동을 제공하기도 한다.	●교사는 학생들을 지도하고 돕는 역할을 하며, 학생(들)은 프로젝트나 활동을 수행	●(폴란드의 경우) 국립추모연구소가 현대사의 쟁점들에 대한 중등학생 대상의 옥스퍼드식 토론대회 주최
7	공공역사는 교사들에게 도전적 상황을 만든다.	●공공역사가들이 교사들보다 '대화적이고 매력적인 방식'을 폭넓게 활용	●학생들의 흥미와 집중을 끌어내고 내용 전달에 유리한 표현 방식을 사용한다는 점에서 공공역사가들이 유리한 위치에 있음(유료/무료)
8	역사교육자들은 공공역사 프로젝트를 평가한다.	●교사들이 교육 활동에 활용할 수 있는 공공역사의 결과물을 평가하고 선택	●수업 중 활용할 역사 잡지나 드라마 선택, 활용과 관련한 장점과 한계를 논의 ●역사 재현물의 교육적 잠재력 등을 분석하는 국제 연구 프로젝트의 교사 참여

조한다. 따라서 역사서술 및 역사교육은 공적 영역에서 일어나는 모든 역사적 재현, 즉 트위터나 웹사이트 같은 새로운 소셜 미디어에서부터 연극 공연과 같은 재창조된 전통적 매체에 이르기까지 다양한 재현들을 모두 고려해야 한다.[11]

다원적 공중이 매체가 전달하는 과거에 대한 재현(물)을 소비한다는 것은 낱낱이 파편화된 지식과 정보를 얻거나 즐기는 차원을 넘어서는 것이다. 무엇보다도 과거에 대한 재현은 어떤 내러티브, 또는 이야기의 형식을 띤다. 사람들은 기왕에 가지고 있던 역사적 상像/Image이나 내러티브에 비추어 새로 접한 지식과 정보를 맥락화하여 이해하고 기억한다. 다원적 공중은 일상의 의사소통에, 동시대적 사건 및 현상의 의미를 해석하고 평가한다. 그럼으로써 행위의 방향을 결정하거나 사회의 전망과 관련된 사안에 대한 여론에 참여하는 데 의식적·무의식적으로 그러한 내러티브'들'이 전달하는 교훈이나 메시지를 활용한다.[12] 공공 영역에서 끊임없이 생산, 재생산되는 '과거에 대한 서사들'은 다양하다. 어떤 것은 헤게모니를 가졌고, 어떤 것은 상대적으로 주변화되었으며, 어떤 것은 저항적이다. 사람들은 각자가 기왕에 가지고 있던 역사상이나 내러티브와 충돌·갈등하는 역사 재현(물)도 일상적으로 접하게 된다. 그런 의미에서 일상에서 과거와 대면하는 일은 도전적이다. 이들 내러티브들은 서로 경합하는 가운데, 공중으로 참여하는 사람들의 사회적 소속감과 승인(정체성)의 조건이나 영향 요인으로 작동한다. 다양한 사람들은 자신이 속한 집단 속에서 개별 집단의 과거에 대한 기본 서사를 공유하고 소속감을 느끼고 집단 구성원으로 승인을 받아 살아가기 때문이다. 갈등하는 서사들은 서로 뒤엉켜 충돌하면서 과거에서 무엇을 중요시하고 기억할 것인가라는 기억의 갈등을 만들어 낸다.

따라서, 학교 역사교육의 주요 관심사가 다원적 공중의 일원으로 살아가는 학생의 역사의식이라면, 주목해야 할 공공역사의 본질은 겉으로 드러나는 재현 활동 '이면의 무엇'으로 확장된다. 역사 재현을 통한 정체성들의 투쟁과 갈등의 장소, 역사 정치의 장소, 정체성 담론을 내포한 내러티브'들', 그들이 지지하는 기억과 기념행위 간의 경합과 투쟁의 장, 정체성 담론 영역에서 사회적·개인적 인정을 위한 투쟁의 끊임없는 변증법적 과정으로서의 공공역사, 역사교육은 이 점에 주목해야 한다.

이러한 공공역사의 '숨은 얼굴'인 '변증법적 과정'은 보이지 않는 곳에서 시스템으로 작동한다. 〈그림 1〉은 이러한 시스템이 어떻게 움직이는지를 보여준다. 그리고 학교 역사교육은 이 시스템 안에서 집단적 '기본 내러티브'와 개인의 '존재론적 내러티브'를 연결하는 핵심에 위치한다. 기본 내러티브는 단순히 흐릿하고 불투명한 아이디어가 아니다. 모리스 알박스M. Halbwachs가 사회적 프레임 워크라고 기술한 것, 일상 속에서 구체화·제도화—교육기관, 학교 시스템, 역사 수업 및 커리큘럼 등—되고 사회적으로 입증된 신념이다. 기본 내러티브는 박물관, 기록보관소, 기념관, 텔레비전 시리즈, 할리우드 영화, 의회, 교통 규칙, 대학에도 존재하며 우리 문화를 구성한다.[13] 삶과 앎, 과거 재현의 주체인 학생은, 비록 위의 그림에 나타나 있지 않지만, 변증법적 과정에 참여하는 시스템의 주인공이다.

그리고 위의 공공역사에서 기본 내러티브의 역할에 비춰보았을 때, 다원주의는 역동적인(좋은) 공공역사를 위한 '묘약'이다. 따라서 민주적인 사회에서 필연적으로 벌어지는 정체성 갈등에서 민주적 다원주의를 옹호하고 발전시키는 것은 공공 영역의 주요 관심사가 되어야 한다.[14] 2010년 무렵 이후, 한국에서 시민교육으로서의 역사교육의 밑그림을 그리고

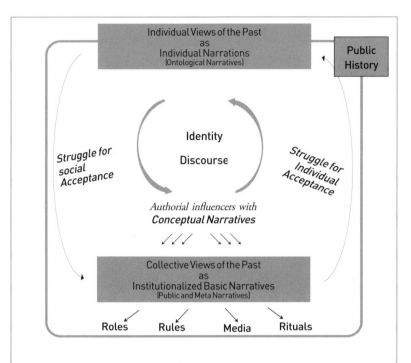

〈내러티브 개념〉

- 기본 내러티브: 과거에 대한 집단적 관점의 의미론적 그릇이며, 사회적 차원에서 판단과 의미를 식별할 수 있도록 하는 (익명성의) 심오한 구조. 모든 종류의 집단적 자아 개념에 대한 좌표체계를 제공함.
- 존재론적 내러티브: 스스로가 누구인지 정의하고, 삶에 의미를 부여하고, 행위를 결정하는 데 이용되는 내러티브.
- 공적 내러티브: 개인보다 큰 규모로 문화 및 제도적 구성에 관여하는 내러티브.
- 메타 내러티브: 사회과학적 이론과 개념들에 각인된 마스터 내러티브로 진보, 퇴폐, 산업화, 계몽 등이 사례이다.

〈그림 1〉 공공역사의 시스템. 공공역사는 복잡하게 과거와 연관된 정체성 담론이다. 집단들과 개인들에 의해 작동하고, 내러티브들의 상호 승인에 이바지한다. 여러 집단은 제도적 프레임 워크 안에서 역할의 할당, 제재와 보상의 규칙들을 통해, 그리고 미디어 디자인과 의례화된 실행을 통해, 그들의 기본 내러티브들에 힘을 부여한다. 정체성 담론의 이 복잡한 변증법적 과정을 공공역사라 부를 수 있다.[15]

자 했던 교사와 연구자들은 이 문제를 핵심 과제로 삼았다.

한국에서 역사교육과 공공역사는 어떻게 만났는가

한국의 역사교육에서는 학습자를 앎과 삶의 주체로 보고, 그러한 주체 형성을 돕는 체계적인 노력의 일환으로서 역사교육의 역할을 설정하는 운동적·실천적 흐름이 이어져 왔다. 역사교육의 제 국면을 학교 안에서 진행되는 과정에 한정하지 않고, 정치사회 및 역사문화라는 구조적·환경적 요인과의 상호 관련성 속에서 파악하고자 했던 움직임은 1980년대 말 '국사교과서 이데올로기 비판'에서도 확인된다. 학교 현장의 역사교육운동으로 전개되었던 '교과서 비판'의 궁극적 지향은 '학생의 살아있는 삶을 위한 역사교육'이었다.[16] 단 하나의 역사 내러티브를 내면화함으로써 국민된 정체성을 함양하는 역사교육에 대한 비판, 학생들이 저마다의 시선으로 역사를 바라보고 삶에 밀착된 역사의 의미를 찾도록 하는 것, 그러기 위해 역사 교재의 재구성과 수업의 변화를 실천적으로 모색하려는 노력이었다. 정치·사회적 민주화의 진전 속에서 이러한 흐름은 대안교과서운동 및 교육과정에서 교사의 자율성 구현을 위한 운동으로 이어졌다.

이러한 교육운동에서는 그 중심에 삶과 앎의 주체인 학생을 두고, 교사의 주된 역할을 학생을 위한 교육과정을 디자인하는 것으로 보고자 했다.[17] 이와 맞물려 2000년대 이후로는 구성주의 교육학과 포스트모더니즘 담론의 영향으로 비판적인 독자, 역사 지식 생산자로서의 학생의 사고와 활동을 중시하는 경향이 뚜렷했다. 그러나 학생의 역사 이해나 인식 형성에 영향을 미치는 학교 내외적 요인들과 형성과정의 역학이 역사교육의 주요 문제로 떠올라 눈에 들어오기까지 시간이 더 걸렸다.

　'한국 근·현대사' 교과서 사태가 한창 진행 중이던 2010년 무렵부터 '사회 속에서 형성되는 학생의 역사인식과 역사의식'의 실태와 형성의 계기를 경험적으로 들여다보기 위한 대규모 설문 조사가 역사교육연구소를 중심으로 수년간 진행되었고,[18] 각급 학교 학생들의 역사 이해과정과 영향 요인을 다각도로 분석하는 연구가 서서히 활기를 띠었다.[19] 이와 함께 역사교육을 '학교 내적 현상'이 아닌 공공 영역의 '공적 절차와 제도'로 파악하면서, 교육 외적인 힘과 환경 조건, 그에 대응하는 역사교육의 변화를 역사적으로 정리한 성과들이 나오기도 했다.[20]

　이러한 연구 성과들이 나온 시기에 교학사 《한국사》 교과서 사태에 이어 역사, 한국사 교과서 국정 전환 시도가 있었다. '한국 근·현대사' 교과서 사태를 시작으로 국정 전환 사태에 이르기까지, 정체성 정치를 둘러싸고 벌어지는 사회적 갈등, 끊이지 않는 정치권의 역사 오남용과 정치 도구화를 생생히 목도하며 그에 맞서는 가운데, 역사교육계는 학교 역사교육이 수십 년간 반복해 온 국가주의적 역사 서사, 그러한 서사를 재생산·재현하는 역사문화, 그 영향을 받은 학생의 역사의식을 정면으로 다뤄야 할 필요성을 절감했다. 그리고 2015~2016년의 역사교과서 국정 전환과 폐기 사태 이후 지난 몇 년 동안 역사 오남용의 극단적 사례인 역사 부정(일본군 '위안부'와 5·18민주화운동에 대한)의 주장과 행위가 급속도로 번지며 학교 수업에 영향을 미치는 사태에 이르렀다. 정치권에서 조장하는 과열된 정체성 정치와 그 파생물로서의 혐오문화, 다방면의 역사 오남용이 역사문화와 역사의식에 초래할 가공할 만한 결과에 적극적으로 관심을 가지고 대응 방안을 마련하는 것이 역사교육의 과제라는 인식이 역사교사와 연구자들 사이에 퍼져갔다.[21]

결국, 역사교과서를 둘러싸고 벌어진 갈등의 와중에 역사교육의 현장에서는 '살아있는 삶을 위한 역사교육'의 중심에 있던 학생과 역사의식을 재발견했다. 역사의식을 형성하는 여러 사회적 요인들과 역사문화에, 그리고 그들을 매개하는 각종 학교 밖 실천에 주목하게 된 것은 자연스러운 수순이었다. 역사의식 형성과 역사문화의 관계, 역사문화를 구성하는 기본(공적) 내러티브 또는 지배 내러티브, 저항 내러티브, 과거에 대한 여러 내러티브를 담아내는 재현의 행위와 재현물, 기억과 기념의 문제 등으로 점차 관심 영역이 확장되기 시작한 것이다.

교사와 연구자들은 역사 학습의 과정을 시민 행위 주체의 자기형성 과정으로 보고, 그 과정을 돕는 역사교육을 '(민주)시민 형성을 지향하는 역사교육'으로 개념화하고자 했다.[22] 역사교육을 '학교의 정규 교육과정의 적용'으로 한정하지 않고, 학교 안팎을 아우르는 사회문화적 기획이자 실천으로 확장하여 이해하고자 했다. 학교 교육은 시민이자 국민, 또 다른 집단의 구성원으로서의 학생이 생애 동안 학교와 학교 밖에서 경험하게 될 역사교육을 위한 '플랫폼'으로 비유되었다.

그리고 역사교육자들은 2010년대 중반부터 수면 위로 올라온 국내 역사학계의 '공공역사' 논의[23]에 주목하기 시작했다. 한국에서 공공역사 논의가 시작된 배경에는 크게 세 가지 계통적 맥락이 있었다. 첫째는 변혁운동의 일환인 계몽적 기획으로서의 1980년대 후반 이후의 역사 대중화이고, 둘째는 역사 대중화에 발맞춘 역사 연구 패러다임의 변화이다. 정치사·사회경제사 중심에서 사회사와 문화사로 방법론적 전환과 해석, 관점의 다양화를 지지하는 연구 경향의 변화가 있었다. 셋째, '역사학의 위기' 담론이다. 인문학자들이 변혁운동으로서의 학술운동을 이끌던 시기 이후 민주화된 사회에서 역사학이 더 이상 새로운 사회를 선도하는 역할을 할 수 없다는 자각이다.[24] 세 가지 맥락은 앞서 살핀 역사교육운동의 흐름을 형성했던 중요한 시대적 조건이었다.

한편, 최근 번역 출간된 독일의 공공역사 개론서[25]가 역사교육을 비중 있게 다루면서 교사와 연구자들의 눈길을 끌었다. 독일의 역사교육 연구에서는 1960년대 이후 역사교육에서 학교 밖 요소가 어떻게 학습에 영향을 미치는가에 대한 질문에서 시작하여 공공역사에서 역사교육 연구의 영역을 발견해 나갔으며, 역사의식 개념, 이어서 역사문화의 개념이 개발되었다. 교사 중심에서 학생 중심 교실로, 강의에서 대화형 및 탐구 기반 학습 방법으로의 전환과 같은 일반적인 교육학적 경향을 따르면서도, 수업 기법이나 방법론 그 자체보다 역사교육의 기반이자 결과인 역사문화로 눈을 돌렸다. "자료, 토론, 평가를 제시하는 특정 방법은 교사의 능력에 달려있으며…… 개별 상황에 너무 의존적이어서 (교육의) 일반 지침이 개별 교사의 노력을 대체할 수 없다"는 문제의식을 가졌고, 그 결과는 학생들의 역사의식 형성의 기저에서 작동하는 사회의 역사의식, 즉 역사문화로 연구의 초점이 맞춰졌다. 역사의식, 역사 기억, 역사 내러티브는 역사교육과 공공역사 공통의 관심사이자 연구 대상이었다.[26]

그리고 학교 역사교육이 공교육 과정으로서 과거에 대한 지배적인 이념을 전파하는 것뿐 아니라 청소년들로 하여금 그러한 지배적인 시각에 자율적으로 대처할 수 있는 역량을 키울 수 있도록 해야 한다[27]고 보았다. 시민교육 지향의 역사교육을 추구하는 한국의 역사교사와 연구자들은 독일 역사교육계의 경험으로부터 유용한 개념과 시각을 얻고자 했다.[28]

학교 역사교육에 대한 공공역사의 기여

누군가가 '역사 지식'을 습득한다는 것은 어떤 의미일까? 과거에 대한 단편적 정보를 단순 기억한다는 의미는 아닐 것이다. 전문 역사가가 엄밀한 탐구로 밝혀낸 역사적 진실(사실)은 경합하거나 갈등하는 기본 내러티브들과 결합되고, 그러한 내러티브를 전달하는 제도(학교 역사교육을 위한 교육과정과 교과서, 수업 등)를 거쳐 누군가(개인이나 집단)의 '역사 지식'으로 탈바꿈한다. 이렇듯 역사 지식은 '앎'의 과정을 거쳐 누군가의 것이 된다.

학교 역사 학습은 교육과정과 교과서로 제도화된 기본 내러티브들과 그것에 '실린' 역사 지식에서 출발하여 그것을 활용하는 앎의 과정이다. 그러한 내러티브와 역사 지식을 어떻게 활용할지는 상당 부분 교사의 손에 달려있다. 교사는 교과서에 주어진 대로 역사 지식을 이해하고, 교과서의 내러티브에 따라 과거의 상을 그리도록 할 수도 있고, 학생이 저마다의 해석으로 역사상을 그려내는 이야기를 만들도록 격려할 수도 있다. 학교 역사 수업 중에 어떤 학생이 자신의 관점을 담은 내러티브를 어떤 매개물이나 형식을 빌려 표현하고, 다른 학생들과 공유하고 토론할 수 있다. 이 과정은 학생의 역사하기, 역사 지식 생산에 다름 아니다.

이러한 앎의 과정에서 개인의 역사의식이 형성되고, 변화한다. 그 역사의식의 중심에는 개인의 존재론적 내러티브가 있다. 존재론적 내러티브는 스스로가 누구인지 정의하고, 삶에 의미를 부여하고, 개인적·사회적 행위를 결정하는 데 이용되고, 나아가 사회가 어떤 변화를 추구할 것인지 전망하도록 하고, 그러한 변화를 현실로 만드는 데 참여하려는 의지에 영향을 줄 수 있다. 학교에서 이뤄지는 앎의 과정 가운데 사회의 집단적 기본 내러티브들이 교과서나, 교사의 내러티브에 실려 개인의 존재론적 내러티브 형성과 변화에 영향을 준다(〈그림 1〉 참조). 그런가 하면, 개인들의 존재론적 내러티브는 다양한 표현과정을 거쳐 사회의 기본 내러티브를 변화시키는 주요 동력이 된다.

여기서 역사가가 만든 지식을 학생이 소비한다는 것의 의미도 다시 자리매김할 수 있다. 교실 안에서든 밖에서든, 학생의 역사 지식 소비는 자기 나름의 의미 부여를 통해 이루어진다. 그런데 이는 새로운 지식의 창출이기도 하다. 교실 수업 장면에서 학생은 재현행위를 통해 자신이 만든 지식을 다른 사람에게 드러내 보인다. 학생의 역사 지식 소비와 창출은 분리 불가능한 인식과정(행위)이다.

학교 안팎에서 다채롭게 전개되는 학생의 앎의 과정과 학교 교육과정의 관계를 놓고 볼 때 "교사들은 학생들의 공공역사 경험을 기반으로 교육한다"라는 〈표 1〉의 범주는 의미심장하다. 교사나 교육자들이 의도적으로 공공역사를 교육과정의 일부로 만들든 말든 상관없이 학생들이 공공역사를 교실로 들여온다는 사실에 대한 주위 환기가 필요하다는 것이다. 학생들은 학교 밖에서 매일의 경험으로부터 과거에 대한 내러티브나 이야기들을 접하면서 살고 있으며, 과거의 여러 국면에 대한 정신적인 상을 이미 지니고 있다.[29] 학생들이 새로운 정보와 개념을 이해하기 위해 기존의 스키마와 사전 지식을 사용한다는 것은 이미 잘 알려진 바이다. 학생이 일상의 공공 영역에서 접한 역사 내러티브와 이야기는, 그것이 무엇으로 남든—흐릿한 이미지든, 상징물이든, 엉성한 지식이든—학교 역사 학습을 거치며 새로운 내러티브와 역사 지식을 자기화하기 위한 스키마 역할을 한다.[30]

학생들의 공공역사 경험을 바탕으로 교육한다는 것이 '선행 지식의 체계(스키마)'에 대한 비판적 접근이라면, 학교에서 비판적으로 성찰할 대상은 크게 두 가지다. 하나는 자기 자신의 역사인식과 그 형성 경로이고, 다른 하나는 자신의 역사인식을 형성한 역사 재현물들의 내러티브이다. '지금 이 시점의 나의 역사인식'에 대한 객관화, 그 형성 경로에 대한 추적, 그 경로에서 만난 매개물, 즉 역사 재현물의 내러티브 탐색이 이루어질 때, 새로운 가능성이 열린다. 자기 역사인식에 영향을 미친 재현물, 2차 자료의 관점과 내러티브에 대한 비판적 인식의 능력이 무엇보다 중요하다.

사람들은 과거에 대한 다양한 재현물을 생산하고 여러 상이한 맥락 안에서 재현물을—텔레비전의 상업광고로부터 놀이공원에 이르기까지—이용한다. 이러한 재현물은 늘 학술적 기준을 따르지는 않으며, "학문적 역사의 진부한 파생물"이 아니라 제각각의 독자적인 형식들과 해석을 제공한다. 그러한 해석과 형식들은 필연적으로 사람들이 과거에 대해 생각하는 방식에 실제로 영향을 미친다.[31] 그래서 역사와의 일상적인 만남조차도 우리 모두에게 중요한 도전이 된다. 우리가 일상생활에서 접하는 역사 해석을 무시한 상태에서는 지속가능하고 비판적인 역사 학습이 이루어질 가능성은 거의 없다고 할 수 있다. 학교 역사 학습에서 사료의 중요성은 두말할 필요가 없겠지만, 일상생활에서는 사료라는 역사적 출처를 과거에 대한 다른 재현물만큼 자주 접하지 않으며, 따라서 역사교육은 2차적 표현물에 대한 비판적 성찰에 더 중점을 두어야 한다[32]는 것이다.

이처럼 역사와의 일상적인 만남은 도전적이고 해석들 간의 논쟁성 위에서 이뤄진다. 따라서, 학생의 공공역사 경험을 바탕으로 한 수업 또한 논쟁성을 기본으로 삼게 된다. 사실, 학생이 자기 역사인식 형성의 경로나 내러티브를 비판적으로 살핀다는 것은 '다양한 관점의 가능성'을 인정하는 데서 출발하여 그 지평을 넓혀가는 것이며, 여러 방식의 논쟁에 참여하는 것이다. 이를 좀 더 상세히 말하자면, 공공 영역에서 과거에 대한 내러티브가 재현되는 형식들은 무엇을 어떻게 기억하고 기념할 것인지에 대한 견해 차이와 논쟁성을 내포한다. 따라서 역사에 대한 2차 자료, 재현물의 관점과 내러티브 등을 비판적으로 검토하면서, 전문 학술 영역과 비전문 공공 영역에 걸쳐 역사적 논쟁이 왜 어떻게 형성되고 전개되는지를 자연스럽게 이해하는 기회를 가질 수 있다. 정체성이나 기억, 기념의 문제 등을 둘러싸고 역사가 사회 속에서 이미 논쟁적으로 존재한다는 것을 경험적으로 깨닫고, 사회 구성원으로 살아가며 역사 활용과 재현에 참여하는 자신에게 필요한 능력은 무엇인지 생각해 볼 수도 있다. 또한 학생 자신의 관점을 어떤 청중—동료 학생이나 지역사회 등—을 향해 표현하는 것, 즉 '재현'하는 행위가 곧 논쟁에 참여하는 것임을 몸소 경험으로 이해할 수도 있다. 공공 영역에서 과거에 대한 기억이나 역사 해석을 둘러싸고 벌어지는 민감한 논쟁은 학생과 함께 학교 교실로 들어오기도 한다. 최근의 역사 부정 현상이 대표적 사례다. 이는 국내의 역사교육자들이 공공역사라는 개념적 도구에 주목하게 된 주요 배경이다.

학생의 목소리로 다시 쓰는 역사: 교사 교육과정의 사례 하나

학생들의 '공공역사 경험'을 고려하는 학교 역사교육은 누가 어떻게 준비하고 실천해야 하는가? 학교 현장에서는 그러한 실천들이 이미 이뤄지고 있다. 그러나 학교 교육의 미래를 멀리 내다보려면 학교 현장에 주목하는만큼, 교사 교육에도 주목할 필요가 있다.

예비교사들의 '수업 레퍼토리'는 중·고등학교 시절 자신이 받았던 역사 수업으로부터 큰 영향을 받는다. 존경하는 선생님의 수업 방식이나, 자신에게 깊게 각인된 역사적 경험으로부터 영감을 받기도 한다. 이러한 요인들은 예비교사들이 역사교육에 대한 자기 이해와 역량을 갖춰가는 데 중요한 상상력의 원천이 된다. 그러나 교과서나 교육과정이 제공하는 역사 지식과 내러티브를 이용한 앞의 과정에서 교사가 담당할 역할이나, 공공역사와 학생의 역사의식에 미치는 영향을 고려한다면, 학교 역사교육의 사회적 맥락으로 시야를 확장할 수 있는 계기가 주어져야 한다. 학교 역사교육 자체가 정치·사회적, 문화적 실천이자 현상이며, 역사성을 갖는다는 것을 교사가 충분히 인식할 때, 공공역사와 학교 역사교육의 만남이 평면적인 '전략 활용' 차원을 넘어, 자신의 역사 창조과정의 주인으로서 학생의 탄생을 지지할 수 있다.

학교 역사교육의 사회적 맥락에 대한 탐색을 교사 교육과정 안의 한 주제로 가져오는 방법은 여러 가지일 것이다. 예비교사 자신의 역사인식 및 형성 경로를 따져보는 가운데 결정적인 영향을 미친 '제도화된 내러티브'를 비판적으로 다뤄본 다음, 스스로 역사 재현물을 제작해 보는 방식도 그중 하나일 수 있다. 이 경험은 훗날 교사로서 '학생의 공공역사 경험'을 유의미하고 교육적으로 다룰 수 있는 교사 교육과정을 설계하는 자양분이 될 것이다.

다음 〈표 2〉와 〈표 3〉의 사례는 교사 교육과정을 위한 프로그램에 두 단계를 적용해 본 것이다.[33] 〈표 2: 사례 1〉의 ①은 자기 역사인식과 형성 경로의 성찰적 파악 단계이고, ②는 형성 경로에서 만났던 다양한 역사 재현물들의 내러티브를 분석 비교한 단계이며, ③은 ①과 ②를 바탕으로 '교과서'라는 형식으로 자기 관점의 역사 재현물을 제작하는 단계이다. 교과서가 역사 재현의 한 형식임을 확인하고, 그러한 형식적 특성이 교과서의 저자와 독자 학생에게 어떤 영향을 미치는지 경험적으로 이해하고 판단할 수 있기를 희망했다.

학생들이 학교 밖에서 접하고 탐구하며 내면화하는 다양한 역사적 표현물은 교육자에게 중대한 도전이다. 교육자들은 기존의 커리큘럼과 관련하여 어떤 표현이 학생들의 대다수에 가장 큰 영향을 미쳤는지 고려하고, 특정 표현에 대한 학생들의 생각을 접근하고 밝혀낼 필요가 있으며[34] 교사 교육과정에서는 그에 필요한 역량을 기를 수 있는 기회를 제공해야 한다. 〈표 3: 사례 2〉에서는 사료 탐구를 바탕으로 역사 재현물을 제작하도록 했다. ①은 특정 주제에 대한 다양한 형식의 역사 재현물 및 내러티브를 탐구하는 단계이고, ②는 다양한 역사 재현의 토대인 사료를 탐구하는 단계이며, ③은 소설이나 영화, 드라마 형식의 재현을 염두에 두고 역사 이야기의 플롯을 구성하는 단계이다. ②에서는 역사 속 다양한 행위자를 최대한 식별해 내고, 그들의 처지에서 상황을 상상적으로, 근거를 최대한 확보하며 구성하도록 했다. 사료가 말해주지 않는 것을 찾아내고, 그 틈새나 공백을 메우기 위해 질문하고 가설을 세우고 추론하고 자료를 찾도록 했다.

어떤 결과물──③의 플롯을 고려하여──을 만들고 싶은가에 따라 ② 단계에서 사료에 대한 질문이 달라지고, 그에 따라 공백과 틈새를 달리 인식하거나 발견할 수 있으며 당연히 탐구의 결과도 달라짐을 확인하도록 했다. ②에 근거하여 ③을 실행하면서 역사적 사실에 근거하여 최대한 '진실'을 추구하려 하지만, 역사 이야기나 전체상을 그려내는 데는 상상과 예술적 요소(팩션)가 자연스럽게 개입됨을 느끼도록 했다. 이를 통해 '팩트'와 '팩션'의 관계, 역사를 활용하는 이야기 형식의 재현물을 심미적으로 즐기거나 비판적으로 이해한다는 것의 관계를 생각해 보도록 했다.

<표 2> 사례 1: '한국전쟁'을 어떻게 기억할까?

●과목: ○○○ ●시기: 2021년 2학기 5주간(10회차/1회차 75분)

●대상: 1학년(20명) / 3학년(8명)

단계		수업 주제	활동 내용	공공역사 관련성
① 자신의 역사 인식을 객관화하고 성찰하기 ↓	●역사인식 내용 확인 하기	●나는 '한국전쟁'에 대해 무엇을 기억 하고 있을까? (1차시)	●개인 활동: '한국전쟁'에 대한 나의 '뇌 구조' 그리기	기억 개념
	●역사인식 형성의 경로 확인하기	●'한국전쟁'에 대한 나의 기억은 언제, 어떻게 만들어졌 을까? (2차시)	●개인 활동: 나의 '뇌 구조'를 만 든 경로를 찾아 정리하여 웹 게 시판 탑재	기억 형성
	●집단기억 확인하기	●'한국전쟁'에 대 한 서로의 기억, 얼마나, 어디가 닮았는가? (3차~4차시)	●모둠 활동: '뇌 구조' 그림과 '경 로 정리' 공유하여, 한국전쟁에 대한 한국 사회의 역사문화 추 론하기 (3차시) ●역사문화에 대한 학교 교육의 영향에 대해 토론하기 (4차시)	기억과 역사문화
② 다양한 역사 재현(물)과 내러티브 확인하기 ↓	●다양한 역사 재현 (물)을 검 토하기 ↓	●'한국전쟁' 기록 영상을 통해 전쟁 속 '사람들'의 존 재 확인하기 (5차시)	●개인 활동: 한국전쟁 당시 기록 영상(편집본)에서 전쟁터의 '사 람들'을 확인하고 그들의 관점 에서 전쟁 상상하기 ●발표와 토론: 소감 나누기 (5차시)	공공기록 영상
		●'한국전쟁' 관련 청 소년용 대중서 읽 기 (6차시)	●개인별 선택 과제 수행 후 모둠별 분석 토론 및 발표 (2주 전 과제 공지)	●개인별 과제 수 행(선택): 한국 전쟁에 관한 청 소년용 대중서 2종 읽고 요약 하기	대중서의 역사 재현
		●'한국전쟁' 관련 영화 분석하기 (6차시)		●개인별 과제 수 행(선택): 한국 전쟁에 관한 대 중 상업영화(대 표 사례 5편)의 내 러티브와 메시 지 분석하기	대중 상업영화의 역사 재현
		● 전쟁기념관의 전 시 서사 확인하기 (7차시)	●용산의 전쟁기념관 홈페이지를 통해 전쟁 재현 방식과 전쟁 서 사 확인하고 토론하기	기념·추모시설 (E-뮤지엄)

단계	수업 주제	활동 내용	공공역사 관련성
	●해방 이후 교육과 정 시기별 역사교 과서의 한국전쟁 분석하기 (8차시)	●개인별 과제 수행(필수): 국 사편찬위원회 홈페이지를 통 해 역대 교육 과정 시기 국 사교과서의 한 국전쟁 재현 양상 분석하기	기억 형성
	●현행 교육과정에 의한 한국사 교과 서의 한국전쟁 분 석하기 (8차시)	●개인별 선택 과제 수행 후 모둠별 분석 토론 및 발표(2 주 전 과제공지) ●분량, 서사, 표 현 방식 등의 변화상 추적 ●교과서 서술 변화의 배경 과 원인 추론 ●향후 교과서 서술 변화의 방향	기억과 역사문화
	●한국사 교과서의 한국전쟁 서술은 왜 중요한가? 앞 으로 어떤 변화가 필요할까? (8차시)	●개인별 과제 수행(필수): 8 종 한국사 교 과서의 한국전 쟁 재현 양상 분석하기 ●역사교과서에 다양한 해석 관점을 어떻게 담을 수 있을 까? ●다양한 해석 관점은 역사교 육에서 왜 중 요한가?	●교과서의 역사 재현 ●역사문화에서 다 원적 관점의 중 요성
③ 새롭게 역사 재현하기	●전문 역사 학계의 연 구 성과 활 용하기	●'한국전쟁'에 관한 연구사 정리 논문 및 연구 성과 탐 색하기 (9차시)	●전문 역사학계의 동향을 안내하 는 논문(연구사 정리) 함께 읽기 ●연구사 정리 논문 읽기를 바탕으 로 각자의 관심사에 따라 논문 1 편 이상 찾아 읽고, 요약, 웹 게 시판 탑재	전문 역사학과 소 통하기
	●역사교사 의 한국전 쟁 서사 구 성 사례 탐 구하기	●현행 교육과정과 한국사 교과서의 한국전쟁 내용을 비판적으로 재구 성한 교사의 수업 사례 검토하기 (10차시)	●한국전쟁에 대한 교사 교육과정 사례 분석하기: 한국사 교과서 의 내러티브와 교사의 내러티브 비교하기 ●학습 활동에 활용한 역사 재현물 (영상, 텍스트)의 종류와 형식, 출 처 확인하기	공적 역사 재현으 로서의 교사 내러 티브
	●다양한 역 사 재현물 제작하기	●한국사 교과서의 한국전쟁 내용 다 시 쓰기 (3학년 기말과제)	●한국전쟁에 대한 다양한 매체들 의 역사 재현 분석 결과 및 교과 서 분석 결과를 종합하고, 교과 서라는 매체의 특성을 고려하여 (교재) 한국전쟁의 과거 재현 방 식을 새롭게 구성하기 ●7주간 수행 후 웹 게시판 탑재	교육적 목적을 가 지고, 자기 목소리 로 역사 재현하기

〈표 3〉 사례 2: 다시 쓰는 만적 이야기: 팩트와 팩션 사이

●과목: ○○○　　●시기: 2021년 2학기 3주간(6회 차/1회차 75분)				
●대상 : 1~2학년(20명) / 3~4학년(8명)				
단계		수업 주제	활동 내용	공공역사 관련성
① 다양한 형태의 재현물, 표현 형식과 서사 확인하기 ↓	●공공 영역 역사 재현물의 형식에 따른 표현 방식 확인하기	●교실 밖에서 만나는 만적의 이야기는 어떠할까? ●표현 형식이 '만적의 봉기'에 대한 독자(시청자)의 역사 인식에 미치는 영향 추론하기 (1차시)	●개인 활동: 어린이용 도서, 역사 대중서, TV 역사물(드라마, 다큐멘터리, 예능 프로그램), 각종 유튜브 채널들의 만적의 이야기 찾아보기 ●모둠 활동: 매체의 특성과 재현 이유를 고려하면서 재현물이 독자에게 미치는 영향 토론하기	역사 재현의 매개와 표현 형식, 영향
		●교실 안에서 만나는 (교과서의) '만적의 이야기'는 어떠할까? ●역사적 '팩트'에 어긋나는 내용이 있을까? (2차시)	●해방 이후 교육과정 시기별 역사교과서의 만적의 이야기 분석하기 ●현행 교육과정에 의한 역사교과서의 만적의 이야기 분석하기 ●역사 재현물의 평가: 역사적 사실과 허구 사이	
② 역사 재현의 출발, 사료 탐구하기 ↓	●역사 재현의 근거, 사료 탐구하기 ↓	●《고려사》, 《고려사절요》의 만적 관련 사료의 내용은 무엇일까? (3~4차시)	●《고려사》, 《고려사절요》의 성격 탐구하기 ●《고려사》, 《고려사절요》의 만적 관련 사료 읽고 내용 정리하기 ●'그때 정말 무슨 일이 어떻게 왜 일어났을까?'라는 질문에 대해, 사료가 말해주는 것과 말해 주지 않는 것에 대해 토론하기	사료 깊이 읽고 '역사적 진실'을 밝히기 위한 질문하기
		●《고려사》, 《고려사절요》의 만적 관련 사료에 대한 질문 탐구하기	●《고려사》, 《고려사절요》 만적 사료의 '빈틈' 확인하기 ●'빈틈'을 채우기 위한 가설을 세우고 역사학계의 연구 성과 활용	사료를 바탕으로 역사적 사실 재현을 위한 상상력 발휘하기
③ 사료를 바탕으로 역사 재현을 위한 서사 구성하기	●사료의 빈틈을 최대한 근거를 활용하여 채우기	●사료와 각종 연구 성과를 바탕으로 만적의 봉기가 일어났던 상황을 상세히 재구성하기	●사료에 대한 상상적 질문 정리하여 답하기(예: 그들은 왜 하필 보제사에서 만나기로 했을까? 궐내에서 호응한다는 것은 무슨 의미일까? 만적의 봉기는 사전에 어떻게 모의되었을까?)	질문의 타당성을 확인하고 당시 상황 재구성하기
	●역사적 사실에 대한 새로운 재현 서사 만들기	●당대 행위자의 관점에서 만적의 봉기에 대한 새로운 재현 서사를 구성하기	●만적의 봉기를 재현하는 서사 구성의 목적과 청중을 정하고 적절한 표현 형식(소설, 영화, 다큐멘터리) 선택하기 ●만적, 순정, 다른 노비, 국왕, 최충헌 등 사건 관련자의 시선을 선택하여 새로운 재현 서사 구성하기	재현의 목적과 방식을 결정하고 서사 구성하기

나가며

역사교육과 공공역사가 실천의 국면에서 서로 소통하려면, 역사교육의 실천과정을 학교라는 공간에서 이뤄지는 역사 지식의 전수와 탐구로 국한해서는 안 된다. 학교 역사교육은 사회 속—역사문화/과거 재현 및 그에 내재된 집단 내러티브들—에서 역동적으로(다양한 매체를 통한 정체성 담론의 변증법적 투쟁) 이뤄지는 학생(공중의 구성원인 개인)의 역사의식(존재론적 내러티브) 형성의 통로이다. 그리고 자기 역사의식에 대한 성찰의 필요성을 자각하고 그 방법을 탐색하는 공간, 나아가 그러한 사회 변화에 참여할 수 있는 행위 주체로서의 가능성을 열어가는 가능성의 공간이어야 한다.

공공역사와의 만남이 학교 역사교육에게 보여주는 기회의 본질은 무엇일까? 학생들이 역사를 최종적 진실이 아닌, 현재 진행 중인 대화로서 끝없는 발견의 연속을 생산하는 활동으로 인식할 수 있는 기회를 제공한다는 것이다. 또한 역사가 과거에 대한 이해뿐 아니라 우리 자신들과 우리가 살고 있는 이 시대에 대한 우리들의 이해를 변화시키는 해석들을 낳는 것임을 인식할 수 있는 기회를 제공한다는 것이다. 그러므로, 공공역사와의 적극적 만남을 통해 학교 역사교육에서는 이미 지나가 버린 과거로서의 역사와 현재 세계에 속한 학생들의 현실 사이의 간극을 메우는 데 도움을 받을 수 있다.[35] 학교 교육에서 공공역사는 두 가지 방식으로 교육과정 및 학습 경험의 구성요소가 될 수 있다. 학생들이 공공역사를 실제로 하는 것과 공공역사의 결과물, 즉 타인의 재현물을 해체하는 것이다.

마지막으로 요즈음의 학교 역사교육이 직면한 주요 딜레마 중 하나를 상기해 보고자 한다. 학교 역사교육은 학생들에게 과거의 재현을 비평할 수 있는 역사적 문해 능력을 제공하는 것을 목적으로 삼는가, 아니면 정체성의 원천을 제공하는 역할을 하는 데 목적이 있는가?[36] 둘 다 성공적일 수 있는가에 대해서는 누구도 확신을 가지고 답할 수는 없을 것이다. 다만, 학생의 자기 정체성이 끊임없는 자기성찰을 통해 재구성되는 것임을 인정한다면, 다원적 사회에서 집단들과 공동체에 소속되어 정체성 투쟁 가운데 살아가는 학생의 삶을 인정한다면, 역사가 이미 사회 속에서 논쟁성을 띠고 존재함을 인정한다면, 국가 교육과정과 교과서의 내러티브도 결국 역사의 산물임을 인정한다면, 역사적 문해 능력과 정체성의 형성을 대척점에 있는 양극단이 아니라, 사회 속에서 존재하는 재현 주체로서의 학생 안에서 서로 만나는, 서로 긴장하며 조력하는 관계로 보도록 노력할 수 있지 않을까?　　　　　　　　　　　　　　　　•방지원

3
대중역사에서 시민역사로,
그 가교로서의 공공역사*

역사 소비시대, 대중역사의 부상

역사는 학교에서만 배우는 과목이 아니다. '지금 여기' 역사는 대중의 소비상품이 되었다. 오늘날 대중은 다양한 방식으로 역사를 소비하고 있다. 과학기술의 진보가 문화혁명을 추동하면서 역사는 대중화되었고 대중은 역사의 소비자로 부상했다. 이제 역사는 영화, 드라마, 다큐멘터리, 광고 등의 형태를 띤 상품이다. 대중은 역사를 읽기만 하는 것이 아니라 먹고 냄새 맡고 듣고 보며 즐긴다. 과거의 기억을 상품으로 만들어 사고파는 '회고回顧산업'도 세계적으로 번성하고 있다.

역사 소비시대를 맞았음에도 역사학은 지금 대중을 잃고 곤경에 처해 있다. 대중이 소비하는 역사를 생산하는 주역은 역사학자가 아니고 대중역사가들이다. 그들이 역사서는 물론 TV, 팟캐스트, 대중 강연, 유튜브 등을 통해 역사 소비 시장을 장악하고 있다. 대중역사가들이 분발한 덕이 겠지만, 역사학의 환경이 역사 소비시대와는 괴리되는 방향으로 나아갔던 저간의 사정도 적지 않은 영향을 미쳤다.

1980년대 민주화시대가 열릴 무렵 소장 역사학자들이 나서서 역사 대중화를 선도했다. 민중 계몽의 시각에서 많은 역사 대중서를 내놓았고 대중 강연을 활발히 펼쳤다. 한국역사연구회, 역사문제연구소, 구로역사연구소 등의 학회와 연구소를 꾸려 역사 연구와 함께 역사 대중화를 모색했다. 그런데 1990년대 말부터 역사학을 둘러싼 학문 환경이 급격히 달라졌다. 두뇌 한국21(BK21) 지원 사업, 인문한국(HK) 지원 사업 등 정부 주도의 학문 프로그램이 등장했고 대학은 급속히 시장 논리와 체계에 포획되었다.

역사학자들은 이러한 환경에 적응해야 했다. 업적용 혹은 프로젝트 맞춤형 논문을 생산하는 데 열중했다. 그간 역사학은 연구자 수가 크게 늘었고 양적으로 많은 연구 업적을 내놓았다. 동시에 연구의 폭과 깊이에서도 실질적인 도약을 이뤘다. 역사는 늘 새롭게 해석될 수 있고 다양한 주제의 차림표로 구성될 수 있음을 경험했다.

역사학이 학문 울타리 안에서 성장하며 역사 대중화라는 화두를 상실해 갈 무렵, 공교롭게도 대중이 역사를 즐기는 역사 소비시대가 열렸다. 그리고 대중역사가들이 대중역사의 생산자로 등장했다. 대형 서점에 깔린 역사서를 살펴보면, 대부분의 집필자가 역사학계에서는 더 이상 학문적 활동을 하지 않거나, 역사를 학문으로 전공하지 않은 대중역사가들이다. TV 역사 예능 프로그램이나 팟캐스트, 유튜브에서 맹활약을 하는 이들도 대부분 대중역사가들이다. 그중에는 스타 반열에 오른 이도 여럿이다. 그들이 역사서와 방송에서 이야기하는 역사에 감탄하기도 하지만,

때론 불편함을 느낄 때가 있다. 역사적 사건에 완결성을 부여하고 역사적 인물을 영웅화하는 일이 다반사이기 때문이다. 무엇보다 대중역사가들은 민족주의적 사관과 정서에 기반한 역사인식을 절대화한다.

민족주의적 역사인식이 강력한 대중성을 갖는 이유는 역사교과서 때문이다. 오늘날 역사교과서는 10여 년의 역사전쟁을 치렀지만, 여전히 '민족 중흥의 역사'를 담았던 1970년대 국정교과서의 구성 틀을 벗어나지 못하고 있다. 그와 같은 교과서로 익힌 민족주의적 역사인식이 대중역사의 지지대인 것이다. 그런데 교과서는 역사적 사건마다 원인과 배경, 전개, 결과와 의의라는 맥락에서 인과적으로 서술되어 있다. 역사적 인물은 흑백 논리에 따라 선하거나 악한 존재로만 등장한다. 그와 같은 역사인식의 잣대가 민족주의인 바, 그것이 갖는 위계적이고 인과적이며 획일적인 역사인식은 그야말로 비민주적인 역사인식이라 할 수 있다. 대중역사는 그와 같은 교과서의 역사인식에서 잘 벗어나지 않으려 한다. 그래서 대중역사는 결과적으로 획일화된 하나의 사관을 전파한다. 그렇게 다양성을 배제한다는 점에서 대중역사는 보수적이다.

한편 대중역사가들은 역사 소비시대의 대중역사 생산의 주역이라는 위상에 만족하지 않았다. 그들 중 일부는 역사학을 공격했고, 역사학자를 식민사학자 혹은 좌파로 몰아갔다. 양자는 한국 고대사를 놓고 가장 치열한 전선을 형성했다. 대중역사가들은 고대사 연구에 대해 친일 매판 사학이라 공격했다. 이에 역사학에서는 소장 역사학자들이 나서 대중역사가들이야말로 '사이비 역사학자'라고 응수했다. 역사학은 새롭고 다양한 역사를 추구하고 있었으나, 일단 역사전쟁에 뛰어들면 이분법적 전선의 한 편에 설 수밖에 없었다.

그것은 역설의 반복이었다. 역사학은 대중으로부터 멀어졌으나, 학문적으로는 새롭고 다양한 역사를 모색하고자 했다. 그때 역사학 '밖'에서는 역사 소비시대가 열리면서 대중역사가 부상했다. 대중의 역사적 기호에 충실한 대중역사는 역사학이 극복하고자 하는 민족주의 사관을 따랐다. 그리고 역사학을 식민사학이라 공격했다. 이에 역사학은 대중역사를 정통 대 이단의 구분법을 연상시키는 사이비 개념으로 비판했다. 아쉽지만 '새롭고 다양한 역사'는 역사전쟁에서 무기로 쓰이지 않았다.

시민역사의 길은 가능한가

21세기에 들어 역사학은 뉴라이트와 역사전쟁을 벌였다. 그동안 역사 소비시대가 도래하면서 대중역사가 부상했다. 1980년대 민주화 이후 역사학은 '역사 대중화'를 선도했지만, 21세기에 들어와 '대중의 역사화'라는 변화에 적극 대응하지 못했다. 오히려 역사교과서를 놓고 뉴라이트와 역사전쟁을 치르는 데 많은 힘을 쏟았다. 그 과정에서는 대중의 지지를 받았고 역사교과서 국정화를 저지하는 데 성공했다. 이때 역사학과 시민사회는 뉴라이트가 친일과 독재를 미화하고 있다고 비판했다. 역사전쟁에서는 역사학도 민족주의적인 잣대인 친일 프레임을 사용한 셈이다. 하지만 역사 연구는 민족주의 사관을 벗어나고 있었다. 21세기에 들어 역사학은 다양한 주제와 소재에 관심을 기울이며 질과 양의 면에서 도약을 이뤘다. 하지만 그 성과를 대중과 제대로 나눌 여유도 없이 뉴라이트로부터는 좌파라는 비판을, 대중역사로부터는 식민사학자라는 비판을 동시에 받았다.

역사학이 처한 모순적 위기의 타개에 나선 것은 소장 역사학자들이었다. 1980년대에 소장 역사학자들이 학회, 연구소 등을 꾸려 민중사학을 주창했던 것과는 다른 방식이었다. 소장 역사학자들은 네크워크 방식의 모임인 만인만색연구자네트워크power to the people, history to the people(이하 만인만색)를 결성했다. 만인만색은 '역사교과서 국정화에 반대했던 대학원생, 신진 연구자들이 2016년 1월에 만든 젊은 연구자 단체'이다.[1] 그들의 블로그에 올린 회칙을 보면 만인만색의 성격을 분명히 알 수 있다.

- 본회는 역사교과서 국정화에 반대하며 이를 극복하기 위한 새로운 형태 및 내용의 활동을 구상하고 실천한다.
- 본회는 역사 해석의 다양성과 역사 연구의 전문성을 모두 지향한다.
- 본회는 역사학과 역사교육, 이에 관련된 분야에 소속된 대학원생/신진 연구자의 공론장을 형성하고 대안적 학문 연구와 교육 활동을 지향한다.
- 본회는 더 많은 인권과 민주주의를 구현할 수 있는 방식을 지향하며 운영된다.
- 본회 회원은 성별, 종교, 장애, 나이, 사회적 신분, 출신 지역, 출신 국가, 출신 민족, 용모 등 신체 조건, 혼인 여부, 임신·출산, 성적 지향과 성별 정체성, 학력, 병력 등에 의해 차별받지 않을 권리가 있다.
- 본회는 전항의 차별받지 않을 권리를 일부의 문제로 한정하지 않고 운영 원칙 일반으로 이해하고 현실화하는 데 힘써야 한다.
- 본회는 차별받지 않을 권리에 대한 침해 사건이 발생하는 경우에 지체하지 않고 문제 해결을 위한 적극적인 활동에 나서야 한다.
- 본회는 회원들 간의 충분한 토론을 보장하며, 토론 절차에 이견이 있을 시에는 다수결을 절대적 원칙으로 삼지 않는다.[2]

이를 요약하면, '역사 해석의 다양성과 역사 연구의 전문성을 동시에 지향하며 공론장을 통해 대안적인 연구와 교육을 펼치되, 인권과 민주주의를 추구하는 방향에서 회원 모두가 차별받지 않는 권리를 누리며 다수결을 절대 원칙으로 삼지 않도록 운영'하는 네트워크가 바로 만인만색이다. 종전의 역사학 관련 학회나 연구소의 규정과 회칙에 등장한 적이 없는 개념들이 넘친다. 만인만색의 대중과의 만남 방식도 이전과 달랐다. 다양한 역사 해석을 앞세운 팟캐스트 '만인만색 역사공작단'을 통해 대중과의 직접적인 만남을 시도했다. 한편, 만인만색은 정부 및 기업의 지원을 받지 않으며 회원들의 회비와 시민들의 후원금으로 운영함을 표방한다는 점에서 시민단체적 성격을 갖기도 한다.

만인만색연구자네트워크의 이름으로 처음 나온 책인 《한 뼘 한국사》는 '한국사 밖의 한국사'라는 부제를 달고 역사 해석의 다양성과 연구의 전문성이라는 시각에서 한국사를 해석하고자 했다.

현행 역사교과서는 여러 출판사에서 제작하지만 교육부의 엄격하고 지나친 통제로 인해 큰 차이를 갖지 못합니다. 반면 학계에서는 기존과 다른 관점의 연구들이 등장하고, 역사적으로 주목받지 못했던 사람, 단체들의 역사를 발굴하고 있습니다. 이 책은 역사학계의 최신 연구들이 독자와 만나지 못하고, 역사교과서에 반영되지 못하는 현 상황에 대한 문제 제기이기도 합니다. 또한 역사 과목은 여전히 암기 과목 취급을 받습니다. 역사교과서들이 하나의 역사적 해석을 전달하고, 이것만을 정답으로 인정하기 때문입니다. 하지만 역사적 사실은 그것을 보는 거리, 각도, 위치에 따라 다른 해석을 가능케 합니다. 인물 군상의 모습에 돋보기를 대고 여러 측면을 이해하려는 태도가 중요합니다.[3]

이 책은 이러한 주제의식을 갖고 전근대와 근·현대를 아우른 통시대사를 '낮은 곳'에 있는 존재, '금기시'된 존재, 국가 '경계' 밖의 존재라는 주제로 나누고 13개의 글을 실었다.

최근에는 학회나 연구소 차원에서 역사학의 대중적 확산을 모색하려는 본격적인 움직임이 일어나고 있다. 2016년 12월에 출범한 한국역사연구회의 스타트업사업단은 다변화하는 사회적 수용에 부응하는 역사학의 새로운 공급 모델을 창출한다는 취지를 내세운다. 사업단의 명칭은 역사공장Histofacto이다. 역사공장은 '역사를 제재로 한 모든 것을 만드는 곳'이자 '역사를 만드는 곳'이라는 뜻을 갖고 있다. "역사를 기반으로 한 다양한 문화콘텐츠를 기획하고 생산하며 공유하는 곳"으로 "역사의 해석만이 아니라 역사의 생산과 소비에 관련된 새로운 관점을 제시하고자" 한다.[4] 구체적으로는 대중 강좌, 대중서, 역사콘텐츠 기획 및 자문, 유튜브 역사공장 채널 운영 등을 통해 역사를 소비하고자 하는 대중에 다가서고자 한다.

2018년 4월에 발족한 역사디자인연구소는 시민과 역사 전문가를 잇는 가교 역할을 표방한다. 전문 연구자들이 디자이너로 활동하면서 시민과 역사가들이 만나는 플랫폼을 지향한다. 구술을 통한 개인 생애사, 기업의 역사 쓰기, 공공기관과 마을 이야기 등 개인과 공동체의 역사를 함께 쓰고 디자인하는 활동과 함께 '언제 어디서나 필요한 곳에서 역사를 매개로 강의하고 토론하고 답사'한다는 것이다.[5]

이러한 역사학의 모색은 대중역사와 역사학 간의 관계에도 변화를 가져올 것이다. 그렇다면 그 방향은 어떠해야 할까. 역사 대중화를 표방하며 대중을 계몽하고자 했던 역사학의 선민적 태도는 더 이상 용납되지 않는다. 일찍이 임지현은 역사학이 학문 '밖' 시민사회의 일원으로서 공공성을 갖춘 '시민의 역사학'이 되어야 한다고 주장한 바 있다. 이를 위해서는 역사로서 국민을 계몽할 것이 아니라, 대중의 생활 세계에 뿌리를 내리고 있는 참여민주주의, 지역자치운동, 페미니즘운동, 녹색운동, 평화운동 등 다양한 흐름의 시민사회운동과 접목해야 한다는 것이다.[6]

그렇다면, 역사학과 대중역사의 불화는 화해 불가능한 것인가? 역사라는 공공재를 공통분모로 역사학과 대중이 상호 소통하는 공유지대로서 시민역사의 장을 마련하는 것은 가능할까? 이를 위해 과학 대 사이비 과학이라는 이분법적 갈등을 넘어 과학자와 대중 간의 공유지대로 정착한 시민과학에 대해 잠깐 살펴보자. 시민과학에는 두 가지 정의가 있다. 먼저, 전문적인 훈련을 받지 않은 시민들이 자발적으로 과학 연구의 일부, 혹은 모든 과정에 참여하는 활동을 가리킨다. 시민과학은 시민들의 참여 정도에 따라 기여형, 협업형, 공동 프로젝트형으로 나뉜다. 한편, 시민과학은 말 그대로 시민의 관점에서 과학을 보는 것을 의미한다. 과학이 아니라 시민의 편에서 과학을 보고, 시민의 관점에서 사회적 해법을 찾으려는 적극적인 노력을 의미한다. 또한 과학자에 뒤지지 않는 전문성을 갖춘 시민과학자들을 대항 전문가counter expertise라고 부른다. 이들도 과학학회지에 논문을 싣는다.

이처럼, 시민과학은 과학자와 시민과학자들이 상대와의 공존을 인정하고 평화, 정의 등의 공동체적 가치를 추구하며 과학의 민주화를 모색하는 과정에서 탄생했다. 서양에서는 1980년대부터 과학기술에 대한 시민 참여가 제도화되었다. 2000년대부터는 광우병 사건을 겪은 영국을 필두로 유럽의 과학기술 정책이 과학의 대중화에서 대중의 과학 참여로 패러다임을 전환했다. 한국의 시민과학을 대표하는 결사체로는 1997년에 탄생한 시민과학센터가 있다. 시민과학센터는 시민 참여를 통한 과학기술

의 민주화를 추구한다.[7]

그렇다면, 시민과학처럼 시민역사는 성립 가능한가? 앞서 언급한 만인만색, 역사공장, 역사디자인연구소 등은 새롭고 다양한 역사학을 대중화하는 역사 공론장, 즉 시민역사의 실험대이다. 아직은 '역사학이 대중을 만난다'는 인식이 깔려있지만, 대중 혹은 대중역사와 접촉하는 과정에서 상호 소통하며 시민역사로 가는 길을 발견할 것이다. 시민역사에서 시민은 역사학자의 협업자인 동시에 역사서술의 주체이다. 그래서 최근 관심이 높아진 자서전 쓰기처럼 '성찰하는 시민'의 시선으로 자신의 역사를 스스로 쓰려는 움직임에서 시민역사의 가능성을 읽는다.

이와 같은 시민역사를 모색하는 것을 일컬어 공공역사라 할 수 있다. 공공역사란 대학이나 연구소와 같은 전문 학술 공간을 넘어 사회의 다양한 공적인 삶에서 수행되는 역사 관련 활동과 실천을 가리킨다.[8] 또한 공공역사는 공적인 영역의 역사 관련 실천 활동에 공공성의 가치를 투여하고자 한다. 이 점에서 이제껏 언급해 온 대중역사가의 생산에 의존하는 대중역사와는 다소 차이를 보인다. 그러므로 공공역사야말로 역사학과 대중역사, 즉 전문성과 대중성을 잇는 가교 역할을 통해 시민역사를 빚어내는 데 중요한 기여를 하게 될 것으로 기대된다.

이제 역사학자들은 더 이상 전문성만을 무기로 삼아서는 안 된다는 점을 자각해야 한다. 시민과 전문성을 공유할 수 있다는 인식 전환이 있어야 한다. 또한 시민의 눈으로 시민사회의 일원으로 역사를 바라보는 시민사관에 대한 고민도 요구된다. 역사학과 대중역사가 공유할 수 있는 시민사관은 기존의 인과적이고 위계적인 역사인식을 깨는 데서부터 출발해야 한다. 이제껏 역사적 사건은 배경-전개-결과-의의 순, 역사적 인물은 성장 배경-업적-의의 순으로 인과적으로 그려졌다. 그래서 주요/

결정적 계기 혹은 주요/결정적 영향이 주목을 받았고 최초, 최고最古 등을 앞세웠다. 이와 같은 인과적이고 위계적인 비민주적 역사인식이 시민사관일 수는 없다. 시민사관이란 하나의 중요한 계기가 아니라 비중을 달리하는 여러 계기가 모여 하나의 사건을 이루며 사건에 대한 해석은 앞서 만인만색연구자네크워크가 《한 뼘 한국사》에서 언급했듯이 '역사적 사실은 그것을 보는 거리, 각도, 위치에 따라 다른 해석을 가능하게 하고 인물 군상의 모습에 돋보기를 대고 여러 측면을 이해하는 것'을 말한다. 즉 위계적이고 수직적인 역사인식이 아니라 수평적이고 민주적인 역사인식이 바로 시민사관이라 할 수 있다.

오늘날 역사학과 대중역사는 시민성 결여에 대해 진지하게 고민해야 한다. 역사학은 전문성을 무기로 엘리트주의에 빠져있다는 비판을 듣고 있다. 대중역사는 대중의 기호라는 수요를 쫓아 상품을 공급하는 시장 논리를 쫓고 있다. 이 한계를 극복하기 위한 접점이 바로 시민역사다. 과거를 다루는 역사는 사유재산이 아니라, 자신이 속한 공동체의 공유재산, 즉 공공재이다. 이 공공재로서의 역사를 통해 공동체가 함께 추구해야 할 가치로서의 시민성 함양에 기여하는 공론장이 바로 시민역사다. 역사학은 전문성이라는 견고한 성벽을 없애고 시민과 공유하며, 대중역사는 대중의 기호가 아닌 시민적 공공가치를 추구하는 변화를 보일 때 비로소 시민사의 장이 열린다.[9] 하워드 진의 역사론은 이와 같은 시민역사의 의미를 되짚어 보게 만든다.

역사는 우리의 마음, 우리의 몸, 우리의 운동성—외부자로서 삶을 관조하기보다는 적극적으로 삶을 영위하려는 성향—을 해방시킬 수 있다. 과거의 소리 없는 목소리를 포함시켜서 우리의 시야를 넓혀주고 그렇게 해서 현재의 침묵에 가려진 이면을 보게 할 때 역사는 그런 일을 한다. 역사는 세계의 문제를 해결할 때 남들—국가, 교회, 또는 그 밖의 자칭 은인들—의 말에 의존하는 어리석음을 깨우쳐 준다. 역사는 우리 시대의 권력이 우리에게 사상을 어떻게 주입하는지를 폭로하고 그렇게 해서 우리의 정신을 주어진 현실 너머로 확장시킨다. 과거에서 사람들이 인간답게 행동했던 그 몇 안 되는 순간들을 되살려 내어 그런 일이 가능하다는 것을 입증하는 역사는 우리를 고취시킨다. 역사는 우리의 비판 능력을 강화해서, 심지어 행동하고 있는 동안에도 자포자기가 불러온 위험을 생각하게 한다.[10]

이것은 곧 공공역사가 추구해야 할 길이기도 하다. 어떤 덕목을 공동체의 가치로 삼아 시민성을 함양해야 하며 그를 위해 공공재로서의 역사는 어떤 모습으로 시민에게 다가가야 하는가? 이러한 질문에 답을 찾으며 역사학과 대중역사가 공존하며 협업하는 시민역사의 길을 마련하는 것, 거기에 공공역사가 중요한 가교 역할을 할 수 있을 것이다.

공공역사, 시민적 역사교육으로서의 가능성: '5·18, 공감의 역사교육' 사례

대한민국에서는 아직도 5·18이 모두가 함께 아파하고 공감하는 보편기억의 지위를 획득하지 못하고 있다. 한국 사회에서 5·18의 보편기억화가 어려운 것은 홀로코스트처럼 5·18 자체가 다시는 일어나서는 안 되는 '성스러운 악'이라는 도덕적 보편성을 확보하지 못했기 때문이다.

홀로코스트, 즉 유대인 대학살도 제2차 세계대전이 끝난 직후부터 인류의 보편기억이 된 것은 아니었다. 전쟁 직후엔 나치즘=인종차별주의=전쟁범죄가 청산되어야 할 과거이자 악으로 지탄의 대상이었다. 그런데 악을 저지른 전범들을 낱낱이 찾아내어 징벌했지만, 홀로코스트의 트라우마를 안고 살아가야 했던 유대인들은 여전히 고통의 기억과 상처로부터 헤어나지 못했다. 그렇게 한참 시간이 흐른 뒤에야 사람들은 트라우마 희생자들 곁에 다가갔고, 홀로코스트를 그린 소설, 영화, 드라마 속 평범한 주인공의 삶과 죽음에 공감할 수 있었다. 이제 세계는 평범한 자신도 홀로코스트의 희생자는 물론 가해자도 될 수 있었다는 일체감을 형성하며 홀로코스트를 보편기억으로 공유하고 그것이 인류에게 남긴 상처를 함께 치유하고 있다.

이와 같은 문제의식에서 5·18이 30주년 되던 2010년부터 '공감을 통한 5·18의 보편기억화'라는 주제로 '나에게 다가오는 5월'이라는 제목의 강의안을 만들어 수업, 강연, 연수 등을 지금까지 해왔다. 이 강의의 목표는 첫째, 대한민국 안에서 아직도 보편기억으로 자리 잡지 못하고 정치와 이념 갈등에 휘둘리고 있는 5·18이 한국은 물론 세계가 함께 아파하며 기억하고 다시는 일어나서는 안 되는 비극, 즉 보편기억이라는 공감대를 넓혀가는 계기를 제공하는 데 있었다. 둘째, 5·18을 민주화를 위한 고귀한 희생이라는 교과서적인 평가를 넘어 살아남은 자들의 고통이 계속되고 있는, 생생한 오늘의 역사로 받아들이며 오늘을 사는 주체로서의 '나'는 어떻게 마주해야 할 것인가를 성찰하도록 이끄는 데 있었다.

이를 위해 학생, 청중, 연수자들이 평범한 개인인 '나'의 시선에서 죽은 자와 살아남은 자들을 기억하고 그들의 고통을 함께 나누는 심리적 동일시가 가능하도록 강의를 구성하였다. 5·18을 다룬 소설, 만화, 영화,

드라마, 다큐멘터리, 애니메이션 등의 문화매체를 공감의 역사교육을 위한 텍스트로 활용하였다. 여러 해에 걸쳐 수정·보완하며 진행한 강의를 통해 현재진행형 역사일수록 문화매체를 텍스트로 삼아 눈과 귀를 통해 마음에 다가가도록 하는 강의, 즉 공공역사로 다가갈 때 효과적이라는 걸 확인할 수 있었다.

문화매체를 적극 활용하여 인과적인 시간의 흐름이 아니라, '심리적 동일시=공감'에 초점을 맞추어 사건을 재구성한 이 강의는 공공역사가 공동체의 시민성 함양을 추구하는 시민역사로 가는 가교이자 또한 시민역사의 하나로서 자리매김할 가능성을 보여준다. 이하에서는 공공역사에 기반한 5·18 강의 사례를 재구성해 제시함으로써 그 가능성 여부를 가늠해 보고자 한다.[11]

1 – 공감 없는 비극, 5·18

5·18의 희생 위에 6월민주항쟁이 일어나 민주화를 달성한 후 국가가 나서 5·18의 진상을 규명하고 주동자를 처벌했으며 보상과 기념이 이루어졌다. 하지만 5·18은 전국화하지 못하고 오히려 광주만의 기억과 기념으로 왜소화되어 갔다. 매년 5월이 되면 광주의 지역신문은 한 달 내내 5·18 관련 문화예술 행사, 교육 행사, 시민참여 행사 등의 특집기사를 낸다. 하지만 서울을 비롯한 다른 지역 신문들은 당일 기념식을 연합통신의 기사를 받아 짧게 보도하는 데 그친다. 국가가 나서 광주를 민주화의 성지로 우상화할수록 5·18을 향한 국민의 관심은 점점 더 식어가고 있는 것이다.

그런데 광주에는 아직 5·18이 남긴 몸과 마음의 상처를 안고 사는 피해자, 즉 '살아남은' 사람들과 그 가족들이 있다. 5·18로 인해 정신질환을 앓고 있는 130여 명 중 30여 명의 사연을 엮은 책의 제목이 바로 《부

서진 풍경》이다. 이 책은 살아남은 사람들의 부서진 삶과 가족들의 절절
한 고통을 전하고 있다.

> 어느새 27년의 세월이 흘렀습니다. 그 세월 겹겹에 묻어있는 고통이
> 얼마간 해소된 것처럼 느껴지는 것도 사실입니다. 피해자들에 대한 보
> 상과 국가기념일 제정, 그리고 관련 책임자들에 대한 사법적 단죄까지
> 실현된 마당에 혹자는 무슨 문제가 또 있느냐고 말할 수 있습니다. 그
> 러나 광주는 여전히 그 불행했던 과거로부터 자유로울 수 없다는 것을
> 단적으로 설명하기 위해 이 《부서진 풍경》이라는 책을 출간하게 되었
> 습니다.……죽은 자의 침묵과 살아있는 자의 몸부림 사이에서 자신의
> 과거와 현재를 모두 상실당한 채 망각의 늪에서 신음하고 있는 이들의
> 절절한 이야기와 자신의 부서진 삶뿐만 아니라 당사자보다 더 처절한
> 세월을 보내고 있는 그 가족들의 이야기를 통해 5·18문제의 현주소를
> 말하고 싶은 것입니다.[12]

5·18이 일어난 지 27년이 지났건만, 살아남은 사람들, 그리고 그들의
가족의 고통은 아직도 끝나지 않았다. 그래서 "5·18은 끝나지 않았다"고
절규한다. 하지만 많은 사람이 그들의 고통에 공감하기는커녕 외면하고
있다. 끝나지 않은 5·18에 공감하지 못하고 이를 불편한 진실로 여긴다.
만화 《망월》에는 다음 대사가 담긴 장면이 나온다.

> 대중들은 이미 관련자들이 충분한 보상을 받았다고 생각하고 있죠. 민
> 주화를 위해 목숨 걸고 싸운 5·18항쟁이 언제부터인가 듣기 싫은 불
> 편한 진실이 되고 말았어요.……5·18을 달력에서만 기억하는 기념일

로 만든 거예요.[13]

광주를 여전히 고립된 '바위섬'[14]으로 존재하게 만드는 비극이 지금도 계속되고 있는 것이다.

파도가 부서지는 바위섬 인적 없던 이곳에/ 세상 사람들 하나둘 모여 들더니/ 어느 밤 폭풍우에 휘말려 모두 사라지고/ 남은 것은 바위섬과 흰 파도라네/ 바위섬 너는 내가 미워도 나는 너를 너무 사랑해/ 다시 태어나지 못해도 너를 사랑해/ 이제는 갈매기도 떠나고 아무도 없지 만/ 나는 이곳 바위섬에 살고 싶어라

노래 〈바위섬〉을 듣고 있노라면, 살아남은 사람들이 느끼는 정서적 소 외감과 고립감을 마주할 수 있다. 이런 질문을 던져본다. 왜 대한민국을 살아가는 우리는 5·18로 죽어간 사람들의 희생에 대한 기억과 기념이 끝 났다고 인식하면서 살아남은 사람들의 상처 난 몸과 마음은 제대로 헤아 리지 못하고 있을까? 그들의 상처를 헤집고 덧나게 만드는 끔찍한 모함 은 왜 그치지 않는 걸까?

2 – 5·18 일체감 형성을 위한 문화적 여정

홀로코스트 얘기를 해보자. 평범한 소녀의 은신처에서의 삶과 심경을 담 은 《안네의 일기》는 세계인에게 유대인 대학살, 즉 홀로코스트가 다시는 일어나서는 안 되는 끔찍한 비극이라는 공감을 불러일으키는 데 커다란 기여를 했다. 이런 의미에서 '안네의 일기'는 홀로코스트의 비극을 상징 하는 보편기억이다. 홀로코스트가 누구나 공감하며 슬퍼하는 '비극 서사'

로 뿌리를 내린 데는 평범한 개인인 '나'도 홀로코스트의 피해자는 물론 가해자가 될 수 있다는 심리적 동일시, 즉 일체화 과정이 중요한 역할을 했다.

인류 모두가 슬퍼하는 '비극 서사'로서의 홀로코스트는 이처럼 오랫동안의 심리적 동일시, 즉 일체화 과정을 거쳐 성립되었다. 여기에는 소설, 시, 만화 등과 함께 과학기술의 진보가 추동한 문화혁명의 산물인 영화, 드라마, 다큐멘터리, 애니메이션이 결정적 역할을 했다. 예를 들어 홀로코스트 드라마는 트라우마와 등장인물을 '개인화' 하는 역할을 했다. 홀로코스트 드라마는 홀로코스트를 웅장하게 묘사하거나 지도자, 운동, 조직, 군중, 이데올로기 등에 초점을 맞추지 않았다. 소그룹, 가족과 친구, 부모와 자녀, 형제와 자매의 관점에서 홀로코스트를 재현했다. 이를 통해 트라우마의 희생자들은 보통의 남자, 여자, 어린이 그리고 부모와 동일시되었다. 미국에서 NBC가 1978년 4월 4부작으로 방영한 미니시리즈 〈홀로코스트〉는 홀로코스트의 보편기억화에 커다란 기여를 한 드라마였다. 1935년부터 1945년까지 평범한 유대인 가족과 나치 가족의 엇갈린 운명을 추적한 〈홀로코스트〉는 1억 2천만 명의 미국인이 시청했으며 28개국으로 수출되어 세계적인 반향을 일으켰다.

5·18의 경우도 적지 않은 소설, 시, 만화, 영화, 드라마, 다큐멘터리, 애니메이션 등을 통해 문화적 재현이 이루어져 왔다. 영화 〈화려한 휴가〉에서 군인의 총에 맞아 죽어간 사람들은 모두 평범한 이웃들이었다. 1980년 5월 21일 오후 1시 전남도청 앞에서 애국가가 울리며 함께 터져나온 총탄으로 평범한 이웃들이 죽어갔다. 애국가를 합창하며 태극기를 흔들던 국민을 국가가 죽인 것이다. 〈화려한 휴가〉의 주인공 민우 역시 택시 운전을 하며 공부 잘하는 동생 진우를 뒷바라지하는 낙에 살았으나

이때 동생을 잃고 만다. *"'나'는 군인이 쏜 총에 하나뿐인 혈육 진우를 잃었다!"*

5·18의 의미를 압축적으로 보여주는 이 끔찍한 장면은 5·18을 다룬 영화들이 **빼놓지** 않고 재현하는 장면이기도 하다. 영화 〈꽃잎〉에서는 더욱 끔찍하게 그려진다. 주인공 소녀가 엄마를 따라 전남도청 앞 시위에 갔다가 어머니가 총에 맞아 쓰러지자, 자신의 손을 꼭 부여잡은 어머니의 손을 발로 꺾고 도망치는 장면이 나온다. 결국 소녀는 충격을 못 이기고 정신이 나간 채 떠돌이 생활을 한다. *"'나'는 군인이 쏜 총에 졸지에 엄마를 잃었다!"*

드라마 〈모래시계〉에는 평범한 시민들의 죽음에 분노하여 총을 들게 된 시민군의 모습을 보여주는 장면이 나온다. 다방 여종업원이 군인의 총에 죽자, '이러한 비극이 다시 일어나는 것을 막기 위해 역부족인 줄 알지만 총을 들어야 한다'는 평범한 시민의 절규가 재현되고 있다. *"'나'는 국민을 향해 총을 쏘는 군인에게 이러면 안 된다는 걸 보여주기 위해 총을 들었다!"*

시민군은 두려웠지만 당당했다. 한강의 소설 《소년이 온다》에서 시민군이 된 스물세 살의 교대 복학생은 이렇게 말한다.

군인들이 압도적으로 강하다는 걸 모르지 않았습니다. 다만 이상한 건 그들의 힘만큼이나 강렬한 무엇인가가 나를 압도하고 있다는 겁니다.
양심. 그래요 양심.
세상에서 제일 무서운 게 그겁니다.[15]

시민군과 광주 시민이 군인보다 더 두려워한 것은 광주의 숭고한 희생이 세상에 제대로 알려지지 않을지 모른다는 사실이었다. 신군부가 진실이 알려지는 걸 결사적으로 막고 있다는 것을 알고 있었기 때문이다. 〈모래시계〉에서 두 아들을 시민군으로 내보낸 어머니는 시민군에 가담하려던 주인공 태수에게 "타지 사람은 얼른 빠져나가 광주 얘기를 전해야 한다"고 설득한다. *"'나'의 고통과 죽음을 세상에 알려주세요!"*

결국 5월 27일 새벽 계엄군이 진압작전을 펼치며 많은 시민군이 죽어갔다. 〈화려한 휴가〉의 주인공 민우도 전남도청을 마지막까지 지키다가 죽음을 맞는다. 그가 남긴 마지막 말은 "우린 폭도가 아니야"였다. 주인공 신애는 광주 시내를 밤새 돌며 스피커를 통해 "광주 시민 여러분, 우리를 잊지 말아주세요, 제발 잊지 말아주세요"라며 죽어간 시민군의 마음을 전한다. 가족을 잃은 사람들을 위해 시민군이 되어 끝까지 싸운 *"'나'를 잊지 말아주세요!"*

5·18이 끝난 후 살아남은 사람들의 삶은 너무 힘들고 고달팠다. 엄마를 잃은 소녀에게 애국가는 어머니의 죽음을 떠올리게 하는 고통스런 기억장치일 뿐이었다. 그 시절에는 매일 태극기를 올리고 내릴 때 가던 길을 멈춰 서서 애국가가 울려 퍼지는 가운데 국기를 향해 경례하는 의례가 있었다. 〈꽃잎〉에는 애국가가 울려 퍼지고 사람들이 일제히 국기에 대한 경례를 하는 시장통을 주인공 소녀가 걸어 빠져나가는 장면이 나온다. *"'나'는 국가가 쏜 총에 엄마를 잃었고, 내가 갈 길도 잃었다!"*

〈화려한 휴가〉의 엔딩은 가상의 결혼식 장면이다. 여기서 신랑인 민우와 하객 모두는 죽은 사람들로 기념사진을 찍으며 활짝 웃고 있다. 살아남은 오직 한 사람 신부, 즉 신애만 웃지 않고 고통스런 표정을 짓고 있다. 살아남은 자의 슬픔과 고통을 상징적으로 보여주는 장면이다. *"'나'는 살았으나 목숨만 붙어있을 뿐 제대로 사는 게 아니다!"*

그런데 1980년 5월 광주에서 나의 가족 혹은 착한 이웃을 죽인 군인에 맞섰던 시민군을 국가는 폭도 혹은 빨갱이라 불렀다. 얼마나 많은 사람이 군인 총에 죽었느냐는 진실은 가린 채, 5·18을 폭동으로 매도했다. 영화 〈꽃잎〉에서는 공사장 인부들이 "전국의 고정간첩들이 모여 총을 들었다"며 빨갱이가 선동하여 5·18이 일어났다고 대화하는 장면이 나온다. *"민주주의를 위해 싸웠으나, 결국 '나'는 폭도라 불리고 말았다!"*

한편, 여기서 말하는 가해자는 5·18특별법으로 처벌받았던 가해의 주범이 아니라 평범한 개인으로서 당시 신군부의 명령을 받아 진압에 나섰던 군인들을 가리킨다. 1980년 5월 광주에 계엄군으로 동원되었던 군인을 다룬 영화로는 〈박하사탕〉이 있다. 주인공 영호는 첫사랑인 순임이 편지에 넣어 보내주는 박하사탕을 모으며 행복한 미래를 꿈꾸던 군인이었다. 하지만 광주에 계엄군으로 갔다가 위험에 처한 한 소녀를 엄호하려고 쏜 총에 정작 그 소녀가 죽고 말았다. 이 의도하지 않은 살인 이후 주인공 영호는 자신의 삶을 추스르지 못하고 방황한다. *"'나'는 아무 죄도 없는 가녀린 소녀를 죽였다!"*

결국 〈박하사탕〉의 주인공은 자살을 택하고 만다. 그가 남긴 마지막 외침은 "나 다시 돌아갈래!"이다. 시간은 결코 되돌릴 수 없다는 걸 알기에 결국 삶을 포기한 것이다. 영화는 영호의 이루어지지 않는 꿈을 상징하듯 기차가 철로를 거꾸로 달리는 장면으로 끝난다. *"'나'는 순수하던 그 시절로 돌아가고 싶다!"*

광주, 그리고 대한민국은 광주에서 사람을 죽인 군인에게는 두려움의 공간이었던 듯하다. 정찬의 소설 중 5·18의 피해자를 다룬 《완전한 영혼》(1992)과 가해자를 다룬 《슬픔의 노래》(1995)를 저본으로 만든 팩션 드라마 〈오월의 두 초상〉에는 두려움의 공간을 떠나 저 멀리 폴란드 아우슈비츠수용소 근처에서 살아가는 계엄군 출신의 주인공 박운형이 나온다. 그에게 아우슈비츠수용소는 광주에서의 살인의 기억과 겹쳐지면서 중첩적인 고통을 빚어낸다. *"나'는 평생 두려움을 떨쳐내지 못할 것이다!"*

광주에서의 기억으로부터 자유롭지 못한 가해자 중에는 죽음을 선택하거나 이 땅을 떠나는 사람도 있었지만, 자신의 남은 인생을 사죄의 길을 걸으며 살아가고자 하는 이도 있다. 다큐멘터리 〈오월애愛〉에 나오는 당시 육군 소대장의 얘기다. 그는 '잊힌다고 잊히는 게 아니므로 그로 인한 고통을 온전히 받아들이며 속죄의 삶을 살겠다'는 결심을 실천에 옮기며 살고 있다. *"나'는 평생 속죄와 참회의 삶을 살고자 한다!"*

이처럼 죄의식에 속죄의 삶을 영위하거나 혹은 삶을 포기하는 가해자가 있는 반면 스스로를 정당화하며 살아가는 가해자도 있다. 웹툰《26년》에는 계엄군으로 함께 복무했던 동기로서 시민군을 죽였으나, 서로 다른 인생을 살아가는 두 명의 가해자가 나온다. 반성하고 용서를 빌며 전두환을 죽일 계획을 꾸미는 김갑세와 자신의 행위를 합리화하며 전두환을 지키는 경호실장으로 살아가는 마상열이 그들이다. 그런데, 마지막 장면에서 마상열은 시민군의 딸인 심미진이 전두환을 향해 겨눈 총부리에 방해가 되지 않도록 옆으로 비켜선다. *"나도 사실은 용서를 빌고 싶었다!"*

3 - 집단의 기억과 기념을 넘어, 5월이 내게로 온다

5·18에 대한《고등학교 한국사》의 서술은 다음과 같다.

> 비상계엄을 전국으로 확대한 신군부는 5월 18일부터 광주의 민주화 시위를 과잉 탄압하였다. 급파된 공수부대는 폭력을 휘두르며 학생과 시민을 대거 체포하였다. 신군부는 언론을 통제하여 광주 시민을 폭도

로 몰아갔고, 광주로 통하는 모든 교통을 차단하였다. 분노한 시민들이 전남도청 앞에 모여들자 계엄군은 시위대를 향하여 발포하였다. 사상자가 발생하면서 광주 주변 지역으로 시위는 확대되었고, 일부 시민은 무기를 탈취하여 저항하였다. 하지만 곧 시민수습대책위원회가 구성되어 자발적으로 무기를 회수하고 정부에 평화적 협상을 요구하였다(5. 22). 그러나 계엄군은 탱크와 헬기까지 동원하여 시민군을 무자비하게 진압하고, 전남도청을 장악하였다(5. 27).……5·18민주화운동은 이후 6월민주항쟁 등 1980년대 우리나라 민주화운동의 토대가 되었고, 필리핀을 비롯한 아시아 국가들의 민주화운동에 영향을 주었다.[16]

이처럼 교과서 속 5·18은 사건과 사건의 인과관계를 중심으로 씌어 있다. 사건의 주인공은 집합 주체인 학생, 시민, 시민군 등이다. 그런데 5·18이 일어난 지 36년이 지난 지금 당시 시민군은 집합 주체가 아니라 개인적 삶을 홀로 혹은 가족들과 영위하고 있다. 사건으로서의 5·18은 1980년 5월에 끝났지만, 삶으로서의 5·18은 현재진행형인 것이다.

살아남은 사람의 삶은 힘겹다. 다큐멘터리 〈심리부검 보고서〉에는 시민군으로 활약하다 계엄군에 끌려가 모진 고문을 당한 사람들이 지금도 악몽에 시달리고 욕설 가득한 잠꼬대를 하며 제대로 잠을 이루지 못하는 장면이 나온다. *"'나'는 아직도 계엄군에게 당한 고통으로부터 자유롭지 못하다!"*

그들은 깨어있을 때도 1980년 5월로부터 결코 자유롭지 못하다. 〈심리부검 보고서〉에서 밤새 악몽에 제대로 잠들지 못했던 '그'가 깨어있을 때에는 여전히 고문한 사람에 대해 끝없이 복수를 생각하는 장면이 나온다. "'나'의 자존감을 완전히 무너뜨린 계엄군을 만나 복수하고 싶다!"

살아남은 사람들 중에는 지금도 고통을 이기지 못하고 자살을 선택하는 이들이 있다. 아우슈비츠에서 기적적으로 살아남은 작가 프리모 레비 Primo Levi를 비롯한 적지 않은 홀로코스트 생존자들도 자살로 생을 마감했다. 그들을 자살로 이끄는 것은 생존에 대한 죄책감, 사회로부터의 고립감과 소외감, 그리고 자신이 짊어질 삶의 무게를 견디기 쉽지 않은 데서 오는 고통 등이었다. 〈오월애〉에는 살아남아 서로 의지하며 살던 친구가 자살하자 "그의 선택을 이해한다"는 말을 하는 시민군 출신의 인터뷰가 등장한다. 그의 목소리에는 절망감이 깊어 배어있다. "'나'도 살고 싶지 않다!"

이제는 가족의 이야기를 해보자. 행방불명된 사람의 가족 역시 삶의 무게를 견디기 힘들 만큼 고통이 크다. 42년이 지났지만, 아직도 공식적으로는 65명을 헤아리는 행방불명자가 가족 품으로 돌아오지 못하고 있다. 영화 〈순지〉에서 주인공 순지는 아버지가 행방불명된 후 쓰러진 어머니를 대신해 어린 나이부터 생계를 이어가야 했다. 그녀는 행방불명된 아버지를 괴물이라 부르며 "차라리 아버지가 돌아가셨다는 소식을 들었으면 좋겠다"고 절규한다. "'나'는 저당 잡힌 삶을 살고 싶지 않다!"

죽은 자나 살아남은 자의 가족인 2세들 역시 5·18의 트라우마로부터 자유롭지 못한 삶을 살고 있다. MBC PD수첩의 〈영화 화려한 휴가, 그 못 다한 이야기〉 편에는 생후 3개월 만에 아버지를 잃은 2세가 나온다. 그는 아버지의 영정 사진이 무섭다며 차라리 전두환의 아들이었으면 좋겠다고 토로한다. "'나'는 아버지 없이 자랐지만, 그로부터 벗어날 수 없는 삶을 살고 있다!"

또 다른 2세, 살아남았으나, 오래도록 정신병원에서 지내다 결국 숨진

아버지를 둔 딸은 아버지를 땅에 묻고 돌아와 한동안 전두환에 대한 증오로 힘겨워했다고 한다. 그녀의 아버지는 1980년 5월 당시 시민학생투쟁위원회의 기획실장을 맡았던 김영철이었다. *"전두환은 여전히 떵떵거리며 살고 있고 '나'의 아버지는 내 곁을 떠나버렸다!"*

죄의식에 사로잡힌 가해자의 삶도 고통스럽기는 마찬가지이다. 이순원이 1990년에 쓴 소설 〈얼굴〉에 나오는 주인공 '그'는 5·18 당시 계엄군으로 동원된 인물이다. 그는 그 사실이 들통날까 전전긍긍하면서 살아간다. 5·18 관련 사진 자료나 비디오테이프 등에 자신의 얼굴이 나오지 않을까 확인을 거듭하는 병적 증세를 보이고 불을 끄고 자리에 누워서도 총을 들고 자신을 겨누는 자신의 옛 얼굴을 떠올리며 괴로워한다.

그는 비디오를 껐다.

오늘도 그의 얼굴은 나오지 않았다.

없다.……

어느 곳에도……

불을 끄자 방안 가득 칠흑 같은 어두움이 몰려오고, 꺼진 텔레비전 화면 속에 분명 예전의 그였을 철모를 쓴 얼굴 하나 바깥쪽의 그를 향해 아까부터 총을 겨누고 있었다.

오랜만이다, 너……

그래, 오랜만이다, 너……[17]

이처럼 5·18의 트라우마는 현재진행형이다. 희생자와 행방불명자의 가족, 생존자와 그의 가족들, 특히 2세들이 5·18의 트라우마로부터 자유롭지 못하다. 하지만 지금도 많은 사람이 5·18이 1980년에 일어난 사건으로만 기억할 뿐, 5·18의 트라우마에는 무관심하다. 그래서 5·18을 폄하하는 사람들이 생겨나는 것은 아닐까. 제대로 5·18을 기억하고 기념하기 위해서는 40년이 넘는 세월 속에 켜켜이 쌓여온 슬픔과 고통을 함께 돌아보며 나누는 심리적 동일시, 그리고 그에 기반한 '연대'가 반드시 필요하다. 희생자의 남은 가족, 유족들은 '나'로부터 '우리'까지 함께 연대하여 아픔과 고통을 나누며 기억해야 다시는 그런 일이 일어나지 않도록 할 수 있다고 호소한다.

5·18민중항쟁이 한국의 민주주의 발전의 원동력으로 자리매김되고, 그 정신이 인권과 평화의 인류 보편적 가치로 승화, 발전되고 있지만 정작 피해 당사자들이 겪고 있는 고통은 조금도 달라지지 않은 채 오히려 그 깊이를 더해가고 있을 뿐입니다. 이미 일부는 그 고통의 연장선상에서 유명을 달리했고, 일부는 칠순과 팔순의 노부모들에 의지하여 하루하루를 연명하고 있습니다. 역사 발전의 그늘에서 제대로 눈길 한 번 받아보지 못한 이들의 삶을 복원하는 것 또한 지금의 우리에게 주어진 과제가 아닐 수 없습니다. 우리들이 이들의 부서진 삶을 통해 확인하려는 것은 불행했던 과거의 되새김이 아니라 다시는 그와 같은 불행이 재현되지 않도록 우리 사회의 모든 구성원들에게 기억케 하려는 것이며, 그늘진 이들의 삶에 사회적 관심이 더해지기를 바라는 것입니다.[18]

나아가 5·18 트라우마의 치유는 상처 입은 한 사람 한 사람이 각자 다시 삶을 꾸려나갈 힘을 갖도록 하는 데 있음을 분명히 한다. 그래야 가족에게까지 트라우마가 전이되지 않는다는 것이다.

하지만, 지금까지 '나'는 손잡아 주길 기대하는 이들과 함께하지 못했다. 진상 규명과 처벌, 사과와 보상, 그리고 명예회복이라는 과거 청산을 넘어 엄존하는 5·18의 희생자와 행방불명자의 가족, 생존자와 그의 가족의 삶을 외면했다. 어쩌면 5·18에 대한 과거 청산은 5·18을 겪은 광주 시민의 아픔을 치유하기보다는 5·18의 희생에 대한 국민적 죄책감을 덜어주기 위한 '의례'였는지 모른다.

'안네의 일기'가 홀로코스트를 상징하듯이, 아버지의 영정을 들고 있는 꼬마 상주의 사진은 5·18을 대표하는 상징적 텍스트다. 5·18의 비극을 세계에 알리는 데 큰 역할을 했다. 하얀 상복을 입고 영정 위에 턱을 괸, 텅 빈 눈동자의 꼬마 상주 사진은 독일 《슈피겔》지에 실린 뒤 국내로 몰래 반입되었다. 죽은 자와 남은 자를 절묘하게 대비한 이 사진은 어떤 살육 장면보다 절절하게 광주의 아픔을 전해주었다.

아버지의 영정을 들고 있는 꼬마 상주의 사진은 5·18을 대표하는 상징적 텍스트다. 죽은 자와 남은 자를 절묘하게 대비한 이 사진은 어떤 살육 장면보다 절절하게 광주의 아픔을 전해준다.

사진 속 주인공은 현재 광주시청에 근무하는 조천호 씨다. 1980년 당시 그는 다섯 살이었다. 건축 일을 했던 아버지 조사천은 5월 21일 전남도청 앞에서 계엄군의 총에 숨졌다. 사진은 조천호 씨가 5월 29일 합동장례에서 아버지 영정을 안고 망월동으로 운구를 기다리고 있을 때 찍은 것이었다. 그는 당시를 이렇게 기억한다. "어렴풋하지만 당시엔 슬프기보다 배고팠어요. 너무 배가 고파서 힘이 없었어요. 지쳐서 영정 사진에 기대 있었던 것 같아요." 그는 1987년경 동네 슈퍼에서 이 사진을 처음으로 봤다. 자신이 아닌 것 같아 무덤덤했고, 나중에는 이 사진을 싫어하게 됐다고 한다. 선거 유세장에서 이 사진을 본 할머니가 충격으로 사흘 만에 돌아가셨기 때문이다. 그래서 집에서는 누구도 이 사진을 입에 올리지 않는다고 한다.

이처럼 5·18이라는 비극의 강에서는 죽은 자든 산 자든 한 사람 한 사람의 삶에 슬픔이 흐르고 있다. 그리고 '나'는 지금 조천호, 그와 함께 오늘을 살고 있다. 영화 〈26년〉의 엔딩 장면도 평범한 일상을 꿈꾸는 2세들의 절규가 나온다. 세상 탓도 하지 말고 영화도 보고 놀이공원도 가면서 그렇게 사는 것이 그들의 꿈이다. 누구에게나 평범한 일상이 그들에게는 허락되지 않았던 것이다.

5·18이 국가 주도의 기념일과 교과서를 통해 배우는 과거로만 기억되는 한, 5·18의 트라우마를 극복하고 평범한 일상을 누리고자 하는 이들의 꿈은 실현되기 어렵다. 우리 모두가 5·18을 오늘에도 일어날 수 있는, 그렇지만 절대로 일어나서는 안 되는 비극으로 받아들이고 '나'의 감성으로 함께 슬퍼하고 분노하고 공감할 수 있을 때, 5·18로부터 자유롭지 못한 이들의 트라우마를 치유하고 나아가 5·18을 보편기억화할 수 있을 것이다. *"'나'는 쓰러진 누이일 수도 있고, 몸과 마음에 상흔을 안은 채 살아남*

은 동생일 수도 있고, 끝내 총을 겨누어야 했던 삼촌일 수도 있다!"

4 – 너와 나의 5·18, 그리고 공공역사

이상에서 5·18을 문화적으로 재현한 텍스트들을 활용하여 5·18을 우리가 아닌 '나'의 아픔과 고통으로 받아들이는 심리적 동일시 과정에 초점을 맞추어 재구성한 강의의 내용적 틀을 제시해 보았다. 이 강의를 통해 5·18의 보편기억화는 평범한 개인으로서 1980년 5월 광주의 평범한 개인을 마주하며 심리적 동일시를 이루어 내는 과정을 통해 이루어진다는 사실을 다시 한번 확인할 수 있었다.

2014년 세월호 참사가 일어났다. 5·18을 겪고 들으며 민주화운동에 나섰던 5·18 세대의 2세들이 또다시 국가의 배신을 각인하게 된 세월호 세대가 되고 말았다. 그 후로 5·18 강의에서 학생들은 5·18 세대와 세월호 세대가 함께 비극을 딛고 빚어 가야 할 미래에 대해 이야기했다. 소감문을 통해 5·18 세대와 세월호 세대의 교감을 느껴보자.

어머니께서는 5·18 주동자들의 이름만 뉴스에 나오면 싫은 내색을 하신다. 외삼촌께서 당시 광주에 있으셨는데 공수부대에게 무자비한 폭행을 당하고, 많은 친구들을 잃으셨기 때문이다. 외삼촌께서는 그때의 일로 다리를 다치셨고 몇십 년간 약을 드셨다. 그 이야기를 들은 뒤, 나는 무의식적으로 시위하는 사람을 옹호하는 사람이 되었던 것 같다. 이번에 오빠가 의경으로 군 복무를 하면서 많은 시위대를 진압해야 했다. 오빠 자신도 불합리하게 시위를 강경 진압해야 하는 것에 부정적이었지만, 위에서 명령이 오면 그대로 따라야 할 수밖에 없다고 슬퍼하였다. 그 뒤, 나는 5·18 평범한 가해자, 피해자 모두 마음의 상처를 입었다고 생각하게 되었다(이○○).

나는 민주화가 어느 정도 정착한 현실에서 태어나고 자라왔다. 하지만 나의 아버지 세대는 유신체제, 군부독재 시절을 겪으셨고, 그러한 역사에는 5·18이 있었다. 5·18은 그저 역사책에서나 쓰여있는 사건이 아니라, 현재에도 진행되고 있고, 평범한 사람들, 나의 이웃들이 겪은 나의 주변에 있는 역사이다. 그 말인즉, 언제든지 다시 나의 주변에서 그러한 비극의 역사가 일어날 수 있고, 우리들이 먼저 자각을 해야 한다는 점이다. 민주주의는 그냥 얻어진 것이 아니다. 우리가 쉽게 생각하는 참정권은 그냥 주어진 것이 아니다. 5·18 등과 다른 역사적 사건에서 보듯이 우리의 아버지, 어머니들이 피를 흘려 얻어낸 소중한 권리이다. 우리는 이러한 민주주의의 권리를 소중히 여기고 실천해야 할 것이며, 5·18과 같은 사건들을 우리들의 후손에게 전달하고 비극이 되풀이되지 않도록 해야 할 것이다(임○○).

5·18을 겪은 분들이 세월호 희생자들의 가족들을 위로하는 사진을 본 적이 있다. 나는 세월호 세대이기에 강연을 들으며 자연히 세월호가 생각났는데, 혹시 역사란 주기를 반복하여 되풀이되어 가는 것이 아닐까라고 생각할 정도로 많은 부분이 닮았다고 느꼈다. 공감하지 못하는 사회. 감정을 매도하고 이성을 강요하는 사회. 2년이나 지났으니 좀 잊자, 유난 그만 떨어라, 세월호 지겹다 등등. 우리는 분노할 일엔 분노하고 슬퍼할 일엔 슬퍼해야 한다(이○○).

이처럼 5·18을 평범한 개인의 삶과 죽음을 통해 '나'라는 시각에서 성찰하는 보편기억화의 경험은 정치적 이해득실의 관점에서 5·18을 바라보던 습속을 털어내고 살아남은 자의 고통과 치유에 한 발 다가설 수 있는 징검다리가 되어줄 것이다. 우리 모두 차마 그들을 보고 매몰차게 돌아설 수 없었던 영화 〈택시운전사〉의 김사복과 함께 눈물 흘리며 그들과 함께하고자 할 때 5·18은 우리 모두의 5·18이 될 수 있을 것이다. 이 5·18 강의 사례가 보여주듯이, 그 길에서 공공역사는 가교이자 촉매 역할을 할 수 있을 것이다.   •김정인

4장
구술사와
지역문화

1
지역사와 구술사 그리고 공공역사*

지역 정체성과 보통 주민의 역사

지방자치제가 실시되고 지역 균형발전의 중요성 또한 거듭 강조되고 있지만 서울과 수도권으로 인구와 자원, 기회가 편중되는 상황은 완화될 조짐이 없다. 지방의 자생력은 쉽사리 강화될 것 같지 않고 지역 주민들의 위기의식과 열패감 또한 심화되고 있다. 문제를 해결하기 위해서는 마땅히 거시적이고 구조적인 대응이 필요하다. 동시에 그런 대책이 실효를 발휘하려면 당사자인 지역 주민의 자치 역량의 강화가 병행되어야 한다. 그 핵심은 지역 정체성의 공유와 그것을 바탕으로 하는 지역 주민의 연대의식과 주체적 참여 확대일 것이다. 그래서 2014년에 제정된 '지역문화진흥법'을 비롯해서 도시 재생, 마을 만들기, '지역 균형 뉴딜' 사업 등 근래에 시행되고 있는 다양한 지역 정책들은 한결같이 다원적인 거버넌스의 활성화와 함께 주민들의 인식 변화 및 능동적인 참여를 강조하고 있다.

사람들은 구체적인 장소와 연결되면서 느끼는 만족감을 토대로 지역 정체성을 공유하게 된다. 그들은 자신이 살아가는 장소에 대해 관심을 갖게 되며 그곳에 얽힌 이야기를 이해하고 싶어한다. 이때 필수적인 것이 미시적이고 지역적인 인문적 토대이다. 그래서 대외적으로 내세울 수 있는 시설 유치나 예산 투하와는 별개로, 각 지역의 역사와 문화를 발굴하고 이해하려는 노력이 특별한 의미를 갖게 된다. 그 연장선에서 주민들 스스로 자기 체험과 기억을 발화하고자 하는 욕구를 분출하여, 그런 움직임에 호응하여 역사 전문가들의 참여도 차츰 늘어나게 되는 것이다.[1]

주민들이 지역 정체성을 공유하며 공동체성을 복원하기 위한 방법 가운데 하나로 채택하는 것이 마을 공동체의 기억을 담는 아카이브 구축이다. 급속한 도시화와 무차별적 개발로 인해 해체된 마을 주민의 기억과 일상에 대한 아카이브는 주민들로 하여금 소속감을 갖게 만들고 그것을 지속시키는 데 도움을 주기 때문이다. 농촌 지역에서도 마을의 역사나 주민의 생애사를 기록하고 공유하는 시도들이 이루어지고 있다. 그렇게 만들어진 공동체 아카이브는 지역성을 내장한 문화자산으로서도 활용 가치를 갖는다. 그래서 도시 재생이나 마을 만들기 사업, 지역문화 진흥을 목적으로 하는 다양한 프로젝트에서는 지역사회의 기록물과 물건들, 주민 구술의 아카이브화를 주요한 프로그램으로 포함시키고 있다.[2] 그렇지만 아카이브라고는 해도 마을 기록물을 체계적으로 보존하고 관리할 수 있는 명실상부한 아카이브를 만들지 못하는 경우가 많다. 대개는 소박한 전시 콘텐츠나 다양한 책자 형태, 또는 특정한 디자인이나 작품 등으로 표현되는데, 그 토대는 기본적으로 지역의 역사와 문화, 주민들의 체험과 이야기들이다.

이런 공동체 아카이브의 주인공은 지역의 보통 주민들이다. 지금은 전국 어디에서나 지방자치단체 혹은 문화재단을 중심으로 "생애사 집필, 생애 구술사 채록, 옛 사진 공모, 수몰 마을 생활사 기록, 시민 아키비스트archivist(기록 활동가, 아카이빙 전문가) 양성 등"과 관련된 다양한 시도를 하고 있다. 지배층의 이야기에 가려졌던 보통 사람들의 일상과 생활, "그들 자신과 이웃의 기억을 정리, 수집, 분류, 보존"하려는 적극적인 노력이 도처에서 이루어지고 있는 것이다.[3] 각지에서 구체적인 지역을 무대로 살아온 실명의 사람들이 자신의 체험과 기억을 말하고 듣고 기록한다. 그런 작업을 통해 거시적인 세계사나 국가사와 호응하면서도 때로는 그것과는 결을 달리하는 특정 지역의 개별성에 깊이 연루되어 있는 개인들의 삶을 가시화하고 공유한다. 그것은 역사 전문가의 연구 작업과는 구별되는 경로를 통해 지역에 대한 애정과 소속감을 형성하는 과정이다.

한편 각 지방자치단체 역시 기념물이나 시설을 만들고 관광 활성화 등 장소 마케팅을 위해서 다양한 방식으로 역사를 활용한다. 행정의 주도성과 일방성으로 '역사 왜곡'으로 볼 만한 조치를 밀어붙이기도 한다. 그런 활동도 전문적인 역사학자나 그들이 만든 역사서와는 별개로 지역 주민의 역사에 대한 인식과 지역 정체성에 영향을 미친다.

공공역사는 역사 전문가 이외에 일반인들의 참여를 특별히 강조하는 개념이다. 한국에서는 이 개념이 본격적으로 소개되기 이전부터 각 지역 사회에서 기억 말하기와 역사 쓰기가 이루어져 왔다. 충만한 애향심으로 지역의 오래된 설화와 토막 난 역사를 추적하는 향토사가나 아마추어 역사가들이 활발하게 활동했으며, 지역 토박이나 노인들, 특정 지역이나 특수한 주제에 관해서는 주민들의 구술을 채록하기도 했다. 그런 작업은 역사 전문가나 전문 구술사가가 참여하여 공동으로 진행하는 경우도 적지 않았다. 따라서 지역사회에서는 오래전부터 다양한 방식으로 '공공역사'가 실천되어 왔으며 그 현장에서는 여러 주체의 의지와 욕구가 충돌했다.

지역사와 공공역사의 접점

지역사는 출발부터 공공역사와 접목될 수밖에 없다. 민족이나 국가를 주어로 삼는 거시적 역사가 외면해 온 지역의 인물과 사건을 발굴하고 그것을 지역 정체성과 연결시키는 일은 언제나 지역 주민의 관심사였기 때문이다. 그것은 조선시대 이래 지속되어 온 '읍지류' 편찬의 전통을 계승하는 것이기도 하며, 일제 시기를 거쳐 오늘날에도 활발하게 이루어지는 '지방지'나 '지역사' 편찬으로도 이어진다.[4] 설령 지역 주민들의 궁극적인 관심이 민족사나 국가사의 회로 안에서 자기 지역의 위상을 높이는 데 있다 하더라도 그것이 지역에 내재된 욕망과 연결되어 있다는 점에서는 공공역사와 맞닿는다.

지역에서 그런 활동을 주도하는 사람들은 다양한 배경을 가진 향토사학자나 언론인 등 탄탄한 지역 연고를 가진 '토박이'가 대부분이었다. 그들은 지역에 대한 애정과 자부심을 갖고 탐구에 임했으며 그렇게 생산된 성과는 향교나 문화원, 지역 언론 등 지역 네트워크를 통해 지역사회로 환류되었다. 하지만 향토사 연구는 호사가적 기호와 자기 지역을 절대시하는 도덕적 관념을 바탕으로 하는 경우가 많아서, 역사학자들로부터 외면당하거나 비판을 받는 경우가 많았다.[5] 여기에는 아마추어와 전문가를 엄격하게 구분하는 학문적 권위주의도 영향을 미쳤다.

미국에서도 공공역사라는 용어가 등장하기 훨씬 전부터 역사의 공공적 생산과 실천은 다양하게 나타났다. 특히 1940년에 미국 주 역사 및 지역사협회American Association for State and Local History가 창설될 정도로 '지역사운동the local history movement'이 활발하게 이루어졌다. 기록 보존소나 역사 모임 등에서 활동하는 지역의 역사가들은 대학을 거점으로 이루어지는 전문적이고 학술적인 역사학에 맞서 대안을 제시하고자 했다. 미국의 지역사운동 역시 학계의 전문 역사학이 수행하지 못하는 역할을 담당하는 대중적인 역사 실천으로 등장했던 것이다.[6]

　자기가 나고 자란 지역에 대한 역사적 관심에서 출발한다는 점은 향토사나 지방사, 지역사가 가진 매력이기도 하다. 지역 주민으로서는 흥미를 갖고 접근하기 쉬우며 자신의 뿌리와 교감할 수 있도록 해주기 때문이다. 그래서 "지방사의 핵심은 장소라는 개념이며, 그 장소의 이야기를 이해하고 싶어하는 마음"이자, "발견, 드러냄, 그리고 지역적 특수성 같은 것들"이다. "지방사 현상에서 핵심이라 할 수 있는 것은 개인적 관심과 만족감의 중요성이다. 역사 탐구행위는 해방감과 만족감"을 준다.[7] 따라서 "지방사의 인기가 높아지는 것은 아마추어 역사 애호가들이 좀 더 많은 시간과 에너지를 역사 탐구에 쏟으려는 의지가 있음을 보여준다."[8]

　오늘날 각 지역에서는 문화유산 해설사나 문화기획자, 문화산업 종사자 등 지역사 탐구에 관심을 가진 주민이 꾸준히 늘어나고 있다. 또 지역박물관의 학예직 공무원이나 기록관 및 관련 부서에서 근무하는 아키비스트 등도 여러 형태로 지역의 과거나 역사에 관한 업무에 참여해 왔다. 근래에는 지방자치단체가 편찬하는 지방지나 지역사에 지역 주민의 구술을 수록하는 것이 일반화되었으며, 전국 어디서나 다양한 지역 주민의 기억을 기록하는 작업을 실행하고 있다. 일부 향토사가 등이 중심이 되어 호사가적 역사 탐구에 몰입하던 단계를 지나서, 지금은 일반 지역 주민

스스로 자기 경험과 기억을 토대로 역사를 쓰는 주체로 등장하고 있는 것이다.[9]

물론 한국에서 '지역사'는 중앙 중심의 주류 역사를 지역의 관점에서 새롭게 연구하여 해석하고자 하는 학술적 시도와 깊이 관련되어 있다. 연구사적 맥락에서 '향토사'나 '지방사'와 구별하여 '지역사'를 특별히 강조하는 것은 중앙 중심의 주류 역사학을 비판하는 의미를 부각시킬 수 있기 때문이다. 더 나아가 구체적인 장소에 중첩되어 있는 다층적 시간성과 특정 시간대에 교차하고 있는 다원적 문화를 주목하는 것, 그런 시공간적 중첩과 문화적 혼성을 드러내고 그 의미를 제시하고자 하는 '새로운 지역사'는 주류 역사학의 한계를 극복하기 위한 새로운 방법적 시도라고 할 수 있다.[10] 그런 점에서 지역사는 역사학적으로도 기존의 한국사 서사와 인식에 대한 문제제기를 내포하고 있다.

지역사는 전문 역사가의 역할과 관련해 다양한 생각들이 충돌하는 분야이다. 1970년대에 공공역사라는 개념이 미국에서 처음 공식적으로 제기되었을 때도 핵심 질문은 대학의 역사학과와 역사학자가 지역사회에서 어떤 역할을 해야 하는가라는 것이었다. 당시에 공공역사라는 용어는 "정부기관, 민간기업, 미디어, 역사 유관단체, 박물관, 나아가 개인의 활동에 이르기까지 학계 외부에서의 역사학 방법론과 역사학자 고용에 관한 것"을 가리켰다[11] 역사학을 대학 바깥의 실제 사회에 어떻게 적용할 것인가라는 관점에서 역사학적 전문성을 새로 정의하고자 했던 것이다. 무엇보다 역사를 전공한 학생들이 지역사회의 다양한 영역에서 직업을 가질 수 있도록 훈련시키기 위해 새로운 교육 프로그램을 만들고 제도화하는 데 역점을 두고 있었다.

공공역사의 용례들

미국에서 공공역사는 비교적 신속하게 제도화되었다. 그 이유는 공공역사를 역사학계와 분리된 외부가 아니라 전문 역사학자들이 참여할 수 있는 분야로 간주했기 때문이다.[12] 반면 유럽 역사학계는 그런 접근에 대해 비판적이었다. 역사학을 응용하는 역사학자의 컨설팅 활동이 드물지 않았던 미국과 달리, 프랑스에서는 기초적이고 학술적인 역사 연구와 대학 외부에서 이루어지는 역사 응용을 분명히 구별했기 때문이다. 1980년대에 영국이나 프랑스에서는 미국식 공공역사 모델에 대해 역사가가 정부나 기업과 협력하는 것이라며 꺼리는 분위기가 있었다. 역사를 상업적 또는 정치적 목적으로 사용하는 것에 대해 두려움이 있었으며, 비전문가들의 역사 사용과 생산에 대해서도 일반적으로 불신을 갖고 있었다.[13]

하지만 오늘날 '역사의 소비'라는 관점에서 보면 세계 어디서나 직업적인 역사가들과 그들 외에 과거에 접근하는 사람들을 구분하는 경계선이 흐려졌다.[14] 역사 소비가 장르를 넘나들며 일상화됨에 따라 공공역사의 개념도 확장되었다. 미국에서 등장할 당시 특별히 강조했던 '새로운 역사가' 양성과는 별개로, 이제 공공역사는 다양한 분야에서 역사를 공공적으로 실천하는 사람들을 연계하고 교육하는 것까지도 목표로 삼는다. 그에 따라 공공역사를 둘러싼 역사학자들의 논의는 매우 유동적이며 개념적으로도 비확정적 상태에서 변화를 거듭하고 있다.[15]

유동적이기는 하지만 국내외의 다양한 논의를 살펴보면 공공역사의 용례를 대략 세 가지로 정리할 수 있다. 첫째, 미국에서 초기에 정의했듯이 학계 밖에서 역사학과 관련되거나 그것을 응용한 직업을 가질 수 있도록 대학 역사학과의 교육과정을 제도화하는 것을 가리키는 것이다. 역사를 응용하거나 활용하는 다양한 분야에서 고용될 수 있도록 학생들에게 교육을 제공하는 것인데, 이것은 전문적인 역사학자를 양성하기 위해서 역사학의 학술적인 전문 지식과 연구 방법을 전수하는 것과는 뚜렷하게 구분된다. 미국처럼 체계적으로 제도화되지는 않았지만 한국의 대학 역사학과도 기록학, 박물관학, 구술사 등 역사의 응용이나 활용과 관련된 과목을 교육과정에 포함시킨 경우가 늘어나고 있다.

둘째, 대학은 아니지만 비교적 전문적인 역사학 방법을 활용하여 박물관, 기록관, 문화원 등에서 실행하는 다양한 활동을 가리키는 경우이다. 대학이나 관련 교육기관 등에서 공공역사 교육과정을 경험한 사람들이 대체로 이런 활동을 주도하고 있으며, 앞서 제시한 첫 번째 범주와도 밀접하게 관련되어 있다. 하지만 비전공자나 일반 시민들도 과거를 다루고 역사를 재현하는 것과 관련해 소정의 훈련을 거치면 이 분야에 종사하는 공공역사가가 될 수 있다는 점 역시 주목해야 한다. 이 영역에는 다소 이질적이면서도 필요에 따라 다양한 형태로 협업하는 서로 다른 제도적·학문적 배경을 가진 공공역사가들이 모두 포함된다.

셋째, 비학술적이고 비전문적인 방식으로 다양한 장르에서 소비되는 복합적이고 역동적인 역사의 모든 형태를 가리키는 경우이다. 광범한 영역을 아우르는 이 정의를 받아들이는 공공역사는 전문가와 아마추어 사이의 이분법을 고집하지 않는다. 행정과 시민사회를 막론하고 역사를 활용하는 활동은 모두 여기에 포함될 수 있다. 지역사회에서 지역사를 모티브로 삼아 기획되는 기념물과 기념관, 지역 축제, 문화예술 창작물 등과 같은 공공문화 콘텐츠도 모두 공공역사의 세 번째 범주에 해당한다. 실제로 지역 주민들이 그런 콘텐츠를 통해 지역의 역사를 접하는 경우도 늘어난다. 이런 상황에서는 역사 전문가의 주된 관심 역시 엄밀한 학문적 고증이나 연구와는 별개로 역사의 다양한 재현물을 매개로 하여 대중과 소통하는 문제로 이동하게 된다.

전 세계적으로 역사의 활용과 응용, 공공적 변용이 광범하게 이루어지고 있다. 미국의 사례나 그 뒤를 이어 유럽과 남미 등지에서 진행된 공공역사에 관한 여러 논의와 사례는 그 같은 현실에 대응하는 과정에서 각기 자기 나름의 내용을 구성해 왔다는 것을 보여준다. 근래에 한국의 역사학자들이 공공역사라는 개념에 주목하게 된 것은 외국의 사례를 참조해야 할 정도로 유사한 상황이 확산되고 있기 때문이다. 하지만 여러 나라에서 그랬듯이 총괄적으로는 한국적 맥락 안에서 그 개념을 새로 정의하고 구체적인 과제 또한 재설정해야 한다. 서구의 논의를 참조하되 공공역사의 개념과 역사가 현재 한국 사회에서 제기되고 있는 문제들과 어떻게 연결되는지를 숙고해야 하는 것이다.

지역사회의 '역사' 활용과 문화정치

한국에서 지역사회는 행정기관과 공공역사가, 역사학자와 일반 주민 등 공공역사의 여러 당사자가 직접 부딪히는 현장이다. 그런데 '지역이란 무엇인가'라는 출발점에서부터 어려움이 시작된다.

지역의 연혁을 현 행정구역을 기준으로 정리하고 거기에 역사적 의미를 부여하는 것에 대해 먼저 의문을 갖게 되기 때문이다. 지역은 행정구역과 쉽게 동일시된다. 행정적 관리를 위해 위로부터 정리된 행정 구획에 따라 지역사를 기술하는 경우가 대부분이지만, 그것이 지역 주민이 실제로 삶을 영위해 온 공간 감각과 일치하는 것은 아니다. 더욱이 현재의 행정 질서는 유감스럽게도 대개 1910년대 중반 조선총독부의 행정구역 개편에 기원이 있다. 일제강점기에도 그렇고 해방 이후에도 그것은 권력층에는 유력한 기준이었을지는 모르지만 지역 주민의 삶을 온전히 구속하는 유일한 기준일 수는 없었다. 그런 행정구역과는 구별되는 "공통의 역사적·문화적 정체성을 이루고 있는 지역",[16] 그러면서도 시대의 역동에 따라 재편되는 지역사회야말로 지역사의 역사문화적 장소성과 연결되는 또 다른 공간이다. 지역사의 공간은 시대와 사건, 관련자들에 따라, 또 현재와의 관계에 따라 여러 경계선을 넘나드는 복수의 공간성을 특징으로 한다. 그러므로 구체적인 지역사의 공간을 설정하는 것부터가 역동적인 지역사의 출발점이 된다.

그러나 역사적 장소로서 지역의 혼종적 장소성에 대한 진지한 탐색은 생략되기 일쑤다. 대신 기반이 부실한 상태에서 각 지자체는 장소 마케팅에 활용할 수 있는 것은 무엇이든 불가사리처럼 빨아들였다. '지역적인 것이 가장 세계적이다'라는 언명은 속류화된 스토리텔링 전략과 결합되어, 각지에서 지역 정체성을 모티브로 삼았다고 주장하는 낯부끄러운 콘텐츠를 양산하기에 이르렀다.[17] 이 영역에서는 지역의 상징을 둘러싸고 격렬한 문화정치가 벌어진다. 무엇을 지역의 역사문화적 상징으로 설정한 것인가는 지역 내 여러 세력의 위신과 직결되어 있다. 그것이 구체적인 기념물이나 건축물 설립으로 연결되는 과정에서 경제적 이해관계도 개입한다. 순수한 애향심으로 단순하게 수렴되지 않는 각 집단의 욕망이 충돌한다. 지역사에 대한 객관적 연구가 미진할수록 그 정도는 심각해진다. 객관적 사료 비판이나 합리적인 토론을 생략한 채 단편적인 기록이나 신뢰하기 어려운 설화 등을 근거로 부실한 '문화 사업'이 벌어진다. 지방자치단체에 요구해서 관련 예산을 확보하는 것을 각 세력의 영향력이나 위신의 증거이자 그 강화로 연결된다. 일례로 2023년 봄에 울산광역시는 수백 억의 예산을 들여 국가와 울산 경제를 빛낸 '위대한 기업인' 흉상을 건립하겠다고 발표했다. 울산시장은 공업도시로서의 정체성과 자부심을 강화하고 거대 기업의 투자를 유치하겠다는 것을 명분으로 내세웠다. 하지만 시민의 동의를 얻는 아무런 절차 없이 행정 당국이 일방적으로 발표한 사업 계획이 전국적 이슈로 떠오르고 시민들의 비판이 거세게 일어나, 결국 울산시는 이 계획을 취소했다.

이 문제를 해결하기 위해서는 지역의 역사문화에 대한 기초적이고 객관적인 연구, 나아가 지역사의 의미를 확장하고 문화적으로 재해석하는 데 도움을 줄 수 있는 '새로운 지역사'를 위한 학문적 연구에 역사 전문가들이 개입할 필요가 있다. 기초 연구가 축적되지 않은 상태에서는 응용이나 활용을 모색하는 것 자체에 한계가 있을 수밖에 없기 때문이다. 지역에서 활동하는 공공역사가들과의 협업을 모색하는 것도 중요하다. 물론 역사 전문가가 학술 연구를 통해 '정답'을 제시하고 그것을 일방적으로 수용하도록 요구하는 관계를 '협업'이라고 부를 수는 없을 것이다. 연구자의 연구 성과는 공공역사의 관점에서 보면 일종의 토론 가능한 '원료'에 해당한다. 공공역사가들이야말로 그것을 지역 주민과 원활하게 소통할 수 있는 형태로 이해하고 가공하는 과정에서 가장 중요한 역할을 하는 매개자들이다. 그들이 공공역사의 중요한 주체라는 것을 이해하고 인정할 때 우호적인 협업체계를 모색할 수 있게 된다.

지역사회에서 대학은 공공역사가를 길러내는 중요한 장소이다. 대학의 역사학과에 소속된 교수들은 전문 연구자인 동시에 공공역사가를 키우는 교육자인 것이다. 지금까지도 역사학과 졸업자들은 소정의 추가 교육과정을 거쳐 지역사회의 박물관과 기록관, 기타 관련 기관에서 일자리를 찾는 경우가 드물지 않다. 또 졸업생들이 공공역사와는 직접 관련이 없는 분야에 취업을 한다 해도, 지역사회 전체의 관점에서 볼 때 그들은 여전히 잠재적인 공공역사가이자 공공역사의 소비자이다. 하지만 공공역사(가)라는 개념을 염두에 두고 학생 교육과 장래 취업을 인식하게 된 것은 오래되지 않았다. 최근에야 공공역사의 관점에서 교육과정을 검토하고 재편하려는 시도가 나타나고 있다. 공공역사가의 양성, 공공역사가와의 협업에 대해 역사 전문가가 어떻게 대응하고 어떤 역할을 할 것인지는 대학에 소속된 역사 전문가들이 현재 당면해 있는 가장 중요한 질문이라고 할 수 있다.[18]

대학 소속 역사학과가 직면하고 있는 위기와는 별개로 역사에 대한 사회의 수요는 꾸준히 늘어나고 있다. '과거성pastness'은 잘 팔리는 상품이기 때문이다. 매스미디어나 영화, 연극, 뮤지컬 등 다양한 분야에서 과거와 관련된 체험, 기억, 역사, 문화유산을 적극적으로 활용한다. 일반 시민들은 여러 미디어를 통하거나 문화상품의 형태로 과거에 대한 지식을 습득한다. 그 결과 대중성/상품성이 중요해지면서 역사를 통해 '무엇을 배우는가'가 아니라 '얼마나 재미있는가'가 더 중요한 가치가 되고 있다. 스토리텔링은 의미를 효과적으로 전달할 수 있는 방법이라고 소개하지만, 현실에서는 '재미있는 것은 옳다', 다시 말해 '재미없는 것은 그르다'라는 반응을 정당화해 주는 근거가 되어버렸다.

학생들은 더 이상 교과서를 통해 학교에서 배우는 역사 안에 머무르지 않는다. 각 지방에서도 장소 마케팅을 위해 역사와 문화를 거듭 소환한다. 지역 정체성을 담아야 한다는 원칙적 의도와 실제로 완성된 결과물 사이에 괴리가 심한 것이 문제이기는 하지만, 지역의 역사를 강조하는 목소리는 어느 때보다 드높다. 역사가 상업적 유행과 만나는 현상은 과거나 역사에 대한 '진지함'이 퇴색하는 것과 깊이 관련되어 있다. 그것은 역설적이게도 "역사가 중요하게 여겨지지 않을 때만 나타나는 현상"일 가능성이 크다.[19] 역사를 진지하게 대하지는 않지만 과거성이 인기 있는 상품이 되고 있는 상황에서, 역사학자와 공공역사가는 무엇을 해야 하고 또 무엇을 할 수 있는가라는 질문 앞에 나란히 서있는 셈이다.

구술사와 기억 담론

지역의 박물관이나 기록관, 도서관 등 관련 기관이나 지방자치단체가 개인이나 지역 공동체의 기억을 수집하고 관리하는 데는 한계가 있다. 지역 주민의 직접적인 참여 없이 공동체의 기억과 역사를 수집하는 것은 제한적이기 때문에, 자연스럽게 기록 생산의 주체로서 지역 공동체 구성원들의 참여가 요구된다.[20] 구술사는 비전문가가 접근하기 쉬우면서도 지역의 과거 재현에서 있을 수 있는 다양한 관점을 보여준다는 점에서 매우 유용한 공공역사의 방법이다.[21] 면담자와 구술자는 구술 인터뷰를 통해 개인의 체험과 기억을 기술하는 과정에 함께 참여한다.

전문적인 역사 연구에 구술사 방법을 활용하는 것에 대해서는 유보적인 시각도 적지 않다. 다양한 공공기관에서 방대한 구술 자료를 축적하고 있다는 것은 그것이 문헌 기록을 보완할 가능성을 인정한다는 것을 의미한다. 그러므로 역사학계에서 구술 자료 활용은 지속적으로 늘어나겠지만, 학문적 연구를 위한 사료로서 구술 기록의 객관성과 신뢰성에 대한 의구심 또한 여전하다.[22]

한국에서는 1990년을 전후하여 구술사가 본격적으로 시작되었다. 출발 당시 '과거사 진상 규명'이라는 실천적 과제와 결합되어 있는 경우가 많아 처음부터 공공역사로서의 성격을 강하게 띠었다. 그렇지만 동시에 역사학의 새로운 연구 방법론으로도 주목을 받았기 때문에 구술사에 관한 논의는 한동안 학계를 중심으로 이루어졌다. 이후 전문가들의 주도로 학문적 차원에서 구술 채록 사업이 광범하게 진행되었으며, 최근까지도 공공역사로서의 면모와 가능성에 대해서는 본격적으로 논의가 이루어지지 못했다.[23]

일반적으로 역사는 개인의 생애 너머에 있는 과거를 다룬다. 반면에 구술에서 다루는 기억은 원론적으로 개별 인간의 생애를 넘어서지 못한다. 하지만 개인이 회상하는 기억 속에는 공동체나 국가의 집단적 기억이 포함되어 있다. 그 자신이 직접 체험하지 않았더라도 자신이 속한 공동체의 집합기억을 수용하고 있기 때문이다. 기억하는 행위는 개인에게 속하는 것이지만 기억은 본질적으로 집단적 성격을 띤다. 그런 점에서는 개인의 기억이라 하더라도 그것은 개별 인간의 생애를 넘어선 것일 수 있다.[24] 그러므로 구술사는 개인의 체험만이 아니라 공동체의 집단기억과 그 구성원들이 공유하는 정체성을 만나는 과정이기도 하다. 그래서 구술사를 활용하고자 할 때 발생하는 어려움은 개인 기억과 집합기억의 관계를 설정하는 문제로 수렴되곤 하는 것이다.[25] 마찬가지로 구체적인 지역을 무대로 이루어지는 지역 구술사 역시 기본적으로 개인의 체험과 기억을 대상으로 하지만, 동시에 지역 공동체의 집합기억과도 깊이 연결되어 있다.

개인의 기억에 의미를 부여하는 것, 기억할 만한 것이 무엇이고 어떻게 기억할 것인지를 결정하는 것은 개인이 아니라 그가 속한 집단이다. 그 집단은 기억의 공동체를 지향하며 공동의 기억을 통해 일체감을 확인하고 유대를 강화하고자 한다. 기억의 차이와 상이함을 억압하고 공통점과 유사점을 강조하는 것은 그것이 집단적 연속성과 응집력을 제공하기 때문이다. 집단이 기억을 만들 듯이 기억이 집단을 만드는 것이다.[26] 그동안 집합기억은 주로 국가주의적 통합 담론을 만들어 내는 기억정치의 차원에서 논의되어 왔다. '기억 투쟁' 또는 '역사 투쟁'이라는 관점에서 집합기억의 재구성을 둘러싼 갈등을 해석하고, 국가의 공식 기억으로 통합될 수 없는 경험과 기억들이 어떻게 억압되고 배제되었는지를 밝히는 데 힘을 기울였다. 국가의 주도 아래 지속해서 재구성되는 공적 기억은 역사교육과 매스미디어 등을 매개로 국민에게 공유된다. 그 과정에서 다양한 하위 집단들이 간직하고 있는 기억들 사이에서 갈등과 투쟁이 일어나지만, 국가권력이 제시하는 집합기억의 방향을 벗어난 것들은 소거된다. 이런 국가주의적 기억정치와 관련해서는 집합기억의 재구성 과정에서 진행되는 기억의 망각이나 왜곡, 배제와 조작이 주된 비판 대상이 되어왔다.[27]

지역 구술사도 비판에서 자유롭지 않다. 무엇보다 지역민의 자기인식 자체가 국가주의적 기억정치에 긴박되어 있기 때문이다. 국가 중심적이고 중앙에 편중된 인식은 지역민의 기억 형성과정에서도 막대한 영향을 미친다. 구술자의 기억 형성과정은 현재에 종속되어 있으며, 기억은 그것을 왜곡하는 힘과 안정적으로 유지하고자 하는 힘 사이에서 형성되기 때문이다.[28] 기억은 있었던 그대로 회상되는 것이 아니라 현재의 필요와 압력에 영향을 받아 선택되거나 배제되거나 또는 재구성된다. 이런 기억의 특성 때문에 지역 구술사가 곧장 역사서술의 민주화로 연결되기는 어렵다. 그러므로 지역에서 집합기억의 재구성을 통해 지역 정체성을 구축하는 문제는 매우 복잡한 조건 위에서 진행된다. 지역 차원에서 전개되는 기억을 둘러싼 갈등 또한 다원적이다. 그러므로 공공역사의 관점에서 지역 구술사를 검토할 때도 이런 기억 담론을 어떻게 연결시킬지 함께 고려해야 할 것이다.

공공역사로서의 지역 구술사

공공역사운동에서 가장 먼저 재조명된 것이 구술사였다. 인터뷰는 공공
역사의 유력한 도구 가운데 하나였기 때문이다. 독일에서는 전쟁 직후부
터 나치시대 경험을 초·중등 학생들에게 들려주는 '시대 증인'들이 '경험
의 운반자'로서 현재와 과거를 매개하는 역할을 하기 시작했다.[29] 이처럼
구술사는 시민을 위한 역사교육의 효과적인 방법이다. 다른 세대와의 인
터뷰를 통해 초·중등 학생들은 자기 학교나 지역을 역사적으로 이해하고
시간의 흐름에 따른 사회문화적 변화를 체감할 수도 있다. 구술 인터뷰는
서로 다른 세대가 지역사회의 공동 관심사에 대해 소통할 수 있는 유용한
방법이다.

대학의 역사학과에서도 구술사나 구술 자료의 아카이빙 관련 내용을
교육과정에 포함시킬 수 있다. 기존에 가족사 조사나 현대사 강의에서 부
분적으로 구술사 방법을 소개하던 데서 나아가 본격적으로 독립 강의를
개설할 필요가 있다. 역사를 응용하거나 활용하는 다양한 분야에서 고용
될 수 있도록 역사학과의 교육과정을 개편한다고 했을 때 구술사 교육은
우선적 선택지 중의 하나이다. 구술 주제 및 구술자 선정에서부터 사전
조사와 질문지 준비, 인터뷰 진행과 녹취록 작성, 구술 자료 정리에 이르
는 전체 과정에서 학생들은 다각도의 역량교육을 경험할 수 있다. 또한
지역사회에서 공공역사가로 활동하기 위해서도 실제적인 구술사 경험은
매우 중요한 자산이다.[30]

지방자치단체나 박물관, 기록관, 문화원, 도서관, 초·중고 학교, 문화기획 등에서는 전시와 체험, 교육과 연구를 위해 구술사 방법을 적극적으로 활용하고 있다. 일반 시민들도 일정한 교육을 받고 면담자, 즉 공공역사가로서 구술 인터뷰에 참여하는 경우가 늘어나고 있으며, 채록된 구술자료는 다양한 문화콘텐츠로 가공되어 활용되고 있다. 이처럼 지역 구술사는 '모두에 의한 역사'를 실현한다는 의미에서 공공역사의 주된 방법이자 무대가 될 수 있다. 기억 담론을 둘러싼 복잡한 논의에도 불구하고 구술사에서 공공역사의 특징을 발견하는 것은 어렵지 않다. 무엇보다 구술사는 엘리트가 아닌 보통 사람의 살아온 이야기와 자기해석에 특별한 관심을 기울인다. 구술 인터뷰는 일반인이 역사 쓰기에 동참하는 가장 대중적인 방법인 것이다. 구술사는 면담자와 구술자가 함께 지역의 과거를 회상하고 기록하는 방법으로서, 일반 시민의 참여를 촉진하고 그 의미를 새롭게 인식하도록 기여할 수 있다.[31]

구술을 활용해서 산출된 다양한 과거의 재현물은 제도적 역사학이나 역사 전문가의 영향에서 벗어나 광범한 공공역사의 영역을 채워나가기 시작했다. 역사 전공자가 아니더라도 면담자가 될 수도 있으며, 동영상과 책자 등 구술사 방법론을 활용하여 제작된 콘텐츠들이 광범하게 생산·소비되고 있다. 최근에는 처음부터 공공역사의 실천을 목적으로 삼고 구술사 프로젝트를 기획하는 경우도 늘어났다. 구술 채록을 기획하고 진행하는 과정 자체를 일종의 문화콘텐츠로 간주하기도 하며, 그 결과물을 가공하여 유통하고 소비하는 것이 문화산업의 유력한 장르가 되었다. 구술은 구체적인 장소성, 시대성, 진정성을 품고 있기 때문에 문화산업의 핵심 자원인 '이야기'의 원형으로 특별히 주목받고 있다. 특히 각 지역에서 구술사와 아카이빙을 결합해 지역사를 재현하는 작업은 공공문화 콘텐츠를 구축하는 방법으로 각광받고 있다.

기억은 그 자체로 역사는 아니지만 과거에 대한 흥미로운 통찰의 과정이다. 과거와 기억이 대중적 유행상품이 되면서 기억과 역사의 재현 및 기념을 둘러싼 담론도 본격적으로 연구되고 있다.[32] 기억을 재현하는 매체와 장르가 다양해지고 전문가가 아니라도 그 생산과 유통에까지 쉽게 접근할 수 있게 되었기 때문에, 역사학이 전통적으로 누려왔던 권위와 공적 지위 역시 변했다. 역사학이 '공공역사 현상'을 문제적 사안으로 진지하게 바라보게 된 것도 그런 현실 변화와 깊이 관련되어 있다. 물론 역사의 응용이나 활용이 최근에 시작된 일은 아니다. 계보학이나 기록학에서부터 역사 대중화를 위한 시도에 이르기까지 역사의 공공적 활용은 다양한 형태로 이루어져 왔다. 그것을 '공공역사 현상'으로까지 인식하게 된 것은 역사학의 위상과 역할이 심각하게 변화되고 대중의 역사 지식과 역사인식에 대한 역사 전문가의 전문적 개입이 구조적으로 취약해지고 있는 현실과 밀접하게 맞물려 있다.

'호모 아키비스트'의 시대

전국 각 지역에서는 보통 사람들의 '기록하기'가 붐을 이루고 있다. 기록을 결과물로 만들어 내는 것만이 아니라, 기록과정 자체를 지역 활성화를 위한 콘텐츠로 활용하는 경우도 많다. 기록 대상은 흔히 생각할 수 있는 문서나 사진 형태의 기록물에 그치지 않는다. 개인사를 담는 자서전 쓰기부터 지역 주민을 대상으로 하는 구술 인터뷰는 물론이고, 다양한 시설과 오래된 건축물 등 지역의 정체성과 연결될 수 있는 것은 무엇이든 기록 대상으로 삼는다.

보통 사람들의 기록, 저마다의 기록이 시작됐다. 그간 공공기록물은 법에 따라, 일정한 원리에 따라 관리되어 왔지만 시민 각 개인의 기록은 열외였다. 국가 예산을 사용하거나, 정책을 집행하거나, 행위에 설명 책임성이 뒤따르는 게 아니니 어쩌면 당연한 이치였다. 하지만 세간의 의문은 남았다. 평범한 사람들의 기억은 이대로 망실되어도 좋은가. 이들의 삶의 조각은 세월 속으로 사라져도 괜찮을까. 이들의 메모, 편지, 일기, 사진이 누락되는 것이 마땅한가.

이런 자문, 자성, 고민의 결과로 곳곳이 분주하다. 각 지방자치단체, 대학 연구팀, 문화재단 등이 나섰다. 시민 생애사 집필 프로그램, 생애 구술사 채록과정, 옛 사진 공모전, 수몰 마을 생활사 기록 사업, 시민 아키비스트 양성과정 등. 시작된 노력의 표정도 다양하다. 그 덕분에 기록 따위는 미처 돌아볼 겨를이 없이 분주했던 '보통 사람들'이 자신의 생애 기록들을 꺼내들고 있었다.[33]

위 글에서 소개하고 있듯이 2018년 시점에도 이미 다양한 기록화 및 기록인력 양성 프로그램이 운영되고 있었다. 이어진 글에서는 전국 각지에서 진행되고 있는 생애사 집필 및 생애 구술사 채록 프로그램, 다양한 기록물의 아카이빙 프로그램과 아키비스트 양성과정 등이 소개되어 있다. '지역문화진흥법'에 따라 추진되는 문화도시 사업에서도 지역 아카이빙은 중요한 위치를 차지하고 있다. 일례로 '기록문화 창의 도시'라는 기치 아래 '법정문화 도시'로 지정되어 다양한 프로그램을 진행하고 있는 청주는 기록문화에 참여하는 '공공역사가 양성'을 주요 사업으로 실시하고 있다. 예컨대 "공공성과 대중성을 바탕으로 다음 세대를 위해 기록 활동을 하는 기록인과, 다음 세대에 물려줄 가치가 있는 기록 활동을 하는 모든 사람"을 '다음 세대 기록인'으로 정의하고 그들의 교육과 활동을 활성화하고 있다.[34] 아래 〈그림 1〉의 왼쪽 자료에서 보듯 '시민 문화기록단' 운영에서 시작하여 '다음 세대 기록인' 등 아카이빙 인력 양성과 그 활동을 문화도시 사업의 핵심 콘텐츠로 설정하고 있음을 알 수 있다.

코로나19로 대면 접촉이 어려워지면서 잠시 주춤하기는 했지만 최근 지역 아카이빙 관련 프로그램이 재개되고 있다. 〈그림 1〉 오른쪽 자료에서 알 수 있듯이 이런 프로그램은 보통 사람들을 '대상으로' 기록과 이야기를 수집하는 데 그치지 않고, 지역 주민 '스스로' 시민 아키비스트가 될 수 있도록 하고 그들을 통해 여러 가지 지역 이야기를 기록하는 데 주안점을 둔다. 나아가 텍스트 형태의 콘텐츠를 넘어서서 디지털 콘텐츠의 제작까지도 프로그램에 포함시키고 있다. 그야말로 디지털 네트워크 시대

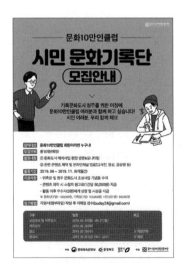

〈그림 1〉 청주의 '시민 문화기록단'(2019), 부산의 '호모 아키비스트'(2022) 모집 안내.

에 부응하는 방식으로 지역사회에서 활동할 공공역사가를 양성하고자 하는 것이다.

이런 '호모 아키비스트homo archivist' 운동은 지역 주민을 소외시킨 역사학계의 기존 연구 관행에 대한 비판이자 도전의 의미로 읽을 수도 있다. 외면당해 왔던 지역 주체들이 스스로 '지역으로부터의 기억과 역사'를 기록하고 쓰는 과정에 참여하는 것이기 때문이다. 지역의 관점을 형성하고 미시적 삶에 초점을 맞추는 것은 중앙과 지방으로 이분화되어 있는 인식구도를 전복하려는 시도로 연결된다. 나아가서는 지방에 강요된 공간적 주변성이 보여주는 권력과 자본의 편중을 비판하는 작업이자 그것이 만들어 내는 사회적이고 문화적인 차별구조를 고발하는 일이기도 하다.

이 과정에는 역사학자의 참여도 요구된다. 그들은 자기의 학문적 전문성을 바탕으로 미래의 공공역사가들에게 아카이빙의 개념과 기술을 소개하고, 보통 사람이 자기의 생애를 기억해 내고 그것을 시대적 맥락에서 해석할 수 있도록 도울 수 있다. 하지만 그들 역시 지역사회의 기록자들이 궁극적으로 지향하는 것, 즉 지역의 이야기들을 기록하고 공유하며 새로운 공동체 의식을 만들어 나가는 과정에 나란히 참여한다는 점에서는 공공역사가의 역할을 수행하는 것으로 볼 수 있다. 그렇게 보면 지역사회에서 역사학자와 공공역사가, 지역 주민의 경계는 유동적이다. 다양한 지역 주민들이 얽혀 살아가는 일상의 공간인 지역사회의 특징으로 인해 그들의 위치와 역할은 고정되지 않는다. 지역사회에서는 역사학자 역시 한 명의 호모 아키비스트로서 공공역사에 참여하는 셈이다. 이처럼 공공역사의 탄생과 발전은 본질적으로 역사학자의 역할 변화와 연결된다.

역사학자의 역할과 공공역사

한국에서도 역사와 기록학의 협업이라든가 역사 대중화, 문화산업적 응용 등 공공역사로 간주할 수 있는 다양한 실천이 이루어져 왔다. 특히 지역사와 구술사는 시민의 주체적 참여라는 측면에서 역사의 공공적 활용에 가장 근접해 있는 분야였다. 그렇지만 역사학자들은 대체로 공공역사와 거리를 두었는데, 우선적으로는 전문가와 아마추어를 엄격하게 구분하는 관행과 편견의 영향이 컸다. 또한 연구 성과로 인정을 받으려면 엄격한 형식을 갖춘 학술논문을 써야만 하는 제도적 제약도 역사가들의 공공역사에 대한 무관심을 심화시켰다.

그런데 최근에는 역사학계에서도 공공역사를 주목하기 시작했다. 공공역사가 주요 의제로 떠오르기까지는 상반된 현상이 동시에 나타났다. 역사 소비가 포괄적으로 팽창했지만 대학에서는 취업이 절대 목표가 되면서 역사학과의 위상이 오히려 위태로워졌다. 이런 상황은 역사학자가 역사의 대중적 소비와 관계를 맺는 방식, 일반 시민과 소통하는 방법, 역사학과의 교육 목표를 전반적으로 재검토해야 한다는 것을 의미하는 것이었다.

서구에서도 공공역사는 '학문적 역사가의 고립'에 대한 일종의 해답으로 등장했다. 미국의 공공역사운동은 처음부터 "학계가 점점 더 역사가의 서식지가 되었고 그들은 말 그대로 상아탑 속으로 후퇴했다"고 진단하고, 전문 역사가들이 일하던 '상아탑'을 무너뜨릴 새로운 역사가를 만들어 내야 한다는 것을 강조했다.[35] 이후 공공역사 개념은 40여 년에 걸쳐 세계 각지에서 현지 실정에 따라 다양한 경로를 거쳐 오늘에 이르렀으며 그 정의가 바뀌어 왔다. 따라서 각국에서 공공역사의 의미와 위상은 단일하지 않다. 그렇지만 공공역사는 공통적으로 전문 역사학자의 역할

변화를 촉구한다.

이미 구술사와 지역사에서는 방향과 내용에서 무시할 수 없는 변화가 진행되고 있다. 구술사에서는 일반 대중이 역사 쓰기의 주체로서 위상을 새로 정립하고 있으며, 그들은 공동체 아카이브 구축이나 지역 정체성과 관련된 공공문화 콘텐츠의 기획에도 적극 참여하고 있다. 대학에서도 기록학이나 박물관학, 지역문화 기획 등을 비롯해 공공역사가 양성을 목표로 삼는 프로그램의 도입이 증가하고 있다. 역사학자는 '연구자의 언어와 방법'으로 과거에 대한 역사학적 탐색을 심화시키는 동시에, 구체적인 지역사회를 무대로 활동할 공공역사가를 양성하고 다양한 공공역사의 실천과 관계 맺으면서 '대중의 언어'로 일반 대중과의 소통에도 나설 것을 요구받고 있다.

공공역사의 관점에서 보면 "사람은 누구나 역사가이다." 중요한 것은 그들 각자가 "역사를 탐구하고 실험하며 역사에 참가하는 독자적인 새로운 형식을 만들어 낼 수 있는가" 하는 것이다.[36] 공공역사는 개인이나 공동체가 추구해야 하는 규범적 목표나 추상적 당위가 아니다. 그것은 역사학자와 일반 대중, 그리고 다양한 분야에서 활동하는 공공역사가가 협업하고, 살아가는 동안 기억과 역사를 진지하게 자신의 삶과 연결시키도록 응원하고 독려하는 운동이다. 그와 관련해서 역사학자도 역사의 응용, 활용, 기념, 투쟁, 고용 등에 대해 좀 더 적극적으로 소통하고 폭넓게 관여할 것을 요구받고 있다. ●허영란

2
공공역사로서의 지역문화 콘텐츠 만들기

지역 바라보기

도시 거주 인구의 비율이 전체 인구의 90퍼센트를 넘어선 한국에서 한 지역의 고유한 문화가 보존, 전승, 재창조될 수 있는 기회와 공간은 빠르게 줄어들고 있다. 한마을 사람들이 두레와 품앗이로 함께 일했던 농촌의 풍속은 과거의 화석이 되어버린 지 오래되었고, 도시의 오래된 건물과 골목은 신도시에 자리를 내어주고 있다. 문화콘텐츠가 온라인을 매개로 하여 때와 장소를 가리지 않고 향유할 수 있게 되면서 거대 자본이 기획한 콘텐츠의 영향력은 더욱 커지고 있다. 반면 지역의 문화유산, 생활양식, 문화시설, 문화콘텐츠는 지역 사람들의 일상과 더욱 멀어지고 있으며 경관·물산·방언·민속으로 구별되던 각 지역의 특색은 점차 희미해지고 있다. 더구나 코로나19로 인한 팬데믹 상황은 그렇지 않아도 협소했던 지역의 문화 활동과 문화 공간의 범위를 더욱 축소시키고 있다.

문화적 다양성의 발현과 존중이 한 사회의 문화가 발전하는 기본 조건임을 전제한다면 오늘날과 같은 문화콘텐츠의 대량소비시대에 지역문화가 지역 사람의 일상과 멀어지고 있는 상황은 걱정스럽다. 음악·영화·드라마·한식과 같은 한류 콘텐츠가 전 세계인의 이목을 사로잡는다고 해도, 내가 살고 있는 고장과 동네의 문화적 특별함과 다양성이 사라지고 지역문화를 향유하고 재창조할 수 있는 현실의 공간마저 줄어든다면 한국 문화의 미래는 결코 밝지 않다.

21세기의 도시와 지역은 불평등과 자연 및 문화적 환경 파괴 등으로 인해 위기에 놓여있다. 지역의 쇠퇴, 축소 혹은 소멸로 인해 지역의 문화 정체성과 자산 또한 동시에 소실될 위기에 처해있다. 특히나 한국 사회의 고령화 속도는 2000년 고령화 사회 진입 이후 전 세계에서도 이례적으로 빠르게 진행되고 있다. 저출산으로 인해 1970년 출생아 수가 101만 명이 었던 것이 지속적으로 감소하여 2022년에는 24만 9,000명 수준까지 대폭 줄어들었다. 따라서 인구는 자연 감소가 이루어지고 있으며 이에 따른 지역 소멸은 가속화되고 있다. 1인 가구 수는 2000년 222만 가구에서 2022년 750만 2,000가구로 대폭 증가되어 가구 구성이 크게 변화했다.

이렇듯 저출산, 고령화, 생산 가능 인구 감소 등 인구 위기 대처 방안으로 향후 외국인 인구 유입은 불가피할 것으로 보인다. 경제적으로도 대한민국은 저성장 고착화 및 경제 양극화가 급속히 이루어지고 있는 상황이다. 이로 인해 소득의 불평등 심화도 문제여서, 단기적으로는 경제 성장을 저해할 뿐만 아니라 장기적으로도 인적 자본의 형성과 발달에 지장을 초래함으로써 지속가능한 성장을 저해하는 요인으로 작용하고 있다. 지역의 관점에서 보면 수도권·비수도권 간 경제 및 산업 격차 또한 심화되고 있다. 이러한 상황 속에서 현재 정책적 환경으로는 지방자치·분권 및 균형 발전의 요구가 확산되고 있다. 특히 정부의 '문화비전 2030' 계획에 의하면 ① 소중한 지역의 문화유산 보전 및 국민의 일상권 문화 향유 환경 마련, ② 자율과 협치의 원칙으로 문화 분권 기반 조성, ③ 쇠퇴하는 지역 회복 및 일자리 창출에 문화가 기여하는 정책을 강구하고 있다. 이는 지역문화의 고유성 유지와 발전을 위해 지역문화 특화 콘텐츠를 육성하고 이를 통해 지역문화 산업의 경쟁력 제고와 지속가능한 성장이 가능하다고 여기고 있는 것이다.

공공역사와 지역학의 상관성

시민들의 삶이 투영되는 현장은 바로 지역 속에 존재한다. 작게는 집에서부터 골목, 마을, 도시 등의 공간적 범주 속에서 사람들은 생활하며 살아간다. 지역에서 일어나는 주거 문제, 환경 문제, 학교 교육, 도시 재생 등 제반의 사항들은 지역의 발전과 정체성 정립에 중요한 이슈이다. 이러한 지역을 연구하고 분석하는 학문이 바로 지역학이라 할 수 있다.

지역학이란 "지역 및 공간과 관련된 주제에 대해서 객관적이고 과학적인 분석을 수행하는 학제적interdisciplinary인 학문"[1]으로, 특정 지역을 이해하려는 목적에서 전개되는 모든 학술적 활동을 말한다. 따라서 지역학은 지역의 역사, 지리, 문화, 도시 건축, 경제, 자연환경, 생활 등 여러 분야를 종합적으로 분석·고찰하여 지역의 특성과 정체성을 발굴해 나가는 동시에 지역을 보다 나은 삶의 공간으로 만드는 데 기여한다고 할 수 있다.[2] 이러한 점은 다양한 주체들과 상호 협력하면서 실천역사학을 실현하는 공공역사학의 성격과 유사한 측면이 많다고 하겠다.

유·무형의 지역문화 자산은 지역을 회복하거나 새롭게 재창출해 내는 중요한 요소이자 동력이다. 장소 마케팅, 장소 브랜딩, 지역 재생을 실행하기 위해서라도 공공역사학의 개념과 지역학의 개념을 필요로 한다. 지역의 특수하고 고유한 역사, 문화, 사회, 일상적 삶의 과거와 현재를 재해석한다면 미래 발전의 방향성을 도출할 수 있기 때문이다.

따라서 지역에서 행해지고 있는 다양한 하드웨어 및 소프트웨어 프로젝트에 공공역사가들은 기획 단계에서부터 참여해야 한다. 공공역사가들이 지역에서 왕성한 활동을 진행할 때 그 지역의 문화 자원과 지역문화콘텐츠는 말 그대로 빛이 나고 발전할 것이다.

지역문화 자원의 발굴과 조사

지역문화 자원의 범주는 그 기준이 어떤지에 따라 여러 가지 방식으로 설정될 수 있다. 여기에서는 필자의 편의대로 먼저 기초지자체 급에 해당하는 지역을 설정해 보겠다. ① 시간적 범위로는 현재까지 생성된 지역 기록물 전반으로, ② 공간적 범위로는 기초지자체 관내 전 지역을, ③ 내용적 범위로는 각 동(면)의 역사적 변천과 주민 생활을 보여주는 모든 형태의 기록물을 설정할 수 있다. 이를 통해 아래의 〈표 1〉과 같이 기존의 연구 성과를 검토하고, 국사편찬위원회 한국사 데이터베이스를 활용하는 등 지역 자원을 수집·정리하는 과정을 진행해야 한다. 이러한 문헌 자료조사를 선행한 이후에는 반드시 현장 조사를 실시해야 한다. 지역의 유·무형 문화재를 비롯해 미래 유산, 역사 인물, 오래된 가게(노포), 오래된

나무(노거수), 근·현대 주요 건축물, 문화예술인 등에 대한 조사를 시행하는 것이다. 특히 인물에 대한 조사는 구술 및 녹취 작업을 진행하는데, 진술자에 대한 기억의 왜곡 가능성을 주의하고, 관련자 여러 명을 녹취하고, 다양한 자료를 교차 검증하여 신뢰도를 높이려고 노력해야 한다. 녹취를 위한 자료 조사 및 정보 활용 동의서를 받아야 하며 원본 녹취 파일과 교정 파일을 진술자에게 제공하면서 자료 정리를 수행해 나가야 한다.

이와 같이 수집되고 조사된 지역 원천 자료는 큐레이션 과정을 거치

〈표 1〉 지역 자원의 조사과정

1. 기존 성과 검토

　　−지역 관련 발간 책자 전수 조사 및 목록화
　　−개별 책자 조사 및 분석
　　−시대별, 공간별, 주제별 내용 재구성 필요

2. 문헌 조사

　　−전근대에서부터 현재에 이르기까지 지역에 관한 문헌 자료를 조사·정리(시대별 정사류
　　　를 비롯하여 각종 지리지, 구지, 동지 등)
　　−신문: 네이버 라이브러리 신문 검색
　　−신문 및 잡지: 국사편찬위원회 한국사 데이터베이스
　　−각종 공문서: 국사편찬위원회, 국가기록원, 광역시·도 및 기초지자체 등
　　−문집류: 한국고전번역원
　　−논문: Dbpia, KISS, RISS 등

3. 현장 조사

　　−답사: 문화유산 및 조사 장소 현지 답사(사전 자료 조사 및 현장 조사는 필수)
　　−구술 및 녹취
　　　거주자, 지역 자원과 관련한 사람 및 목격자 구술과 녹취
　　　(주의사항: 기억의 왜곡 가능성/ 관련자 여러 명 녹취/ 다른 자료와 교차 검증)
　　　녹취를 위한 기본 자료 조사 및 정보 활용 동의서 등

게 된다. 큐레이션은 본래 미술 분야에서 뛰어난 작품들을 골라 사용하는 행위를 가리켰으나, 현재는 모든 분야에서 양질의 콘텐츠를 선별하고 조합하여 새로운 가치를 부여하는 행위를 의미한다. 역사학의 입장에서는 사료들을 선별하여 목차를 구성하고, 논리적 글쓰기를 행하는 과정과 유사하다고 할 수 있다. 디지털 환경이 갖추어진 현대 사회에서는 자료와 정보가 많아질수록 양질의 정보를 선택·조합하는 행위는 더욱 어려워지기 때문에 큐레이션화 과정은 그만큼 중요하다. 특히나 수많은 자료가 온라인상에 노출되면서 무분별한 정보들이 아무런 여과과정 없이 대중들에게 제공되고 있다. 따라서 원천 자료를 분류하고, 검증·분석하여 스토리텔링 기법을 사용하는 과정이 중요하다고 하겠다.

지역 현장에 있는 전문 인력들이 지역 자원을 조사·정리를 수행한다고 해도 자료의 검증과 자문에 대한 학술적 교류는 반드시 필요하다. 지역 연구의 진전과 새로운 자료의 발굴을 위해서라도 학제 간 소통은 지속적으로 이루어져야 한다. 이는 지역의 주요 사건과 인물을 재정립하기 위한 필수과정이기 때문이다. 이에 따라 다양한 주제를 '00학'이라는 관점으로 학술회의를 진행한다면 지역문화 자원이 풍성해지고, 그 의미와 가치가 정립되는 효과를 얻을 수 있다. 하지만 방대한 자료를 모은다고 해서 모든 것이 해결되지는 않는다. 즉 모든 자료를 디지털 아카이빙을 하

〈표 2〉 스토리텔링 도서의 발간과정

1. 자료의 분류, 정리(자료집)
2. 자료의 신빙성, 사실 관계 파악
3. 자료 생성 당시의 시대적 상황을 고려한 서술
4. 스토리텔링 기법을 사용한 지역사와 지역문화의 재구성(대중들에게 전달력 강화)
5. 선택과 집중을 통한 개별 주제 조명

지 않고서는 관리와 활용에 있어서 진전이 되지 않기 때문이다.

지역의 이야기를 담는 그릇, 마을 아카이브

이야기는 지역의 사람들의 눈과 마음을 한데 모으는 구심점이 될 수 있다. 나의 생활 주변, 내가 살고 있는 지역의 이야기를 새로운 형식으로 접하게 될 때 지역 사람들은 지역의 문화에 흥미를 느끼게 되고 스스로 지역사회에 속해있음을 느끼게 된다. 모든 지역에는 이야기가 있고 그 이야기의 소재가 되는 장소와 사물, 그리고 인간이 살아가고 있다. 지역의 산과 바다, 하천과 호수, 논과 밭, 오래된 길과 마을의 노거수에도 이야기는 있다. 물론 지역의 문화유산, 마을의 골목과 건물, 집집마다 전해오는 사진과 문서와 같은 기록물도 저마다 시대에 따라 변화하는 사람 사는 이야기를 간직하고 있다. 무엇보다 각자의 기억은 지역에 관한 새로운 이야기를 풀어갈 수 있는 가장 핵심적 소재가 된다.

비록 재미있는 이야기꾼은 아니더라도 한 사람의 살아온 이야기를 들을 때 우리는 그의 인생을 새로운 눈으로 바라보게 되며 그가 속했던 지역의 시간과 공간의 의미가 내가 평소 느끼던 바와는 다름을 알게 된다. 나아가 오늘의 내가 살아가는 공간이 다양한 삶의 행로가 얽히고설켜 만들어진 것임을 깨닫는다. 그리고 그런 한 사람 한 사람의 기억들이 모여만들어 내는 지역의 서사, 지역의 이야기는 도시화, 획일화되어 가는 우리 삶의 자리에 신선한 감동을 선사하며 다시금 나와 공동체의 삶에 성찰할 수 있는 공간을 만들어 준다.

지역 아카이브는 그런 지역의 이야기를 담아내는 그릇이다. 더 정확히 말하면 지역 민간 기록물 아카이브는 지역 사람들의 이야기와 그 이야기의 소재와 주제가 되는 다양한 형태의 기록물 및 역사문화 자원을 지속적으로 수집하고, 수집한 것을 일정한 방식으로 분류하여 보관하며, 시민들이 검색하고 활용할 수 있게끔 하는 장치이다. 그렇게 만들어지는 아카이브는 지역의 '삼간三間', 즉 지역의 시간, 공간, 인간을 아우른다. 제대로 된 지역 아카이브는 그 지역이 거쳐온 시간의 깊이, 공간의 넓이와 다양성, 그리고 지역에 살고 있는 사람들이 저마다 어떻게 살아왔으며 어떤 생각을 갖게 되었는지에 대한 자세한 정보를 잘 갈무리해 둔다. 그렇게 해서 지역 아카이브는 그것이 건물을 가진 기록관인가 디지털 아카이브인가와는 상관없이 지역의 든든한 지식 정보 기반의 문화 공간, 즉 누구나 이용할 수 있는 공공인프라가 된다. 이렇듯 지역 자원을 디지털로 집대성한 아카이브는 다양한 활용 사업을 할 수 있는 기초가 될 것이다.

지역 자원을 활용한 청소년 및 시민교육

지역 공공인프라 측면에서 지역 아카이브의 활용 범위는 매우 넓다. 첫 번째 활용처는 지역의 어린이와 청소년 대상 교육 분야이다. 예를 들어 현행 초·중등 교육과정에서 이루어지는 사회과의 기초지자체 단위 지역교육에서 지역 아카이브는 유용하게 활용될 수 있다. 포털 사이트에서 쉽게 검색할 수 있는 백과사전식 무미건조한 정보 대신 지역 아카이브에서 얻는 지역 사람들의 생생한 목소리가 담긴 기록물은 학생들에게 지역을 더 깊은 차원에서 이해할 수 있도록 돕는다. 이는 주민자치회나 평생학습관에서 이루어지는 지역사 교육 활동에서도 마찬가지이다. 반대로 아카이브는 지역 사람들이 와서 직접 그 내용을 채워가는 열린 공간으로서도 활용될 수 있다. 시민 기록가, 마을 기록단 활동과 같은 지역민들의 자발적인 기록 활동의 결과물을 아카이브에 저장해 둘 수 있는 것이다. 이러한 과정을 통해 아카이브는 아무리 퍼가도 마르지 않는 지역의 공동우물로 제 역할을 찾을 수 있다. 그렇게 지역 아카이브가 어린이부터 장년에 이르기까지 지역의 모든 사람이 활용하는 인프라가 된다면 지방정부와 중앙정부 또한 아카이브의 지식 정보를 중요한 정책 자료로 활용하지 않을 수 없게 될 것이다.

아카이브의 활용은 콘텐츠의 제작 및 교육으로도 확대할 수 있다. 아카이브를 통해 축적된 자료는 사용자의 활용 의지에 따라 어떤 방식으로도 활용 가능하기 때문이다. 특히 교육, 콘텐츠 제작에 관련된 아카이브가 조성되어 있다면, 그를 바탕으로 교육 자료를 만들고 각종 콘텐츠를 제작할 수 있다.

최근에는 초등학교 지역화 교재가 기초지자체 및 교육청을 중심으로 제작이 이루어지고 있다. 현재 서울의 경우 초등학교 3학년에 '내 고장 알기' 과목이 개설되어 있으며, 지역화 교재를 각 지방 교육지원청이 중심이 되어 제작하고 있다. 지역 아카이브가 지역화 교재와 선순환하는 구조가 이루어진다면 학습 효과는 물론, 집과 학교에서 가까운 현장 체험학습을 병행할 수 있는 장점이 있다. 이 밖에도 마을 교육 자료집, 마을 교육 사업 등 다양한 교육 사업에서 아카이브는 활용 가능하다.

아카이브를 통한 또 하나의 교육은 시민교육을 들 수 있다. 시민교육의 사례는 교재를 통한 교육 등의 수동적 방식이 아니라, 스스로 아키비스트, 즉 기록자가 됨으로써 기록하는 것이다. 여기서 두 가지 교육이 가능하다. 하나는 기록자를 키우는 교육이고, 다른 하나는 민주시민 교육이다. 기록자 양성 교육은 많은 지자체에서 운영 중이다. 경기도 이천의 마을 기록단, 서울 성북구의 주민 기록단, 인천 미추홀구의 시민 기록가 등이 대표적이다. 교육과정은 기록을 위한 전문 지식 함양에 맞춰져 있다. 민주시민 교육에 있어서는 대부분의 경우 과정이 개설되어 있지는 않다. 이는 기록자가 스스로 기록할 대상을 찾고 결정하는 과정이다. 과거에는 '기록할 수 있는 사람'이 정해져 있다면, 지금은 시민 스스로 기록할 내용을 결정할 수 있기 때문이다. 이 과정이야말로 주체로서의 시민을 만드는 과정이며, 아카이브의 진행형인 아카이빙의 대표적 활용 방식이다. 향후에는 민주시민 교육의 확대가 각 지역에서 펼쳐지기를 기대해 본다.

지역문화 자원에서 지역문화 콘텐츠로

지역문화 자원 및 원천 콘텐츠를 역사문화 콘텐츠로 재생산하는 작업은 중요하다. 지역의 역사·문화 자원은 다양한 콘텐츠로 활용이 가능하고, 이미 많은 곳에서 제작 중이다. 문화재청에서 진행하는 '문화재 야행', '생생 문화재' 사업 등은 문화재라는 지역 역사 자원을 기반으로 문화콘텐츠를 제작하여 진행하는 사업이다. 이들 문화 프로그램에 스토리텔링

〈표 3〉 역사문화 콘텐츠 개발과정(안)	〈표 4〉 문화콘텐츠 장르 구분
1. 소재 및 주제의 선정 2. 활용 타당성, 적합성 검토 3. 활용 장르(방법) 및 수요층(대상) 고려 4. 콘텐츠 제작 주체의 선정 5. 협의 및 기획, 최종안 도출	1. 연극, 뮤지컬 2. 영화, 영상 3. 음악 4. 공공미술 5. 문화 행사 6. 강좌

에 입각한 '이야기'를 입히면 더욱 훌륭한 콘텐츠가 된다. 여기에서는 필자가 현장에 임하면서 나름대로 설정한 역사문화 콘텐츠 제작과정 프로세스를 제시하고 이에 따른 활용 사례들을 소개하고자 한다.

◑ (사례 1) 만해 한용운 추모 다례재

만해 한용운 선생의 정신과 업적을 시민들과 공유하고 지역문화 사업의 콘텐츠로 적극적으로 활용한 사례이다. 한용운 선생은 1944년 6월 29일에 운명하셨기 때문에 매해 6월 29일 오전 11시에 다례재가 성북동 심우장(사적 제550호)에서 진행된다. 기존 한용운의 연구 성과는 불교개혁자, 독립운동가, 시인이라는 카테고리에 맞추어 많은 논문과 저서들이 있었다. 다만, 한용운이 심우장에 거주했던 1933년부터 1944년까지의 연구 성과는 극히 드물었고, 심우장과 관련된 내용은 전무했다고 해도 과언이 아니다. 이를 극복하기 위하여 2014년 국가보훈처 공모 사업에 선

〈그림 1〉 2022 창작 뮤지컬 〈심우〉 포스터.

정되어 '만해의 심우장 시대'라는 학술회의를 개최하였다. 이러한 연구 성과를 토대로 한용운 선생과 관련된 다양한 콘텐츠 만들기를 진행하였다. 그 결과 한용운의 시를 캘리그래피로 전시하였고, 청소년들이 한용운의 시를 낭독하고 편지를 쓰는 행사가 열리며, 뮤지컬 〈심우〉가 공연된다. 〈심우〉는 1937년 심우장에서 거행된 일송 김동삼 선생의 장례식 일화를 소재로 만든 창작 뮤지컬이다. 한용운 선생의 삶과 정신이 녹아있는 역사적 장소인 성북동 심우장을 무대로 독립지사들이 겪은 고난과 슬픔, 그리고 독립을 향한 비전과 희망을 연기와 노래 그리고 춤에 담고 있다. 뮤지컬 〈심우〉는 국립극장이나 세종문화회관이 아닌 한용운의 발자취를 느낄 수 있는 심우장에서 진행되어 그 장소성과 역사성이 배가 될 수 있었다. 역사적인 공간에서 실제 행해졌던 에피소드를 대중과 직접 가슴으로 호흡하며 그 의미를 전달할 수 있었기 때문이다.

◑ (사례 2) 이육사 탄생 기념문화제

이육사는 대표적인 독립운동가이자 문학가로 1939년부터 종암동 62번지에 거주하며 〈청포도〉, 〈절정〉 등의 시와 수필 등을 발표하였다. 이를 주목하여 종암동 주민들과 수차례 공청회, 시민 강좌를 진행했다. 나아가 기존 '종암동 북바위 축제'를 '종암동 청포도 축제'로 탈바꿈하여 주민들에게 이육사를 마을의 자랑이요, 아이들이 존경하는 인물로 자리 잡게 했다.

이러한 주민들의 응원에 힘입어 지자체에서는 서울시와 연계하여 시민들의 문화 공간인 '문화공간 이육사'를 설립하여 시민들의 휴식처이자, 커뮤니티 문화 공간으로 활용하고 있다. 1904년 5월 18일 이육사 탄신일에 맞춰 2016년부터 매해 이육사 탄생 기념문화제를 개최하고 있다. 이는 일제강점기 독립운동과 근·현대 문학의 중심지로서 종암동을 재조명하고, 주민들의 지역에 대한 이해도 및 애향심을 고취시키기 위한 축제이다. 지역문화 공간인 '문화공간 이육사'와 '이육사 예술공원'에서 체험과 공연을 진행함으로써 관람객 방문 유도 및 지역 밀착형 행사를 도모하고 있다. 특히 '이육사 예술공원'에서 이육사의 시를 노래하는 빈티지프랭키(인디밴드)가 야외 버스킹 공연을 진행하면서 이육사의 삶과 문학, 독립운동 정신을 기리고 있다. 최근 행사에는 시민과 교감할 수 있도록 방명록을 작성하였는데, 청포도를 상징하는 대형 판넬을 제작하여 이육사와 소통하고 있는 모습이 인상적이다.

◑ (사례 3) 지역문화 축제 '성북동 밤마실'

'성북동 밤마실'은 문화재청의 '문화재 야행' 사업의 일환인 '성북동 문

〈그림 2〉 이육사 탄생 118주년 기념문화제(2021. 6. 29).

화재 야행'의 이름이 변경된 축제 명이다. 국비와 시비를 더 이상 지원받지 못하게 되자, 성북구청과 성북문화원, 그리고 민간이 협력하여 지역 주민 주도형 축제로 발전된 경우이다. 성북동은 심우장, 한양 도성, 선잠단지, 최순우 옛집, 한국순교복자성직수도회 구본원 등의 문화재와 성북구립미술관, 선잠박물관, 우리옛돌박물관, 예향재 등의 문화시설 등이 산재한 역사문화 자원의 보고이다.

축제 기간에는 문화재와 문화시설에 대한 야간 개방이 이루어지는데, 성북동만의 고즈넉한 분위기를 느낄 수 있다. 야간 탐방을 위한 성북 전차(셔틀버스)가 8개의 임시 정류장을 순환하며 축제 현장 곳곳의 방문을 돕는다. 특히 코로나19 시즌에 발맞추어 IT 기술을 접목하여 문화재 AR 해설이 진행되고, 한성대 역사문화콘텐츠 트랙과 디지털 인문정보학 트랙의 학생들이 축제 현장을 사진과 영상으로 아카이빙하며, 방문객에 대

〈그림 3〉 2022년 성북동 밤마실 축제의 6야夜 프로그램.

한 설문 조사까지 한다. 성북동 주민 자치회와 지역 대학, 상인회, 종교시설 등이 연계하여 지역문화 축제를 진행한다. 지역에 거주하는 무형문화재인 대금산조(국가무형문화재 제45호), 선소리산타령(국가무형문화재 제19호), 발탈(국가무형문화재 제79호)의 명인 공연과 문화예술을 전공으로 하는 대학생들이 버스킹 공연을 실시한다. 중요한 것은 축제 기간에 지역경제 활성화를 위해 지역 상점과 연계해 매출을 높이고 있다는 점이다. 아울러 지역에 연고를 둔 예술인(단체)을 활용하여 열린 공연·전시의 장을 제공하고 있다는 점이다. 지자체와 공공기관, 문화시설, 대학, 상인, 예술인들이 함께 힘을 모아 지역 축제를 진행하는 점은 자치분권시대에 좋은 본보기가 된다고 하겠다.

◐ 지역 자원 조사와 콘텐츠화 과정

앞에서 살펴본 다양한 문화콘텐츠는 역사학 방법론을 근간으로 이루어졌다. 아무리 좋은 콘텐츠 기술이 있다 하더라도 자료를 찾고 분류해 가며, 사료 비판을 행하는 역사학의 기본 원리가 가장 중요하다고 생각된다. 따라서 각 지역에서 활동하는 지역문화 전문가는 역사를 전공한 사람들이 유리한 고지에 있다. 이들이 바로 공공역사가인 것이다.

먼저 원천 자료 수집 및 연구를 실시하고, 자료집 및 스토리북 제작, 대중서 발간 등을 진행한 다음 이 모든 자료를 '디지털 아카이브'에 탑재한

〈표 4〉 지역 자원 조사와 콘텐츠 개발·활용 프로세스.

다. 이를 기반으로 시민 강좌, 해설사 양성, 예술인 교육, 주민 기록단 교육 등을 실시하여 지역 전문가를 양성하게 된다. 또한 지역 자원을 활용한 연극 및 뮤지컬 제작, 축제 기획, 문화콘텐츠 제작 등을 통하여 지역문화예술 사업을 지속적으로 진행할 수 있다. 이러한 활동은 공공역사가들을 비롯한 지역 전문가들의 활동범주를 확대시키며 지역 속에서 커뮤니티 플랫폼이 되는 역할을 수행하는 것이라 하겠다.

지역문화의 발전을 위하여

우리 주변의 역사문화 자원을 재발견하고 그 가치를 깨닫고 사랑하며 이를 적극적으로 해석하고 활용할 때 문화 경쟁력은 향상된다고 생각한다. 문화는 지역의 브랜드 가치 제고와 경제 활성화, 지역민의 삶의 질 향상을 촉진하는 소프트 파워이다. 더구나 '뉴노멀 시대'라 부르는 저성장시대에 지역의 역사문화 자원들은 지역경제의 성장과 직결되는 저비용 고효율의 자원이 된다고도 할 수 있다. 지역은 다양한 문화유산과 기록 자산을 보유하고 있다. 공공과 민간 모두에서 이를 활용한 다양한 문화 사업을 시행하고 문화콘텐츠를 생산하게 된다면 지역 주민을 비롯한 모든 사람에게 문화적 향유의 기회를 제공하여 삶의 질을 높이고 지역 정체성을 형성하는 데 기여할 것이다.

자치분권시대에 살고 있는 지금, 지역에서는 역사문화 자원과 관련된 주요 조례와 제도, 정책을 재검토하고 분야별, 권역별 정책이 수립되기를 희망한다. 이를 통해 지역마다 '공존'을 향한 문화도시가 만들어진다면 도시 문제의 대안 및 해결 방안이 마련될 것이다.[3] 아울러 '일상문화'

를 기반으로 한 생태문화 커뮤니티 형성 및 주민자치에 기반한 마을문화가 만들어진다면 시민들의 사회적 가치와 사회적 권리가 확대되는 지역문화가 자리 잡을 것이다. •강성봉

3
지역 조사·연구의 방법과 과제

지역문화의 위기와 대안 찾기

지역문화는 중앙 또는 다른 지역의 문화와는 구별되는 것으로 그 지역에서 독특한 모습으로 전승되고 있는 문화적 요소를 가리킨다. '지방은 식민지다'라는 말이 나올 만큼 지역문화의 위기는 오래전부터 제기되어 왔고, 지금도 꾸준히 그 대안을 찾아가고 있다. 문화적인 면에서 보면 당장 지역관광 홍보를 통한 지역경제 활성화, 지역문화 프로그램 및 콘텐츠 기획을 떠올릴 수 있다. 하지만 이러한 대중요법은 지역이 갖고 있는 근원적 문제를 해결할 수 없을 뿐만 아니라 오히려 지역 외부의 시선과 평가에 의존하게 만듦으로써 지역 사람들의 자존감을 떨어뜨려 지역문화를 더욱 황폐하게 만든다.

지역사회가 자생할 수 있는 장기적이고 거시적인 방향 설정이 필요하다. 여러 대안이 제시될 수 있지만, 한 가지 바람직한 방향은 지역에 거주하는 개개인이 지역문화의 가치를 알고 향유하며 지역문화의 창조에 참여할 수 있는 새로운 사회적 공간을 설계하는 것이다. 이러한 일은 콘텐츠 유통업체나 기획사가 할 수 있는 것이 아니다. 지역에서 활동하는 많은 활동 주체가 소통하고 협력하는 역량을 발휘해야 시작할 수 있다. 이때 지역 조사와 연구 그리고 그 성과를 나누어 가지는 활동은 대안적인 지역사회 공간을 설계하는 일의 출발점이 된다.

문화유산, 지역 조사의 출발점

지역마다 그 지역을 대표하는 문화유산이 있게 마련이다. 문화유산에 대한 관심과 연구는 지역사회에 있어 새로운 공간 설계의 출발점이 될 수 있다. 한 지역 사람들이 행한 문화 활동의 소산인 문화유산은 지역의 과거에서부터 현재까지 이르는 기억과 역사를 간직하고 있기 때문이다. 문화유산의 범주는 정부가 지정하고 제도적으로 보호하는 문화재에만 국한되지 않는다. 사람의 손이 닿은 자연환경, 도로와 골목, 시장과 공원과 같이 시민들이 활동하는 열려있는 장소들, 동네의 오래된 식당과 상점들, 오랜 시간 지역민의 활동을 통해 지역사회에 자리 잡은 단체와 정기적인 모임이나 행사들, 역사문화 인물, 지역 내에서 통용되는 인간관계의 특수한 면면과 오랜 관습들도 문화유산에 포함된다. 역사적 사건에 관한 기록물, 시대상을 알려주는 작품성 있는 문학 작품과 미술 작품도 문화유산이다.

문화유산은 그 지역에 살았고 살고 있는 사람들의 생각, 감정, 활동,

역사를 담고 있다. 그것은 여러 사람의 상처와 꿈, 피로와 기쁨이 먼지처럼 쌓여 굳어진 암석과도 같다. 그리고 지역의 세밀한 역사, 지역 사람들의 숨은 사연은 다시 문화유산이라는 매개체를 통해 재생된다. 그것은 지역의 과거와 현재가 대화할 수 있도록 돕는 통로이다. 지역의 문화유산 연구는 일반적인 의미의 학술 연구를 넘어 지역의 사람들이 나와 공동체의 모습을 돌아보는 일이며 과거와 현재의 이어짐과 그 의미를 묻는 대화의 과정이다. 따라서 문화유산에 대한 접근과 연구는 지역사회, 지역 사람들의 내면을 들여다보고 지역의 이야기와 역사를 품은 대안적인 사회 공간을 만드는 데 필요한 기준점을 제공한다.

즉 우리는 문화유산을 통하여, 나의 삶과 인간 일반과 세계에 대하여 보다 이성적으로 배울 수 있는 것이다. 이성적이라는 것은 상징적 표현으로 번역된 삶이 생생한 삶 그것보다 의식적으로 보다 높은 통일성, 일관성에 이를 수 있기 때문이며, 다른 한편으로는 상징적 매개를 통하여 우리는 우리 자신과의 일관성을 더 잘 유지할 수 있기 때문이다. 문화유산과 대화는 그것 나름으로 다른 사람과의 대화이다. 그러나 그것은 직접적인 것이 아니라 간접적인 대화이다. 이 대화에서 다른 사람은 내 마음속에 되살아남으로써만 나에게 말을 할 수 있다. 그런 의미에서 여기에서의 대화는 나 자신과의 대화라고 할 수도 있다. 그것은 나와 내가 행하는 대화이며 나의 독백이다. 그렇기 때문에 나는 나 자신과 더 일관된 관계 속에 있을 수 있다.[1]

이 인용문에 따르면 문화유산은 읽고 음미하면서 나와 우리가 속한 시간과 공간에 대해 성찰할 수 있는 한 권의 책과 같다. 우리 각자는 문화유산과 만나고 대화함으로써 타자의 목소리, 과거의 목소리를 나의 내면에서 듣고 나의 삶을 바꾸어 나갈 수 있다. 그리고 그런 개인들이 문화유산을 중심으로 모여 자유롭게 생각을 나눌 때 지역의 대안문화를 만들어가는 커뮤니티와 사회 공간을 창출할 수 있다.

지역 조사·연구의 확대

지역 조사의 출발점과 조사 대상으로 문화유산이 가진 장점은 많다. 첫째, 문화유산은 대체로 누구에게나 열려있는 공간으로 남아있다. 곳곳에서 온갖 보안 장치가 작동하는 폐쇄적인 사적 공간으로 꽉 찬 도시에서 문화유산은 누구나 접근할 수 있는 공공재로 남아있는 몇 안 되는, 도시의 숨구멍 같은 공간이다.[2] 지정문화재는 말할 것도 없고 유서 깊은 고개나 하천, 공원, 박물관, 전통사찰, 오래된 골목 등은 따로 출입을 위한 절차가 필요치 않은 공간으로 언제든지 마음만 먹으면 직접 찾아가서 현장 조사를 진행할 수 있다.

둘째, 문화유산은 풍부한 자료를 거느리고 있다. 단행본과 논문, 인터넷 기반 데이터베이스와 아카이브에서는 특정 문화유산에 대한 방대한 자료를 검색하여 수집할 수 있다. 문화유산에 대한 구술 자료는 다른 주제보다도 훨씬 용이하게 수집할 수 있다. 그 자료들은 문화유산의 내력에 관해 풍부한 이야기를 전달해 준다.

셋째, 문화유산은 시민 공통의 관심 대상이다. 지역민의 생활과 의식 속에서 문화유산이 차지하는 자리는 오롯하다. 문화유산은 시민들에게 산책과 나들이 장소로 활용된다. 문화유산의 존재로 인해 동네는 또 다른 시간적 차원을 얻게 된다. 일상에서 사용하는 지명 자체가 광의의 문화유산이며 어떤 지명은 아예 그 지역의 오래된 유형문화재로부터 유래한다. 문화유산은 시민의 생활과 의식 속에 대개 긍정적인 의미로 남아있으며 시민들은 언제나 열린 마음으로 문화유산에 접근한다.

누구에게나 열려있고 풍성한 부수 자료를 거느리고 있으며 사회의 공적 자산인 문화유산은 이를 찾는 사람에게 마르지 않는 사유의 샘이자 지역 조사, 나아가 지역학 연구의 원천이다. 이는 문화유산이 가진 고유의 진품성, 즉 사물의 물질적 지속성이 문화유산의 역사적인 증언적 가치와 불가분의 관계에 놓여있기 때문에 그러하다.

어떤 사물의 진품성이란, 그 사물의 물질적 지속성과 함께 그 사물의 역사적인 증언적 가치까지를 포함하고 또 그 사물의 원천으로부터 전수되어질 수 있는 사물의 핵심을 뜻한다. 사물의 역사적인 증언적 가치는 사물의 물질적 지속성에 바탕을 두고 있기 때문에 복제의 경우 후자가 사라지게 되면 전자, 다시 말해 사물의 역사적인 증언적 가치 또한 위험한 상황에 놓이게 된다. 물론 이렇게 해서 위험한 상황에 놓이게 되는 것은 사물의 권위이다.

복제에서 빠져 있는 예술 작품의 유일무이한 현존성을 우리는 분위기(Aura, 아우라)라는 개념을 가지고 다음과 같이 요약해서 말할 수 있을 것이다. 즉 예술 작품의 기술적 복제 가능성의 시대에서 위축되고 있는 것은 예술 작품의 아우라이다.[3]

사물의 물질적 지속성이 그 사물이 지닌 역사적인 증언적 가치를 포함하고 전수하는 문화유산의 사례로는 서울 성북동의 심우장을 들 수 있다. 심우장은 만해 한용운 선생이 1933년에 짓고 1944년 입적하기까지 머문 집이다. 포장되지 않은 마당, 돌과 나무와 꽃이 있는 정원, 다리쉼을 할 수 있는 마루와 열려있는 방문은 그 자체로 심우장을 찾는 사람에게 도시의 다른 공간에서 느낄 수 없는 아늑한 명상의 자리를 내어준다. 시시각각 변모하는 도시 속에 일정한 공간을 차지하고 있는 심우장은 아우라를 발산하고 있다. 한용운이라는 역사적 인물이 이 집과 살을 맞대고 생활하였다는 역사적 사실을 통해 아우라는 증폭된다. 아우라는 감동이라는 형식으로 발현되며 사람마다 다른 주관적인 영역에 속하는 것이지만 그 체험은 심우장이 거느리고 있는 객관적, 역사적 사실들과 만나 결합·반응하면서 다방면으로 사유의 길과 질문의 길을 터준다.

성북구의 경우 심우장이라는 장소에 대한 시간적·공간적 좌표에 대한 관심은 지역 조사의 시간적 범위가 일제강점기 다른 문화유산으로까지 확대하는 계기가 되기도 하였다. 성북동에는 심우장과 비슷한 시기에 조성된 근·현대 건축물이 많은데 이태준 가옥(수연산방), 보화각(간송미술관), 그 외 김용준, 박태원, 윤이상 등 예술가들의 집터가 그것이다. 성북문화원은 이러한 성북동의 일제강점기 문화유산에 주목하고 1930년대 성북동 지역에서 활동했던 지식인 그룹의 교류 양상을 규명해 보고자 했다. 2015년 성북구청의 위탁을 받아 추진한 연구 용역 〈성북동 역사문화자원 조사·연구〉가 그 성과물이다. 그리고 이 연구에서 다룬 독립운동가 관련 주제를 성북구 전역으로 확대해 2016년 성북구청의 위탁을 받아 한성대학교 산학협력단 주관하에 이루어진 〈성북구의 독립운동과 독립운동가 조사·연구〉 용역(연구책임 조규태 교수)에 성북문화원이 참여했다. 그 결과 성북구 독립운동가 총 113명을 확인했으며 최용덕·나중소·오세덕 등 96명을 새로 발굴하는 성과를 냈다.

이렇듯 심우장이라는 지역의 특출한 문화유산은 성북구에서 지역의 이야기를 발굴하고 풀어나가기 위한 연구의 중요한 거점이 되었다. 심우장에만 유독 사연이 많이 있어서가 아니다. 어떤 문화유산이든 그것을 오래 들여다보고 관심을 갖게 되면 그와 관련된 무수히 많은 과거의 자료를 찾을 수 있으며 계속해서 주제를 확대해 나가며 지역의 이야기를 풀어갈 수 있다. 심우장 외에도 제시할 수 있는 사례는 많다. 지역의 문화유산은 지역 조사 및 지역학 연구의 '비빌 언덕'이 되어준다.

지역 조사의 절차

지역의 문화유산이 가진 풍부한 이야기가 수집되어 알려질 때 지역 사람들과 지역사회는 그 이야기들 속에서 공통의 유대감을 갖게 되고 결속을 위한 정서적·지적 토대를 얻게 된다. 그러나 모든 지역 조사가 문화유산을 중심으로만 이루어질 수는 없다. 다양한 관심을 가진 지역 주민, 연구자들이 저마다의 목적과 주제를 설정해 지역을 탐구할 수 있다. 같은 자료라도 조사하는 주체에 따라 다른 의미를 부여하고 다양한 활용 방향을 생각해 볼 수 있다. 따라서 문화유산 중심의 지역 조사를 넘어선 다양한 학문 분야에서 적용할 수 있는 보편적인 지역 조사의 방법과 절차를 대강이나마 정립해 볼 필요가 있다.

흔히 역사를 전공하는 사람들은 문헌과 도서관을 떠나 지역이라는 현장에 나가기를 낯설어하거나 심지어는 두려워하는 태도를 보이기도 한다. 지역 조사라는 과정 자체를 역사학에서 본격적인 연구 방법론으로 거의 다루지 않고 있기 때문이기도 하고 다분히 민속학이나 지리학의 전유물로 받아들이는 경향 때문에도 그렇다. 그러나 생각해 보면 '지역'이란 개념은 역사학은 물론이고 거의 모든 인문학 분야와 밀접하게 연결되어 있다. 인문학이 연구 대상으로 삼는 인간의 행위 자체가 현실의 제약된 공간을 배경으로 다양한 관계를 맺으며 펼쳐지는 것이기 때문이다. 따라서 문학·철학과 같은 학문 분야에서도 문헌 자료 외에 공간이나 지역과 관련되어 지역에서 수집한 자료들은 기존의 주제를 심화, 발전시키거나 새로운 주제를 발견하는 데 상당한 도움을 줄 수 있다. 예를 들어 퇴계 이황의 사상을 연구한다고 할 때 퇴계 생존 당시 생산된 문헌들이 가장 핵심적인 자료가 되는 것은 두말할 필요가 없지만 퇴계의 고향 안동이라는 지역도 그 자체로 훌륭한 연구 자료가 될 수 있다. 안동의 퇴계 종택을 방문해 가옥의 구조와 주변 경관을 살피고 후손들과 지역 주민들을 만나 이야기를 수집해 보는 것은 퇴계의 사상을 다각도에서 이해하는 좋은 연구 방법이다.

그러나 지역 조사가 단지 야외로 나가 이런저런 이야기를 듣거나 풍경을 관찰하는 정도에 머물러서는 곤란하다. 지역 조사 역시 연구의 한 방법으로서 합리적이고 엄정한 절차에 따라 수행할 필요가 있다. 많은 시간과 노력을 들여 수행한 조사 활동의 결과물이 연구 자료로서의 가치를 인정받기 위해서는 치밀한 계획 수립과 광범위한 조사, 자료의 분류와 해석을 통한 꼼꼼한 보고서 작성이 이루어져야 한다. 비유하자면 정당한 법적 절차에 의해 수집된 자료만이 재판에서 증거로서의 효력을 갖는 것과 같다.

지역 조사의 일반적인 방법과 절차에 대해서는 잘 정리된 매뉴얼들이 많다.[4] 지역 조사를 시작하려는 연구자들은 조사에 앞서 참고할 만한 매뉴얼을 찾아 충분히 숙지한 후 이를 근거로 자신이 설정한 주제와 범위에 맞는 조사 계획을 세우고 활동 점검표(체크리스트)를 작성해야 한다. 계획 단계에서의 공부와 설계과정이 철저할수록 실제 조사 활동에서 겪는 시행착오가 줄어든다. 매뉴얼은 대개 다음과 같은 순서를 따른다.

<표> 지역 조사 절차

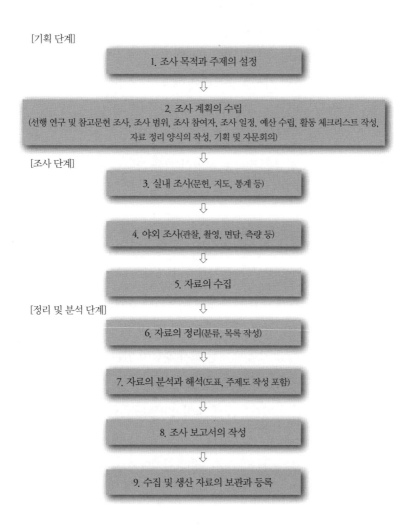

[기획 단계]

1. 조사 목적과 주제의 설정

2. 조사 계획의 수립
(선행 연구 및 참고문헌 조사, 조사 범위, 조사 참여자, 조사 일정, 예산 수립, 활동 체크리스트 작성, 자료 정리 양식의 작성, 기획 및 자문회의)

[조사 단계]

3. 실내 조사(문헌, 지도, 통계 등)

4. 야외 조사(관찰, 촬영, 면담, 측량 등)

5. 자료의 수집

[정리 및 분석 단계]

6. 자료의 정리(분류, 목록 작성)

7. 자료의 분석과 해석(도표, 주제도 작성 포함)

8. 조사 보고서의 작성

9. 수집 및 생산 자료의 보관과 등록

1 - 기획 단계

기획 단계는 지역 조사의 방향과 결과를 좌우하는 가장 중요한 단계이다. 그런 만큼 충분한 시간과 노력을 들여 꼼꼼하게 계획을 수립해야 한다. 이 단계에서는 지역 조사에 참가하는 모든 이들이 모여 조사 목적과 주제를 협의하고 조사의 범위와 대상을 설정한다. 한정된 기간과 인원, 예산에 맞추어 적정한 주제와 범위를 정하는 일이 중요하다. 주제와 범위를 너무 크거나 작게 잡아서는 안 될 것이다. 그러기 위해서는 무엇보다 조사원 개개인이 해당 주제와 지역에 대한 선행 연구와 참고문헌을 뽑아 충분히 공부해서 관련 지식을 습득해야 한다. 이 과정에서 각 지자체에서 발간한 지방사, 지방지는 반드시 입수해서 정독할 필요가 있다. 이 문헌들은 지자체가 많은 예산을 투입해 다수의 연구 인력을 모아 다년간의 조사와 연구를 통해 집필한 것으로 지역의 역사, 민속, 경제, 사회, 문화에 관한 세세한 사항들을 담고 있어서 조사 기간 내내 든든한 길잡이가 되어 줄 것이다.

참고문헌을 일독한 후에는 기획회의를 열어 조사 항목, 조사원 개개인의 임무, 주週 단위 세부 일정, 결과물의 형식과 내용, 실제 활동 시 일어날 수 있는 문제점에 대한 대처 방안을 폭넓게 논의하고 활동 점검표를 작성한다. 자문회의를 갖는 것도 중요하다. 이미 이 주제에 대해 연구를 진행한 바 있거나 해당 지역에 대한 조사 경험이 있는 연구자, 지역의 활동가나 주민 그리고 경우에 따라서는 조사 발주처의 실무자를 초청해 수립한 계획이 타당한지 의견을 구해 조정한다면 곤란한 상황을 미연에 방지할 수 있고 훨씬 수월하게 조사에 임할 수 있을 것이다. 여건이 허락된다면 기획 단계에서뿐 아니라 조사, 정리 단계에서도 수시로 자문회의를 열어 조사 활동을 점검하는 것이 좋다.

2 – 조사 단계

기획을 마친 후 실내 조사와 야외 조사를 통해 본격적인 자료 수집 활동을 시작한다. 조사와 자료 수집은 동시에 수행할 수도 있다. 먼저 실내 조사는 두 가지 방향으로 이루어져야 한다. 첫 번째는 주제에 적합한 문헌 자료를 수집하는 일이다. 이때 수집할 수 있는 주된 자료는 도서관과 인터넷에서 찾을 수 있는 도서, 논문, 지도, 통계, 텍스트, 이미지 자료들이다. 두 번째는 수집한 문헌 자료를 가지고 야외 조사 계획을 구체화하는 것이다. 야외 조사 시 방문해야 할 장소와 기관, 만나야 할 지역의 인물, 단체를 문헌 자료에 근거해 목록을 재작성하고 우선순위를 매겨둘 필요가 있다.

야외 조사의 대상은 조사 주제에 따라 다양하게 설정할 수 있지만 대체로 사람(단체), 장소가 일차적인 조사 대상이 되고 여기에서 파생된 것으로 각 조사 대상 간 관계, 풍속, 관련 사건과 이야기 등을 추가로 조사해 자료를 수집한다. 야외 조사에서는 실측·관찰·채집·면담·청취·촬영·설문 조사 등을 통해 필요한 조사 내용들을 확보한다. 많은 시간과 비용이 소요되는 지역 조사의 핵심 단계인 만큼 충분한 조사 인력과 사전 준비가 필요하다. 무엇보다 지역사회, 지역 주민들과의 소통과 신뢰 형성이 전제되어야 한다. 그러기 위해서는 조사 활동 전에 주민과 지역사회에 해당 지역 조사의 주체와 목적, 수집한 자료의 활용처를 자세히 설명하고 동의를 구할 필요가 있다. 그렇게 신뢰관계가 형성된 후에야 순조롭게 조사와 자료 수집 단계로 나아갈 수 있다.

조사 단계에서는 모든 조사원들이 통일된 조사 양식을 공유하는 것도 중요하다. 수집한 자료를 정리할 때 반드시 기입할 내용, 즉 조사 일시와 조사원의 성명, 자료의 출처·생산·수집 일시, 연관 자료 등 각 수집 자료의 메타데이터 목록을 작성하고 이를 빠짐없이 기입할 수 있는 조사 양식을 미리 만들어 공유해야 한다. 기존의 참고할 만한 조사 양식을 해당 지역 조사의 규모, 주제, 성격에 따라 변형하여 사용하면 될 것이다. 특히 구술 자료의 경우에는 국립중앙도서관에서 표준화하여 배포한 양식이 있으므로 이를 활용하면 좋다.

3 - 정리 및 분석 단계

수집한 자료의 정리와 분석은 자료 조사만큼이나 품이 많이 드는 까다로운 작업이다. 자료의 분류와 분석은 조사자의 주관성이 개입되는 만큼 조사원들끼리 적극적인 의견 교환을 통해 최선의 분류 방법과 분석 방식을 찾아서 정립해야 한다. 아울러 표·그래프·그림·사진·지도 등을 활용하여 수집한 자료의 내용과 특성을 한눈에 잘 보여줄 수 있도록 해야 한다. 예를 들어 '대학 상권의 변화'를 주제로 조사를 진행했다면 지도를 통해 시대별 캠퍼스의 영역과 도로, 점포 위치의 변화, 인구 이동 등을 일목요연하게 보여줄 수 있는 주제도를 작성할 수 있을 것이다. 이뿐 아니라 수집 자료의 성격을 보강할 수 있는 기존 연구 자료를 활용하여 그에 대한 해석을 시도하는 것도 필수적이다. 해당 대학의 역사를 서술한 자료, 관련 신문과 잡지의 기사는 물론 한국 현대사에 있어 고등교육 인구의 증가와 경제 성장 및 시장구조의 변화 등 지역의 상황을 거시적으로 바라볼 수 있는 자료를 동원해 지역 상권 변화의 성격과 그 의미에 대한 서술을 시도해 보는 것이 바람직하다. 그럴 때 최종 보고서의 내용이 한층 풍부해지고 향후 지역 조사의 전망을 제시할 수 있다.

자료를 해석할 때 미리 설정한 조사 목적과 주제를 그 기준을 삼을 수도 있겠지만 애써 수집한 자료의 성격을 온전히 다 보여줄 수 있도록 유연한 분류 기준과 분석도 필요하다. 예를 들어 '도시 개발의 흐름'이라는 주제의 조사를 진행하여 그에 걸맞는 구술자를 섭외해 면담을 진행했을지라도 구술자의 언술에는 조사자가 듣고 싶은 도시 개발에 관한 내용만 담긴 것이 아니다. 거기에는 구술자의 성장, 교육 경험, 이주, 직업, 인간관계 등 실로 다양한 삶의 국면들이 담겨있다. 이는 금번 조사에서는 부차적일지라도 후속 조사와 연구에서는 요긴할지 모르며, 다른 분야의 연구자들에게 더 큰 가치를 지닐 수가 있다. 이런 점을 고려한다면 수집한 자료의 내용과 성격에 맞추어 다양한 분류 기준을 설정해 자료의 가치를 보존, 전달할 수 있도록 하는 것이 좋다. 조사 보고서를 작성할 때도 이 점을 고려하여 각 자료가 가진 의미를 되도록 폭넓게 서술해야 할 것이다.

이와 함께 보고서의 필수적인 내용은 조사 목적, 조사 방법, 조사 장소 및 경로, 조사 내용, 결론, 제언 등이 포함된다. 모든 조사 활동은 최종 보고서를 무슨 내용으로 채울 것인가를 항상 염두에 두고 수시로 점검회의를 열고 의견을 수렴해 부족한 점을 보완해 나가야 한다.

4 – 자료의 활용과 후속 작업

최종 보고서를 작성하여 제출하고, 비용을 정산하며, 수집한 자료의 목록과 메타데이터를 작성해 보관하는 것만으로도 지역 조사의 모든 단계는 완료된다. 조사팀은 해산해도 무방하다. 그러나 여운이 남는다. 조사를 통해 사장될 뻔한 자료들의 존재가 세상에 알려지고 그 의미와 가치를 묻게 되면서 여기에 관심을 가진 사람들이 생겨나기 때문이다. 특히 지역 조사를 통해 얻은 자료들은 지역의 새로운 이야기와 역사를 알려주는 것이니만큼 지역사회도 눈길을 준다. 보고서 외에 더 적극적인 방식으로 지역 조사의 결과를 홍보하고 공유할 매체가 필요한 이유이다.

프로젝트의 예산이 넉넉하다면 우선 결과 발표회나 결과 자료집의 발간을 시도해 볼 수 있다. 고전적인 형식이지만 지역 조사의 결과를 체계적으로 정리해서 많은 사람에게 지속적으로 알릴 수 있는 장점이 있다. 지역 조사 결과 자료집의 모범적인 사례로는 2007년 사단법인 거리문화 시민연대가 발간한 《대구 신 택리지》(북랜드, 2007)가 있다. 이 책은 2001년부터 2006년까지 5년간 100여 명 조사원(뚜벅이)들이 매주 1회 이상 대구 시내를 답사해 1,000여 명의 시민과 인터뷰해 완성한 600쪽 분량의 워킹 가이드북이다. 여기에는 대구읍성, 경상감영시대를 비롯해 구한말, 일제 침략기, 미군정기, 한국전쟁 피난시대의 대구 모습 등 도시 변천사가 공간과 장소 중심으로 총망라됐다. 대구의 전통 공간과 근대 건축물, 고택·종택, 테마 골목, 역사 거리 등이 다양한 주제 지도와 함께 페이지 구석구석 촘촘하게 담겨있다.[5] 이 책은 기존의 지방지와는 다른 지역 조사와 자료의 정리 방법을 보여주었다. 관찬 지방지로 대표되는 기존의 조사·연구 방법에서 탈피해 지역 조사·연구의 주체를 일반 시민으로 확대하고 조사 주제와 대상 역시 이름 없는 민중, 평범한 장소에까지 눈을 돌렸다. 그리고 이러한 지역 조사·연구 방법론은 다른 지역의 사례에도 차차 적용되었다.

발간 사업 말고도 참신한 형식의 전시회를 기획하는 것도 좋다. 국립민속박물관이나 서울역사박물관의 경우 매년 지역 조사를 진행해 그 결과를 박물관에서 전시하고 있는데 참고할 만한 방식이다. 박물관이라는 전문적이고 잘 꾸며진 전시 공간을 이용하는 것도 좋지만 조사를 진행한 지역 내에서 상징적인 장소를 빌려 전시를 꾸미는 것도 좋은 방법이다. 추천할 만한 사례로는 2022년 4월 구로구의 사회적 기업 도스토리연구소가 주최한 〈비움저장소 특별전: 마읆상회 골목전시〉를 들 수 있다. 이 연구소는 재개발을 앞둔 서울시 구로구 고척동 고척 4구역을 조사하여 곧 떠날 주민들의 이야기와 그들이 제공한 사연이 있는 물건과 자료들을 한 주민의 집을 통째로 빌려 전시회를 개최했다. '허물어진 자리, 지워져도 끝내 남는 것들'이라는 주제로 열린 전시는 곧 떠날 채비를 앞둔 찬영이네의 거실과 부엌, 방과 계단들을 그 집과 가족, 동네의 수많은 이야기를 전달하는 전시 장소로 바꾼 것이다.[6] 지역의 이야기들이 그 이야기들이 태어난 장소에서 재현됨으로써 관람자들은 지역 자료가 품고 있는 아우라를 직접 체감하며 그 의미를 더욱 깊이 이해할 수 있었다. 그럴 때 지역 조사자들은 단순한 조사원임을 넘어 지역 큐레이터, 이야기 전달자로서의 역할까지 수행하는 것이다.

지역 조사는 매뉴얼에 입각하여 조심스럽게 진행되는 지난한 작업이지만 조사 결과의 공유는 여건이 허락된다면 얼마든지 창의적인 아이디어를 발휘해 뜻 깊은 자리로 만들 수 있다. 이러한 후속 작업은 지역 조사자들과 지역민이 더욱 깊은 결속을 다질 수 있는 기회가 되고 후속 연구와 조사를 위한 기분 좋은 추억을 간직할 수 있게 해준다. 이는 물론 성실하고 꼼꼼한 지역 조사가 선행되고 난 이후에 맛볼 수 있는 열매이다.

지역학 연구의 과제

지역 조사와 지역학은 지역 문제의 해결을 위한 역사적이고 이론적인 밑받침을 제공하는 데도 그 목적이 있다. 오늘날 한국의 지역은 '관광지' 또는 '특산물'로서 그 이미지가 고정되어 가고 있다. 그러나 관광지나 특산물 그 자체가 지역 사람들이 스스로 향유하는 문화의 원천이 될 수는 없다. 외부에 남에게 보여주기 위한 문화적 요소만이 넘쳐날 때 지역문화는 황폐하게 된다. 지역 사람들 스스로 문화를 만들고 일구지 않으면 안 된다. 지역 조사와 그 집합적 성과로서 지역학은 그런 지역의 이야기를 풍성하게 하고 지역의 문화를 건강하게 만드는 데 도움을 줄 수 있고 방향을 제시할 수 있다.

장기적 관점에서 지역 조사는 지역의 시민들 스스로 지역을 발견하고 조사하며 그에 관해 스스로의 이야기를 시작해야 할 것이다. 앞서 예로 든《대구 신 택리지》가 좋은 예다. 하지만 주민과 지역의 연구자, 대학과의 연결고리를 찾고 유대관계를 돈독히 구축해 가는 것도 반드시 필요한 일이다. 대학과 지역이 만날 때 서로가 발전할 수 있는 계기를 만들어 낼 수 있다. 대학은 대학생들이 지역사회에서 활동하는 주민들과 스스럼없이 공통의 목적 아래 만날 수 있는 장을 자주 만들어 주어야 할 것이다. 요즘의 대학이 아무리 취업사관학교로 변질되었다고 하지만 대학생들이 지역과 만나는 일은 학생의 인격을 도야하고 사회성을 기르는 데 많은 도움을 줄 수 있다. 이와 관련해 1966년 미국 버클리대학에서 대학 개혁 프로그램으로 발표한 보고서의 서문 〈버클리의 철학〉에 나오는 한 구절은 오늘날 한국의 대학 현실에서도 유효하다.

광대한 캠퍼스의 비인격성, 소외감에 대해 우리들은 오리엔테이션, 조언, 학급 규모의 세미나, 개인 지도, 그룹 지도 및 대학의 정책 결정에서의 학생 발언 채택에 관해서도 특별한 권고를 하였다. 학교 생활의 의미 관련을 명백히 하기 위해 우리들은 많은 방도를 권고한다. 그중에는 입문 코스에서 '개론'적 방법보다도 '문제 지향'적 방법의 채택, '특별' 코스의 설정, 선택 과목으로서의 '실지 조사'의 설정 등도 포함

된다.[7]

학교에만 배울거리가 있지 않다. 사회의 제반 문제와 모순이 집약된 '지역'은 아이러니하게도 학생들에게 더없이 좋은 배움터가 되는 것이다.

지역에서 써나가는 공공역사는 지역에 발붙이고 활동하는 여러 주체들이 협업함으로써 새로운 형식과 내용을 갖는다. 지역 주민은 물론이고 대학생, 연구자, 활동가와 문화기관이 함께하면 기존과 다른 다양한 시선으로 지역을 바라보고 묻혀있던 자료를 발굴해 의미를 부여할 수 있다. 그럴 때 지역의 문화가 중앙정부나 자본의 논리에 따라 기성화, 획일화되는 것을 막고 지역 곳곳에서 새로운 커뮤니티와 공간을 창조할 수 있으며 이를 중심으로 지역은 자생하는 힘을 축적해 나갈 것이다. ● 백외준

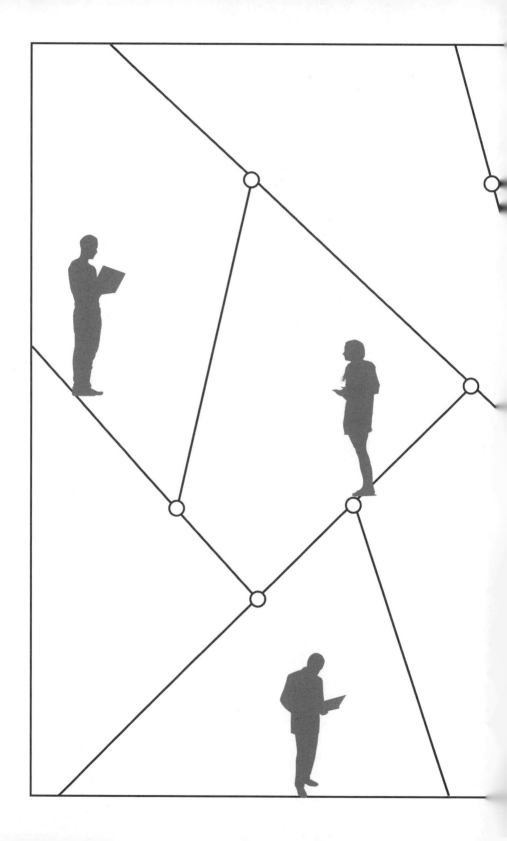

3부

공공역사가를 위하여

1
공공역사가로서의 역사학자

공공역사 이전의 공공역사적 실천

공공역사라는 용어가 한국 사회에서 통용되기 이전에도 비슷한 문제의
식과 실천은 꾸준히 시도되어 왔다. 1988년 창립된 한국역사연구회는
'과학적·실천적 역사학'을 내세웠다. "……우리 스스로 변혁 주체임을
확신하고 이 사회가 안고 있는 모순을 극복하기 위한 운동을 적극적으로
실천해 나가야 하겠습니다.……올바른 세계관에 입각한 과학적 역사학
을 수립하고 끊임없는 실천을 통해 우리 사회의 진정한 민주화와 자주화
에 적극 동참해 나아갑시다"라고 한 창립 취지문에 그 뜻이 잘 담겨있다.
학술지의 명칭도 《역사와 현실》로 결정되었다. 대개 무슨 연구 또는 학보
라고 하던 기존의 학술지와 달리 역사학자의 현실적 실천을 목표로 삼았
던 것이다. 이보다 앞서 창간호를 낸 역사문제연구소의 《역사비평》보다

더 강한 느낌을 준다는 평가를 받기도 했다. 하지만 시간이 지나며 학술지와 차별성이 점차 사라지면서, 권두언을 통해 밝혔던 현실에 대한 강한 문제의식이 사라지고 만 것은 아쉬운 대목이라고 할 수 있다.

그즈음 소장 역사학자들은 '역사 대중화'를 내세우고 다양한 활동을 벌였다. 특히 역사학자로서의 사회적 실천을 내세우며 연구자들만을 위한 학문이 아니라 대중에 기여할 수 있는 실천적 역사학을 추구한 한국역사연구회 회원들이 앞장섰다. 당시 20~30대에 불과했던 그들이 역사 대중서를 발간하고, 대중 강연 등에 나서는가 하면 당시만 해도 연구자들에게 금기로 여겨졌던 방송에 진출하여 TV 역사 다큐멘터리 기획에 참여하고 직접 출연하기도 했다. 민주화시대가 열릴 무렵이어서 이들의 활동은 대중적 호응을 이끌어 낼 수 있었다.

그런데 21세기에 들어와 대학이 취업준비기관으로 전락해 가고 인문학의 위기 또는 역사학의 위기라는 말이 끊임없이 제기되었다. 이에 전국 대학의 사학과 커리큘럼을 조사하여 외부적 요인 못지않게 중요한 역사학계의 내부적 요인을 파악하게 되었다. 이에 사회 현실의 변화에 둔감한 역사학자, 학생들의 진로에 무심한 교수, 역사적 이슈에 대응하지 못하고 있는 한국 사학계 그리고 성차별적 학과 내 위계질서 등의 문제가 역사학의 위기를 초래하고 있음을 확인할 수 있었다.[1]

조사 결과를 토대로 한국사 전공 교육의 개혁 방안으로 컨소시엄 구성을 통해 학문 후속세대를 공동으로 육성할 필요성이 있음을 제기했다. 아울러 역사학과 함께 정보 처리 능력, 콘텐츠 기획 능력을 겸비한 인재 양성을 위해서는 현실에 맞는 교과과정으로 개편해야 한다고 제안했다. 이를 위해서 새로운 수업 방식의 시도를 통한 교과 내용의 변화, 기존 역사학 교수에 대한 재교육 등이 필요하다고 강조하였다.

이러한 문제제기는 지극히 현실적인 문제, 곧 학생들이 역사를 전공해서 무엇을 할 것인가에 대한 고민에서 출발하였다. 사실 사학과 진학을 희망하는 고등학생들은 상당히 많다고 할 수 있다. 그러나 사학과를 졸업해서 어떻게 먹고살 것인가라는 질문 앞에서 그 꿈을 포기하는 학생들이 많았다. 대학에 진학해서도 많은 사학과 학생들은 복수전공이나 공무원 시험을 비롯한 취업 준비에 몰두하였다. 하지만 사학과를 졸업했다는 것이 오히려 취업전선에서 불리하며, 취업하더라도 양질의 일자리를 찾기 힘든 실정이었다.

사학과의 교과과정은 대학원 진학을 통한, 역사학자 양성에 치중되어 있다. 그런데 일부 국책 사업을 수행하는 대학을 제외하고는 대학원생이 점차로 줄어드는 것이 현실이었다. 열심히 공부해도 미래가 보이는 학과가 되지 않는다면, 사학과 자체의 존립이 위험하다는 것이 당시의 현실 분석이었다. 이러한 연구를 바탕으로 필자는 역사콘텐츠라는 개념을 제시했다.

이러한 주장을 하게 된 데에는 2002년에 설립된 한국문화콘텐츠진흥원에서 주관했던 문화원형 사업이 큰 역할을 하였다. 당시만 해도 생소했던 이 사업을 통해 인문학 특히 역사학이 디지털 콘텐츠와 결합했을 때, 그 역할이 크다는 것을 발견하게 된 것이다. 당시 문화콘텐츠, 데이터베이스를 비롯한 문화정보화 사업이 도입되면서 사학과 출신들이 참여하는 경우가 많아지고 있었다. 하지만 역사 전공자들은 단순 자료 조사나 입력 작업에 머물러 낮은 대우를 받는 실정이었다. 스스로 기획력과 마케팅 능력을 갖춘다면 훨씬 나은 대우를 받을 수 있었다.

역사콘텐츠란 역사 연구자들의 연구 성과를 다양한 콘텐츠로 가공해 일반 대중에게 알리는 접점을 만들어 내는 것이다. 현재 소설, 영화, 드라마, 다큐멘터리 등 다양한 역사콘텐츠가 제작되고 있다. 사실 이들의 파급력과 영향력은 역사학자들의 논문보다 훨씬 강력하다. 대중의 역사의식을 좌우하는 것은 더 이상 역사학자들이 아니라 이들 역사콘텐츠 제작자들이었다. 하지만 역사콘텐츠 생산자들 가운데 역사 전공자는 찾아보기 어려웠다.

오늘날 역사콘텐츠는 진화하고 있다. 온라인 자료 보존에서 벗어나, 융합을 통한 새로운 분야의 창출이 이루어지고 있다. 나아가 역사 지식을 문화산업 현장에서 활용 가능한 방향으로 발전하고 있다. 문화산업도 역사 지식을 활용해 다양한 문화상품을 개발하는 추세가 강화되고 있다. 따라서 전문적인 역사 지식과 문화산업에 필요한 기획 개발 능력을 겸비한 인재가 요구되고 있다. 결국 역사 지식을 활용한 콘텐츠 기획 및 제작 능력 배양을 위한 다양한 교과목 개발이 필요한 것이다.

이러한 역사콘텐츠 개념을 제기했을 때 비판의 목소리가 있었던 것도 사실이다. 역사콘텐츠가 역사학의 본질을 왜곡, 파괴한다는 것이다. 인문학의 본질을 떠나 상업주의에 영합한다는 비판도 있었다. 하지만 디지털 시대에 역사학 방법론 및 내용의 변화는 이미 폭넓게 진행 중이다. 최근 철학 전공자들이 인문정보학, 문학 전공자들이 스토리텔링 분야에서 많은 성과를 내고 있다. 특히 학문 후속세대 양성이 거의 불가능한 사학과들은 하루빨리 이러한 변화를 수용해야 한다. 역사콘텐츠가 오히려 21세기의 진보적·실천적 역사학이며 새로운 실학이 될 수 있기 때문이다.

역사학자로서 공공역사의 수용과정

사실 그동안 다양한 형태로 제시되었던 역사학의 개념과 실천들은 공공역사와 관계없이 진행되어 왔다. 많은 역사 전공자들이 대학 바깥에서 역사를 실천해 온 것이다. 박물관 및 기록관의 학예사, 방송 출연과 다큐멘터리 제작 참여 그리고 대중서 집필과 강연 등은 이미 오래전부터 진행되어 왔다. 다만 공공역사라는 개념이 도입되면서, 이러한 활동들을 수렴하는 개념으로 자리 잡게 된 것이다.

필자의 경우도 대한민국역사박물관장으로 상설 전시관을 개편하면서 공공역사라는 개념의 필요성을 절감하게 되었다. 사실 대한민국역사박물관의 상설 전시관은 2012년 12월 개관 이후 역사학계, 시민사회로부터 지속적으로 비판을 받아왔다. 그래서 2017년 11월 관장에 취임하면서, 무엇보다 가장 중요한 과제로 상설 전시관의 전면 개편을 기획하였고, 그 작업을 위해 역사학계 및 교사단체와 지속적인 소통을 도모했다.

그 과정에서 많은 난관이 있었고, 역사학과 박물관의 관계에 대한 고민은 더 깊어졌다. 매일 상근하며 전시를 고민하는 큐레이터와 박물관이, 일상의 극히 일부분만 관심을 갖는 역사학자들과의 관계를 어떻게 설정할 것인지, 그리고 전시는 역사 논문이 아니며 오브제를 통한 대중과의 소통이 가장 중요한 기능이라는 점을 고민하지 않을 수 없었다.

무엇보다 놀랐던 것은 대한민국역사박물관 학예직 가운데 역사 전공자가 거의 없다는 사실이었다. 따라서 전시관의 전면적인 개편을 담당해야 할 전시 담당자들이 거의 없었다. 게다가 그동안 역사학계와의 소통은 거의 단절되어 있었다. 더구나 협조를 기대했던 역사학자들 가운데 일부가 전시 개편이 시기상조라며 반대하는 어려움에 직면하기도 했다.

여기서 역사학계가 얼마나 대중의 인식과 괴리되어 있는지를 목도했다. 뉴라이트 전시를 하루빨리 개편해 주기를 바라는 시민들의 끊임없는 요구와 커다란 간극이 있었던 것이다. 충분한 논의 없이 전시 개편을 진행하는 것이 시기상조라고 반대하는 일부 역사학자들의 논리가 틀린 것은 아니지만, 그들 스스로 뉴라이트 박물관이라고 비판하던 그 전시를 계속 유지해야 한다는 딜레마를 어떻게 극복할 것인가에 대한 고민이 부족한 것으로 보였다.

이에 상설 전시관의 개편 기본 방향을 역사학계의 통설과 중론에 입각해 대한민국의 역사적 정체성을 드러내고 민주공화국의 보편적 가치를 제시하는 것으로 설정하였다. 이를 위해 학술적 기준에 의해 균형 있게 주제를 선정하고 역사를 총체적이고 성찰적으로 인식할 수 있도록 기획 방향을 수립했다. 국가주의적이고 목적론적 발전주의의 서사보다는 사람이 중심에 있는 역사의 다양한 층위를 보여주려고 한 것이다.

그 과정에서 학문으로서의 역사와 공공 영역에서의 역사가 다르다는 것을 다시 한번 확인하게 되었다. 이때 이탈리아 볼로냐대학 일라리아 포르치아니 교수의 글을 통해서 많은 시사를 받았다.[2] 그는 현재의 역사학이, 과거의 이해를 통해 현재와 미래에 의미를 부여하던 핵심적 학문의 역할을 더 이상 수행하지 않고 있다고 본다. 역사의 중요성이 퇴색하면서, 기억은 가장 포괄적인 용어로서 성장하고, 과거의 전달보다는 현재를 더 좋은 곳으로 만드는 일을 중시하는 문화유산화가 이루어지고 있다는 것이다.

박물관이나 기념관, 기록관은 공공역사의 대표적인 문화적 기억기관이다. 어떤 내용의 역사를 축적하고 재현해야 하는지, 공공역사의 공론장에서 결정된다. 공공역사는 역사와 기억에 대한 시민-대중의 관심과 열광에서 출발하였다. 역사콘텐츠에 대한 시민-대중의 열광은 자신들의 역사에 대한 관심으로 이어졌고, 이러한 현상은 공공역사의 등장과 발전을 추동하는 힘이 되었다. 기억 투쟁의 단계를 거쳐 공공기억의 지위를 획득하게 된 집단기억은 곧이어 사회적 망각의 단계로 진입하게 되는데, 망각에 저항하기 위한 방법으로 사회적 자원을 동원해 문화적 기억기관을 설립하게 된다.

결국 이러한 문제의식은 공공역사라는 개념을 한국의 역사학계와 시민사회에 적극적으로 도입해야 한다는 결론에 도달하게 되었다. 2019년부터 대한민국역사박물관에서 공공역사 포럼과 학술대회를 개최하고 박물관 기관지 《현대사와 박물관》에도 공공역사 특집을 기획하였으며 번역서 《공공역사란 무엇인가》(푸른역사, 2020)를 출간하게 된 것이 모두 이러한 고민의 결과였다. 이러한 노력에 힘입어 공공역사에 대한 역사학계 내외의 관심이 확대되었으며, 공공역사문화연구소의 창립은 그러한 관심의 1차 결실이 아닌가 생각한다.

역사학자의 공공역사가 하기

그렇다면 역사학자와 공공역사가의 차이는 무엇일까? 공공역사가는 반드시 역사학을 전공하지 않아도, 실천을 통해 충분히 가능한 영역이다. 역사 교육자, 박물관 큐레이터, 아키비스트, 출판 편집인, 작가, 영화감독, PD, 블로거 및 유튜버, 역사커뮤니케이터, 문화재 해설사 등 공공역사가의 범주는 매우 폭이 넓다. 사실 역사학자라고 해서, 역사 전 영역에 대한 전문적 연구자가 될 수는 없다. 연구 주제와 관련해서는 역사학자이나, 역사교과서 및 칼럼을 쓰고 교양 강의 및 대중 강연을 하는 것은 공공역사가로서의 활동이라고 할 수 있다.

공공역사가들은 역사학자들이 연구실에 틀어박혀 아무도 관심 없는 고리타분한 이야기나 늘어놓는 사람들이라고 비판하는 경우가 많다. 반면 역사학자들은 공공역사가에 대해서, 역사학계의 연구 성과를 가로채서 부와 명성을 독차지하는 존재라고 생각한다. 하지만 공공역사가들로 인해서 역사가 대중의 관심을 받는 것은 분명하다. 소비사회에서 상품으로서의 역사가 성공한다는 것은, 그것이 진정한 대중의 요구를 반영한 것이라고 할 수 있다.

사실 기존 역사학계는 공공역사의 과도한 유행이 역사학의 정치화를 의미한다고 판단하고 있다. 즉 현재적 문제에 답하려는 과정에서 정치적 문제에 이용될 가능성을 증폭시킨다고 비난하는 것이다. 역사가 소비되기 위해 대중에게 가까이 가야 한다는 주장은, 어떤 목적지향적인 역사로 흘러 정치 논리나 거대 자본에 이용될 가능성이 크며, 결국 현재가 역사를 좌지우지할지도 모른다는 공포감을 준다. 역사학의 본령인 '보편성을 추구하는 학문정신이라는 그 고귀한 꿈'과 반대로 향할 가능성도 배제할 수 없다.

하지만, 역사는 결코 중립적일 수 없으며 결코 분쟁을 초월해 있을 수 없다. 과거는 판단의 기준이 아니며 주요 쟁점을 규정하고 요구하는 것은 바로 현실이다. 과거가 미래에 대한 참고가 될 때에만 우리는 과거를 필요로 한다. 역사학이 더 이상 엘리트주의적이고 전문적이며 학술적인 논리에 그쳐서는 안 된다. 미래를 정의하기 위해서는 언제나 과거를 필요로 할 것이다. 그것은 과거와 현실의 관계를 역전시키는 것이며, 그러기 때문에 역사가 필요한 것이다.[3] 그리고 거기에 공공역사의 존재 이유가 있다.

공공역사는 실천적 역사학의 중요성을 강조한다. 역사 및 역사학에 대해 '생각하기thinking'가 아니라, '하기doing'가 중시된다. 당연히 역사 실천historical practice이 중요 개념이 된다. 연구나 실천에서는 '보통 사람들의 역사인식에 역사학자가 의식적으로 개입하는 것'을 의미한다. 상하 관계를 파괴하고 다양한 사람들의 다원적 가치를 존중함과 동시에 같은 입장에서 협동하고 민주적으로 역사를 둘러싸고 서로 교섭하는 것이 요체라고 할 수 있다.

한편 공공역사는 디지털 미디어를 중시한다. 문자적·시각적·구술적·물질적 미디어와 함께 새로운 디지털 미디어에 주목하는 것이다. 누구나 접속할 수 있는 비권위적이고 민주적인 언론 공간을 만들어 냄으로써, 공중이 스스로 역사를 조사하고 해석하며 발신하는 역사 실천을 촉진하기 때문이다. 따라서 역사학자들에게 새로운 능력을 갖추기 위한 훈련이 학부 시절부터 요구되는 것이다.

사실 역사학자들은 연구와 논문 집필을 할 수 있는 능력을 훈련받은 사람들이지 연구 내용을 쉽고 재미있게 전달하는 것은 익숙지 않을 수 있다. 역사학자라면 '학자는 논문으로 말해야 한다'는 말을 수없이 들어왔을 것이다. 하지만 최근 국내에서도 공공역사를 위한 새로운 시도들이 나타나고 있다. 역사공장 및 공공역사문화연구소, 역사디자인연구소, 만인만색연구자네트워크, 아시아평화와역사교육연대 등이 활발한 활동을 보이고 있다.

앞으로 공공역사학회를 구성하여, 각자의 틀을 유지하면서 개인 또는 조직적인 참여가 이루어지는 것이 바람직하다. 이를 위해 공공역사문화연구소의 선도적이고 중심적인 역할을 기대한다. 아울러 대학 내에서 공공역사 프로그램이 확대되고 학과 및 연구소가 설립되기를 바란다. 학교 바깥에서 하는 논의는 한계가 있을 수밖에 없다. 학문 후속세대 양성이 어려운 대학들은 공공역사학과 또는 역사콘텐츠학과로 전환하는 것을 고려할 필요가 있다.

그리고 국제공공역사연맹에 기관 또는 개인 자격으로 참여하고 적극적인 교류와 협력을 모색해야 한다. 공공역사가 역사학의 한 부분으로 상생하고 있는 것이 세계적 추세이다. 미국은 퍼블릭센터가, 독일이나 일본은 역사학자들이 주도적 역할을 하고 있는 것으로 보인다. 한국에서도 역사학자들이 보다 적극적으로 공공역사를 사유하고 실천할 필요가 있다. 현실의 의제를 누구보다 예민하게 잡아내고 추적하는 것이 역사학자의 일이기 때문이다. 우리에게 공공역사라는 개념이 너무 늦게 온 감이 있지만, 지금이라도 선례들을 잘 파악해서 해결해 나가면 될 것이다. 공공역사란 연구실 외부의 영역에서 이루어지는, 역사를 매개로 한 사회적 실천이기 때문에 어디서든지 실현 가능하다.

그런데 공공역사는 퍼블릭 히스토리를 번역해서 사용하는 개념이다. 그러다 보니 혼란을 불러일으키기도 한다. 우선 상업적 영역에서 역사를 운영하는 있는 분들은, 자신들이 공공역사에서 제외되는 것으로 이해하고 있는 경우가 있다. 하지만 공공적이라고 하는 것은 대학의 울타리를 넘어선 역사적 실천을 의미하기 때문에, 상업적인 영역을 배제하는 것이 아니라 함께 포괄하는 개념이다.

아울러 공공은 국가, 관, 행정, 공적 기관의 관여 또는 위로부터의 강한 지배라는 관념을 벗기 어렵다. 예를 들어 공공기관, 공공사업, 공공데이터, 공공도서관, 공공일자리, 공공디자인 등에서 사용하는 공공이란, 설립과 운영의 주체가 공립이라는 의미로 사용되고 있다. 그런 혼란을 피하기 위해 일본의 경우에도 처음에는 공공역사라고 했으나 최근에는 그냥 퍼블릭 히스토리로 사용하고 있다. 이 점에 대해서 앞으로 활발한 논의가 있기를 바란다.

　학문으로서의 역사학은, 사료에 대한 탐구를 바탕으로 과거를 창의적으로 재구성하는 것임에 틀림없다. 따라서 역사학의 결과를 충실하게 반영하지만, 때로는 새로운 영역을 스스로 개척할 수도 있다. 앞으로 공공역사가 국내에서도 체계적으로 자리 잡기를 바란다.　　●주진오

2
큐레이터: 작은 박물관의 학예사들

학예사가 되는 길

큐레이터curator는 원래 '보살피다', '관리하다'라는 뜻의 라틴어 큐라cura 에서 유래한 용어로 관리자를 뜻하는 것이었다. 이후 '미술관, 박물관 등 에서 최종적으로 책임을 지는 사람'을 지칭하는 의미가 되었다. 이 큐레 이터를 우리말로 번역한 것이 학예사이며, 일반적으로 학예사라는 용어 가 더 익숙하다. 학예사는 유물이나 미술품 등에 대한 전문적인 지식을 소유한 전문가로서 유물이나 작품에 대한 조사 및 연구, 유물 수집·분 류·처분·보존·관리, 전시 기획, 교육 및 문화 행사 프로그램 개발 등 다 양한 업무를 수행한다. 최근에는 지역마다 박물관·기념관·미술관 등이 건립되고, 이 기관들이 지역사회 문화 영역에서 중요한 위치를 차지하면 서 학예사의 역할이 더욱 강조되고 있다.

학예사의 중요성이 대두되면서 학예사 지망생이 증가하고 있다. 학예사 자격증은 크게 준학예사 자격증과 정학예사 자격증으로 구분할 수 있다. 준학예사 자격증을 취득하기 위해서는 준학예사 필기시험에서 합격해야 하는데 자격 제한이 없어 누구나 응시할 수 있다. 시험 과목은 〈표 1〉과 같다.

준학예사 시험은 매 과목을 100점 만점으로 하여 매 과목 40점 이상과 전 과목 평균 60점 이상 득점한 자를 합격자로 결정한다(단 외국어 과목을 외국어 능력 검정시험으로 대체하는 경우에는 해당 과목은 제외한다). 준학예사 시험에 합격했다고 바로 준학예사 자격증이 나오는 것은 아니다. 준학예사 시험에 합격한 후 경력 인정 대상 기관에서 1년 이상(학사), 3년 이상(전문학사), 5년 이상 실무경력을 쌓아야 한다. 그런 이후에 실무경력 등에 관한 박물관·미술관 학예사운영위원회의 심사를 거쳐 문화체육관광부 명의로 준학예사 자격증이 발급된다.

정학예사 자격증은 3급 정학예사, 2급 정학예사, 1급 정학예사로 등급이 구분되는데, 박물관·미술관 학예사운영위원회의 서류 심사를 거쳐 문화체육관광부 명의의 자격증이 발급된다.[1] 정학예사 자격증을 취득하기 위해서는 다음과 같은 방법이 있다. 우선 3급 정학예사 자격증을 취득

〈표 1〉 준학예사 시험 과목

구분	시험 과목	문항 수	시험 방법
공통 과목	1. 박물관학 2. 영어, 프랑스어, 독일어, 일본어, 중국어, 한문, 스페인어, 러시아어, 이탈리아어 중 택 1	각 40문항 (총 80문항)	객관식 4지 택일
선택 과목	고고학, 미술사학, 예술학, 민속학, 서지학, 한국사, 인류학, 자연사, 과학사, 문화사, 보존과학, 전시기획론, 문학사 중 택 2	각 2문항 (총 4문항)	논술형

하기 위해서는 준학예사 자격증 취득 후 경력 인정 대상 기관에서 4년 이상 재직해야 한다. 다음으로 박사학위 취득자가 경력 인정 대상 기관에서 실무 경력 1년 이상, 석사학위 취득자가 경력 인정 대상 기관에서 실무 경력 2년 이상이면 심사를 거쳐 3급 정학예사 자격증을 취득할 수 있다. 2급 정학예사 자격증은 3급 정학예사 자격증을 취득하고 경력 인정 대상 기관에서 5년 이상 재직하면 취득할 수 있다. 1급 정학예사 자격증은 2급 정학예사 자격증을 취득한 후 경력 인정 대상 기관에서 7년 이상 재직할 경우 취득할 수 있다.

〈표 2〉 학예사 등급별 자격 요건

등급	자격 요건
준학예사	●박물관 및 미술관 준학예사 시험(1년 1회, 서울) 합격 후 경력 인정 대상 기관에서 실무 경력 1년 이상(학사학위), 3년 이상(전문학사학위), 5년 이상
3급 정학예사	●박사학위 취득자의 경우 경력 인정 대상 기관에서 실무 경력 1년 이상 ●석사학위 취득자의 경우 경력 인정 대상 기관에서 실무 경력 2년 이상 ●준학예사 자격 취득한 뒤 경력 인정 대상 기관에서 재직 경력 4년 이상
2급 정학예사	●3급 정학예사 자격 취득 후 경력 인정 대상 기관에서 재직 경력 5년 이상
1급 정학예사	●2급 정학예사 자격 취득 후 경력 인정 대상 기관에서 재직 경력 7년 이상

작은 박물관에서 하는 일

2007년 7월 27일 박물관 및 미술관 진흥법 제4장 제13조 1항[2]이 개정되면서 전국적으로 박물관·기념관·미술관 등이 크게 증가했다. 2022년 현재 한국박물관협회에 등록된 기관을 보면, 서울 151개, 경기 146개, 인천 24개, 강원 60개, 충북 37개, 세종 5개, 충남 40개, 대전 21개, 경북

53개, 대구 13개, 울산 8개, 부산 22개, 경남 44개, 전북 34개, 광주 17개, 전남 49개, 제주 48개 등 총 772개 관이 등록되어 있다. 또한 한국대학박물관협회에 100개, 한국사립박물관협회에는 163개가 등록되어 있으며, 국가보훈처(2023년 국가보훈부로 승격)에 현충시설로 98개의 기념관이 등록되어 있다. 전국적으로 보면 1,000개 이상의 박물관·기념관이 설치되어 있다.

이 수많은 박물관·기념관은 설립 주체, 목적 등에 따라 국립, 공립, 사립, 대학 박물관 등으로 구분할 수 있지만 대부분 지역에 건립된 작은 박물관·기념관이다. 이 기관들은 지역사회에 뿌리를 두고 있으며, 지역 주민들이 찾는 지역의 문화 공간으로 자리매김하고 있다. 따라서 작은 박물관에서 근무하는 학예사의 역할은 더욱 중요하다.

작은 박물관·미술관·기념관의 학예사들은 큰 박물관·미술관·기념관의 학예사에 비해 한 사람이 여러 가지 업무를 담당하고 있다. 이곳의 학예사 정원이 보통 1~3명인데 추진하는 일은 많기 때문이다. 그들의 업무는 기관의 성격에 따라 조금씩 다를 수 있지만 대부분은 유사하다. 크게 전시 사업, 교육 사업, 학술 조사 연구 사업, 문화 사업 등으로 구분할 수 있다.

우선 전시 사업을 보면, 가장 크고 중요한 사업으로 상설 전시, 기획 전시 등으로 구분할 수 있다. 상설 전시는 기관의 성격을 보여주기 때문에 한 번 설치되면 5~10년 정도 진행된다. 그렇기 때문에 상설 전시장은 메인 공간에 위치하며 해당 기관의 가장 중요한 공간으로 자리 잡고 있다. 반면 기획 전시는 1년에 1~2회, 박물관과 기념관의 성격에서 크게 벗어나지 않는 주제로 해당 지역의 역사·문화적 특색과 그해에 기념할 주요 사건·인물 등을 선정하여 진행한다. 따라서 매년 학예사들의 가장 중요한 업무이고, 해당 연도 박물관·기념관의 중점 추진 방향을 보여준다.

　지역의 작은 박물관·기념관은 전시뿐만 아니라 지역민들을 대상으로 하는 교육 사업도 매우 중요하게 운영된다. 인문 강좌를 쉽게 접하기 힘든 지방에서 박물관·기념관 등의 인문 강좌는 인문학의 갈증을 해소할 수 있는 해방구이다. 같은 의미로 이곳에서 진행하는 문화 행사는 지역민이 모여 즐거움을 나누는 사랑방 같은 역할을 한다. 이에 박물관·기념관은 지역민들이 자주 찾아오는 지역의 문화 공간이 되고 있다. 마지막으로 작은 박물관·기념관은 지역 및 박물관·기념관의 정체성을 알리고, 향후 전시, 강좌, 문화 행사 등을 위해 학술 사업도 진행한다. 그러나 모든 기관이 진행하는 것은 아니다. 학술 사업은 국가 지원을 받을 수 있는 경우에만 진행하는 경우가 대부분이다.

　작은 박물관·기념관은 지역의 복합문화 공간으로 역할을 하고 있으며, 그곳에서 근무하는 학예사들은 지역의 문화 사업을 이끌고 있다. 지역의 작은 박물관·기념관인 서울시 강북구 수유동에 위치한 근현대사기념관을 통해 학예사들의 일상에 대해 알아본다.

근현대사기념관을 통해 본 작은 박물관 학예사들

근현대사기념관은 2016년 5월, 동학농민운동에서부터 4·19혁명까지 자랑스러운 역사를 제대로 기억하고 전파하기 위한 목적으로 건립되었으며, 사단법인 민족문제연구소가 위탁받아 운영하고 있다. 운영 인력은 명예관장 1인, 학예실장 1인, 학예사 2인, 시설관리팀장 1인, 시설 팀원 1인, 환경미화 1인으로 구성되어 있다. 운영에 필요한 예산은 사업비와 운영비로 구분되는데, 사업비는 서울시에서, 운영비는 강북구청에서 담당했으나 2020년부터 강북구청에서 사업비와 운영비 전반을 책임지고 있다. 이러한 지원 시스템은 사설 박물관·기념관을 제외한 지역에 건립된 작은 박물관의 운영구조다. 근현대사기념관처럼 지역의 작은 박물관·기념관은 지방자치단체 예산, 국고 보조금 등으로 운영되고 있다.

근현대사기념관 사업 중 가장 중요한 사업은 전시 사업으로 상설과 기획 전시로 구분할 수 있다. 상설 전시의 경우 A존에서는 〈짓밟힌 산하, 일어선 민초들〉이라는 주제로 동학농민운동, 의병운동, 애국계몽운동 등 국권수호운동과 강제병합 이후 3·1운동, 대한민국임시정부, 의열투쟁, 한국광복군, 조선의용군 등 독립운동의 역사를 보여준다. B존은 〈시대의 마감, 민주의 마중〉이라는 주제로 일제강점기부터 8·15해방을 맞기까지, 아버지와 아들이 시대의 흐름 속에서 깨달은 자유와 민주주의의 의미를 영상으로 보여준다. 해방을 맞아 독립 민주국가를 세우기 위한 열망이 가득했으나 분단과 한국전쟁으로 치유하기 힘든 상처를 남겼고, 독립운동가들이 소원하고 4·19혁명의 투사들이 가꾸고자 했던 대한민국은 자주·독립·민주·평등의 정신이 살아 숨 쉬는 나라였음을 생각하게 한다. C존에서는 〈우리가 사는 나라, 민주공화국〉이라는 주제로 해방 직후 건국준비위원회 조직, 미·소 한반도 분할 점령과 좌우익의 대립, 전쟁으로 인한 민족의 깊은 상처와 분단체제 고착, 대한민국 정부 수립과 자유·평등·민주의 가치를 담은 제헌 헌법, 이승만정권의 친일파 등용, 부정선거에 대항하여 민주주의 수호를 외친 4·19혁명까지 전시하고 있다. 이러한 상설 전시는 5~10년 단위로 교체, 수정, 보완되기 때문에 훼손되지 않게 유지, 관리하는 것도 학예사들의 주요 활동 중 하나이다.

기획 전시는 매년 상반기 1회, 하반기 1회 총 2회 진행한다. 상반기 기획 전시는 전년도 하반기부터 준비하는데, 근현대사기념관의 성격에서 크게 벗어나지 않는 주제로 해당 지역의 역사·문화적 특색과 해당 연도에 기념할 주요 사건·인물 등을 고려하여 잠정적으로 선정한다. 보통 상반기 전시는 당해 연도 사업 계획 및 업무 보고가 끝나고 예산 집행이 본격적으로 가능한 2월부터 시작한다. 2월에 전반적인 전시 구상을 하고, 이를 바탕으로 전시 원고를 작성한다. 전시 원고 작성과정에서 자료 수집 등을 진행하고 원활한 자료 수집을 위해 전문가 회의를 개최한다. 전시 원고 초안이 나오면 전시 업체와 함께 전시 도면을 작성하고, 도록 초안을 작성한다. 이러한 과정을 거쳐 5~6월 중 상반기 기획 전시를 개막한다. 보통 기획 전시는 3개월 동안 진행되기 때문에 바로 하반기 기획 전시를 준비해야 한다. 기획 전시는 근현대사기념관 학예사들의 가장 중요한 업무이면서 1년 내내 진행되는 업무이다. 이런 과정을 거쳐 개막된 근현대사기념관 기획 전시는 다음과 같다.

개관 첫 해에는 〈시대의 선구자들, 역사에 디딤돌을 놓다〉는 제목으로 이준, 이시영, 김병로, 신익희 선생에 대한 전시를 진행했다. 강북구 수유동 일대를 비롯한 북한산 자락에는 이준, 이시영, 김병로, 신익희, 김창숙, 김도연, 여운형, 서상일, 손병희, 신숙, 양일동, 유림, 이명룡, 한국광복군 합동묘소 등 순국선열 묘역이 조성되어 있다. 강북구에 근현대사기념관이 들어선 가장 큰 이유도 이들의 묘소가 강북구에 조성되어 있기 때문이다. 따라서 첫 기획 전시에서 상설 전시에 담지 못했거나 간략하게 넘어갔던 것을 좀 더 자세히, 강조하면서 담아내고자 한 것이다. 이어 진행된 하반기 기획 전시는 시민들의 성금으로 조성된 독립민주기념비와 백범 김구 흉상 제막을 기념하여 〈백범 김구와 함께하는 독립운동 이야기〉로 진행되었다. 2017년에도 이러한 기조 속에서 몽양 여운형 선생 서거 70주기 특별 사진전 〈몽양 여운형 독립과 통일, 민주주의를 외치다〉를 진행했고, 하반기에는 〈한 시대 다른 삶〉이라는 주제로 이상룡 등 독립운동가의 삶과 친일파의 삶을 대조적으로 보여주는 전시를 진행했다. 2018년은 여수에 거주하는 초등학교 2학년부터 고등학교 3학년 학생들이 안중근, 김병로, 박정기, 윤봉길, 이동녕, 김구, 김창숙, 최용신, 이상룡, 유림, 김도연 등 강북구와 연관된 독립운동가를 그린 그림을 전시했다. 하반기에는 〈죽음으로 되살린 국혼—이준 열사의 구국정신〉이라는 주제로 전시했다. 이처럼 개관 이래 강북구와 연관 있는 인물, 사건 등을 주제로 전시를 진행하다가 2021년 하반기에는 〈강북구의 옛 모습을 찾아서〉라는 주제로 독립운동을 넘어 강북구 지역사에 대한 전시를 시도했다. 이는 근현대사기념관이 지역사회에 더 밀착하는 전시로 설립 취지에 맞을 뿐만 아니라 지역사회와 함께하는 전시를 시도한 것이었다. 지역에 설립된 작은 박물관·기념관이 지역사회와 함께해야 하는 기관임을 전시를 통해 상기시켜 준 것이다. 근현대사기념관의 시도와 같이 지역의 많은 박물관·기념관이 지역밀착형으로 발전을 도모하고 있다.

근현대사기념관은 전시 못지않게 교육을 중요한 사업으로 진행하고 있다. 근현대사기념관에서 진행하고 있는 교육 사업은 독립민주시민학교 강좌로 성인 대상으로 1년에 2회 시행한다. 또한 청소년을 대상으로 1년에 1회 청소년 역사 강좌도 진행한다. 이러한 교육 사업은 작은 박물관이 지역사회에서 진행하는 전형적인 사업이면서 전시 사업과 함께 가장 중요한 사업이다. 따라서 전시 사업을 전담하는 학예사, 교육 사업을 전담하는 학예사 최소 2명이 필요하다.

작은 박물관·기념관에서 서로 다른 주제로 1년에 2~3번의 강좌를 개최하는 것은 매우 어려운 일이다. 근현대사기념관의 경우 이러한 어려움을 극복하는 방법으로 기획 전시와 연계된 주제로 강좌를 진행하고 있다. 예를 들어 2021년 강좌의 경우 독립전쟁 100주년 기념으로 진행된 〈나는 의병입니다 그리고 독립군입니다〉 기획 전시와 연계하여 〈항일무장투쟁의 뿌리―신흥무관학교〉를 주제로 한 강좌를 열어 신흥무관학교 출범의 시대적 배경, 중심 세력, 독립전쟁사에서의 위상, 독립운동에 미친 영향 등을 조명했다. 또한 청소년 역사 강좌는 〈우리가 몰랐던 여성독립운동가〉를 주제로 윤희순, 김향화, 주세죽, 지복영 선생의 일대기를 조명했다.

근현대사기념관은 작은 박물관·기념관의 중요한 역할 중 하나인 복합문화 공간으로 지역민들의 문화 공간으로 활용되고 있으며, 지역민들이 자주 찾아오는 공간이 되고 있다. 이에 다양한 문화 행사를 진행하여 찾아오는 사람들의 만족도를 높이고자 노력하고 있다. 근현대사기념관에서 진행하고 있는 문화 사업은 크게 세 가지이다.

첫째, 근현대사기념관 관람 및 체험 프로그램으로 '해설이 있는 근현대사기념관'이라는 프로그램을 운영하고 있다. 이 프로그램은 초·중·고등학생을 대상으로 근현대사기념관의 상설 전시, 기획 전시를 설명해 주고 교구를 활용한 체험학습을 진행한다.

둘째, 청소년 교육 및 참여 프로그램인 '청소년 도슨트'를 운영하고 있다. 지역의 청소년들에게 도슨트 교육을 실시하고 이를 바탕으로 도슨트를 체험할 수 있는 프로그램이다. 이 프로그램은 청소년 봉사 활동과 연계할 수 있으며, 청소년이 직접 관람객을 맞는 실질적인 체험을 할 수 있어 호응이 높다. 또한 수료 후에도 모임이 이어져 근현대사기념관을 매개로 지역의 청소년 모임과 활동이 지속적으로 전개되는 토대가 만들어지고 있다.

셋째, 3·1절, 광복절 등을 맞이하여 순국선열에 대한 감사한 마음과 그들을 기억할 수 있는 다채로운 문화 행사를 진행한다. 2021년 3·1절 행사의 경우 근현대사기념관 독립민주기념비와 상설 전시실 독립선언서 앞에서 만세 영상 찍기, 기획 전시 〈나는 의병입니다 그리고 독립군입니다〉 관람 후 가장 인상 깊게 남았던 곳에서 사진 찍기 등 사전 예약 관람객 대상 이벤트를 진행했다. 또 근현대사기념관 홈페이지 VR 전시 관람 후 감상 후기 올리기, 3·1절과 관련된 독립운동 노래 챌린지를 진행하여 온라인으로도 시민들이 이벤트에 참여할 수 있도록 했다. 뿐만 아니라 역사교사 러닝크루 3·1절 102주년 기념 비대면 달리기 대회에 근현대사기념관 독립민주기념비 입체 카드, 근현대사기념관 전시 도록을 지원했으며, 강북구 지역에서 참여한 달리기 참가자의 경우 봉황각, 4·19민주묘지, 근현대사기념관 등의 방문을 안내하는 연계 프로그램도 진행했다.

이러한 문화 사업을 통해 청소년, 성인 등 많은 지역 주민의 방문을 이끌어 내어 지역의 복합문화 공간으로 확고하게 자리 잡았다. 뿐만 아니라 지역 유관기관 및 타 지역 유관기관과 연계한 문화 사업도 추진하고 있다. 이 같은 움직임은 지역의 작은 박물관들이 지역을 넘어 연계를 통한 확장 가능성을 보여준다.

근현대사기념관은 학술 사업을 통해 복합문화 공간을 넘어 지역의 정체성을 밝힐 수 있는 길을 모색하고 있다. 모든 작은 박물관이 이러한 학술 사업을 진행할 수 있는 것은 아니다. 학술 사업을 진행할 수 있는 학예사와 이를 뒷받침해 줄 수 있는 예산이 필요하다. 따라서 인력과 예산을 지원받을 수 있는 기관을 중심으로 진행되고 있다. 근현대사기념관은 사업비가 강북구에서 나오기 때문에 예산을 편성하여 진행할 수 있었다. 근현대사기념관의 학술 사업은 학술대회, 학술 조사로 나눠 진행된다. 학술대회는 그해 주요 사건, 인물 등을 주제로 선정하여 진행하거나 학술 연구 단체와 연계하여 연구 과제를 선정하기도 한다. 2021년 학술대회의 경우 〈신간회, 식민지 조선의 '정치'와 운동〉이라는 주제로 한국역사연구회와 연계하여 개최했다. 학술 조사는 지역의 정체성을 밝히거나 지역사를 재조명하기 위한 기초 작업으로 진행했다. 학술 조사는 다년도 사업으로 〈강북구 근현대 사료 목록 정리 및 마을 조사〉를 진행하였다. 강북구는 1995년 도봉구에서 분구되었으나 다른 구에 비해 역사문화에 대한 정리가 미흡했다. 그리하여 2021년에 강북구의 행정 변화 및 생활사·구술사에 대한 조사를 진행한 것이다. 1차년도 사업으로 강북구의 근·현대 문헌 및 사료 목록 정리와 1개 행정동을 조사하여 마을 조사에 대한 체계적인 역사문화 기반을 조성하고 역사 아카이브의 토대를 마련하고자 했다.

근현대사기념관의 사례에서 알 수 있듯이 지역의 작은 박물관·기념관은 설립 주체, 운영 방식 등에 따라 차이는 있지만, 지역의 문화 공간으로 지역민들의 문화 체험 공간이 되고 있다. 모든 프로그램은 그곳에서 근무하는 학예사들이 운영하고 있다. 즉 지역의 작은 박물관·기념관에 근무하는 학예사들은 공공역사가로 최일선에 있다. 많은 사람이 공공역사를 이해하는 데 중요한 역할을 하고 있는 것이다. •심철기

3

아키비스트: 아카이브와 공공역사가

말은 흘러가고 기록은 남는다

언제부터인가 '아카이브'라는 용어가 우후죽순처럼 생기고 있다. 홈페이지 메뉴 한편에서는 "○○ 아카이브"를 쉽게 발견할 수 있고, 이는 마치 아날로그에서 디지털 시대로 변화함에 따라 디지털화된 모든 매체의 저장소를 의미하고 있다. 그러나 아카이브의 사전적 의미는 '역사적 가치 혹은 장기 보존의 가치를 지닌 기록이나 장소'를 의미한다. 최근 남용되는 아카이브라는 단어는 그저 이 기록물이 원본보다 오래 살아남을 것이라는 디지털에 대한 무한 신뢰에서 나온 듯하다. 그러나 정말 그럴까?

기록물의 생명은 원본성이다. 증거로서의 유일한 가치를 의미한다. 그러나 디지털은 오히려 원본 유지에 매우 취약하다. '원본과 사본을 어떻게 구분하고, 진본임을 증명할 것인가?' 종이 기록에서 전자기록시대를 맞게 되면서 기록학계가 직면한 현실이었다. '공공기록물 관리에 관한 법률'(이하 공공기록물법)에 따르면 기록물이란 '문서·도서·대장·카드·도면·시청각물·전자문서 등 모든 형태의 기록 정보 자료와 행정박물行政博物'을 말한다.

말과 글과 정보는 점점 다양한 형태로 순식간에 만들어지고 사라지고 있다. '말은 흘러가고 기록은 남는다Verba volant, scripta manent'라는 라틴어 속담이 있다. 아카이브는 흘러가는 기록들을 어떻게든 담아내야 한다.

아키비스트, 기록연구사, 기록 관리 전문요원

중앙 행정기관에서 근무한 지도 벌써 18년째에 접어든다. 직급은 '기록연구관'. 박물관의 학예연구사는 익히 알려져 있는 반면, 낯선 이름이다. 게다가 이곳은 중앙 행정기관이다. 2005년 처음 입직하였을 때, 주위의 행정직 직원들은 물었다. "그래서 몇 급이신데요?"[1]

공공기록물법이 공표된 지 20여 년이 지난 지금도 상황은 마찬가지다. 기관마다 기록 관리 전문가를 부르는 호칭이 다를 정도로 미정착되었고 그만큼 기관 내 기록 관리에 대한 인식이 부재함을 뜻한다. 기록 관리에 대해서는 오히려 기록물 관리기관인 국가기록원을 언급하는 것이 이해가 더 빠를 것이다. 아이러니하게도 국가기록원은 중앙 행정기관에 기록연구사를 일괄 배치하는 등 기록 관리 혁신을 추진했던 노무현 대통령의 '2009년 대통령 기록물 유출 사건'으로 이름이 알려졌다. 지금도 마음 한편이 무거운 사건이다.

도서관을 영어로 라이브러리라고 하고, 사서를 라이브러리엔librarian

이라고 하듯이, 국가기록원처럼 기록물 관리기관인 아카이브에서 일하는 사람을 아키비스트Archivist(기록연구사·기록연구관)라고 한다. 2000년 공공기록물법이 시행·공표되면서 법령상 배치 의무가 있는 각급 공공기관에 기록물 관리 전문요원(공공기록물법상 용어)이 배치되어 있다.

기록관과 도서관

직원들은 다시 묻는다. "그래서 기록관하고 도서관하고 차이가 뭡니까?" 앞서 아카이브 용어의 남용을 지적하면서 기록의 원본성을 언급했다. 다소 생소한 용어이지만 도서와 기록물을 구분하는 핵심은 바로 원본성이다. 그리고 '유일성', 즉 도서와 기록의 차이는 그것이 유일한 것인가 여부이다. 아카이브에는 유일본만이 있고 도서관에는 수많은 복사본(도서, 간행물 등)이 있다. 아카이브에는 기록물의 공개·비공개 분류가 필요하지만, 도서관은 그렇지 않다. 아카이브에는 아카이브 소장 기록의 특성에 맞는 별도의 분류 기준이 반드시 필요하지만, 도서관은 만국 공통인 십진분류를 따른다. 마지막으로 기록에서 정말 중요한 빼놓을 수 없는 것이 있다. 바로 맥락 정보이다.

기록을 살찌우는 힘, '맥락 정보'

유일본이라고 하면 언뜻 아주 오래된 고문서 한 장을 떠올릴 것이다. 그러나 반대로 도서관에서 누구나 볼 수 있는 책 한 권도 아카이브에서는 유일본의 역할을 하는 경우가 있다.

어느 날 유명 인사가 아카이브로 기증 의사를 밝혀왔다고 가정하자. 이때 아키비스트는 반드시 수집 전 기증자와 면담을 해야 한다. 기증 기록에 대한 정보를 빠짐없이 파악해야 하는 것이다. 기록학에서는 이를 '맥락 정보'라고 한다. 예를 들어 기증 기록 중에 이순신 장군의 《난중일기》가 있었다. 이것은 어디서나 구할 수 있는 도서류이므로 기증을 거절해야 하는 것인가? 전혀 아니다. 이유는 내 책상에 꽂혀있는 《난중일기》와 기증자의 《난중일기》는 기록의 맥락이 다르기 때문이다. 기증자의 《난중일기》는 일반 도서와는 또 다른 수많은 맥락 정보가 있기 때문에, 또한 유일하기도 하다. 유명 인사는 《난중일기》를 기증하면서 왜 이 책 34쪽에 밑줄을 그어놓았는지, 58쪽에 적어놓은 작은 글씨는 후일 어떤 일에 참고가 되었는지를 말해주어야 하고, 아키비스트는 그 정보들을 빠짐없이 기술記述(description)해야 한다. 또다시 이렇게 기록은 도서와는 전혀 다르다. 아, 유명 인사를 대통령으로 치환하면 더 와닿을지도 모르겠다.

여기서 모인 수많은 기록의 기술들은 오직 그 기록을 특정할 수 있는 길잡이 역할을 한다. 기록물 맥락 정보의 조각들을 모아 하나의 분류(이해하기 쉽게 '폴더'라고 하자)를 만들고, 이 폴더들을 묶어 또다시 상위의 분류 폴더를 만들어 내고, 그래서 그 기관·개인만이 가진 기록물 목록체계—이것을 카탈로그catalogue라고 한다—를 만든다. 공공기관을 제외한 특정 주제 아카이브, 회사·단체·개인 아카이브들은 이렇게 고유의 특징이 있기 때문에 별도의 분류 기준과 맥락 정보의 모음이 필요한 것이다. 100개의 기관에는 100개의 분류가 필요한 것이 바로 이 때문이다.

기록이 없으면 정부도 없다

변화무쌍한 민간 분야에 비해 필자는 중앙 행정기관에서 기록 관리를 하고 있다. 기증자를 만나고 직접 수집을 하지 않는 대신, 기록 관리 법령과 절차에 따라 기록물을 관리하고 있다. 이미 정해진 업무이지만 법에 따른 행정행위이므로 막중한 책임이 따른다. 우리나라 공공기관의 기록물은 태어날 때부터 업무 담당자가 정한 보존 기간에 따라 기록물로서 생애를 산다. 이것을 '기록물의 생애주기Life cycle'라고 하는데, 역사적·행정적·증빙적 가치가 있어 보존 기간이 긴 기록물은 생산기관 내에서 활용되다가, 일정 기간이 지나면 영구 보존을 위해 국가기록원으로 이관해야 한다.

공공기관의 기록관들은 보존 기간과 상관없이 모든 기록물을 최초 생산 시점부터 국가기록원에 이관하기 전까지 관리해야 한다는 점에서 기관 아키비스트들의 역할은 매우 중요하다. 아직 기관 내 활용이 빈번한 기록에 대한 관리, 비공개 기록을 공개로 재분류하는 일, 보존 기간이 짧은 기록물을 재평가해 기록의 수명을 연장하는 일 등 기록의 가치를 정확히 평가하여, 후대에 남겨질 수 있도록 관리하는 것이야말로 역사적 소양과 방법론을 활용한 공공역사가의 의미와 가장 부합하는 업무일 것이다. 또한 기록의 공개·활용 측면에서 기록을 필요로 하는 사람에게 신속하고 정확한 정보를 찾을 수 있게 하는 것도 아키비스트의 몫이다.

행정직과는 전혀 다른 전문적인 일을 하다 보니, 기관에서 유일하게 순환 보직 근무를 할 수 없는 소수 직렬이다. 때로는 직원들이 너무 지겹지 않으냐고 묻곤 하지만, 절대 아니다. 이 분야는 끝이 없다. 공부를 해야 하는 분야가 점점 늘어난다. 더구나 이젠 전자기록시대가 아닌가? 심지어 국민신문고처럼 디지털 기록이 담긴 행정 시스템도 이젠 기록의 영역이다.

필자는 오래전부터 업무 메일을 보낼 때마다 직원 모두가 볼 수 있도록, 메일 꼬리말에 이렇게 써놓았다. "기록이 없으면, 정부도 없다No Records, No Government!"

기록의 꽃 매뉴스크립트

이제까지 공공기록 관리를 설명했다면, 기록 관리의 다른 한편에는 개인, 민간, 단체 영역의 기록물이 있다. 기록학에서는 이 분야를 매뉴스크립트Manuscript라고 부른다. 사실 기록 정보는 공공 영역에만 있는 것이 아니기 때문에 민간 영역의 기록 관리도 매우 중요하다.

공공기관에서 근무하지만, 몇 년 전부터 기록 관리 사업 중 하나로 민간 기록의 수집과 관리를 해왔다. 공공과 민간의 상반되는 두 분야에 대한 분류와 기술, 그리고 공개·활용 업무를 경험하고 있다. 운이 좋은 셈이다. 이 글을 쓰게 되는 계기도 공공과 민간 영역의 기록 관리를 모두 해본 경험이 흔치 않기 때문일 것이다.

매뉴스크립트 수집은 먼저 특정 주제의 민간(개인·단체 등) 기록을 소장할 것으로 추정되는 목록을 만드는 것에서부터 시작된다. 이들을 '잠재적 소장자'라고 하며 기록학 용어로 리드lead 파일이라고 한다. 수천 개의 목록을 만들고 이들을 접촉한다. 동시에 반드시 필요하지만 오랜 시간이 소요되는 작업을 병행해야 하는데, 바로 주제에 대한 연표 작성이다. 만일 특정 주제가 아닌 민간단체가 대상이라면, 민간단체의 전체 조직 연혁에 대한 조사를 수행한다. 개인 기록은 개인 생애사 전반을 정리하고 이해해야 한다. 이렇게 수집처와 수집 시기 등에 대한 밑그림이 그려져야 비로소 수집 대상이 확정되는 것이다. 연표나 연대기 작성과정에서 그간 학부나 대학원에서 습득한 역사학적 사고나 경험이 바탕이 됨은 물론이고, 수집 자료 분석 능력 또한 효과를 발휘한다.

한국에도 민간 기록 관리의 좋은 사례가 있다. 2001년 '민주화운동기념사업회법'에 따라 만들어진 '민주화운동기념사업회'는 매뉴스크립트 관리의 전형을 보여준다. 민주화운동과 관련된 모든 기록을 대상으로 수집하고 분류하고, 정리하여 공개한다. 연구와 교육 기능도 있고, 기획 전시도 있다. 오픈 아카이브라는 웹페이지를 운영하는데(https://archives.kdemo.or.kr), 단순히 디지털화된 자료의 업로드가 아닌 아카이브 용어에 부합하는 아카이브의 역할을 하고 있다.

조직 내부에서 특정 사안이 발생하여 관련 기록을 찾을 때, 공공기관의 아키비스트가 신속한 기록 정보 제공을 위해 이미 조직의 업무와 기능 변화를 정확히 파악하고 있어야 하는 것처럼. 개인·주제 컬렉션의 아키비스트는 해당 기관의 인물, 주제에 관한 맥락을 숙지하고 있어야 한다. 다소 복잡해 보이지만 그 주제, 그 단체, 그 인물에 대한 독자적인 컬렉션을 만들어야 한다. 이 얼마나 창조적인 일인가?

아키비스트가 되려면

기록물 관리 전문요원은 공공기록물법에 명시되어 있다. 기록물 관리 전문요원 자격을 가지고 채용시험을 통과한 기록 관리 인력은 '연구직 및 지도직 공무원의 임용 등에 관한 규정'에 따라 '기록연구사' 또는 '기록연구관'으로 배치된다.

먼저 공공기관 채용에 필요한 교육과정부터 살펴보자. 기록학이라는 학문이 한국에 도입된 것은 1999년 초였다. 공공기록물법에는 기록물 관리 전문요원이 기록 관리 업무를 전담하게 되어있기 때문에 법 시행에 앞서 미리 배치되어 있어야 했다. 현재 기록물 관리 전문요원의 자격을 얻기 위한 교육과정은 크게 두 가지 경로가 있다.

기록학은 역사학뿐만 아니라 행정·문헌정보·법학 등 여러 학문을 바탕에 둔 복합학문이고, 연구직의 전문성을 위해서는 대학원 과정 개설이 필요했다. 따라서 대학원에서 기록학, 기록관리학, 기록정보학 등을 공부하고 석사학위를 취득하면 법령에 명시된 기록물 관리 전문요원 자격을 얻게 된다. 다른 경로는 전공에 상관없이 학부를 마치고 전문요원 과정을 별도로 이수한 후(교육원), 국가에서 시행하는 전문요원 자격증 시험에 합격하는 경우다. 다만 두 가지 모두 자격 요건을 갖추어도 취업 시에는 기관별 채용시험을 거쳐야 하며, 각각 장단점을 가지고 있다. 대학원 과정은 석사학위 소지자로서 최근 각 기관에서 채용하는 연구직의 학력 기준이 석사학위 이상을 요구하는 경우가 많아졌다는 점에서 유리하지만, 학위 이수까지 시간이 걸리고(최소 2년) 그에 따른 비용도 고려해야 한다는 단점이 있다. 반면 교육원 과정은 기간(1년)과 소요 비용 측면에서 유리하지만, 별도의 자격시험에 합격해야 한다는 부담이 있다. 석사학위 또한 주어지지 않는다. 공무원은 관련 규정에 채용시험 과목이 명시되어 있으며(〈연구직 및 지도직 공무원의 임용 등에 관한 규정〉[별표 4] 연구직 공무원 임용시험 과목 표), 공사나 공단 등 공기업은 NCS(국가 직무 능력) 시험을 거쳐야 한다. 교육기관을 표로 정리하면 다음과 같다(2023년 현재).

〈표〉 기록학 교육기관(2023년 2월 기준)

	대학명	개설학과	학위명
전문대학원	명지대학교	기록관리 전공, 스포츠기록분석 전공, 문화자원관리 전공, 데이터기록 전공	기록정보학
특수대학원	이화여대	정책과학	기록물관리학
	중부대학교	기록물관리학과	기록관리학
일반대학원	경남대	역사학과	문학
	동아대	사학	문학
	동의대	문헌정보학	기록관리학
	부산대	문헌정보학	문학
	서울여대	문헌정보학	문학
	숙명여대	문헌정보학	문헌정보학
	연세대	문헌정보학	기록관리학
	원광대	사학	문학
	이화여대	문헌정보학	문헌정보학
	중앙대	문헌정보학	기록관리학
	한국외대	정보·기록학과	문학
	한성대	문헌정보학	기록관리학
일반대학원 (협동과정)	강릉원주대학교	사학, 법학, 전자공학, 행정학	문학
	경북대학교	사학, 문헌정보학	기록학
	대구 가톨릭대학교	도서관학, 행정학	기록관리학
	목포대학교	사학, 행정학	문학
	서울대학교	사학, 법학, 행정학	문학
	신라대학교	사학, 문헌정보학, 역사교육	기록관리학
	전남대학교	사학, 문헌정보학, 행정학	기록관리학
	전북대학교	역사학, 기록관리학, 문헌정보학, 영화영상학, 통계학	기록관리학
	충남대학교	국사학, 문헌정보학	문학
	한남대학교	역사학, 기록관리학, 문헌정보학, 행정학	문학
	한신대학교	사학, 행정학, 컴퓨터학	기록관리학
교육원	이화여자대학교 기록관리교육원		
	전북대학교 기록관리학교육원		
	한남대학교 기록관리학교육원		

현재 공무원으로서의 기록연구직은 행정기관인 중앙 행정기관, 특별 지방 행정기관, 그리고 지방자치단체, 헌법기관인 국회, 대법원 등 및 시도 교육청 등에 배치되어 있다. 고용 형태는 정규직 공무원도 있지만 시간선택제, 한시임기제, 무기계약직 등 다양하다. 필기가 아닌 서류와 면접 전형만으로 채용하는 경우 실제 업무 경험이 매우 중요하기 때문에, 경력 쌓기를 위한 기간제나 한시직의 경쟁도 치열하다. 사실 이렇게 치열한 경쟁에는 이유가 있다. 최초의 기록연구사가 기관에 배치된 지 18년이 지났는데도, 아직도 중앙 행정기관은 1인 기록관 체계에서 벗어나지 못하고 있다. 기록 관리의 불모지에서 업무는 끝없이 늘어나는 데 반해, 인력 충원은 이루어지지 않고 있다. 우리나라의 기록 관리 인식이 아직도 일천함을 뜻한다. 법령상 모든 공공기관에 기록물 관리 전문요원을 배치해야 하지만 기존 기관 직원에게 기록 관리 교육을 이수하게 하고 기록 관리직으로 인사 발령을 내는 경우도 있다.

사실 공공 영역보다 민간 분야에서의 기록 관리 분야가 더 확장성이 있지만, 최근 취업난으로 인해 안정적인 직장인 공공기관 취업에만 집중되고 있는 상황이 매우 아쉽다. 실제 공공기록 관리 현장에 있으면 기록 관리 환경은 끊임없이 변하고 있는데 반해, 행정직 위주의 기관에서 별도의 연구나 논문 한 편 읽을 여유가 없다. 오히려 사업상 업무 파트너로 민간 쪽에서 기록물 관리 전문요원 자격을 이수한 우수 인력(기록 관리 전문업체)들과 교류함으로써 기록 관리 현안에 대한 새로운 자극을 받고 있다.

아카이브 1.0에서 2.0으로

이제까지 아키비스트의 역할을 만들어진 기록을 잘 '관리'하는 것으로만 설명했는데, 이제 아키비스트는 더 이상 기록을 끌어안고 있는 존재여서는 안 된다. 아카이브도 마찬가지이다. 아카이브의 사전적 의미처럼 단지 '보존 기록을 관리하고 보존하는 장소'에서 발상을 전환해야 한다. 빛바랜 문서 하나, 한쪽 귀퉁이가 떨어져 나간 사진 한 장을 보존하고 보여 주는 것도 중요하지만, 오늘날 기록이란 손에 닿는 유형의 기록뿐만 아니라 떠다니는 공기 중에도 수많은 데이터와 정보가 있다. 그리고 이런 기록은 누가 만들어 내는가? 답은 '누구나'이다.

역사는 지배자, 권력자의 기록이라는 말이 있다. 아키비스트의 핵심 역할은 남겨질 기록을 선별하는 일이다. 기록학 용어로 평가appraisal·처분disposal이라 한다. 그렇다면 어떤 기록이 남겨지고, 어떤 기록이 폐기되는가? 권력자의 기록만 진정한 가치를 가지는가? 기록의 평가에 대한 논란은 일찍부터 기록학이 발달한 서양에서 시작되었다. 특히 1980년대 후반 거대 담론의 변화, 역사학 연구의 주제가 정치사에서 사회사로, 중앙에서 지방으로, 이른바 거시사에서 미시사 연구가 시작된 것처럼 기록학 분야에서도 연구 방법론의 변화가 일어났다. 이른바 '도큐멘테이션 전략documantation strategy'이다. 그간 근대적 사고에 의해 아카이브의 기록물은 오로지 아키비스트의 평가에 의해서만 보존이 결정되었다. 반면 '도큐멘테이션 전략'은 '평가자인 아키비스트는 과연 전지전능한가'에 대한 반론으로서, 특정 지역, 주제, 사건 등에 관한 적절한 정보를 기록 생산자·아카이브·기록 이용자의 상호 협력을 통해 선별하여 수집하는, 탈근대적 평가·선별 방법론이다. 게다가 북미 쪽은 유럽에 비해 특정 주제 아카이브, 공동체 중심의 커뮤니티 아카이브 등 다양한 분야의 기록이 활발히 만들어졌다. 기록 생산의 주체가 공공기관에서 시민의 영역으로 확장되었고, 시민이 기록 활동에 참여할 수 있는 여러 방법도 제안되어 왔다. 예를 들어 미국 국립문서기록관리청NARA(National Archives and Records Administration)은, 시민 아키비스트가 자신들의 사이트에 접속하여 국가 수집 기록의 기술記述에 직접 개입할 수 있도록 하고 있는데(https://www.archives.gov/citizen-archivist), 공공 아카이브가 민간에서 특정 분야의 전문성을 가진 시민 아키비스트와 협업하여 국가 수집 기록의 맥락 정보를 풍부하게 하는 매우 주목할 만한 일이다. 아카이브 2.0시대가 도래한 것이다.

마을 아카이브 그리고 참여

최근 몇 년간 우리나라 기록학계 내에서도 변화가 일어나고 있다. 지역·마을 아카이브 만들기가 그것이다. 그러나 지역 중심 아카이브는 지자체 도시 재생 사업의 일환으로 진행되는 경우가 대부분이어서, 일회성의 한계로 지속가능성을 이끌어 내기에는 역부족이었다. 반면 마을 공동체와 개인의 자발적인 노력에 의한 사례도 있다. 2017년 12월, 서울시민청에서 열린 〈마을 아카이브展─기록으로 보는 마을 공동체 이야기〉는 서울시 마을 공동체 사업으로 마을 공동체 주민들이 마을 활동을 하며 직접 기록하고 모은 마을 자료를 활용, 전시 및 출판 콘텐츠를 기획·제작하였다. 개인의 지역 기록 수집 사례로는 둔촌 주공아파트 철거 기록 프로젝트인 〈안녕, 둔촌 주공아파트〉를 만든 '마을에 숨어' 커뮤니티 활동이 있다. 둔촌 주공아파트 재건축 결정 이후 주민이었던 이인규는 둔촌 주공아파트를 기억하기 위해 '마을에 숨어'라는 조직을 만들고 〈안녕, 둔촌 주공 아파트〉 프로젝트를 시작한다. 2017년부터 2018년 사이 '마을에 숨어'는 둔촌 주공아파트 주택 재건축정비사업조합의 협조를 얻어 빈집과 근린상가, 관리사무소 등을 돌아다니며 박물, 문서, 음성 테이프, 도면 등을 지속적으로 수집했고, 주민, 관리사무소 및 동사무소 직원으로부터 기록을 기증받았다. 수집된 기록물은 현재 서울기록원에서 위탁 보존 중이다.

2009년부터 원주를 시작으로 사진 중심의 지역 기록화 사업을 진행해 온 강원 아카이브 협동조합 활동도 있다. 2013년 본격적인 기록 사업을 위해 강원 아카이브 협동조합이 만들어졌고, 김시동은 도시 기록 프로젝트 중 하나로 시민 기록 아카이빙 프로젝트를 수행하고 있다. 2019년 6월, 서울 금천구는 전국 최초로 '마을 공동체 기록관'을 개관하였다.

마을 공동체 사업의 일환으로 이들을 지원하는 프로그램도 있다. 2018년부터 서울기록원·서울시 50플러스재단·서울시 마을 공동체 종합 지원센터가 주관한 '50+마을기록지원단'은 사회적으로 다양한 경험과 연륜이 있는 시니어 세대가 주도적으로 마을의 가치를 발견하고 기록하는 활동을 한다. 이들은 마을 현장의 가치 있는 유무형의 자원, 마을 공동체 및 주민자치 활동 등을 다양한 방식으로 기록하고, 마을 기록을 사회적 자산으로 만들어 보존하는 역할을 한다. 강원 아카이브 협동조합도 '시민 기록가'를 모집하고, 금천구 마을 공동체 기록관도 2년째 마을 기록가 학교를 운영 중이다. 2021년 7월 국가기록원은 민간 아카이브 기록 관리과정을 개설하였다. 이렇게 마을 공동체 내부에서 자발적으로 기록을 수집하고 보존하려는 '기록 활동가'들의 노력에 대해 아키비스트는 무엇을 해야 할 것인가?

민주주의는 이곳에서 시작된다

아카이브 2.0시대가 도래함에 따라 아키비스트에게는 기록 보존자가 아닌 기록 정보 제공자로서 더 많은 노력과 연구가 요구되었다. 단순한 디지털 기록의 저장소가 아닌 웹 아카이브를 활용한 기록의 공개 활용 측면에서 더욱더 그러하다. 더욱이 민간 아카이브, 시민의 기록 활동도 중요한 기록 정보이므로 시민의 기록을 어떻게 가치 있는 역사 기록으로 구현할 것인가에 대한 고민도 필요하다. 사실 민간 대상 기록 관리 교육보다 더 중요한 것은 아키비스트가 공공기관과 자발적 시민 기록 활동가 사이의 매개자로서 어떤 역할을 할 것인가에 대한 심도 깊은 고민이다. 이때 민간의 요구는 인력 지원이나 공동 연구일 수도 있고, 혹은 동일한 사례를 가진 기관 간 네트워크일 수도 있다. 나아가 자신들이 가진 기록을 외부로 공유할 수 있는 플랫폼 구축을 공공기관에 요구할 수도 있다. 공공과 민간의 협업이 이루어진다면, 앞으로 기록 정보의 양도 점점 더 늘어날 것이다. 이런 면에서 앞서 말한 미국 국립문서기록관리청의 시민 아키비스트는 시사하는 바가 크다.

"민주주의는 이곳에서 시작된다Democacy Start Here." 미국 국립문서기록관리청 홍보 영상의 첫 화면이다. 언젠가 우리도 기록 분야의 외연이 확장되어 역사학적인 지식을 기반으로 한 시민 아키비스트가 양성되고, 그들이 공공역사가인 아키비스트와 협업하는, 참여형 기록 관리를 상상해 본다.

민주주의는 이곳 아카이브에서부터 시작된다. •김영경

4
TV 역사 다큐멘터리, 이렇게 만들었다

기획 의도는 '역사 대중화'

방송 프로그램은 '기획안'을 만드는 것으로부터 출발한다. 제작에 착수하기 위해서는 회사의 결정(결재) 과정을 거쳐야 한다. 판단 기준은 '기획안'이다. 새로 시작하는 프로그램일수록 '기획안'은 중요하다. 프로그램의 성공 여부까지도 판단할 수 있기 때문이다.

기획안의 첫 항목은 '기획 의도'이다. '왜 이 프로그램을 만드는가'에 대한 제작진 스스로의 대답이다. 새 프로그램을 기획할 때 책임 프로듀서CP는 PD, 작가 등 제작진과 함께 기획 의도를 결정하기 위해 수없이 질문하면서 그 답을 구한다. 답을 구하는 과정에서 왜 이 시기에 이 프로그램을 하는지, 어떤 내용을 어떤 형식으로 할까를 정리한다. 제작진이 같은 생각을 하기 위해서도 반드시 필요한 첫 작업이다.

책임프로듀서는 프로그램을 기획하고(기획안을 만들고) 제작진을 지휘하면서 내용뿐만 아니라 예산 등 제작의 전 과정을 관리한다. 프로그램의 중요도에 따라 1~2개 또는 3~4개의 프로그램을 맡는다. 다큐멘터리 PD였던 나는 8여 년 동안 책임 PD였다. 그 8년 내내 회사는 나에게 '의미 있는 역사 다큐멘터리를 정규 프로그램으로 제작하라'고 요구했다. 6개의 정규 프로그램을 연이어 제작했다.

프로그램의 기획 의도는 같았다. 바로 '역사 대중화'였다. 소재와 형식을 달리하면서 프로그램 모두는 '역사 대중화'를 추구했다. 많은 사람이 우리가 만드는 역사 프로그램을 보게 하자는 것이었다. 그렇게 함으로써 역사에 관심을 갖는 사람들이 많아지고, 역사를 한국 사회 구성원들이 공유하는 기억으로 또 상식으로 만드는 데 기여하고자 했다.

TV 역사 다큐멘터리의 가장 큰 어려움은 영상이다. 그림거리가 없거나 부족하다. '역사 대중화'의 가장 큰 걸림돌이다. 이를 극복하기 위해서 적극적으로 새로운 형식format을 개발하고 도입했다. 또 새로운 기술도 적극 활용했다. 그러자 재미있고 흥미로운 구성과 표현이 가능해졌다.

다큐 드라마 〈다큐멘터리 극장〉

책임 PD로서 첫 프로그램이 〈다큐멘터리 극장〉[1]이었다. 해방 이후 한국 현대사를 다룬 프로그램이다. 우리 방송에서는 현대사를 다룬 첫 정규 프로그램이기도 하다.

사실 현대사는 많은 다큐멘터리 PD들이 다루고 싶어했다. 많은 기획안이 만들어졌으나 늘 기획에 그치고 말았다. 오랜 권위주의 정권 시절

언론의 자유는 크게 제약되었다, 특히 방송은 그 정도가 심했다. 오히려 방송이 현대사를 왜곡하는 데 앞장선다는 비판을 받기도 했다.

1980년대 후반 더욱 뜨거워진 민주화운동의 열기는 방송사에도 크게 영향을 미쳤다. '방송민주화운동'이 일어나기 시작했고 이때부터 왜곡된 역사, 그중에서도 방송에 의해 왜곡된 역사에 대한 정리가 필요하다는 인식이 확대되었다. 이 같은 방송사 내부의 분위기는 1993년 문민정부 출범과 함께 프로그램으로 구체화되기 시작했고 그 결과로 KBS에서는 〈다큐멘터리 극장〉이 탄생했다.

소재는 '잘 알려지지 않았거나 잘못 알려진 사건, 인물 중 제대로 알면 역사적 의미가 큰 것'으로 했다. 그래야 시청자의 관심을 끌 수 있고 '역사 대중화'라는 기획 의도를 구현할 수 있을 것으로 판단한 것이다. 이때 정한 소재 선정 원칙은 이후 계속된 역사 프로그램에도 그대로 적용되었다.

〈다큐멘터리 극장〉은 재연을 활용한 형식을 도입했다. 증언이나 문서 자료는 있는데 영상이 없는 부분을 재연하기로 한 것이다. 이 시기에 재현 기법을 활용한 다큐멘터리가 등장하기 시작했으나 본격적인 재연을 도입한 것은 〈다큐멘터리 극장〉이 처음이다.

다큐멘터리 제작에서의 '재현'은 어떤 상황을 단순 재현하여 해설을 위한 밑그림용으로 영상을 만드는 것이다. 반면 '재연'은 당시의 상황을 가급적 그대로 그려보려는 것이다. 연기나 연출을 통해 분위기나 느낌까지도 그대로 그리기 위해서다. 드라마 PD와 드라마 작가가 할 수 있는 일이다. 그래서 〈다큐멘터리 극장〉 제작진은 다큐멘터리 PD와 작가, 드라마 PD와 작가로 구성했다.

1993년 6월 27일에 방송된 '삼청교육대'의 시청률이 21퍼센트였다. 총 68회 방송된 프로그램 중 최고의 시청률이다. '재연'의 성과이기도 하다. 삼청교육대 피해자들의 증언을 토대로 얼굴은 별로 알려지지 않았으나 연기력이 뛰어난 연기자들이 그 참혹한 인권 유린의 상황을 표현했다. 생생하게 '재연'된 영상이 증언, 자료와 함께 시청자들의 관심을 끌었던 것이다.

〈다큐멘터리 극장〉 팀의 역사관은 좌경인가', 'KBS가 건국의 뿌리를 흔들고 있다', '안방에 스며드는 통일전선', 1994년 봄 이른바 극우 잡지인 《한국논단》, 《민족정론》 등에 실린 기사 제목이다. 그해 1월부터 〈다큐멘터리 극장〉이 해방 정국을 다루기 시작했는데 보수 세력의 항의가 계속 이어졌다. 어떤 단체는 제작진이 있는 사무실까지 찾아와 성명서를 낭독하고 구호를 외치기도 했다. 마침내는 사장과 나를 '사자(이승만)에 대한 명예훼손'으로 고소하고 프로그램이 북한을 이롭게 했다며 나를 국가보안법 위반으로 고발했다. 검찰 조사도 받았다. 당연히 법적으로 문제는 없었지만 이러한 조치는 제작진을 위축시켰다.

프로그램의 종료를 회사에 건의했다. 이때 회사의 답이 나를 역사 PD로 만드는 계기가 되었다. 회사는 〈다큐멘터리 극장〉의 종료는 책임 PD가 알아서 하고 대신 같은 시간대에 방송할 새로운 역사 프로그램을 기획하라고 했다.

MC, 역사 속의 인물을 만나다 〈역사의 라이벌〉

〈다큐멘터리 극장〉에서 가능성을 확인한 '재연'을 더욱 확대하는 것으로 기획 방향을 잡았다. '재연'이 시청자들로 하여금 쉽게 역사 다큐멘터리에 접근하고 역사적 사실의 의미를 확장시키는 데 큰 도움이 된다는 것을 알았기 때문이다. 사건보다는 '재연'이 용이한 인물을 소재로 하되 대립 관계 또는 승자와 패자로 규정지어진 역사 속의 두 인물을 다루기로 했다. 이렇게 해서 만들어진 프로그램이 〈역사의 라이벌〉[2]이다. 시기는 비교적 문헌 사료가 풍부한 조선시대를 주로 다루기로 했다.

〈역사의 라이벌〉의 기획 의도 역시 '역사 대중화'다. 사실 이 프로그램을 기획하면서 '역사 대중화'에 대한 논의도 본격적으로 시작했다. 현대사에 비해 조선시대 이전의 역사에 대한 시청자들의 관심이 현저히 낮기 때문이다. 우선 시청자들은 우리 역사에 대해 어떻게 생각하고 있는지를 알아보았다. 거기에 '역사 대중화'가 왜 필요한지 어떻게 해야 하는지 실마리라도 찾을 수 있을 것이라 믿었다. 그때 제작진이 정리한 시청자들의 우리 역사에 대한 인식은 다음과 같다.

"우리 역사는 별 볼 일 없다. 따분하다. 재미없다. 관심이 없다. 그래서 잘 모른다. 중요한 것도 아니다."

'역사 대중화'의 걸림돌이라 할 수 있는 이 내용을 극복하기 위한 방안이 이후 역사 프로그램을 기획할 때마다 가장 중요한 논의 대상이었다. 〈역사의 라이벌〉은 제목에서 말해주듯 역사 속에서 라이벌이라 할 수 있는 두 인물을 소재로 함으로써 시청자들의 관심을 높이려 했다. 흔히 역사에서 영웅과 악인, 또는 승자와 패자라는 이분법에 의해 잘못 알려진 역사적 사실을 밝히고 그들 모두 얼마나 시대 상황에 충실했는가를 그림으로써 우리 역사가 별 볼 일 있는 역사임을 말하고자 했다.

MC를 적극적으로 활용하는 형식을 도입하여 시청자의 관심을 끌고자 했다. MC는 과거와 현재를 넘나들면서 주인공인 두 인물을 만나 인터뷰를 했다. 그들을 한자리에 모아 토론도 했다. MC는 '만약 다른 선택을 했다면?' 등의 질문도 했다.

〈역사의 라이벌〉 중 지금도 기억에 남는 프로그램은 '김상헌과 최명길', '최영과 이성계', '김성일과 황윤길' 등이 아니고 '전하 아니 되옵니다'라는 제목으로 방송된 '세종과 맹사성'편이다. 세종과 맹사성을 결코 라이벌이라 할 수는 없지만 어느 한 대목에서 "전하, 아니 되옵니다"를 말하는 신하를 대표하여 맹사성을 세종의 라이벌로 설정했다.

세종은 선왕인 태종의 실록이 완성될 즈음 아버지에 관한 기록을 보고 싶어한다. 당연히 신하들은 이를 말리고 세종은 신하들의 뜻에 따른다. 이 에피소드를 통해 프로그램은 《조선왕조실록》이라는 조선 최고의 유산이 어떻게 만들어지고 어떻게 지금까지 전해져 오는가를 밝힌다. 이 프로그램에서는 또 왕은 왜 선왕의 실록을 못 보게 했는지, 왜 실록과 수정실록은 함께 전해지는지, 많은 전란에도 실록은 어떻게 보존되었는지 등 조선시대 사람들이 역사를 어떻게 생각했는지를 설명한다. 우리 역사가 결코 별 볼 일 없는 역사가 아님을 말하고 싶었던 것이다.

〈역사의 라이벌〉은 1년 만에 막을 내렸다. 라이벌로 설정할 인물을 더 이상 찾기가 어려웠다. '재연'도 계속하기가 어려웠다. '재연' 부분의 제작비 부담도 컸고 다큐멘터리 PD와 공동 작업을 원하는 드라마 PD를 제작진에 합류시키기도 어려웠다.

TV 뉴스쇼 〈역사 추리〉

새 프로그램을 기획해야 했다. 이때 《역사신문》이라는 책이 나왔다. 책 소개 기사를 신문에서 읽으면서 바로 이거다 싶었다. "아침에 신문을 읽듯이 역사를 당시에 나온 생생한 신문처럼 읽자라는 의도로 기획되었다.

신문이 사건을 취재하고 배경을 파헤치고 당사자를 인터뷰하고 사설을 통해 비판적인 안목을 갖게 하듯이 역사를 서술한 책"이었다.

새로운 프로그램을 탄생시킨 기사다. 《역사신문》이 그랬듯이 역사 프로그램을 TV 뉴스쇼 형식으로 만들어 먼 과거의 역사를 주위에서 일어나는 사건을 뉴스를 통해서 보는 것처럼 만들기로 한 것이다. 〈역사의 라이벌〉 후속인 〈역사 추리〉[3]의 탄생 배경이다.

진행자를 뉴스 앵커의 이미지를 위해 문화부 기자로 정했다. 스트레이트 기사 코너, 입체 분석 코너, 현장 중계 코너, 대담 코너 등 TV 뉴스에서 하고 있는 방법을 동원했다. 코너마다 담당 아나운서 진행자를 두어 빠른 전개로 역사를 쉽고 흥미롭게 전하려 했다.

첫 프로그램은 '정조는 어떻게 한강을 건넜나'였다. 정조는 아버지 사도세자의 묘소가 있는 수원에 자주 행차했는데 1795년 어머니 혜경궁 홍씨의 회갑연을 위한 수원 행차의 규모는 대단했다. 동원된 말이 1,400여 필, 수행원이 2,000여 명에 이른다. 프로그램은 당시의 상황을 그린 능행도陵行圖, 반차도班次圖를 통해 이 같은 대규모 행렬이 어떻게 한강을 건넜는지, 당시의 기술 수준, 대행렬이 갖는 정치·경제적 의미를 알아보았다.

제1한강교 북단에 나가 있는 아나운서는 창덕궁을 출발한 행렬이 이곳에 도착하기까지를 반차도를 보면서 중계방송하듯이 했다. 행렬이 한강을 건너기 위해 만들었던 배다리舟橋 공법이 어떠했는지를 알기 위해 육군 공병대 부교 담당 부대를 찾아가 현재의 부교 공법과 비교해 보았다. 배다리를 만들기 위해 차출된 배의 주인들, 즉 한강을 무대로 장사를 하는 상인들의 실태를 심층 취재 형식으로 알아보았다. 또 행렬을 구경하는 백성들에게 가상 인터뷰도 시도했다. 다양한 코너는 줄거리만 아는 역사에서 호기심을 갖고 역사 속으로 한 발 더 들어가는 역할을 했다. 또 프로그램을 속도감 있게 진행할 수 있어 역사 프로그램이 지루하고 따분하지 않음을 시청자가 알 수 있도록 했다.

〈역사 추리〉는 방송을 시작한 1995년 그해 연말 프로듀서연합회에서 수여하는 '실험정신상'을 받았다. 프로듀서들에게는 대상 이상의 상이라고 여기는 값진 상이었다. 〈역사 추리〉가 시도한 이른바 '형식 실험'을 제작 전문가들도 높게 평가한 것이다.

패러디 프로그램 〈TV 조선왕조실록〉

1995년 말쯤 어느 민간 기업이 《조선왕조실록》 국역본 CD-ROM을 출시했다. 제작진에게 시연을 했다. 제작진은 탄성을 자아냈다. 《조선왕조실록》은 '역사의 보고이자 이야기의 보물창고'이다. 그러나 실록은 제작진 스스로 활용하기에는 그 양이 너무 방대하다. 연구자들의 연구물이나 조언을 통해 해당 부분만 찾아 읽을 수밖에 없었다. CD-ROM은 제작진이 실록에 접근하는 것을 쉽게 해주었고 무엇보다도 색인을 통해 다양한 부문의 상세한 기록을 일목요연하게 확인해 볼 수 있게 했다. 시연 시 색인 기능을 보다가 '코끼리가 귀양 간 까닭은'이라는 프로그램이 기획되기도 했다.

CD-ROM으로 인해 후속 프로그램인 〈TV 조선왕조실록〉[4]은 미리 기획되었다. 1995년 9월 23일 '정조는 어떻게 한강을 건넜나'로 시작한 〈역사 추리〉는 1997년 2월 25일 '호랑이 담배 피던 시절은 언제인가'로 막을 내렸다. 바로 이어서 3월 11일부터 〈TV 조선왕조실록〉이 방송되었다.

'역사 대중화'를 위한 형식 실험이 계속되었다. 이 프로그램은 '패러디 프로그램'이라 할 만큼 각종 프로그램의 형식을 활용하면서 역사적 사실에 대한 호기심을 풀어갔다. 〈추적 60분〉, 〈세계는 지금〉, 〈6시 내 고향〉, 〈직격 인터뷰〉 등을 패러디한 코너에서 리포터들은 경찰, 기자, 앵커 등으로 변신하면서 프로그램을 진행했다. 관리의 부정, 부패를 고발하는 조선시대 농민을 〈추적 60분〉에서처럼 제보자의 얼굴을 모자이크 처리하고 음성을 변조하기도 했다. '조선판 세계는 지금' 코너를 마련하여 당시의 세계 정세를 함께 전하기도 했다.

총 50회 방송된 〈TV 조선왕조실록〉 중 몇 개의 제목을 소개한다. 시청자의 관심을 끌기 위한 제작진의 바람이 제목에 들어있다. '나라 이름을 조선으로 정한 까닭은', '개국 프로젝트 제1호, 종묘', '1402년 조선이 바라본 세계', '세종, 여론 조사를 실시하다', '철저 해부 연산의 다섯 가지 폭정', '아! 잊으랴 어찌 우리 이날을—삼전도의 치욕', '실록 청문회—김자점이 간신인 다섯 가지 이유', '놀부는 왜 처음부터 부자였나', '조선의 뉴딜정책—청계천 준설 공사', '정약용의 IQ는 150+α', '조선 중인의 메카—인왕산'.

가상 스튜디오 〈역사스페셜〉

1998년 가을 개편에 맞춰 〈역사스페셜〉[5]을 기획했다. 프로그램 제목에 감히 '스페셜'을 붙였다. 그동안 〈다큐멘터리 극장〉부터 〈TV 조선왕조실록〉까지 5년 동안 역사 프로그램을 제작하면서 책임 PD인 나도, 제작 PD들도 '스페셜'이라는 제목에 걸맞게 해낼 수 있으리라는 자신감이 있었다. 시대도 조선에 머무르지 말고 고대까지 그 영역을 넓히기로 했다.

〈역사스페셜〉이 가장 스페셜다웠던 것은 가상 스튜디오이다. 가상 스튜디오는 컴퓨터 그래픽으로 만든 3차원의 영상을 세트로 사용한다. 가상 스튜디오는 지금은 보편화되었지만 당시만 해도 1~2년에 걸쳐 제작하는 장기 제작 특집 프로그램에서나 활용할 수 있었다. 매주 방송하는 정규 프로그램에 사용하기에는 그 기술 수준이 미치지 못했으나 강행했다. 프로그램을 '스페셜'답게 하기 위해서, 그리고 무엇보다도 시청자들의 관심을 끌기 위해서 강행한 것이다. KBS만의 리소스로는 부족하여 외부 업체의 도움을 받기도 했다.

가상 스튜디오는 실제 세트로는 구현이 불가능한 것을 컴퓨터 그래픽으로 다양하게 보여줄 수 있다. 상상 속의 공간이나 분위기도 연출할 수 있다. MC는 상상 속의 세계와 현실, 과거와 현재를 마음대로 오갈 수 있다. 화려하게 벽화가 그려진 고구려 고분 내부를, 청동기시대의 어떤 마을을, 암각화가 그려진 반구대를 가상 스튜디오에 구현해 놓고 MC는 마치 현장에서처럼 움직이며 진행했다. 가상 스튜디오는 '역사적 상상력의 확대'를 가능케 했다.

첫 프로그램은 '영상 복원─무용총, 고구려가 살아난다'였다. 이 프로그램은 제목이 말해주듯 지금은 떨어져 나가고 색깔이 바랜 고구려시대의 무덤인 무용총 내부와 벽화를 처음 만들고 그렸을 때의 모습으로 복원하자는 것에서부터 출발했다. '이제 막 완성한 고분과 벽화는 얼마나 화려한 것이었을까'라는 의문에서부터 시작한 상상력의 결과이다. 처음 그려졌을 때의 벽화를 본 사람은 없다. 사진으로 해지고 빛바랜 벽화를 보았을 것이다. 그러면서 저마다 처음의 모습을 머릿속에 그려보는 상상력을 발휘했을 것이다. 프로그램에서는 이를 3D 그래픽을 이용하여 그려냈다. 벽화 연구자, 색채 전문가 등의 자문을 받아가면서 구체화한 것이다.

상상력은 의문에서 출발한다. 구성회의 때 제작진은 벽화를 보면서 서로 질문을 했다. 벽화의 색깔은 어떻게 칠했나, 수렵도의 무사가 사용한 화살의 끝은 왜 뭉툭한가, 말 위에서 어떻게 뒤로 활을 쏘나, 무용을 하는 여인들이 입은 옷의 부분 염색은 그때도 가능했는가 등의 질문을 던지고 그 답을 구할 수 있는지를 알아보았다. 관련 연구 성과를 찾고 연구자들의 도움을 받으면서 그래도 생기는 공간은 상상력을 통해 많은 사람이 동의할 수 있는 답을 구하려 했고 이 과정을 프로그램화했다.

이렇듯 〈역사스페셜〉 구성은 '의문'에서 출발했다. 선정된 소재를 두고 다양한 의문을 제기하고 그 답을 찾아가는 구성이었다. 시청자들의 호기심을 자극하여 관심을 끌 수 있을 것이라 생각했기 때문이다. 더 중요한 것은 이런 구성을 통해 잘 알려지지 않은 또는 잘못 알려진 역사적 사실을 끄집어낼 수가 있었다.

'조선판 사랑과 영혼—400년 전의 편지'란 프로그램이 있었다. 〈사랑과 영혼〉이란 유명한 영화를 패러디한 제목이다. 〈역사스페셜〉 중 가장 시청률이 높았던 프로그램이다. 조선시대의 묘를 이장하는 과정에서 수습된 한 통의 한글 편지가 소재 선정 회의에 올려졌다. 죽은 남편에 대한 아내의 절절한 그리움을 담은 편지만으로도 충분히 좋은 소재였지만 그것만으로 제작을 결정할 수는 없었다. 제작팀은 편지에서 아내가 남편을 "자네"라 부르는 데 주목하고 의문을 제기했다. 왜 이런 호칭을 썼을까, 당시에 이런 호칭이 가능한가 등. 프로그램은 조선시대 남편을 먼저 보낸 한 여인의 애절한 사연과 함께 당시 여성의 사회적 지위가 어떠했는가를 다룬다. 그리고 조선시대 여성들의 지위가 일반인들이 알고 있는 것과는 달리 왜란·호란 전까지는 상당했음을 이야기한다. 남편을 '자네'라 부르는 것에 주목하여 '잘못 알려지거나 잘 알려지지 않은 역사 중에서 알고 보면 우리 역사도 대단했음'을 이야기함으로써 '역사 대중화'라는 프로그램의 기획 의도를 충족할 수가 있었다.

'의문 제기'는 프로그램의 가장 중요한 핵심이었다. 이를 풀어가는 과정에서 '상상력의 확대'가 이루어졌고 가상 스튜디오 등이 있어 이를 구체화할 수 있었다. '역사적 상상력의 확대'는 또 역사 다큐멘터리가 다룰 수 있는 소재의 폭을 확대했다. 〈역사스페셜〉 이전의 역사 다큐멘터리가 주로 다루었던 시기는 해방 이후의 현대사와 비교적 자료와 유물, 유적 등이 많이 남아있는 조선시대였다. 그러나 〈역사스페셜〉은 고려시대 이전을 다룬 프로그램이 절반을 넘었다. 214편 중 상고사 17편, 고구려 22편 등 고려 이전을 다룬 프로그램이 120편에 이른다. 소재의 폭이 대폭 넓어진 것이다. 어느 시기를 다루느냐는 시청률에도 영향을 주었다. 고구려나 발해를 다루면 시청률도 올라갔다. 반대로 근대를 다루면 시청률이 쭉 내려갔다. 시청자들의 역사적 갈증을 알 수 있는 대목이다.

역사는 '사랑'이다

시청자들의 관심도 각별했다. 2003년 봄, 〈역사스페셜〉의 종영을 예고했다. 그런데 우리 방송사에 유례없는 '사건'이 일어났다. 〈역사스페셜〉 종영 반대' 서명운동이 일어난 것이다. '〈역사스페셜〉 부활'을 위한 모임이 만들어졌고 7,000명이 넘는 시청자가 서명했다. 그리고 이를 끊임없이 KBS에 요구했다. 마침내 KBS는 적당한 시기에 프로그램 부활을 약속했다. 이 약속에 따라 탄생한 프로그램이 〈HD 역사스페셜〉이다. 2005년 5월, 2년 만에 부활했다. 시청자들의 요구에 따라 시작한 프로그램이라 제작진은 욕심을 부렸다. 이슈 중심이었던 〈역사스페셜〉과는 달리 〈HD 역사스페셜〉은 선사시대부터 일제강점기까지 한국 역사를 시대순으로 다루기로 했다. 역사학자는 마지막 학문적 성과로 통사通史를 쓴다는데 이를 감히 TV 프로그램이 시도한 것이다. 첫 회 '한반도의 첫 사람들'부터 마지막 회인 64회 '일왕日王의 명령, 조선사편수회를 조직하라'까지 64편의 아이템을 기획 단계에서 결정하고 야심차게 출발했다.

나는 〈HD 역사스페셜〉의 방영 중간쯤에 임원이 되어 제작 현장을 떠났다. 2008년 9월에는 방송국을 떠났다. 그러나 '역사스페셜'이란 제목의 프로그램은 그 후에도 계속되었다. 2009년에는 〈역사스페셜〉, 2021년에는 〈UHD 역사스페셜〉이란 제목의 프로그램이 방송되었다. 앞으로도 같은 제목의 역사 프로그램이 나올 것이다. 시청자들은 〈역사스페셜〉을 '역사의 대중화'를 구현한 프로그램으로 아직도 기억하고 있을 것이기 때문이다.

'나무위키'에 소개된 내용을 일부 옮겨본다. 〈역사스페셜〉은 "한국사 관련 다큐멘터리 계열에서는 실로 넘사벽의 위상을 자랑한다.……그야말로 본격 역사교양물이라 할 수 있으며 종영 이후로도 이 프로그램에 비견할 만한 역사 관련 프로그램은 흔치 않다. 한국의 역사에 대해 별로 관심이 없던 일반 대중에게 있어 한국사에 대한 관심을 끌어올리는 데에 지대한 공헌을 하였다. 덕분에 상당히 높은 평가를 받는 편으로, 역사 전공자들에게도 유익한 프로그램으로 손꼽혔다."

프로그램 중에는 너무 상상력을 발휘하여 황당하다는 비판을 받은 것들도 있다. 크고 작은 오류들을 지적받기도 했다. 그럼에도 성공적인 프로그램으로 평가받고 기억되는 것은 '역사 대중화'에 기꺼이 동참해 준 역사학자들이 있어 가능했다. 역사는 연구자의 것만이 아닌 일반 대중이 함께

해야 한다는 그들의 적극적인 도움이 좋은 프로그램을 오래가게 했다.

그리고 우리 역사를 '사랑'했던 PD들이 있어 가능한 일이었다. 그들과 함께 '역사 프로그램 제작자들에게 역사란 무엇이어야 하는가'를 논의했다. 오랜 토론 끝에 내린 결론은 '역사는 사랑이다'였다. 이 땅, 이 땅에 살았던 사람들, 그들의 삶 그리고 그들이 남긴 모든 것을 '사랑'하는 것이 'PD들의 역사'라고 정의한 것이다. 프로그램이 시청자들로 하여금 우리 역사를 '사랑'하게 하려면 그것을 만드는 PD는 훨씬 더 우리 역사를 '사랑'해야 한다고 생각을 모았다. 소재를 찾고 구성안 만들고 편집하느라 밤 새기 일쑤였지만 그들은 우리 역사에 대한 '사랑'으로 견디어 냈다. 연구자들의 적극적인 동참을 끌어낸 것도 그 '사랑'의 힘이었다. 그 '사랑'이 깊은 PD일수록 프로그램을 잘 만들었다. •남성우

5
역사 저술가:
직업으로서의 역사, 취미로서의 역사

학교 밖의 역사학

학계에서든 학계 밖에서든 학문을 연구하는 것은 어려운 일이다. 하지만 적어도 말을 하거나 글을 쓰는 측면만을 보면 학계를 벗어나는 순간 연구자는 온몸으로 자유의 감정을 느끼지 않을까 생각한다. 학생으로서의 과정은 물론이고 머리가 제법 커지고 나서도 학계의 울타리 안에서 이루어지는 모든 학문적 활동은 연구자에게 큰 부담으로 다가온다. 단 한 마디의 말, 단 한 줄의 글도 가벼이 볼 수 없고 어디서 날아올지 모르는 날카로운 비판에 맞설 준비를 끝내야만 내보낼 수 있기 때문이다.

어느 날 그런 학계의 테두리를 벗어났다. 아니 도망쳤다고 하는 것이 맞을 것이다. 누구의 강요도 없이 스스로 선택했던 것을 또 스스로 벗어던졌을 때, 필자가 느꼈던 감정은 오묘했다. 죄책감, 부끄러움, 실망과 미안함 등등. 하지만 그 사이에는 자유가 있었다. 비록 잠시지만 왠지 모를 홀가분함은 형용하기 힘들 정도의 기쁨이었다. 이왕 내린 큰 결정이라면 즐기자는 생각. 그리고 그 기쁨이 사그라지기 전에 무언가를 해야겠다는 고민 끝에 필자가 했던 것은 글쓰기였다. 자유로운 글쓰기. 좀 더 구체적으로 말하자면 주석註釋 없는 글을 쓰는 것이었다. 사실 이것은 오랜 시간 동안 희망했던 일이기도 했다. 글쓰기에 있어 전문가와 비전문가의 가장 큰 차이 중 하나는 주석의 유무다. 주석이란 단순한 설명 더하기를 넘어 지식의 근거를 밝히는 행위인데, 정확한 레퍼런스를 정해진 규칙에 따라 표기하는 것은 웬만한 수련을 거치지 않은 사람에겐 여간 어려운 일이 아니다. 특히 인생의 어느 시기에 머릿속 깊숙이 자리 잡았는지 알 수도 없는 지식에 대해 그 근거를 밝혀야 할 필요가 생길 때는 그 귀찮음이 몇 배가 되기도 한다. 아마 글쓰기에 주석을 달지 않아도 되는 법이라도 생긴다면 연구자들은 같은 시간에 몇 배의 글을 생산해 낼 수 있을 것이다. 물론 익숙해진 이에겐 뒤처리하지 않고 일을 끝낸 것 같은 불편함이 느껴지고, 글의 질은 한없이 떨어지겠지만.

말하기 역시 다르지 않다. 학교와 학회에서의 발제發題란 일반인을 상대로 하는 강연과는 어마어마한 차이가 있다. 발표자의 입장에서는 더욱 그러하겠지만 수용자 또한 준비가 필요하니 마냥 넋 놓고 듣는 강연과 같을 수는 없다. 이것은 먹고살기 위해 하는 것과 즐기기 위해 하는 것의 차이, 혹은 '필사적인 정도'의 차이로 보면 적당하지 않을까. 필자가 언급한 자유는 바로 전자에서 후자로 스탠스가 바뀌던 때의 감정이다. 필사적임에서 자유로움으로의 전환. 참 짜릿했다. 적어도 처음에는 말이다.

세상에 공짜가 없고 부작용 없는 특효약이 있을까. 환희는 대가를 요구했다. 대중적인 글쓰기와 말하기가 자유를 느끼게 해준다는 생각이 달라지는 데는 그리 긴 시간이 걸리지 않았다.[1] 주석 대신 사용한 느긋한 풀어쓰기는 더 수준 높은 글쓰기 실력을 요했고, 연구자가 아닌 문외한을 상대한다는 근거 모를 자신감은 실언에 가까운 과장을 만들어 내기도 했다. 더 큰 자유는 더 큰 의무를 수반한다는 금언이 여기서도 해당되는 것일까. 누구에게까지 닿을지 모르고, 누군가에게 어떤 영향을 줄지 모르는 나의 대중서와 강연은 지도교수의 잔소리 따위와는 비교할 수도 없는 크기의 부메랑으로 날아왔다. 미디어를 통한 노출의 영향력은 말할 것도 없다. 학교의 울타리를 벗어나기 전, 한 마디 말과 한 줄의 문장에도 지겹도록 따라붙었던 잔소리와 지적들은 나를 키우는 자양분이었고 어떤 의미에서는 더 농도 짙은 자유를 누리게 했음을 이제야 실감한 것이다.

경계인의 역사 연구

필자는 역사 연구자 혹은 역사 작가로 소개된다. 가끔 역사학자로 불릴 때가 있으나 맞는 표현은 아니라고 생각한다. 학계의 연구 환경을 답답하다고 생각한 끝에 몸을 뺀 사람으로서 자격이 모자람을 알기 때문이다. 호칭이라는 것이 자의가 아닌 타의로 정해지는 경우가 많지만 어떤 식이든 더 있어 보이게 불리는 것은 중요하다. 물론 어떤 상황에서나 주제 파악만큼은 정신을 바짝 차려야 한다고 말하고 싶다. 한때 미디어에서 역사를 강의하며 대중적인 인기를 끌었던 한 엔터테이너가 '역사 그랜드마스터'라며 스스로를 소개한 적이 있었다. 그것도 자기 입으로. 마침 식사 중이었던 필자는 입속에 있던 것을 모조리 뿜을 뻔했던 기억이 생생하다. 아무리 역사 대중화시대를 산다고 해도 나오는 대로 막 뱉는 수준이 이 정도일지는 상상조차 못했다. 아니나 다를까 해당 엔터테이너는 명성과는 어울리지 않는 실력이 들통나면서 미디어에서 사라졌고 그 사건은 한동안 사회를 떠들썩하게 만들었다. 이는 비슷한 영역에 발을 담고 있다고 볼 수 있는 필자에게 많은 생각을 하게 했다. 나는 무엇이며 어떤 세상에 들어와 무슨 짓을 하고 있는가 하는 생각 말이다.

우선 필자는 글을 쓴다. 전문 연구자들을 위한 논문이 아닌 일반인을 대상으로 하는 대중의 글을 쓴다. 논문과 대중적인 글의 차이는 간단하다. 전자는 어렵고 후자는 쉽다. 전자는 문장이 덕지덕지 복잡한 경우가 많다. 정해진 틀로 근거와 논리를 일일이 밝혀야 하기 때문이다. 후자는 그게 덜하다. 그리고 전자는 극히 이성적이어야 하지만 후자는 감성적이어도 된다. 아니 감성이 잘 묻어나야 한다. 자연히 과학성이 떨어지고 문학성이 스며든다. 레오폴트 랑케Leopold von Ranke가[2] 본다면 가슴 아파하겠지만 이 세계의 현실이 그러하다.

어쨌거나 포인트는 전자가 죽도록 재미가 없다는 것이다. 대중의 글을 수용하는 일반인이란 공교육 기관에서 역사교육을 받은 적이 없는 사람들을 말한다. 학사 정도의 교육을 받았으나 더 이상의 진전 없이 공부에서 손을 뗀 지 십수 년이 흘렀다면 일반인이라고 분류하고 싶다. 한국의 학부 교육에서 전공 과목을 제대로 이해하지 못하고도 학위를 받는 경우는 비일비재하고, 졸업 후 손을 놓았다면 학사에서 멈춘 지식 수준을 과하게 인정하고 싶지 않다. 오히려 실력은 갖추지 못한 채 전공을 했다는 이유로 스스로를 과대평가하여 얼토당토않은 평설을 펴는 경우를 심심찮게 본다. 아니함만 못한 얕은 공부의 위험성을 몸소 보여주는 경우로 필자로 하여금 인생 공부를 또 하게 만들어 주는 고마운 이들이다.

물론 학계에 있으면서도 글은 쓸 수 있다. 활발한 저작 활동을 하는 교수들도 많다. 예외 없는 경우가 없겠는가. 다만 교수들의 글은 대개 잘 팔리지 않는다는 것이 중요한데 더 중요한 것은 교수들은 글이 팔리지 않아도 먹고살 수 있다는 점이다. 심란한 경우라면 전임교수가 아니면서 학계에 걸쳐있는 분들이 아닐까 한다. 글은 학계의 틀을 따라야 하기에 교수의 그것처럼 재미없고, 그렇다고 속세에 영합하기에는 이루지 못한 것에 대한 미련이 있고 또 학계의 눈은 더럽게 의식해 섣불리 대중화도 시도할 수 없는 부류. 사실 자신을 걱정해도 모자랄 필자가 쓸데없는 오지랖을 부린 것이겠지만 이러지도 저러지도 못하는 경계인의 위치에 있는 연구자가 많은 현실에서 한 번쯤은 고민해 볼 문제가 아닐까 한다.

그다음 비중을 차지하는 일은 강연과 방송 출연이다. 이 일들은 경제적으로 효율이 좋다. 말하기라는 것이 글쓰기에 비해서 들어가는 시간과 노력은 적고 보수는 많기 때문이다. 다만 글쓰기와 달리 자의적으로 할 수는 없다. 누군가의 선택을 받아야만 할 수 있는 일이기에 빈도나 일정이 타의로 결정된다는 점이 좀 아쉽다. 물론 이마저도 일정 이상의 이름값을 얻으면 자의로 결정할 수 있겠지만 그런 행운은 이생에서 내게 오지 않는다는 것을 잘 알고 있다.

강연과 방송 출연이 역사 연구자에게 주는 또 하나의 작용은 공부하는 사람을 사회 생활을 하는 사람으로 만들어 준다는 것이다. 학계도 사람 사는 곳이기에 그것의 사회성을 무시하는 것이 아니다. 다만 학계와 비학계의 세속성은 그 차이가 비교 불가능하다는 것을 모르는 사람은 없을 것이다. 오죽하면 세상 물정 모르는 순진한 집단의 대표가 교수집단이겠는가. 필자 또한 그것을 굳게 믿는다. 그래서 교수들을 더 좋아하는지도 모르겠다. 순진하면서도 유치한 그 교수들 말이다.

강연과 방송은 자신의 가치가 정액定額으로 책정되는 시장이다. 냉정하고 때로는 가혹한 경쟁 시장. 얼마나 많은 사람이 나를 좋아해 주는지, 그에 따라 어느 정도의 수요가 발생하는지 정확한 금액으로 내가 거래되는 것이다. 과거 노예의 목에 걸린 가격표와 본질적으로 다른 게 무엇인지 혼란스러울 지경이다. 이런 이유로 이 바닥에서는 자신도 모르는 사이에 그 액수를 높이기 위한 노력이 이루어진다. 이 노력이란 게 좀 처절하다. 같은 내용이라도 더 재미있는 상황으로 각색하고 더 자극적인 어휘를 사용하는 게 거기에 해당된다고 할 수 있다. 그 과정에서 아슬아슬하게 줄을 타거나 선을 넘어버리기도 하며, 연구자로서의 양심을 저버리는 일도 있다. 이를 방지하기 위해서는 끊임없이 자기검열을 해야 하겠지만 그것이 어디 쉬운 일이던가. 앞서 언급한 연구자로서의 필사적임과는 또 다른 필사적임이 발현되는 순간이다. 누군가 이 같은 일을 직업으로 갖는 것이 어떠냐고 묻는다면 예 또는 아니오의 단답형으로 답하기는 어렵겠다. 기간을 특정할 수 없는 불안정함과 하루아침에 떠서 스타 대접을 받는 연예인의 하이리스크 하이리턴High risk High return 속성을 즐길 수 있다면 꽤 괜찮은 직업이라고도 하겠다. 물론 역사가가 뜨더라도 연예인처럼 뜨겠냐마는 재정 문제가 해결된 상태라면 꽤 즐거울 일이라는 것만은 확실하다.

전문성과 대중성

근대 역사학이 제대로 자리 잡은 이후로 역사는 전문가의 영역이었다. 하지만 현재 한국에서 역사는 다소 만만한 영역이 되어버린 것이 아닌가 하는 생각이 든다. 사극이나 역사소설을 통해 알게 된 내용을 진짜 역사라고 믿는 것이나, 속이 후련하다는 이유로 고대사의 허풍을 진실이라고 주장하는 것도 이에 해당한다.

역사와 역사학에 대한 만만함은 대중성의 또 다른 표현이자 대중성이 과해서 일으킨 부작용이라고 할 수 있다. 역사의 대중성과 대중에게 환영받는 역사학을 역사 연구자들이 반기지 않을 리는 없다. 그러나 현실은 바람대로 가지 않는 것이 보통인 것처럼 아무나 SNS를 통해 확인되지 않은 허구를 남발하고 사실과 전혀 맞지 않은 내용을 서슴없이 가르치는 정도에 이르렀다. 검증 따윈 필요로 하지 않는 뇌피셜의 향연, 그야말로 역사는 아무나 말하고 가르칠 수 있는 대상이 된 것이다.

더욱이 이런 현상을 부추기는 강력한 부스터가 나타났으니 바로 유튜브이다. 유튜브는 한때 대세 SNS 수단이었던 블로그나 팟캐스트와는 비교도 할 수 없는 영향을 끼치고 있다. 유튜브가 차원이 다른 촉진제가 된 이유는 단순하다. 돈을 벌게 해주기 때문이다. 그것도 과거 매체와는 비교도 할 수 없는 거액의 돈을 말이다. 재물이 세상의 희한한 일을 만들어낸다는 관자管子의 말을 인용할 것도 없이 거액의 돈이 개입되는 순간 사기꾼이 하루아침에 경제 전문가가 되고, 의료기기 업체 영업사원이 의사 대신 외과 수술도 하게 만드는 어이없는 상황들을 우리는 목도했다.[3] 하물며 역사 정도야 이에 비하면 손바닥 뒤집듯 쉽지 않겠는가. 잘못된 지식과 그것을 기반으로 한 얼토당토않은 해석이 범람하는 것은 지극히 자연스러운 과정이라 하겠다. 이런 작금의 사회적인 분위기에 '라떼'를 시전하며 우려의 목소리를 내고자 하는 것이 아니다. 그런 목소리는 항상 존재했고 지금은 누가 목소리를 내든 제대로 들리지도 않을 것이다. 필자는 단지 이런 환경일수록 대중성에 대한 재규정이 필요하다는 것과 아무나 역사를 말하고 가르치는 것과 구별될 수 있는 전문성이 더욱 필요해졌음을 말하고 싶을 뿐이다.

역사가 '누구나'를 넘어서 '아무나' 논하고 가르칠 수 있는 대상이 된 것은 옛날이야기로서의 역사와 학문으로서의 역사를 구분하지 못한 것에서 비롯된 결과이다. 과거의 재미있는 이야기라면 애호가로서 누구든 논하고 평할 수 있다. 하지만 학문은 다르다. 역사의 호고성好古性이 많은 사람을 역사 애호가로 만들고 때론 그것을 넘어 역사학자들을 탄생시켰으며, 재미있는 옛날이야기가 역사와 역사학의 씨앗이 되었음은 부정할 수 없다. 하지만 옛날이야기와 역사는 그 경계가 분명하다는 것을 알아야 한다. 그 경계를 아는 것 또한 어느 정도 전문적인 교육이 필요한 부분이다.

그 경계를 사이에 두고 할머니 옆에서 이야기를 듣다가 잠이 드는 아이와 고대 문자로 빽빽한 사료를 분석하는 연구자가 마주 보고 있다. 그 경계를 가운데에 두고 말발 화려한 엔터테이너의 만담 쇼와 지난한 훈련을 필요로 하는 연구 활동이 대척점을 이루고 있으며, 그 경계를 놓고 취미와 학문이 명확하게 구분된다. 제대로 된 교육도 없이 함부로 역사 강의를 하는 자들은 실체는 경계의 왼쪽에 있으면서 사회적 대우는 경계의 오른쪽에 있고자 하는 자들인 것이다. 물론 그들은 오른쪽에 서기 위해서 거쳐야 하는 과정이 얼마나 고된지 모를 뿐더러 그런 경계가 있다는 것조차 모르는 자들이 대부분이다.

일각에서는 대중성의 홍수로 인해 제대로 된 전문가가 더욱 빛이 나게 될 것이라고 말한다. 동의한다. 개인적으로 지금은 전문 연구자들에게 기회의 시대라고 말하고 싶다. 가짜들의 바다에서 등대처럼 진짜가 빛날 수 있는 시대. 자연스럽게 경제적인 문제도 해결될 수 있는 시대인 것이다. 결국 문제는 학계 밖의 연구자들이다. 그들은 이런 시대에서 위치가 더욱 애매해졌다. 필자 또한 여기에 속한다고 생각하고 있다. 과연 자신을 스스로 전문가라고 할 수 있을까. 설령 전문가를 자임할지라도 대중은 온전히 동의할까. 쉽게 단정할 수 없는 부분이다. 역사뿐만 아니라 전문가의 대표적 직종은 대학교수다. 오랜 세월 시사 방송에 몸담은 연출자들에 따르면 대부분의 일반인은 교수라는 타이틀의 유무로 전문성을 결정한다고 한다. 이는 한국에서 더욱 두드러지는 현상인데 한국의 교수만큼 방송에서의 만능 직업이 없다는 것이다. 정치인도 관료도 대기업의 사외이사도 할 수 있으면서 모든 분야의 전문가. 가령 중동 문제가 터졌을 때 중동에서 유학을 하고 20년 넘게 현지에서 사업한 사람보다 중동에 한 번도 가보지 못해도 아랍어 관련학과의 교수를 더 전문가로 쳐준다고 하니 더 말이 필요할까. 필자 또한 오랜 세월 이 나라의 시청자로 살면서 피부로 동의하는 바다. 그런 곳이 한국이다. 역사 또한 이런 대세와 다를 바 없음을 현장에서 수없이 실감했다(교수님 존경합니다).

학계 밖의 연구자를 정의하자면 필자는 이렇게 말하고 싶다. 함부로 역사를 말하는 '아무나'의 수준은 넘었지만 학계에서도 대중적으로도 완벽하게 인정받지는 못하는 존재. 소위 전문가인 듯 전문가 아닌 전문가 같은 존재. 개인적인 생각이다. 물론 학계를 떠나서도 훌륭한 업적을 이루어 내는 연구자들도 많으며 그들 전체를 폄하하고자 하는 것이 아님을 밝힌다.[4] 입 밖으로 내놓고 보니 필자야말로 여기에 제대로 해당되는 것 같은데 화두인 공공역사가라는 표현은 이를 감당할 수 있을까.

경계에 선 존재들이 경계의 위태로움을 극복할 수 있는 방법은 하나밖에 없다. 실력이다. 실력이라는 말의 개념을 먼저 규정해야겠지만 업계의 동료 제군은 무슨 말인지 알고 있으리라 생각한다. 일단 실력으로 전문가임을 증명해야 한다. 이는 쉬운 일이 아니다. 무협지에나 나오는 극적인 상황은 벌어지지 않을 터이니 일단 시간이 많이 걸리고 운도 따라야 한다. 학위나 교수라는 공적 증명을 얻는 것이 더 빠르고 쉬울 수도 있다. 여기서 오해하지 않기를 바라는 것은 학위나 학계의 인정 없이도 실력이 넘치는 은둔 고수들이 많을 것이라 생각하는 사람들이 있다는 것이다. 이는 철저히 대학원 이상의 교육과정을 겪어보지 못한 사람들의 억측이다. 하수가 고수의 실력을 상상조차 할 수 없듯이 홀로 연구하는 사람들은 학계에서 고된 수련을 거친 사람들의 수준을 가늠하지 못한다.

논점을 벗어났지만 글을 쓰고 강연을 하면서 접하는 일반인들 중에는 애호가 수준을 넘는 사람들을 심심찮게 만날 수 있다. 그 빈도는 근래에 들어 더 높아졌다. 하지만 학계의 전문가를 독학의 은둔 고수가 넘는 일은 있을 수 없다고 감히 말하고 싶다. 자칭 전문가들의 등장은 구글과 유튜브로 인해 지식의 문턱이 낮아진 결과이며 〈미스터 션샤인〉과 〈파친코〉로 근대사를 배우고, 〈옷소매 붉은 끝동〉으로 조선사 일부를 알게 되었다고 생각하는 대중성이 빚어낸 현상이라고 말하고 싶다. 다만 '아무나' 역사를 논하는 시대에서 제대로 된 학문적 훈련만이 '아무나'와 구별될 수 있는 기본기임을 잊지 않게 해주는 스승들임에는 틀림없다. 고마우셔라.

나는 공공역사가인가

공공역사와 공공역사가라는 용어를 처음 접하였을 때 직관적으로 이해되는 면이 있었다. 가장 먼저 떠오른 것은 앞서 언급한 바와 같이 대학으로 대표되는 학계에 속하지 못한 연구자이다. 실제로 크게 틀리지는 않은 것으로 보인다. 국외에서 공공역사의 개념[5]이 생겨 활발한 논의가 이루어진 지는 벌써 50여 년에 이르렀다. 이 개념은 미국에서 처음으로 시작된 이래 캐나다, 오스트레일리아, 뉴질랜드 등으로 퍼져나갔다. 그렇다면 이들은 앞서 필자가 했던 고민을 이미 반세기 전에 했던 것일까. 공공역사라는 어휘를 만든 사람은 미국 캘리포니아주립대학 역사학과 교수 로버트 켈리이다. 대부분의 사회과학 용어가 그러하듯 개념 정의나 의미 명료화는 쉽지 않다. 공공이란 개념부터가 정의하기 쉽지 않은 개념이기 때문이다. 필자는 이에 대해 더 이상의 심도 있는 개념 해석은 하지 않겠다. 논의 대상을 필자의 위치와 관련된 범위로 한정하려고 함을 이해해 주기 바란다. 아무튼 로버트 켈리가 내린 공공역사의 정의는 '교실 밖에서 실천되는 역사, 학계 밖에서 역사가가 채용되고 역사적 연구 방법이 사용되는 것'이다.[6] 또한 공공역사에는 비전문가가 주류를 이루는 대중역사Popular history와 구별되는 의미가 있다.[7] 즉 공공성과 대중성의 결정적 차이는 전문성에 있는 것이다. 공공역사가란 학자에 따라 범주의 차이가 있으나 일단 전문적인 역사 교육과정을 이수한, 훈련된 연구자이어야만 한다.[8] 애호가 수준의 아마추어라면 이 논의 자체가 의미가 없다.[9] 따라서 공공역사의 연구 방법은 학계의 그것을 차용할 수밖에 없다.[10]

공공역사에 대한 수많은 논의 중에 필자가 주목한 것은 공공역사가라고 불리고 있는 미국의 토마스 코빈Thomas Cauvin이 밝힌 공공역사운동의 목적이다. 그가 규정한 공공역사운동의 목적은 세 가지인데 첫째는 학계 밖에서 연구하는 역사가들에게 그들 활동의 특수성을 논할 수 있는 포럼을 학계가 제공하는 것이다. 이는 공공역사가들의 연구 환경을 개선하여 공공역사의 개념을 더욱 명료화하기 위한 것으로 볼 수 있다. 둘째는 학계 밖에서 일하기를 원하는 역사 전공 학생들에게 공공역사 교육을 제공하는 것이다. 모든 전공자들이 학계에서 일할 수는 없기 때문에 미리

학계 밖에서 전공을 살려 일하려는 사람을 돕는 것이다. 셋째는 학계 밖에서도 공공역사가의 지위를 인정할 것을 요구하는 것이다.[11] 필자가 주목한 것은 세 번째 공공역사가의 지위이다.

공공역사가의 지위는 현재 어떤 수준이며 또 무엇을 지향해야 할까. 처음 공공역사가란 말을 들었을 때는 쉽게 와닿지 않았다. 명확하지 않았던 것이다. 어렴풋이 학계 외부의 연구자들이 학계를 향해 자신들을 동등한 역사학자로 인정해 달라는 정도로 추측하는 정도였다. 이후 많은 학자의 의견을 바탕으로 필자는 공공역사가를 이렇게 정리했다. 대학의 교수나 관련 연구기관의 연구원이 아니더라도 전문적인 훈련을 받은 후 박물관 또는 연구회, 정부기관, 아카이브, 도서관 등에서 일하는 연구자. 의미상으로는 학계 역사가에 비해 격이 떨어지지 않는 지위이다.

토마스 코빈이 목적했던 것 중 적어도 세 번째는 대체로 이루어졌다고 볼 수 있다. 현재 미국역사학회American History Association나 미국역사가회 The Organization of American Historians, 그리고 많은 대학에서 공공역사를 지원하고 있고 더불어 공동으로 학술대회를 열기도 하기 때문이다.[12] 그렇다면 한국은 어떠한가. 세월의 차이만큼 구석구석 차이가 큰 것은 당연하겠지만 개략적으로는 위에서 언급한 정도의 풍경은 한국에서도 쉽게 볼 수 있다. 역사학을 전공하고 관련 기관에 종사하면서 학술대회의 정식 일원으로 활동하는 것 또한 드문 일이 아니다. 어쩌면 2016년 한국에 도입된 공공역사의 개념은 이미 존재하고 있었던 것에 이름을 부여한 것이라 할 수 있다. 학문에 있어서 명칭을 부여하는 것은 중요한 사건이다. 개념을 압축한 어휘가 학문 발전의 초석이 되기 때문이다. 또한 미국에서도 공공역사 논의 초기에는 공공역사가가 비전문가가 아니라 전문가임을 입증하기 위해 노력했다는 것도 반드시 짚어야 할 부분이다. 현재 한국에서 행해지는 논의가 미국의 전철을 밟을 가능성이 크기 때문인데, 다만 기관에 적을 두지 않은 프리랜서 신분의 연구자는 공공역사가의 범주에 넣기에 애매해지는 점은 다소 아쉬운 부분이다. 물론 이는 공공역사가의 개념을 보는 개인차에서 생긴 대수롭지 않은 부분일 수 있다.

그러나 필자가 진실로 우려하는 부분은 이로 인해 또 다른 계급이 생길지도 모른다는 점이다. 공공역사가라는 명칭은 취지와 달리 전혀 의도하지 않은 운명을 맞을지도 모른다. 이를 탄생시킨 측이 담고 싶은 의미와 철학이 수용자에게 곧이곧대로 전달될 가능성은 얼마나 될까. 그들은 깊은 설명을 듣고 이해하기보다 씌어진 문자 그대로를 자의적이고 직관적으로 이해할 것이다.

수용자란 결국 학계의 연구자들과 대중일 터인데 이들은 과연 우호적으로 해석해 줄까. 개인적으로 그럴 가능성은 매우 적다고 본다. 다시 교수로 대변되는 학계의 연구자들과 구분되는 또 하나의 유사집단으로 볼 가능성을 배제할 수 없다는 게 필자의 생각이다. 전문가라고 보기엔 무언가 부족한 느낌으로 통용되는 재야사학자, 향토사학자 혹은 유사사학자 등의 용어와 비슷한 길을 걸을 수 있다는 말이다. 역사 연구의 지평을 넓히고 역사의 대중성 제고를 위해 다소 소외된 연구자들을 보듬으려는 시도가 또 하나의 멸칭蔑稱을 만들고 결국엔 어중간한 감성계급의 발생으로 이어질까 두려운 것이다.

실력이 자유케 하리라

이름이란 자신의 것임에도 자신이 사용하는 게 아니라 남이 사용하는 것이다. 따라서 자신의 의도와는 전혀 다르게 불릴 수도 있다. 우리는 대한 민국이지만 다른 이는 우리를 코리아Korea나 꼬레아Corea라 부르고, 그들은 스스로를 아메리카America라고 하는데 우리는 한사코 미국Mi Gook이라 부른다. 이름은 타자가 규정하고 타자가 사용하는 것이라고 해도 과언은 아니다. 그런데 하나의 존재가 어떻게 불리고 그로 인해 어떤 결과를 빚어내는가는 간단한 문제가 아닐 때도 있다. 미묘한 뉘앙스의 차이로 사회적인 위치가 결정되고 경제적 이익과 피해가 교차되는 경우는 비일비재했다. 요업공학과가 재료공학과나 세라믹공학과로 이름을 바꾸면서 입학 점수가 급상승한 경우가 좋은 사례가 아닐까.

어떻게 불리고 어떤 카테고리에 포함되느냐에 따라 본질과 상관없이 그 값어치가 결정되기도 하는 것이다. 결국 내가 어떻게 불리고 어떤 종류로 분류되는가는 중대한 일이지만 내가 노력할 수는 있어도 어찌할 수 있는 부분은 아니다.

공공역사와 공공역사가의 본질이 역사학의 발전 방향과 일치함에 동의한다. 작금의 한국 역사학이 처한 위기를 헤쳐나갈 수 있는 가장 가능성 큰 대안임에도 동의한다. 그렇기 때문에 숭고한 가치를 전달하고 지키기 위한 현실적인 문제를 직시해야 한다고 말하고 싶다. 한마디로 어떻게 불리든 그 명칭에는 좋은 이미지가 만들어져야 한다. 학자가 그것까지 생각해야 하는지는 각자의 가치 판단이나, 만약 필자가 공공역사가라는 범주에 넣어져 불린다면 적어도 초기에는 전략적인 행동을 해야 할 것이다. 나의 이름을 내가 온전히 결정하지는 못해도 조금이라도 좋게 불리기 위한 노력은 해야 하지 않겠는가. 훌륭한 이미지가 만들어진다면 공공역사가라는 타이틀은 권위가 될 것이다. 권위가 만들어 내는 영향은 해당 연구자들에게는 큰 자부심이 될 것이며 그로 인해 생성되는 경제적인 혜택 또한 무시하지 못할 것이다. 물론 필자가 그렇게 불릴 자격이 있다면 말이다.

역사뿐 아니라 모든 분야의 저술가와 강연자는 자유로운 일꾼이다. 어디에 얽매이지도 않고 누구의 명령도 받지 않는다. 게다가 재미도 있다. 누군가에게 속박되지 않고 혼자 할 수 있는 역사 연구. 혼자이기에 위험한 면도 있지만 연구자라면 한번 꿈꿔볼 만큼 재미도 있다. 운이 따른다면 양쪽 모두를 얻기도 한다. 저술가로서의 성공은 강연자로서의 성공을 덤으로 가져다주기도 하니까 말이다. 반대로 하나가 안 되면 나머지도 안 된다. 오롯이 반대로 감기는 비디오테이프처럼 역작용이 나타난다. 얽매이지 않아도 되는 자유의 대가가 그만큼 크다는 말이다. 경제적 기초를 해결하지 못한 상황이라면 그 자유는 그 어떤 속박보다 무겁고 답답할 것이다. 결국 자유란 아무 데도 얽매이지 않는 것이 아니라 내 마음대로 선택할 수 있는 능력을 뜻하는데 그것을 프리랜서 저술가라는 직종은 뼈저리게 가르쳐 준다. 정확히는 저술가가 가르쳐 주는 게 아니라 프리랜서가 가르쳐 주는 것이다.

좀 불행한 점이라면 역사라는 것이 그런 자유를 얻기가 더욱 쉽지 않은 분야라는 것이다. 지식 습득의 문턱이 갈수록 낮아져 누구나 역사를 말하고, 아무나 역사를 가르치는 세상에서 역사 저술가의 삶이 평탄하기를 바라는 것 자체가 무리임도 알아야 한다. 다만 가끔 성공하는 자가 나타난다는 것에 위안을 삼을 수는 있다. 어떤 분야에 있든, 어느 쪽에 발을 담그고 있든 가장 중요한 것은 실력이라고 표현되는 각자의 능력이기에 그러하다. 실력자, 그러니까 에누리 없이 공공역사가라고 불릴 정도의 잘 훈련된 연구자들이 저술가가 되어 자유를 얻는다면 상황은 많이 달라지리라. 그리하면 분명 역사 저술가들과 역사 강연자들의 마당은 더 풍요롭게 바뀌리라. 개중에는 분명 높은 명성과 부를 거머쥐는 사람이 나타날 것이고 그들이 다시 새싹들을 자극하는 선순환 구조. 이것이 한국의 역사학계 전체를 위기에서 구해낼 수도 있으리라. 수많은 부작용을 외면한 무한 긍정의 장밋빛 상상이지만 즐겁지 아니한가.

공공역사가 품은 광대하지만 아직은 희미한 의미는 얼마나 많은 실력자가 그곳에 존재하느냐가 선명하게 만들 것이다. 스스로 공공역사가를 자부하는 자라면 의심 없는 실력자이기를 바란다. 그가 곧 공공의 뜻을 명확하게 할 것이고 역사가라는 말의 범주를 명확하게 결정할 것이다. 필자 또한 누군가가 좀 더 나은 이름으로 불러주기를 바라는 마음으로 정진하고자 한다. 당장은 밥벌이가 시급한 상황이지만 말이다. ●허진모

6
스토리텔러: 사극 전문 작가에게 궁금한 것들

역사 스토리텔러의 유형

조선시대에 전기수라는 직업이 있었다. 민중들에게 고전소설을 입담으로 풀어놓던 직업적 낭독가였다. 그들은 흥미로운 대목에 이르면 소리를 그쳤다가 청중들이 돈을 던져주면 계속해서 이야기를 이어가는 식으로 수입을 벌어들였다. 이 전기수가 가진 이야기꾼의 피가 오늘날에 이르러 다양한 직업으로 분화된 것 같다.

역사 스토리텔러의 유형은 이야기 전달의 목적에 따라 '역사에 상상력을 가미한 창작물'을 만드는 창작자 유형과, '사실 그대로의 역사 정보'를 전달해 주는 전달자 유형으로 나눌 수 있다. '창작자 유형'에는 사극 드라마 작가, 사극 영화 시나리오 작가, 극작가, 웹툰 작가 등의 직업이 있을 수 있고, '전달자 유형'으로는 역사 박물관 큐레이터, 역사 다큐멘터리 작가, 역사교사, 역사 만화가 등의 직업을 꼽을 수 있다.

'창작자 유형'의 1차적 이야기 전달 목적은 '재미'이다. 시청자에게 재미를 주기 위해 역사적인 사실에 상상을 가미하여 창작물을 만들어 내는 것이다. 대중적이고 매력적인 스토리라면, 원 소스 멀티 유즈One-Source Multi-Use로 제2차, 제3차 콘텐츠로도 변주될 수 있을 것이다. 인기 있는 웹툰과 웹소설 원작이 드라마화, 영화화되는 것처럼 말이다. '전달자 유형'의 이야기 전달 목적은 '역사의 보존'이다. 가공되지 않은 기록이나 사실 그대로의 역사를 온전히 (시)청자에게 전달하는 것이다.

두 유형은 상호 간에 긴밀한 영향을 준다. 창작자는 전달자의 정보를 바탕으로 상상 또는 창작을 하기도 하고, 전달자는 역사 창작물을 이용하여 보다 흥미롭게 정보를 전달할 수 있을 것이다. 또 (시)청자 입장에선 역사 창작물을 보고 흥미를 느껴 실제 역사와 비교해 본다거나, 실제 역사를 공부하다가 관련 창작물을 찾아보기도 하는, 그런 식이다.

사극 드라마 작가가 되기 위한 준비과정

사극 드라마 작가가 되는 방법은 따로 없다. 우선 드라마 작가가 되고 아이템을 사극으로 잡으면 된다. 역사 관련 학위나 자격증은 필요 없지만 좋은 대본을 쓰기 위한 훈련 기간은 반드시 필요하다.

가장 보편적인 방법은 한국방송작가협회 교육원 등의 기관에 수강생으로 등록하여 드라마 교육과정을 이수한 뒤 극본 공모전에 응시하는 루트다. 언급한 기관 외에도 국내에는 다양한 교육기관이 있으니 본인의 성향을 잘 파악하여 알맞은 곳을 선택하면 된다.

내가 다녔던 한국방송작가협회 교육원에서는 기초반, 연수반, 전문반, 창작반의 네 단계 교육과정을 거친다. 드라마 기초에서부터 극본 쓰는 법, 스토리 만드는 법, 구성 짜는 법 등과 같이 드라마에 관한 전반적인 것을 배울 수 있다. 나는 무엇보다 같은 꿈을 가진 동료들과 서로 격려하며 드라마를 배울 수 있다는 점에서 큰 매력을 느꼈다. 혼자 글을 쓰는 것은 상당히 외롭고 지난한 작업이니까.

물론 독학으로도 얼마든지 공모전에 당선될 수 있다. 펜타그램 출판사에서 출판한 《드라마 아카데미》라는 서적을 추천한다. 한국방송작가협회의 공식 드라마 작법 교재로 입문자에게 적합하다. 독학이든 기관을 통해서든 이 습작 기간에 역사를 소재로 창작해 보는 것이 '사극 드라마 작가'가 되기 위한 최선의 준비과정일 것이다.

국회 보좌관에서 드라마 작가로

어렸을 때 꿈은 소설가였다. 교내 백일장에서 장원을 한 기억이 여러 번이니 글재주는 분명 있었겠지만 전업 작가를 할 만큼의 재능은 아니라고 굳게 믿고(?) 살았다.

대학 졸업 후, 노동단체에서 일하다가 국회 보좌관이 되었다. 주로 환경노동위원회 의원실의 노동 정책 담당자로 10년간 여야를 오가면서 현실 정치에 몸담았다. 보좌관 생활 9년 차에 보좌관들의 세계를 취재하러 온 드라마 작가를 만나게 되었는데, 그분이 나에게 말의 감각이 좋다며 드라마 공부를 해보라고 권했다.

작가 교육원에서 야간 수업을 들으며 난생처음 대본이란 것을 공부하게 되었다. 국정감사니 입법이니 하는 첨예한 담론의 장에서 활동하던 내게 사람과 사랑의 이야기로 충만한 교육원의 경험은 너무나 신선하고 즐거웠다. 작가가 되고 싶다는 갈망보다는 교육원 자체가 재미있어서 다녔다고 해도 과언이 아니다. 그렇게 1년여 시간을 보좌관과 작가 지망생의 삶을 병행하던 중에 2009년 KBS 극본 공모에 당선, 팔자에도 없는 드라마 작가의 길을 걷게 되었다.

사극의 매력

흔히 역사를 그 민족의 집단기억이라고 한다. 공동체가 공유하는 기억에 기반하여 만들어지는 스토리는 그만큼 공감과 몰입이 용이하다. 이것이 사극이 갖는 가장 큰 매력이자 장점이다.

또한 사극만이 보여줄 수 있는 감성이 있다. 의상, 소품, 장신구, 음식, 문화 등에 서구화된 현대극이 보여줄 수 없는 전통적인 아름다움이 있다. 왕이나 노비 등 현대에는 존재하지 않는 계층의 캐릭터들을 얼마든지 구축할 수 있으며, 비유와 은유가 넘치는 사극 특유의 대사는 현대극에 비해 확실히 시적이며 통찰의 맛이 있다.

스토리 면에서도 소위 '극성'을 세게 붙일 수 있다는 매력이 있다. 신분을 뛰어넘는 사랑, 반란과 역모 등 동원할 수 있는 사건들이 아주 강력하다. 현대극으로 치환하면 현실성이 떨어질 법한 사건들이 사극이기에 개연성을 얻고 스토리에 힘을 불어넣는다. 극성이 강하기 때문에 시청자들이 몰입하기 쉽다는 것은 사극의 확실한 장점이다.

소재가 무궁무진하다. 이미 극화된 소재라 하더라도 재해석을 통해 새로운 이야기로 변주가 가능하다. 여말선초, 구한말과 같이 역동적인 시대나 연산군, 장희빈, 사도세자처럼 드라마틱한 삶을 살았던 역사적 인물이 지금까지도 여러 콘텐츠로 재창작되어 나오는 이유다.

한 편의 사극 드라마가 제작되기까지

2019년 SBS에서 방영한 드라마 〈녹두꽃〉의 경우를 예로 들어보겠다. 전작을 마치고 차기작 아이템이 잘 잡히지 않아 고심하고 있을 때, 우연히 동학농민운동을 떠올리게 되었다. 문득 궁금해졌다. 그들은 어떤 사람들이었을까? 어떤 사람들이기에 투쟁했고 또 산화해 갔을까? 동학농민운동 관련 서적들을 탐독하던 중 이런 구절이 뇌리에 떠올랐다.

"봉건의 경계를 뛰어넘은 최초의 근대인."

봉건시대의 피지배층이 자유와 평등이라는 근대적 가치를 자각해 가는 과정을 드라마로 그려내기로 결심했던 것이 〈녹두꽃〉의 시작이었다.

아이템이 확정되면 가장 먼저 기획안(시놉시스)을 만든다. 간단히 말해 '작품 설명서'다. 기획안에는 기획 의도, 로그라인, 제작 방향, 주요 캐릭터 설명, 줄거리, 인물 관계도 등등이 들어가게 된다. 즉 왜 지금 이 인물이어야만 하는지, 왜 지금 이 시대를 그려야만 하는지를 설득하는 페이퍼다. 이때 기획 단계에서 많은 자료 조사와 취재를 하게 된다. 대본 작업에 들어가면 따로 집중해서 시대상을 공부할 시간이 없으니 이때 최대한 깊고 넓게 공부해야 한다.

시놉시스와 요구되는 분량의 대본이 완성되면, 그걸 바탕으로 방송국 편성을 받는다. 편성이 되면 감독은 배역에 맞는 배우들을 캐스팅하고 현장에서 촬영에 돌입한다. 이후 작가는 작업실에서 끊임없는 회의를 통해 수정할 지점들을 논의하고 감독과 의견을 조율해 가며 이야기의 방향을 잡아간다. 그렇게 드라마 한 편이 끝날 때까진 회의와 대본 집필의 반복이다.

사극 세계관이 만들어지기까지

세계관을 구축하는 과정은 다양하다. 작가마다 장르마다 다르다고 봐야 한다. 정통 사극을 표방한 〈정도전〉은 여말선초 정치의 중심지였던 개경과 조정을 주된 공간으로 하여 역사적 인물과 사건들을 직조하여 세계관을 구축했다.

반면 휴먼 사극 〈녹두꽃〉은 동학농민운동의 심장부였던 전라도를 주요 공간으로 삼아 당대의 민초들을 대표하는 가상 캐릭터들과 실존 인물들을 버무렸다. 특히, 흥선대원군이 당시 조선을 망치는 3대 사회악으로 '평양 기생', '충청도 양반', '전라도 아전'을 꼽았다는 것에 착안하여 고부 관아의 악명 높은 이방과 그 가족이 겪은 혁명기란, 인물과 서사의 큰 틀을 만들었다.

극화과정에서 이복형제의 설정을 넣으면서 '백이강', '백이현' 두 주인공 캐릭터의 갈등선을 구축했다. 동학농민군과 대립하면서 외국 상인과도 힘겹게 경쟁해야 했던 조선 상인을 대변하는 인물로서 '송자인'을 만들어 두 형제의 삶과 교차시켰다.

방대한 역사 속 주요 인물과 시대 선정법

그 인물이나 사건이 지금 이 시대의 부름을 받을 만한 인물인지를 생각해야 한다. 〈정도전〉이 방송된 2014년은 국가 차원에서 '창조'라는 말이 유행하던 때였다. 그러나 무성한 말과 달리 우리 공동체의 리더십은 별로 창조적이지 않았다. 대중의 갈망을 채워줄 '창조적 지성의 롤 모델'로 선택한 이가 정도전이었다.

주지하다시피 정도전은 이성계와 더불어 조선을 건국한 일등공신이다. 구체제의 모순이 한계에 달한 고려 말, 누구도 고려 외의 대안을 생각하지 못하던 시기에 '체제 전복'을 통한 새로운 왕조 건설이라는 혁명적 아젠다를 제시한 사람이었다. 그의 창조적 발상과 헌신적 리더십이 2014년의 대한민국에 성찰의 여지를 제공할 수 있다고 판단했다.

〈녹두꽃〉은 전봉준이라는 인물을 조명하고 싶었던 건 아니다. 드라마를 통해 그리고 싶었던 건 동학농민운동에 참여한 민초들이었다. 그들은 한국의 민족사에서 자유와 평등과 민주주의를 인식하고 경험한 최초의 근대인들이었다. 혁명의 운명과는 무관하게 그들은 분명 승자였다. 혁명의 실패가 아니라 인간 승리를 그린 드라마라면 극화해 볼 만하다고 판단했다. 그들의 휴먼 스토리가 오늘날 이 무자비한 승자 독식의 세상에 작게나마 울림을 줄 수 있으리라 믿었다.

결국 '어떤 시대를 그리느냐'보다 중요한 건 '어떤 시대에 쓰느냐'다. 우리가 살고 있는 현대와 극중 인물이 사는 과거 사이에 공감할 수 있는 지점이 많을수록 좋은 반응이 오는 것 같다.

사극에서 중심인물 캐릭터 만드는 과정

캐릭터 구축은 그 작가의 연륜과 경험에 달렸다고 믿는다. 아무래도 작가 본인이 직접 감정이입을 할 수 있어야 하기 때문이다. 앞서 언급했듯이 드라마 작가가 되기 전까지 나는 국회의원 보좌관이라는 직업을 천직으로 알고 살았다. 여와 야, 진보와 보수의 첨예한 갈등과 논쟁을 매일같이 보고 듣고 겪었다. 정치란 선과 악의 대립이 아닌, 입장과 입장, 대의와 또 다른 대의의 싸움임을 이때 깨달았다. 이 경험이 자양분이 되어 〈정도전〉 속 정치인들을 입체적으로 그려낼 수 있었던 것 같다.

〈녹두꽃〉의 경우에는 주인공들의 아버지인 고부 관아의 아전 '백가'가 가장 감정이입이 되는 캐릭터였다. 내가 두 아이의 아버지가 아니었다면 아마도 백가라는 악역을 설득력 있게 만들지 못했을 것이다. 아버지가 되고 나서 그동안 지켜왔던 나름의 원칙들이 속절없이 무너져 내린 적이 한두 번이 아니었다. 이걸 경험하니 아버지란 때로 다른 사람, 다른 가족에게는 악마가 될 수도 있겠다는 생각이 들었다. 그런 개인적인 느낌과 경험을 바탕으로 '백가'의 캐릭터를 구축했다.

역사적 상상에 접근하는 방법

사극은 역사에 조예가 깊은 사람들의 전유물이 결코 아니다. 나 역시 역사에 대해 특별히 지식이 많은 사람이 아니다. 〈정도전〉 첫 장면을 쓸 때 '회랑(궁궐 건축에서 주요 부분을 둘러싼 기둥이 있는 긴 복도)'이라는 단어를 몰라 두 시간을 검색했다. 중요한 것은 작가의 역사관이지 역사에 대한 지식의 양이 아니다.

사극도 극이니만큼 역사 이전에 상상력이 필수적이다. 역사적 사건들을 징검다리라고 했을 때 그 사이를 허구로 메워나갈 수 있는 창의력을 갖춘 자라면 누구나 사극 작가가 될 수 있다. 역사적 소재에 대해 선입견과 편견을 배제하고 접근하는 것이 무엇보다 중요하다. 소재에 대한 참신한 해석으로 이야기의 얼개를 스케치한 후, 세세하게 그림을 채워나가면서 고증에 신경을 쓰는 것이 좋다.

사극 작가의 딜레마, '창작과 왜곡'

사극에서 창작자의 상상이 어느 정도까지 허용되어야 하느냐 하는 문제는 이미 오래전부터 끊임없이 제기되어 왔다. 역사를 소재로 창작하는 작가라면 어쩔 수 없이 겪게 되는 딜레마다.

드라마는 본질적으로 허구인데 '진짜' 같아야 하는 아이러니가 있다. 사극도 마찬가지다. 사극 속의 역사는 진짜 역사가 아니지만 진짜인 것처럼 보여야 한다. 드라마적 재미를 추구하자니 상상력을 극대화해야 하고, 역사에 충실하자니 뻔해지는 문제가 생긴다. 그러다 보니 사극엔 십중팔구 역사 왜곡 문제가 제기되곤 했다.

그런데 여기서, 역사콘텐츠와 관련해 대중들이 생각하는 '왜곡'은 사전적 의미와는 다소 거리가 있는 것 같다. '왜곡'의 사전적 의미는 사실을 다르게 해석하거나 그릇되게 하는 것이다. 하지만 대중들이 말하는 역사 왜곡의 의미는 '날조'에 더 가까운 것 같다. '날조'는 사실이 아닌 것을 사실인 것처럼 거짓으로 꾸미는 것이다.

왜곡과 날조는 다르다. 날조는 어떤 이유로도 지지받을 수 없지만 왜곡은 때로 창작의 한 행위로 불가피한 측면이 있다. 캐리커처처럼 표현의 대상에 대한 왜곡이 창작 그 자체인 경우도 있다. 왜곡을 통해 대상의 본질을 더 잘 표현할 수 있다면 그것은 분명 훌륭한 예술적 성취다. 사극도 마찬가지다. 다큐가 아닌 다음에야 역사적 소재에 대한 과장, 재해석, 생략 등 일련의 왜곡과정을 거칠 수밖에 없다. 이것이 정당한 창작인지 부당한 왜곡인지를 명쾌하게 구분 짓기란 말처럼 쉬운 일이 아니다.

극화과정에서 어느 정도의 왜곡은 불가피하다. 그러나 그 왜곡은 역사의 진실을 더 극적으로 표현하기 위한 범위 안에 머물러야 한다. 단지 재미만을 위해 역사의 진실을 훼손한다면 그것이 곧 날조이고 이는 지탄받아야 한다.

사극 드라마 작가가 되기 위해

당연한 얘기지만 역사 관련 창작물을 많이 접해야 한다. 많이 보고 많이 쌓아놓아야 비로소 쓸 수 있는 동력과 영감이 생긴다. 내 경우엔 대하소설을 특히 좋아했다. 중국의 4대 기서(《삼국지연의》, 《수호전》, 《서유기》, 《금병매》)를 초등학교 때 모두 읽었을 정도였다. 그때 체득했던 굵직한 서사의 리듬이 지금의 작품들에 큰 영향을 미치고 있다고 생각한다.

그다음엔 많이 쓰는 것이다. 습작의 양과 실력은 정비례한다. 한국역사연구회에서 저술한 《역사문화수첩》, 국사편찬위원회의 한국사데이터베이스(http://db.history.go.kr/) 사이트가 습작에 많은 도움이 될 것이다.

사극은 단순한 옛날이야기가 아니다. 과거의 한 시대를 빌려 전하는 오늘 우리의 이야기다. 좋은 사극을 쓰기 위해서는 역설적으로 현재를 제대로 보는 눈을 가져야 한다. 당면한 세상의 다사다난한 사건들과 주변 장삼이사들의 삶에 관심을 갖자. 현재에 충실하자.   •정현민[1]

7
역사커뮤니케이터:
역사학의 안과 밖을 잇는 사람

"충분히 발달한 과학기술은 마법과 구별할 수 없다."

영국의 SF 작가 아서 클라크는 인간의 직관적인 이해력을 넘어선 과학기술에 관해 이와 같이 말했다.[1] 그의 말마따나, 우리는 일상적으로 과학기술의 성과를 누리지만 정작 그 작동 원리는 거의 알지 못한다. 만약 조선시대 사람이 타임머신을 타고 지금 시대로 와서 TV나 스마트폰을 보면 세상에 무슨 이런 조화가 다 있나 하고 놀라 자빠지겠지만, TV와 스마트폰의 정확한 작동 원리를 모르는 것은 그들이나 우리나 마찬가지이다.

아서 클라크의 말이 단지 과학기술에만 해당하는 것은 아니다. 지극히 전문화되고 세분화된 역사학 연구 역시 이와 비슷하다. 치밀하고 엄격한 사료 분석과 논증을 거쳐 도출된 역사학의 연구 성과를 학계 바깥의 수요자가 온전히 받아들이고 이해하는 것이 점점 어려워지고 있으니까 말이다. 그리고 그 때문에 역사학계와 수요자의 괴리는 점점 커지는 중이고.

　인간의 역사에서 역사학이 과거 사실에 대한 단편적인 지식 조각에 그쳤던 적은 없다. 역사학은 언제나 과거의 경험을 통해 현재를 살피고 미래를 내다보기 위한 지혜를 제시하는 학문으로 사회적 효용을 다해왔다. 역사학이 가진 사회적 효용이 분명하다는 것은, 달리 말하자면 역사학이 '그들만의 리그'로 전락해서는 안 된다는 의미이기도 하다. 역사학계의 내부와 외부를 연결하는 '역사커뮤니케이션' 혹은 '역사커뮤니케이터'의 필요성이 점차 커지고 있는 것은 바로 이러한 맥락 때문이다.

　하지만 역사학에서는 '커뮤니케이션' 혹은 '커뮤니케이터'라는 개념과 역할이 온전히 정립되었다고 말하기 어렵고 구체적인 경험 역시 아직 충분히 누적되지 않았다. 따라서 역사커뮤니케이터를 다루는 이 글에서는 역사커뮤니케이터의 구체적이고 실용적인 측면보다는 역사커뮤니케이터의 필요성이 제기된 맥락과 역사커뮤니케이터가 활동할 수 있는 영역, 그리고 그에 요구되는 덕목 등을 살펴보고 이를 통해 역사커뮤니케이터의 전망을 내다보고자 한다.

외면받는 역사학

지난 수천 년간 지식이란 곧 종이에 쓰인 문자였다. 입에서 입으로 전해지는 지식도 있었지만 정보의 양에서 비교가 안 됐다. 무엇보다 입으로 전달된 지식은 활자화된 지식에 비해 사회적 권위가 부족했다. 문자를 해득할 수 있는 능력을 소수의 지배층만이 배타적으로 누렸던 것도 그 때문이다. 그것이 곧 권위였고 권력이었다.

하지만 그런 전통은 최근 들어 완전히 바뀌었다. 스마트폰과 태블릿 등 스마트 기기가 보편화된 지금, 지면을 통해 전달되는 정보는 전체의 극히 일부에 불과하다. 대부분의 정보는 종이가 아닌 온라인에서 축적되고 유통되는 중이다. 접근도 훨씬 쉬워졌다. 적절한 수단만 있으면 시간과 장소에 구애받지 않고 누구나 방대한 정보에 접근할 수 있다. 정보와 지식을 둘러싼 매체 환경 자체가 송두리째 바뀐 것이다.

온라인 기반으로의 변화는 물리적 현실에도 영향을 주었다. 온라인에서는 생산자와 소비자의 경계가 흐릿하기에 생산자가 배타적인 권위를 가지기 어렵고 모든 이용자가 익명성을 매개로 동등하게 연결되기 마련이다. 그래서 온라인은 현실의 권력관계로부터 비교적 자유롭고, 권위에 대해 배타적이며, 평등주의적인 지향도 강하다. 이런 특성 때문에 온라인은 종종 현실에 영향을 미치기도 한다. 한국으로만 국한하더라도 2002년 주한미군 여중생 압사 사건 항의 시위, 2004년 노무현 대통령 탄핵 반대 시위, 2008년 광우병 소고기 수입 반대 시위, 2016년 박근혜 대통령 퇴진 시위 등은 온라인을 중심으로 형성된 여론이 물리적인 실체로 가시화된 대표적인 사례이다.

온라인을 기반으로 재편된 매체 환경은 역사학에서도 기회였다. 방대한 양의 사료가 온라인으로 공개되면서 그간 문서고 깊숙이 숨어있던 사료에 대한 접근성이 크게 개선되었다. 누구나 관심만 있으면 시간과 공간에 제약받지 않고 사료에 접근할 수 있게 된 것이다. 전문적인 훈련을 받지 않으면 해독할 수 없었던 사료가 정리·해제·번역된 것 역시 사료에 대한 접근성을 높이는 데 기여했다.

여기까지만 봐서는 매체 환경의 변화가 민주주의의 진전과 지성의 확산에 기여한 듯 보인다. 하지만 반대의 일도 일어났다. 역사학으로만 한

정해서 말하면, 역사학의 권위는 그 어느 때보다 극적으로 하락하는 중이다. 평등주의적이고 탈권위적으로 구축된 온라인 세계에서는 학계가 생산한 전문 지식이라고 해도 특별히 배타적인 권위를 가지지 못하기 때문이다. 학계가 생산하는 전문 지식이란 대체로 논문과 학술서의 형태로 공간公開되기 마련인데, 논문과 학술서는 다른 형태에 비해 가독성과 접근성 면에서 약점이 크다. 온라인을 통한 사료의 공개 역시 지성의 확산에 기여한 바 있지만, 사료에 대한 높은 접근성이 도리어 학문의 전문성과 권위를 허물어뜨리는 측면도 있다.[2]

역사학은 본디 현실과 밀착된 학문이었다. 전통시대의 역사학이란 대체로 사회를 운영하고 개인을 돌아보기 위한 경험적 근거를 제시하는 것을 소임으로 삼았다. 이러한 전통은 현대에도 마찬가지여서, 1988년에 창립한 한국역사연구회가 창립 취지로 "과학적·실천적 역사학"을 내걸었던 것처럼 역사학은 한국 사회가 직면한 문제들을 해결하는 데 실질적으로 기여할 수 있는 실천적인 학문임을 자부했다. 그런데 21세기가 되고 20년도 더 넘게 지난 지금의 역사학은 어떤가. 역사학이 한국 사회에 유의미한 화두를 던지고 있는가. 역사학의 사회적 위상과 발언력이 유지되고 있는가.

선뜻 그렇다고 말할 수 있는 사람은 많지 않을 것이다. 작금의 역사학은 사회적 위상은커녕 존재감을 확인하는 것조차 쉽지 않은 듯하다. SNS니 뭐니 해서 매체 환경은 변화하고 있건만 역사학은 일부의 연구자 집단을 제외하면 더 이상의 독자도 확보하지 못하는 형편이다. 지금 이 순간에도 연구자들은 성실하게 연구 성과를 제출하고 있지만 대부분의 학술서는 1쇄도 채 소진하지 못한 채 출판 시장에서 밀려나고 있다.

출판 시장에서 역사를 말하는 것은 이른바 '대중서'의 몫이 됐다. 박영

규의《한 권으로 읽는 조선왕조실록》은 25년간 두 번의 개정판을 내고 도합 300쇄를 찍었으며 200만 부가 팔려나갔다. 지식 소매상을 자처한 유시민의《역사의 역사》는 출간 즉시 베스트셀러 순위 1위에 등극했고, 설민석의《무도 한국사 특강》은 30만 부 판매를 자축하는 개정판을 냈다. 물론 가독성이나 접근성 측면에서 분명한 강점이 있는 대중서가 출판 시장에서 학술서보다 더 많이 선택받은 것은 지극히 당연하고 자연스럽다.

하지만 이들 대중서가 역사학계의 연구 성과와 너무 동떨어져 있다는 것은 분명 문제다.《한 권으로 읽는 조선왕조실록》은 두 번의 개정판을 냈지만 그 내용은 여전히 1980~1990년대의 인식에 박제되어 있다. 2000년대 이후의 연구 성과가 전혀 담겨있지 않은 것은 물론이다.《역사의 역사》역시 최근 동향에 무감각한 것은 마찬가지다. 더욱이《역사의 역사》는 고전을 다루고 있음에도 고전에 대한 이해와 성실성 면에서 결코 좋은 점수를 줄 수 없다. 출판 시장에서 역사에 대한 수요는 높건만 정작 그 수요에 부응하는 것은 역사학계와 멀리 떨어진 책들인 것이다.

물론 상황이 이렇게 된 가장 큰 원인은 역사학계 안에 있다. 한 달에도 수십 수백 편의 논문이 쏟아지는 지금의 역사학계는 양적으로나 질적으로나 더할 나위 없는 수준의 성취를 거두고 있다. 그러나 이렇게 전문화되고 세분화된 연구가 도리어 지성의 확산에 장애물로 작용하는 측면도 있다. 역사학 연구가 지나치게 전문화·세분화된 끝에, 마치 '마법과 구분할 수 없을 정도로 충분히 발달한 과학기술'처럼, 수요자의 이해와 공감을 얻지 못하는 지경에 이른 것이다.[3]

그 배경에는 양적인 지표(논문 수)로만 연구자를 판단하는 평가체계가 자리 잡고 있다. 더 많은 수의 논문을 써야 하는 상황에 내몰린 개별 연구자들은 어쩔 수 없이 200자 원고지 150매 안팎의 논문 쓰기에 집중할 수

밖에 없다. 이런 상황에서 긴 호흡의 깊이 있는 통찰이 발휘되는 글은 나오기 어렵다. 대학에서 역사학을 포함한 인문학 관련 학과가 언제나 통폐합의 압력에 시달리고, 연구자들의 일상 역시 나아질 기미가 보이지 않는 상황에서[4] 개별 연구자는 당장의 현실적 필요를 해결하는 것만으로도 벅차다.

상황이 이러하니 개별 연구자에게 출판 시장의 수요에 무비판적으로 호응하기를 요구할 수는 없다. 사회적 필요를 빙자한 시장화 압력이야말로 인문학 위기의 진정한 주범이기에[5] 전문 지식을 사회적 필요에 종속시키는 선택은 언 발에 누는 오줌 이상이 될 수 없다. 역사학을 포함한 인문학을 고사 위기로 몰아가는 교육의 시장화, 개별 연구자가 충분히 연구에 전념하지 못하게 만드는 열악한 처우, 인문학적 소양조차 수량화된 스펙으로 간주하게 만드는 세태를 간과한 채 개별 연구자에게 책임을 묻는 것은 몰염치하다.

그런데 이런 상황은 역사학에 대한 학계 바깥의 수요가 크다는 반증이기도 하다. 학계의 연구 성과와 동떨어진 저술이 출판 시장에서 호응을 얻는다고 볼멘소리를 했지만, 역사를 소재로 한 책이 높은 판매고를 기록한다는 것은 정보의 홍수 속에서 출처 불명의 정보가 아닌 정제되고 신뢰할 수 있는 정보에 대한 수요도 커지고 있다는 의미이기도 하다. 인문학이라는 동전의 양면에는 연구 성과를 사회화시키지 못하고 고사 위기에 내몰린 인문학과, 꾸준한 (가끔은 '열풍'이라고까지 불리는) 수요를 가진 인문학이 각각 새겨져 있는 셈이다.

세상은 아직 역사학을 원한다

학계 내부의 연구 성과와 학계 외부의 수요가 서로 소통하지 못하는 상황에서 쌍방 중 어느 한쪽에 일방적으로 변화를 강요할 수 없다면, 그 해법은 양자를 연결하는 것에서 찾아야 하지 않을까. 물론 역사학에서는 학계의 내부와 외부를 서로 연결하고 소통시킨다는 개념이 아직 낯설다. 여기서 참고해 볼 수 있는 것이 자연과학 분야의 '과학커뮤니케이션' 개념과 그것을 실행하는 '과학커뮤니케이터'다.

위키피디아에 따르면 과학커뮤니케이션은 "정보를 전달하고, 교육하며, 과학 관련 주제에 대한 주의를 환기하고, 과학적 발견과 논증에 대한 관심을 고취하는 활동"을 지칭한다.[6] 과학커뮤니케이션의 전통은 19세기로까지 거슬러 올라간다. 이미 19세기에 자연과학은 인간의 직관적인 이해를 넘어서는 수준으로 성장했는데, 이때부터 자연과학에 대한 사회적 공감대를 형성하고 그로부터 정책적 지지까지 유도하기 위한 자연과학계의 실천이 있었다. 이로부터 비롯한 과학커뮤니케이션은 이제 자연과학에서는 꽤나 친숙한 개념이 되었고, 현재는 팟캐스트와 유튜브, 강연 등의 영역에서 과학커뮤니케이터라는 이름으로 활동하는 이들을 여럿 확인할 수 있다. 역사커뮤니케이션의 필요성과 역할도 이에 견주어, '다양한 형태의 매체를 이용해 학계의 연구 성과를 학계 바깥의 수요자에게 전달하고, 이로부터 사회적 공감과 지지를 유도하는 것' 정도로 정의할 수 있겠다.

하지만 굳이 역사커뮤니케이터라는 표현을 쓰지 않더라도 우리는 이미 대중매체에서 역사를 소재로 삼아 사람들과 소통하는 이들을 알고 있다. 당장 TV나 라디오 등의 대중매체에서 활약했던 몇몇 전문 강사들이 떠오를 것이다. 이들의 활동 역시 역사커뮤니케이션이라고 지칭할 수 있지만 이것이 역사커뮤니케이션의 전부라고 말할 수는 없다. 경우에 따라 편차는 있지만, 학계 내부의 연구 성과를 외부의 수요자에게 온전히 전달한다고 보기 힘든 경우가 꽤 있기 때문이다. 파편화된 지식 조각을 나열하는 데 그치거나 최근의 연구 성과와 관점을 반영하지 못하는 경우가 적지 않고, 새로운 서사나 관점을 제시하기보다는 단순 암기 과목으로서의 역사 과목이 가졌던 내용과 형식을 반복하는(시험을 보지 않는다는 차이는 있다) 경우도 있다. 심지어는 선험적으로 내세운 주장을 정당화하기 위한 논거로 역사를 취사선택하거나 사교육 시장에서 축적된 강의 기법과 연희적 성격에만 치중하기도 한다. 기존의 주장을 검토하여 새로운 의견을 제시하고 적절한 근거를 들어 논증하는 역사학의 방법론과 거리가 먼 것은 물론이다.

일부 강사들이 전문성과 연구 윤리에서 치명적인 약점을 노출했던 것은 이와 무관하지 않다. 전문성과 연구 윤리의 부재가 약점으로 지목되었다는 것은 역사에 관한 학계 바깥의 수요가 단순한 정보 획득을 넘어 학문적 진실성과 엄정성을 더 많이 요구하는 방향으로 변모하고 있음을 보여준다. 물론 진실성과 엄정성을 획득하기 위한 가장 좋은 방법은 수요자가 역사학 논문과 학술서에 직접 접근하는 것이다. 하지만 연구사적 맥락과 학문적 개념을 정확히 장악하지 못한 상태에서 비전공 독자가 논문과 학술서에 곧장 접근하기는 어렵다.

반대 방향으로의 접근도 어려운 것은 마찬가지다. 학계 내부의 연구자도 학계 바깥의 수요자를 직접 만날 수 있는 경로가 거의 없기 때문이다. 기존의 대중매체나 강연을 이용하는 방법이 있겠지만 일단 기회 자체가 적을뿐더러 개별 연구자는 대중매체와 강연의 형식에도 익숙하지 않다. 이미 정형화된 대중매체의 틀 속에서는 각 연구자가 자신의 관점을 온전히 전달하기도 어렵다.

　바로 이 지점에서 역사커뮤니케이터가 활약할 수 있는 공간이 생겨난다. 개별 연구자의 관점과 논증을 최대한 존중하면서도 이것이 학계 바깥의 수요자에게 온전히 전달될 수 있도록 다양한 통로를 확보하는 것이 역사커뮤니케이터의 역할이다.

역사커뮤니케이터, 역사학의 안과 밖을 연결하는 사람

역사학계에서는 역사커뮤니케이션이 아직 낯선 개념이라고는 했지만 역사커뮤니케이션의 문제의식에 기초한 실천은 이미 찾아볼 수 있다. 우선 눈에 띄는 것은 팟캐스트와 유튜브 등을 통한 활동이다. 이들 미디어는 상대적으로 진입 장벽이 낮고 콘텐츠 제작에서 자율성이 보장되기 때문에 학계의 연구자도 비교적 쉽고 편안하게 활동할 수 있다. 역사학 연구자의 경우 팟캐스트에서의 활약이 특히 두드러지는데, '만인만색 역사공작단'(이하 역사공작단)이나 '내일을 여는 역사' 등이 눈에 띈다. 역사공작단은 젊은 역사학 연구자들의 모임인 '만인만색연구자네트워크'가 운영하는 팟캐스트로, 2016년 4월부터 400여 개의 에피소드를 송출하며 큰 성과를 거두었다(역사공작단의 구체적인 취지와 운영에 관해서는 이 책의 3장 8절 참조). 기획에서 제작, 송출에 이르는 모든 과정을 연구자들이 직접 꾸려가고 있음을 생각하면 성취가 적지 않다. 각각의 논문으로 흩어져 있던 연구 성과를 하나의 서사로 정리하고, 이를 여러 연구자가 토론하며 의미를 배가하여 공개한 다음, 댓글 등을 통해 수용자의 반응까지 확인하는 선순환의 고리를 만든 셈이다.

논문과 학술서에 국한되지 않는 다양한 글쓰기 시도도 눈에 띈다. 역사학 연구자가 SNS에 쓴 글을 묶어서 출판하는 경우가 대표적인데, 심재훈의 《고대 중국에 빠져 한국사를 바라보다》(푸른역사, 2016), 박찬승의 《역사의 힘》(민속원, 2017), 이영석의 《삶으로서의 역사》(아카넷, 2017), 주진오의 《주진오의 한국현재사》(추수밭, 2021) 등을 꼽을 수 있다. 역사학 연구자의 에세이집이야 이전에도 있었지만 이들 책에는 SNS의 특성이 반영되어 있다는 점에 특징이 있다. 학문적 객관성을 중시하는 학술적 글쓰기와 달리 SNS의 글쓰기는 저자의 개성과 주관을 드러내어 가독성을 높이고 독자의 공감대를 적극적으로 추구하는데, 이들 책은 저자 개인의 삶과 그로부터 비롯하는 학문적 문제의식, 그리고 그를 통해 바라본 연구 성과가 한데 묶여 서술된다. 이러한 글쓰기는 독자로 하여금 저자의 문제의식과 연구 성과가 갖는 맥락을 좀 더 쉽게 이해하게끔 한다.

하지만 이러한 실천들에도 불구하고 학계 내외부의 접촉 면적은 여전히 좁다. 역사커뮤니케이터에게는 아직도 많은 분야가 미개척지로 남아 있다. 역사커뮤니케이터의 역할을 학계의 내부와 외부를 잇는 것이라고 한다면, 가장 먼저 떠올릴 수 있는 분야는 비평이다. 비평이 이미 독립된 분야로 자리 잡은 문학과 예술 등의 분야에서 그러하듯, 적절한 비평은 수요자가 느끼는 진입 장벽을 낮추고 수요자로 하여금 텍스트의 맥락을 이해하게 하며 그 의미를 더 잘 이해하게끔 하고 더 많은 텍스트로 접근할 수 있도록 하는 가이드 역할을 한다. 역사학도 마찬가지여서 접근성이 낮을 수밖에 없는 논문과 학술서에 적절한 비평이 곁들여진다면 수요자의 접근성은 크게 개선될 것이다. 논문과 학술서의 존재 자체를 더 많이 드러낼 수 있고, 텍스트를 이해하는 데 필요한 맥락과 사전 지식을 전달하며, 어려운 개념과 논증을 풀어 해설할 수도 있다. 이렇듯 비평은 학계 내부와 외부의 접촉 면적을 넓히고 쌍방 간의 공감대를 만들어 가는 직접적인 과정이기에 역사커뮤니케이터가 가장 먼저 시도해 볼 수 있는 분야이다.

물론 역사책에 대한 비평이 그간 없었던 것은 아니다. 전문 학술지를 중심으로 서평이 꾸준히 게재되기 때문이다. 하지만 전문 학술지의 서평 코너를 제외하면 논문이나 학술서에 대한 비평은 좀체 지면을 확보하지 못하는 형편이기에 아무래도 확장성이 떨어지는 편이다. 비평이 반드시 지면상에서만 이뤄져야 하는 것은 아니다. 비평의 공간은 얼마든지 더 확보할 수 있다. 당장 팟캐스트나 유튜브 등을 통한 비평을 상상해 볼 수 있다. 예컨대 한 독서 팟캐스트를 통해 특정 문학 작품이 '재발견'되어 높은 판매고를 기록했던 일은 팟캐스트가 출판 시장에 유의미한 영향을 끼칠 수 있음을 보여준 사례였다.[7]

팟캐스트 '역사책 읽는 집'은 이러한 문제의식에 따라 팟캐스트를 이용하여 비평을 시도한 경우이다. 지역학과 역사학을 각각 전공한 대학원생 출신의 진행자 두 사람이 제작·진행하는 역사책 읽는 집은 2013년 1월부터 약 10년간 200여 개의 에피소드를 송출했고 회당 2만 회가량의 평균 조회 수를 기록하고 있다. 주로 비전공 독자가 쉽게 접근하기 어려운 학술서를 다

팟캐스트 '역사책 읽는 집'은 연구자의 시선으로 역사책 비평을 시도했다.

루어 독자에게 소개하고 이해를 돕는 것을 목표로 했다. 출판 시장에서 높은 반향을 얻었음에도 학계의 비평은 거의 없었던《한 권으로 읽는 조선왕조실록》,《역사의 역사》,《사피엔스》등도 다루어 연구자의 시선으로 역사책을 비평하기도 했다. 그럼에도 여전히 비평은 양과 질 모두 태부족인 상황이기에 역사커뮤니케이터가 가장 먼저 진입해 볼 만한 영역으로 꼽을 만하다.

역사커뮤니케이터의 활동이 특정 형식에 국한될 필요는 없다. 수요자와 소통할 수 있다면 어떤 형식이라도 무방하다. 과학커뮤니케이션의 사례로 다시 돌아가 보면, 과학기술정보통신부와 한국과학창의재단의 주관으로 진행된 과학문화 전문인력 양성 프로그램은 강연, 공연, 영상, 에세이, 일러스트 등의 형식에서 자연과학 분야의 연구 성과를 가공하여 전달할 수 있는 인력을 양성하는 것을 목표로 했다. 역사커뮤니케이터 역시 이와 마찬가지로 다양한 형식의 매체에서 활동할 수 있을 것이다. 앞서 언급한 팟캐스트나 유튜브는 정보의 양에 비해 전문성을 갖춘 콘텐츠가 아직 부족하기에 역사커뮤니케이터에게는 여전히 블루오션이다. 답사 가이드나 문화재 해설, 전시 및 공연 기획, 강연 등도 학문적 엄밀성을 갖춘 전문가로서의 역사커뮤니케이터가 활약할 여지가 많은 영역이다.

역사커뮤니케이터에게 필요한 것

여기까지 글을 읽은 독자 중에서 혹 '역사 대중화' 같은 익숙한 표현 대신 역사커뮤니케이터와 '역사커뮤니케이션'이라는 낯선 개념을 끌어다 쓴 이유가 궁금한 사람이 있을지도 모르겠다. 굳이 그렇게 한 이유가 있다.

역사커뮤니케이터에게는 인명과 지명 같은 역사적 사실을 더 널리 알린다거나, 현란한 화술과 연출로 눈과 귀를 사로잡는 것 이상의 덕목이 요구되기 때문이다. 역사학이 세상에 전하고 싶은 것이 단편적인 지식 조각이 아니라 개인을 돌아보고 세상을 꿰뚫어 볼 수 있는 통찰력이라면 더욱 그러하다.

역사커뮤니케이터에게 무엇보다 먼저 요구되는 것은 변화하는 매체에 대한 관심과 고민이다. 앞서 밝힌 것처럼 지면과 문자로 한정되어 있던 텍스트는 이미지, 음성, 영상 등으로 다변화되는 중이다. SNS 중에서도 이미지와 영상에 주력한 인스타그램과 유튜브로 정보 교류의 중심이 옮겨간 것에서 이러한 변화를 확인할 수 있다.[8] 매체 환경이 변화하면 표현 방식도 그에 맞춰 변화해야 한다. 문자와 지면에 맞춰 다듬어진 역사학의 텍스트를 이미지와 영상으로 번역하는 일은 오롯이 역사커뮤니케이터의 몫이 될 수밖에 없다.

두 번째로는 일정 수준 이상의 학문적 훈련이 요구된다. 대상 텍스트의 논거와 논증을 엄밀하게 분석할 수 있는 능력을 갖추어야 한다. 이를 위해서는 적어도 주요 사료에 접근하여 대략의 내용을 파악할 수 있는 정도의 학문적 훈련은 필수적이다. 엄정한 비평을 위해서는 반드시 필요한 능력이다. 역사학계의 연구 동향에 대해서도 밝아야 한다. 매년 수백 편의 논문이 생산되는 역사학은 지금 이 순간에도 끊임없이 새로운 사실과 서사를 밝혀내는, 실시간으로 생동하는 분야이다. 전문 연구자 수준으로 세세하게 파악할 필요까지는 없겠으나 적어도 최근의 주요 쟁점을 파악하는 정도의 장악력은 필요하다. 역사학계의 연구 동향에 어두운 상태로 학계 내외부를 소통시킨다는 것은 어불성설이다.

마지막으로는 대안적인 서사를 구축하기 위한 나름의 관점이 필요하다. 역사커뮤니케이션은 단순히 학계의 연구 성과를 전달하는 것만으로는 충분하지 않다. 역사커뮤니케이션은 수요자가 역사학에 기대하는 바를 이해해야 하고, 역사학 연구로부터 도출할 수 있는 사회적 의미가 무엇인지도 파악해야 한다. 역사학만의 고유한 방법론과 철학에 기초한 대안적 서사를 구축할 수 있어야 하는 것이다. 철학이 없는 커뮤니케이션은 결국 단순 암기 과목이자 사실 관계의 나열이었던 기존의 서사로 또다시 회귀할 뿐이다.

이상으로 역사커뮤니케이션의 필요성이 제기된 맥락과 역사커뮤니케이터에게 요구되는 덕목 등을 간단하게 살펴보았다. 구체적인 사례를 들어 설명할 수 있었다면 더 좋았겠지만 역사학에서는 아직 역사커뮤니케이션이 본격적으로 정립된 영역이라 말하기 어렵기에 그러지 못했다. 하지만 그렇기에 역사커뮤니케이터에게는 아직 미답의 영역이 더 넓다고 할 수 있다. 연구자들이 피땀 흘려 쌓은 연구 성과가 '연구자 사투리'에 머무르지 않도록, 역사적 경험으로부터 얻어낸 통찰이 더 많은 사람이 더 나은 삶을 만드는 데 기여할 수 있도록, 역사커뮤니케이터가 해야 할 일이 아직 많다. 역사커뮤니케이터의 일은 이제 시작이다.　　•정대훈

8
역사크리에이터,
시각과 청각을 사로잡는 뉴미디어 공공역사

고퀄리티 역사 '생산' 팟캐스트, '만인만색 역사공작단'

만인만색은 박근혜 정부 당시 있었던 '역사교과서 국정화 사태'에 대응하여 2016년 1월에 신진 역사 연구자들이 뜻을 모아 결성한 모임이다. 만인만색의 미디어팀에서는 팟캐스트와 유튜브라는 매체를 통해 전문 연구자라는 정체성을 바탕으로 학계의 연구 성과를 소개하고 미디어 속의 역사콘텐츠에 대해 비평을 겸하면서 시민들과 역사학의 성과를 공유하기 위해 애쓰고 있다.

2022년 현재 6년간 쌓인 팟캐스트 에피소드는 400회 차를 넘겼으며, 팟캐스트는 팟빵, 애플 팟캐스트, 네이버 오디오클립을 통해 송출, 1년간 400만 건가량의 재생 요청 수를 기록했다. 1일 재생 건수는 약 7,000건에 달한다.

일 주일 평균 약 3만 명이 역사공작단 팟캐스트를 청취하고 있다. 또한 3, 4년 전에 제작한 방송을 다시 듣는 경우도 상당하며 한국뿐 아니라 중국, 타이완, 스페인, 미국, 영국, 인도, 칠레 등 세계 각지에서도 역사공작단 팟캐스트를 청취하고 있다. 결성 초창기의 성과에 견주어 보면 실로 괄목할 만한 결과이다.

유튜브의 경우 역사공작단TV는 현재 2,700여 명의 구독자와 함께하고 있다. 유튜브 채널은 잠시 휴방 상태이지만 꾸준히 재생 요청이 이루어지고 있다.

만인만색 역사공작단은 '역사'라는 이름을 건 팟캐스트 중 전문성과 학계 접근성이 가장 뛰어나다는 평가를 받으며 매니아층을 형성하고 있다. 후술하겠지만, 이는 한편으로 공공역사로서의 '확장성'에서 다소 약점으로 지적되는 지점이기도 하다.

팟캐스트, 유튜브는 누구든 제작하여 송출할 수 있는 구조이기 때문에 기존 거대 방송사에서 다루지 않는 내용은 물론 어떤 주제든 자유롭게 다룰 수 있어 대안매체로 주목받은 지 오래되었다. 팟캐스트는 음성을, 유튜브는 영상을 다루므로 양자는 콘텐츠 기획 단계부터 송출까지 약간의 차이가 존재한다.

이 글에서는 지금까지 역사공작단팀이 만들어 온 팟캐스트, 유튜브 방송의 기획, 제작, 편집, 송출과 관련한 현장의 내용을 각각 다루고, 제작과정에서 팟캐스터로서의 어려움에 대해 간략히

만인만색 역사공작단 팟캐스트.

이야기해 보고자 한다. 마지막으로 '역사크리에이터'에 관심이 있는 분들을 위한 몇 가지 도움말을 덧붙인다.

1 – 기획: 아이디어에서 공공역사로

현재 역사공작단 팟캐스트 팀원은 14명이다. 모두 역사학 전공 석사학위 이상을 소지하고 있으며 현직 교수, 연구원, 강사도 있다. 고대사, 고려시대사, 근대사, 현대사를 전공한 14명 전원이 모두 방송을 제작하는 패널들이며, 대개의 조직이 그렇듯 각각 역할을 맡고 있다.

방송 제작은 기획회의로부터 시작한다. 팀원 전체가 참여하는 회의를 통해 대략 한 분기를 채울 수 있을 만큼의 주제에 대해 논의한다. 방송은 일 주일에 1회 송출로, 한 번 녹음할 때 적으면 2회, 많으면 4회 분량을 녹음한다. 1회당 약 50분을 넘지 않도록 신경 쓰는데 이는 듣는 이의 집중력을 고려한 나름의 배려이다.

신분제, 외교사, 전쟁사 등 비교적 큰 테마를 줄기로 고대사부터 현대사까지 관통하는 긴 호흡의 방송을 기획하기도 한다. 또 3·1운동이나 4월혁명 등 사건사 중심의 짧은 방송을 구상하기도 하는데 한국전쟁과 같이 역사적 사건이 일어난 시기와 방송 송출 시기가 겹치는 경우 좋은 소재가 된다. 한편 '고려는 귀족제 사회인가?', '백제 요서 진출설' 등과 같이 학계에서 논쟁이 되는 주제를 선정하여 구체적으로 다루기도 한다.

또한 패널들의 학위논문을 학계의 연구 성과와 함께 쉽게, 맥락적으로 풀어내는 방송을 기획하기도 하고, 역사를 소재로 한 영화, 드라마, 소설과 같은 콘텐츠에 대한 감상 및 비평을 주제로 정하기도 한다. 이 모든 것들을 기획회의에서 논의하며 여기에서 주제의 적절성, 시의성을 따지고 비평의 수위와 관점 등을 조율한다.

사실상 이 부분에서 '어떤' 내용을 '어떻게', '얼마나' 전달할 것인지에 대한 고민과 의견 교환이 이루어진다. 그렇기 때문에 기획회의는 방송 제작의 시작점임과 동시에 해당 주제가 공공역사로서 적합한지 여부를 가늠하는 시험대로 작용한다.

기획회의가 마무리되면, 주제를 전문적으로 다룰 전공자가 원고를 작성한다. 종종 전문성 제고를 위해 외부에서 전공자를 섭외하여 원고를 작성하고 방송하기도 한다. 원고를 작성할 때 특히 특히 신경 써야 하는 지점은 해당 주제를 '어떻게 전달할 것인가'와 직결되는 '서사 구성'에 대한 것이다.

예를 들어 '사건사'의 경우 추리소설처럼 단서를 제공해 나가면서, 마지막에 결론을 제시하는 구성으로 원고를 꾸릴 수 있다. '논쟁 지점'을 소개하는 경우에는 시간의 흐름에 따라 주장과 반박, 재반박의 과정을 따라가며 논리의 구조와 그 전제를 설명하는 식으로 서사를 구성한다. '인물사'의 경우 해당 인물이 처한 시대적 배경을 먼저 소개하는 경우도 있고, 인물 자체에 집중해서 출생부터 사망까지를 시간 순서에 따라 구성하는 등 여러 방식을 활용한다. 사람들 간의 심리를 구체적으로 묘사하는 등 청취자들이 충분히 몰입할 수 있도록 하는 데 중점을 두어 원고를 작성한다.

이들 모두 원고를 작성하는 패널의 역량에 따라 다소 부침이 있다. 비슷한 주제라도 서사를 구성하는 방법에 따라 긴장도가 달라지는데, 물론 청취자들 중에는 전공자도 있지만, 방송은 비전공자를 기준으로 제작하므로 '서사'에 신경을 쓰는 것이 좋은 결과로 이어지는 경우가 많다.

2 – 녹음: 목소리부터 공공역사로

좋은 음질을 얻기 위해서는 전문 스튜디오에서 녹음하는 것이 가장 좋다. 그러나 근 2년간 코로나19로 인해 모임 자체가 어려웠다. 이에 녹음 장비를 구입해서 소규모로 녹음을 진행하기도 했다.

녹음은 중심 주제를 이끌어 갈 패널이 작성한 원고를 바탕으로 진행하며, 사회자가 방송 전체의 호흡을 조절한다. 대체로 한 방송당 6인의 패널이 참여하지만, 코로나 이후로는 4인까지 참여하여 녹음을 진행했다.

사회자와 중심 발제자를 제외한 다른 패널들은, 미리 정해져 있는 것은 아니나, 각기 자신의 역할을 해낸다. 먼저 발제자와 같은 시대 혹은 인접 시대 전공자의 경우, 중심 주제에 대한 내용을 보완해 주거나 더 풍부한 예시를 들어주는 역할, 반대되는 의견을 소개해 주는 역할을 한다.

다른 시대 전공자는 비전공자의 입장에서 질문을 던짐으로써 전공자에게는 당연하지만 그렇지 않은 사람에게는 생경한 개념을 풀어서 설명하도록 유도하는 역할을 한다. 이와 같은 역할 분담은 처음부터 정해놓고

코로나19로 인해 녹음실이 아닌 개인 연구실에서, 개인 장비로 녹음을 진행했다. 마이크는 구했는데 거치대가 없어서 학술지를 쌓아 지지대처럼 사용했다. 어떻게든 해내겠다는 불굴의 의지.

시작한 것이 아니라 수많은 피드백을 반영하여 얻게 된 결과이다. 때로는 이 역할들 중 몇 가지를 사회자가 맡기도 한다.

녹음을 진행하는 중에는 무의식적으로 튀어나오는 '연구자 사투리'에 각별히 신경을 써야 한다. 이는 원고를 작성하면서부터 배제하는 것이 좋지만, 설명하는 과정에서 무심결에 나오게 되는 경우 주변 패널이 그 뜻을 풀어주거나, 사회자가 비전공자의 입장에서 질문하여 쉬운 설명을 유도해야 한다.

연구자 사투리란 말하자면 이런 것이다. 한국 고대사를 예시로 들어보면, "낙랑군의 수현首縣은 조선현朝鮮縣이다"라는 문장을 언급할 수 있다. 이 문장은 연구자 사투리로 점철되어 있는 대표 사례이다. 심지어 같은 한국사 전공자인 근·현대사 전공자들조차 고개를 갸웃하게 하는 문장이다. 낙랑군의 존재를 아는 사람도 드문데 조선현은 무엇이란 말인가. 그리고 수현은 또 무엇인가? 배우의 이름인가?

같은 내용을 연구자 사투리를 배제하고 설명하면 다음과 같다. "고조선을 멸망시킨 뒤, 한나라는 조선의 땅에 자신들의 지방행정제도인 군현제郡縣制를 실시했다. 이를 한이 설치한 것이라 하여 한군현이라고 부른다. 조선에 설치된 한군현은 낙랑군, 진번군, 임둔군, 현토군 4개였기에 줄여서 한사군漢四郡이라고 부른다. 그중 하나가 낙랑이라 이름 붙은 군, 즉 낙랑군이다. 한편 '군'의 하위에 속해있는 행정기구를 '현'이라고 하는데, 조선현은 낙랑군의 하위 행정 단위인 '현'에 조선이라는 이름이 붙은 것이다. 낙랑군 하위에는 조선현 말고도 다른 현들이 소속되어 있었는데, 이중 중심이 되는 현에 머리 수首 자를 붙여 '수현'이라고 불렀다. 이는 지금으로 치면 관청이 설치된 정도의 중심 행정기구의 격을 갖는다고 볼 수 있다. 그러므로 "낙랑군의 수현은 조선현이다"라는 문장은 "한의

군현 중 하나인 낙랑군의 중심 현은 조선현이다"라고 풀 수 있다.

이는 지역에서 사용하는 사투리의 작동 메커니즘과 유사하다. 알아듣는 사람들끼리는 짧은 문장이나 단어 하나만 뱉어도 의사소통이 되지만, 그렇지 않은 사람에게는 그저 외국어로 들릴 뿐이다. 이것을 풀어서 설명하려면 매우 길어질 뿐더러, 적절한 비유와 예시도 들어야 하므로 결코 쉬운 일은 아니다. 세종대왕의 성이 '세' 씨냐고 물어보는 미취학 아동에게, 왕조국가를 전제로 한, 유교이념이 응축된 '묘호廟號'에 대해 어떻게 설명할 것인가? 공공역사가로서의 팟캐스트 제작자인 역사공작단팀은 이 같은 고민만 밤낮으로 하는 사람들이 모인 곳이다.

하나의 개념을 설명하기 위해 더 어려운 설명이 붙는다면 안 하느니만 못하다. 이 부분을 가장 신경 써서 진행하는 이유는 처음 듣는 비전공자도 바로 이해할 수 있게 내용을 전달하는 것이 방송 제작의 목적이기 때문이며, 그것이 바로 역사 지식의 공공성을 지향한다는 이름에 걸맞기 때문이다.

원고를 작성한 메인 패널은 자신의 견해를 중심으로 방송을 만들기도 하지만, 대부분 여러 연구자의 견해를 종합하여 소개한다. 이는 학계에서 진행되고 있는 논의의 다양성을 중시하고 일방향성을 경계하기 위해서이다. 그리고 정확한 사실을 전달하기 위해 강박에 가까울 정도로 반복해서 오류를 검토하는 과정들이 원고 작성부터 녹음 단계 그리고 편집과정까지 이어지게 된다.

3 - 편집: 손끝에서부터 공공역사로

역사공작단 팟캐스트팀에는 내부에 편집팀이 따로 있다. 대개 3~4인 체제를 유지하고 있으며 녹음 파일을 가공해서 팟빵 홈페이지에 업로드하는 작업까지 맡고 있다. 편집 팀원들은 다른 패널들과 똑같이 방송 기획, 녹음의 단계를 함께하면서 음성 편집이라는 기능적 과업을 하나씩 더 짊어지고 있다.

50분 분량의 1회 방송분을 만들어 내기 위한 편집에는 대개 1~3시간 가량 소요된다. 적게는 4개, 많게는 6개의 마이크로 각각 녹음된 음성파일을 하나로 병합하고 음량 레벨을 맞추는 것에서부터 시작해서, 내용상 오해의 여지가 있거나 부정확한 부분은 편집자의 판단하에 우선적으로 삭제한다. 앞뒤로 시그널 음악을 넣고 방송 내용에서 언급된 참고 자료를 추가하기도 한다.

이렇게 초벌 작업된 파일은 업로드 전에 패널들에게 공유되고, 이후 방송에 참여했던 패널들이 각각 편집이 필요한 부분에 대해 "33:50~34:09초 사이의 내용을 삭제해 주세요"와 같은 요청을 하게 된다. 이를 반영하여 편집팀에서는 2차 편집본, 경우에 따라 3차, 4차 편집본까지 만들어 공유하고, 최종 확인이 끝나면 제목을 정해서 팟빵에 업로드한다.

제목을 정하는 것 역시, 방송 내용의 핵심을 축약하는 것에서 나아가, '조회 수'를 유도할 수 있도록 직관적으로 짓되, 때로는 자극적인 제목을 만들거나 대중에게 친숙한 드라마, 광고 카피를 모방하기도 한다. 이 과정에서 간혹 각 패널 간 창의력 대결이 벌어지게 되는데, 그것을 관전하는 재미도 쏠쏠하다.

이러한 긴 과정, 즉 기획회의부터 패널 섭외, 원고 작성, 녹음까지 거치고 편집팀이 다듬은 파일이 최종 업로드되고 나면, 비로소 청취자들이 역사공작단 팟캐스트 방송을 들을 수 있게 된다. 이후 팟빵이나 애플 팟캐스트, 네이버 오디오클립 댓글 창에 방송에 대한 피드백이 올라오면 패널들은 이를 확인하고 유효한 지적이 있는 경우 방송 내용이나 운영에 적극 반영한다. 간혹 근거 없는 비난을 포함한 악플이 달리기도 하지만, 방송을 시작하고 6년여가 지나는 동안 패널들 모두 강철 같은 멘탈로 거듭나게 되었다는 뒷이야기도 얻어본다.

영상만이 가지는 힘, 유튜브 '역사공작단TV'

지금까지의 내용은 음성 방송, 팟캐스트를 중심으로 한 것이었다. 유튜브는 팟캐스트와 달리 듣기와 동시에 '보기'가 가능하다는 것이 가장 큰 특장점이다. 이에 유튜브는 패널들이 직접 출연하여 방송을 이끄는 형식으로 제작하거나, 패널 등장 없이 자료 화면만으로 송출하는 방식도 사용해 왔다.

역사공작단TV 역시 제작은 기획회의로부터 시작하는데, 회의는 시각 정보를 활용할 수 있는가의 여부에 맞추어서 진행된다. 나머지 과정은 비슷한데 팟캐스트에서는 '녹음'이었던 것이 유튜브에서는 카메라 장비를 활용하여 '촬영'하는 과정으로 바뀐다는 점이 다르다. 또한 '편집'에서는 영상을 다듬는 것 외에 '자막 삽입'이라는 과정이 추가되어 역시나 20여 분가량의 짧은 동영상 편집에 1시간이 넘는 시간을 들이게 된다.

한편 유튜브는 구독자가 1,000명이 넘게 되면 '라이브'가 가능하다. 이 점을 활용하고자 역사공작단TV에서는 〈문제적 연구자〉라는 라이브 방송 코너를 따로 만들어 구독자들과 소통을 시도했다. 라이브 방송의 경우 구독자들이 채팅을 통해 실시간으로 진행자들과 소통을 할 수 있기 때문에 방송 송출자와 구독자 쌍방 간의 참여 열기가 매우 높다.

말로 묘사하며 청자의 상상력을 자극하는 팟캐스트와 달리, 유튜브는 직접 시각 정보를 제공할 수 있다는 특징으로 인해 시각 자료가 상대적으로 풍부한 근·현대사 주제가 자주 선정되었다. 역사공작단TV에서는 〈어제 발굴단〉이라는 코너를 만들어 몇 년 전 혹은 몇십 년 전 '오늘' 날짜에 해당하는 신문기사를 네이버 뉴스 라이브러리를 활용하여 구독자들과 함께 읽어보았다. 이를 통해 구독자들은 빛바랜 흑백사진과 고색창연한 기사를 보며 과거의 오늘로 돌아가 역사의 현장을 엿볼 수 있었다.

고대사를 주제로 고구려의 '충주고구려비', 신라의 '임신서기석'과 같은 금석문을 구독자들과 함께 보면서 한 글자씩 읽고 뜻을 해독해 보는 콘텐츠도 제작한 바 있다. 탁본이나 사진 자료는 인터넷 사이트 국사편찬위원회의 '한국사데이터베이스'를 이용하거나 국립문화재연구소의 '한국금석문종합영상정보시스템'을 이용하여 방송을 제작했다(2021년부터는 국립문화재연구소 문화유산 연구지식포럼(문화유산 지식e음)에서 한국 금석문 자료를 확인할 수 있다). 이 과정을 통해 연구자들이 어떻게 자료에 접근하

2019년 12월 9일자 〈문제적 연구자〉. '충주고구려비 전격 해부' 방송의 일부. 이 방송에서는 충주비와 관련하여 논란의 중심에 있는 '제액題額: 제목' 부분을 구독자들과 함께 읽어보았다.

는지, 해당 자료를 통해 어떤 연구를 하는지에 대해 알 기회를 구독자들에게 제공했다.

이와 연결하여 한국사 관련 사료 및 자료 등을 이용하는 방법에 대해서도 다루었다. 앞서 언급한 국사편찬위원회의 한국사 데이터베이스나 국립문화재연구소 등에 접속하여 일반 구독자들이 손쉽게 전문 정보를 이용할 수 있도록 일련의 과정을 소개하는 콘텐츠를 제작하기도 했다.

또 대입수학능력시험 한국사 문제, 한국사능력검정시험 문제, 공무원 시험용 한국사 문제를 화면에 띄워놓고 구독자들과 함께 문제를 푸는 콘텐츠도 제작했다. 단순히 문제만 푸는 것이 아니라, 문제에 등장하는 역사적 사건에 대해 이야기하거나, 해당 문제가 관련 사건을 어떤 관점에서 다루고 있는지, 관련 문제에 어떤 뒷이야기들이 얽혀있는지 등을 풀어내는 방식으로 진행했는데 참여도가 높았고, 좋은 반응이 이어졌다.

이상과 같은 유튜브 라이브 방송의 장점은 실시간 채팅을 통해 구독자들이 동시 참여한다는 점이다. 공공역사를 지향하면서 다양한 내용을 담기 위해 고군분투하지만 팟캐스트는 구조상 송출과 청취의 방향이 정해진 일방향적 성격을 지니고 있고 피드백에 다소 시간이 걸린다면, 유튜브 라이브의 경우 채팅을 통해 구독자의 생각과 의견을 즉시 전달받을 수 있다는 점이 강력한 장점으로 작용한다. 이를 통해 구독자들의 요청을 직접 수용한 뒤, 방송으로 제작하는 선순환이 일어나기도 했다.

나아가 사료를 함께 읽는 작업을 통해 구독자가 연구자의 삶에 일부나마 참여하여 간접 경험을 해볼 수 있게 했다는 점, 그리고 전문 역사 정보 사이트에 접근하는 방법을 구체적으로 소개함으로써 연구자들만이 아니라 일반 대중도 전문 정보를 이용할 수 있도록 유도했다는 점에서 역사공작단은 역사 지식의 공공성 확대를 다방면에서 야무지게 수행해 내고 있다.

마지막으로 역사공작단 패널들이 박물관 관람을 하며 전시 해설을 곁들이는 콘텐츠도 제작한 바 있다. 2019년 12월부터 2020년 3월까지 국립중앙박물관에서 전시되었던 '가야본성'의 전시 해설 영상을 박물관 측의 허가를 얻어 제작했다. 이를 통해 먼 지역에 거주하는 구독자들이 집에서 영상으로 국립중앙박물관 특별 전시를 접할 기회를 제공했다. 이 역시 역사공작단이 유튜브 역사공작단TV라는 매체를 활용하여 역사 지식의 공공성 확장에 기여한 사례다.

창작의 고통과 지속의 고단함

역사공작단 팟캐스트 멤버들의 방송 제작은 금전적 이익이 아니라 역사지식의 '공공성'을 위해서였다. 시간이 지나면서 점차 방송 순위가 오르고 구독자가 늘어가는 것을 보며 뿌듯함을 느꼈다. 최근에는 방송 원고를 기반으로 역사 대중서를 집필하기도 했다. 2021년 1월에 서해문집에서 출간된, 팟캐스트와 동명의 제목인 《만인만색 역사공작단》이 그것이다. 이 책은 출간 1년 만에 3쇄를 찍는 성과를 올렸다.

그러나 학업, 생업과 방송 제작을 병행하는 것은 진정으로 고단한 일이었다. 14명의 멤버가 돌아가며 녹음, 편집을 하지만 변수는 늘 발생할 수밖에 없다. 초창기에는 열정만으로도 지치는 줄 모르고 달렸지만, 멤버들의 사회적·경제적 조건이 달라지면서 방송을 잠시 쉬었던 적도 있다.

고단함은 여기에서 그치지 않았다. '대중'이라는 모호한 실체를 대상으로 방송을 제작하면서, 같은 방송을 두고 '시시하다'와 '어렵다'는 반응이 동시에 나올 때는 힘이 탁 풀린다. 이러한 상반된 반응은 결국 '대중'을 어떻게 설정할 것인가라는 문제로 인해 빚어진 결과이다. 그렇기 때문에 방송 난이도의 '중간 지점 찾기'는 현재도 계속 진행 중이다.

같은 맥락에서, 이 같은 모호한 '대중'을 향한 방송이다 보니 쉽고 재미있는 혹은 자극적인 주제를 선정하려다 한국 역사의 어두운 측면에 대해 잘 다루지 않는 편향이 생기기도 했다. 대표적으로 근·현대에 벌어진 전쟁, 학살과 같은 감정 소모가 심한 주제를 기피하는 경우를 예로 들 수 있다. 해당 방송들은 조회 수나 청취율에서 최하위를 기록하기 때문에 기획 단계에서부터 중심 주제로 언급되지도 않는다. 이러한 편향은 필연적으로 '반드시 다루어야 할' 지식임에도 방송 제작을 기피하게 되는 결과를 낳았다. 이 때문에 '듣기 좋은 역사학'만 다루는 것이 우리 팀의 본래 목적이었던가 하는 성찰의 계기가 되기도 했다.

한편 이와 같은 경향성은 역사공작단 팟캐스트 청취자층을 견고하게 만들기도 했다. 역사공작단 팟캐스트 주 청취 연령층은 40~50대, 성별은 남성이 80퍼센트에 달한다. 이렇게 매니아층이 형성되어 있는 것은 한편으로는 감사한 일이면서도 다른 한편으로는 외연 확장이 어렵다는 점에서 과연 '공공'을 위한 역사 생산 방송인가 하는 고민을 불러일으킨다.

전문성과 설명력, '역사크리에이터'의 조건

역사공작단 방송을 제작하는 멤버들은 전부 역사학 전공 석사학위 이상을 소지하고 있다. 굳이 석사 이상을 언급하는 이유는, 학위과정 중에서 역사 지식에 접근하기 위해 사료 비판, 사료 분석, 교차 검증, 연구사 맥락 파악과 같은 훈련을 반드시 거치기 때문이다. '어떠한 관점'으로 역사적 사실에 접근할 것인가라는 화두는 연구자 평생의 고민거리인데, 그러한 관점을 제시하고 사실史實을 달리 보는 방송을 생산해 내는 크리에이터에게 전문성은 기본이자 필수이다.

'역사크리에이터'는 역사 지식을 '생산'하는 사람이므로, '생산'을 위해서는 그만큼의 연구 역량이 전제되어야 한다. 지식을 '습득'하는 단계를 넘어서야 자신만의 관점과 문제의식을 가지고 지식을 '생산'할 수 있다. 지식의 습득과 생산은 공부의 범주가 다르다. '매주 3만 명 이상이 듣는 방송'의 생산자라면, 전문성 추구는 아무리 강조해도 지나치지 않다. 내가 생산하는 지식을 수만 명이 듣고 활용한다고 생각하면 심장이 쫄깃해지지 않겠는가.

전문성 획득 너머에 있는 또 다른 단계는 아무리 어려운 학술적 개념이라 하더라도 모두가 이해할 수 있는 용어로 쉽고 정확하게 전달해 내는 단계이다. 전문성 획득이 역사크리에이터가 되기 위한 출발 지점이라면 이 단계는 역사크리에이터가 도달해야 할 최종 종착지인 셈이다. 고된 훈련 역정과 그동안 벼린 정교한 연구 역량은 모두 이 단계를 위한 준비였다고 해도 과언이 아니다. 적절한 비유와 풍부한 예시를 통해 효과적으로 메시지를 전달할 수 있다면 훌륭한 역사크리에이터로 거듭날 수 있을 것이다. 이는 끊임없는 성찰과 반복적인 훈련, 그리고 잔인한 피드백을 통해 얻을 수 있는 결과이다.

연구자 정체성과 대중 지향성

"고퀄리티 역사 생산 방송"을 지향하며 팟캐스트와 유튜브를 제작하고 있지만 사실, 스스로 역사크리에이터라고 생각해 본 적은 없다. 그저 새로운 것을 알게 되는 기쁨, 알던 것을 낯설게 재인식할 때 느껴지는 지적인 자극, 전복과 반전을 거듭하는 논쟁의 과정을 한 단계씩 따라가며 느끼는 쾌감을 더 많은 사람과 나누고 싶었다. 그래서 학계 접근성이 높고 전문성을 추구한다는 점을 살려서 "좋은 건 같이 봅시다" 하는 마음으로 시작했다.

지금도 여전히 학계의 최신 연구 성과를 공유함으로써 이전과는 다른 지점에서 시민들의 논의가 이루어지길 기대하며 방송을 제작한다. 또한 개인의 삶과 시국 현안에 대한 판단 기준으로 '역사적 관점'이라는 도구를 하나 더 쥐고서 당면한 문제에 접근할 수 있기를 소망하며 방송을 만들고 있다. 그 역사적 관점이라는 것은 다만 내가 존재하기 전, 이미 수천 년이 흘러왔고 내가 소멸한 뒤에도 수천 년이 흐를 것이라는 감각, 그 흐름 속에서 무엇이 변하고 무엇이 변하지 않는지를 알아채는 통찰, 그 가운데 자신이 존재하는 시공간의 좌표를 정확하게 인식하는 것으로부터 시작한다고 믿는다.

간혹 연구자 정체성이 어떠해야 하는가에 대해 말하면서, 뒷짐을 진 채 우리가 역사 지식을 생산하여 유통하는 것에 대해 비판적 태도를 보이는 일부 집단을 접하곤 한다. 그러나 역사 지식을 '생산'하는 것과 역사 지식을 '유통'하는 것, 다시 말해 연구자 정체성과 대중 지향성은 충돌하지 않는다. 유통의 경로를 잃어버린 지식이 무슨 소용이며, 공부하지 않는 생산자의 지식 유통이 무슨 소용인가. 양자는 새의 날개처럼 좌우에서 함께 작용한다고 믿는다.

남 주려고 배운다는 가치관을 숨 쉴 때마다 되뇌면서 공부하고 있다. 역사 공부를 하다 보니 방송을 만들게 된 것이지, 방송을 만들기 위해 공부를 시작한 것은 아니다. 향후 역사크리에이터가 활동하는 시기의 상황이 지금과 어떤 면에서 어떻게 달라져 있을지, 기대감과 두려움이 교차한다. 바라건대 후속 역사크리에이터들은 더 좋은 환경에서 더 다양한 논의를 주고받으며 학계와 시민의 역사의식을 함께 향상시킬 수 있기를 기대해 본다. •최슬기

9
컬처 플래너: 지역 기반의 문화기획자

대학에서 사학과를 지원했다. 희망 직업과 연관해서 지원한 것은 아니고, 순전히 좋아하는 공부를 하고 싶어서였다. 사학과에 다니면서도 패스트푸드점, 기숙사, 방송 보조, 막노동, 패밀리 레스토랑, 발굴 현장 연구원 등 수십 가지 아르바이트를 했다. 사학과가 적성에 잘 맞았는지 처음으로 공부에 욕심이 생겼고, 부학생회장을 하면서 재미있게 공부했다. 학과에서 진행하던 역사교실의 총무간사를 맡기도 했다. 역사교실은 방학 기간에 일 주일 정도 청소년 캠프를 운영하는 프로젝트였다. 일 년 반 동안 총무를 담당하면서 공공역사와 관련된 직업에 대해 관심이 많아진 듯하다.

대학을 마치고 고고학 발굴 현장에서 일하면서 장학금을 받으며 대학원을 다니는 사람이 되었다. 학교 박물관의 발굴 현장에서 일하고 밤에는 공부하는 '주경야독'이 이어졌는데, 40여 개 소의 다양한 고고학 현장을 다니며 열심히 일하고 공부했다.

　우여곡절을 거쳐 발굴 법인에서 연구원으로 근무하다가 지방자치단체의 학예연구사curator로 취직했고, 공무원 신분으로 고고학 석사과정을 마쳤다. 학예연구사로 근무하면서 역시나 다양한 경험을 하게 되었다. 그러한 다양한 경험은 지금의 내게 큰 자양분이 되었다. 문화기획자는 다양한 스펙트럼을 가진 업무를 담당해야 하기 때문이다.

문화기획자가 된 이유

2010년 전후, 지방자치단체의 학예연구사였을 때 업무를 진행하면서 고민이 생겼다. 담당 업무가 해당 지자체의 문화재 및 박물관 행정 전반에 걸쳐 있었다. 업무를 맡은 학예 공무원이 해당 지자체에 나 혼자밖에 없었기 때문이다. 혼자 모든 업무를 담당한 덕분에 세계유산 등재, 해외 유출 문화재 환수, 문화재 지정 및 관리, 유물 수집, 정책 수립 등 많은 경험을 할 수 있었다.

　그렇게 다양하게 일을 하다 보니, 지자체에서 학예 공무원 혼자 수많은 문화재를 체계적으로 보존·관리할 수 없다는 사실을 알게 되었다. 100개 소가 넘는 문화재를 한 명의 공무원이 무슨 수로 보존하고 관리할 수 있겠는가. 아무리 열심히 일해도 모든 문화재 현장에서 도난을 방지하는 것은 불가능했고, 도난 혹은 훼손 후 신고되면 처리하는 '소 잃고 외양간 고치는' 방법밖에 없었다. 이러한 처지는 지금도 전국 대부분의 지자체가 비슷하다. 그렇다고 인원이 정해져 있는 지자체 공무원 수에서 학예 공무원을 늘리기도 쉽지 않다.

이러한 상황을 극복할 수 있는 방법은 '시민들에게 문화재의 소중함을 일깨워 줌으로써 함께 지켜나가는 것'밖에 없다고 생각했다. 이를 위해서는 문화재와 관련된 강연, 공연, 교육, 체험 등 다양한 방식으로 시민들이 문화재를 가까이 느끼게 하는 기획이 필요하다고 판단했다. 이에 학예 공무원 신분에서 할 수 있는 다양한 프로그램을 진행했다. 문화재 강의도 하고 유물 전시회도 열고 어린이 교육도 하고 발굴 현장 공개 행사도 시도했던 기억이 난다. 이런 과정에서 시립박물관에 기증할 유물 1만여 점을 수집·정리해서 수장고를 만들어 보존해 놓았고, 지자체의 문화재를 총정리해 《기네스북 북한산에서 세계유산 조선왕릉까지》라는 책을 출판하기도 했다.

하지만 학예 공무원 신분으로 할 수 있는 업무는 한계가 있었다. 좀 더 많은 기획이 있어야 하고, 자유롭고 다채로운 프로그램이 있어야 한다고 생각했다. 그래서 문화유산을 알리고 활용하는 업무를 담당하는 업체 혹은 기관과 협업해야겠다고 판단했다. 문제는 이 업무를 담당할 적당한 업체나 기관을 찾을 수 없었다는 것이다.

결국 내가 그 일을 잘할 수 있는 업체를 창업하겠다고 결심하게 되었다. 불안정하지만 내가 잘할 수 있는 일을 하고 싶었다. 어렵게 아내를 설득해 2013년 만 5년의 공무원 생활을 마치고 작은 연구소를 열게 되었다.

무슨 일을 하는가?[1]

예상대로 창업은 순조롭지 않았다. 내가 생각한 이상적인 문화재 보존 관리 시스템에 예산을 반영하는 지자체는 많지 않았다. 현실을 몰랐던 이상주의자였던 것이다.

어찌어찌하여 문화재의 활용 기획, 박물관 건립 계획, 역사신문 제작 등의 업무를 위탁받으면서 연구소가 활기를 띠기 시작했다. 때마침 문화재청의 문화재 활용 지원 사업인 '생생 문화재'가 활성화되면서 몇몇 지자체에서 업무를 맡겨주었다. 이에 따라 사업 초창기에는 문화재 및 박물관과 관련된 기획과 문화재 활용 사업을 주로 진행하였다. 여기저기서 상도 받고 칭찬도 받으며 신나게 근무했다. 집에 사무실을 차려서 단둘이 시작한 연구소는 점차 확장하여 2015년에는 10여 명이 함께 근무하게 되었다.

2014년 즈음, 세계유산에 대한 관심이 매우 높아졌다. 우리의 유산을 객관적인 입장에서 체계적으로 접근하려면 세계인의 관점이 필요하다고 생각했다. 세계유산제도를 통해 등재된 유산들이 각국의 역사 및 유산을 비교할 수 있게 해준다고 판단했기 때문이다.

그래서 뜻 맞는 젊은 연구자를 모아 세계유산을 정리한 책을 썼다. 《한국의 유네스코 세계유산》이라는 제목의 국문판·영문판 책인데, 영문판을 함께 출간한 것은 우리의 세계유산을 외국인들에게 소개해 주는 작업도 필요하다는 생각에서였다. 이 책은 2015년 우수교양도서로 선정되기도 했다.

이후 세계유산에 꾸준히 관심을 가지면서, 세계유산 관련 분야에서도 다양한 활동을 했다. 학예 공무원 시절에 담당했던 북한산성 세계유산 업무를 시작으로 원주 폐사지, 양주 회암사지, 가야 고분군, 수원 화성, 한국의 서원, 울산 반구대 암각화 등과 연계된 연구를 맡아서 진행했다.

학술 연구와 현장 운영을 겸하면서 지내다 보니, 2017년 이후에는 문화재 관련 기획 및 활용 분야의 '자생력'과 관련된 고민을 많이 하게 되었다. 이제 한국은 타 국가에 비해 다양한 문화재 활용 프로그램이 운영되고 있으며, 첨단기술도 많이 적용된다. 고민되는 점은 문화유산 활용 프로그램의 예산구조이다. 대부분 '전문기관' 위주로 국가 주도형의 '보조금'에 의해 운영된다. 문화복지 차원에서 문화유산의 활용에 보조금이 반영된다는 것은 좋은 사례이다. 하지만 '자생력'의 확보에 대한 노력의 필요성이 없기 때문에 비슷비슷한 수준으로 운영되는 프로그램이 많다. 또한 '전문기관' 위주의 운영이기 때문에 '주민 참여 공동체'의 역할이 많지 않아 주민들의 문화유산에 대한 자긍심 혹은 호감도 상승에 도움을 주지 못하는 단점이 있다.

이러한 문제점들의 대안을 실험해 보고 싶었다. 그래서 예산을 투자해 다양한 시도를 했다. 목표는 '정부 지원에 대한 의존도를 줄이는 문화재 기획 전문기관'이었다. 몇몇 실험을 거쳐서 지금은 '포레스트랩'이라는 복합문화 공간을 운영하고 있다. 힘들고 어려운 팬데믹 상황을 지나 지금도 많은 우여곡절을 겪고 있는 공간이다. 현장에서의 어려움을 직접 체험하며 많은 것을 배웠고, 그곳에서 느낀 점들을 반영하여 연구 성과로 전달하고 있다.

자생력에 대해 고민하면서 공공역사 분야 연구소로서 서울 같은 도심이 아닌 상대적으로 발전이 덜한 지역의 '재생'에도 관심이 생겼다. 주 관심 지역은 문화재가 풍부하면서도 인프라가 부족한 지역이었는데, 연이어 2019년에 나주로 본사를 이전하고 '민간형 지역 재생'에 대한 실험을 계속하고 있다. 풍납토성이 있는 서울 송파구에서 '문화재형 도시 재생'의 업무를 맡아 진행하기도 했다.

돌이켜보면, 욕심이 많아서인지 해보고 싶은 분야가 너무 많았다는 생각을 한다. 앞으로는 업무 분야도 줄이고 연구소 규모도 줄여서 내실을 다지고 싶다. 함께해 준 연구원들이 나보다 더 멋진 기획자가 될 수 있는 토대를 마련해 주고 나는 문화재를 사랑하는 '아마추어'로 돌아가 제2의 인생을 준비하고 싶다.

문화 기획과 관련된 업무를 20여 년 지속하다 보니, 같은 분야의 다양한 분들을 만나게 되었다. 역사 혹은 문화재와 관련된 공부를 꾸준히 해 온 분들이 많았는데, 역사와 문화재를 사랑하는 분들이 대부분이다. 학부 졸업으로 학업을 마친 분들은 별로 없고 석·박사 과정을 밟은 분들이 많다. 만약 역사나 문화유산 분야에서 자신만의 전공을 가지고 연구한 성과가 있다면 문화기획자로서 큰 무기가 될 수 있을 것이다.

그렇다고 전공의 제한이 있지는 않다. 정말 역사와 문화재를 사랑하고 사람들과 선조들의 숨결을 함께 누리고픈 열정이 있다면 누구에게나 열려있는 직업이 아닐까 싶다.

다른 직업과 마찬가지로 문화기획자는 또한 평생 배워야 한다. 잘 운영되는 관광지나 핫플레이스에도 배울 점이 있고 잘 운영되다가 실패한

2021년 군산 문화재 야행에 참가한 세계유산토이뮤지엄.

지역에도 배울 점이 많다. 순수학문과 달리 현장의 트렌드와 접목되는 경우가 많기 때문에 항상 현장에 주목해야 한다. 이러한 작업은 한편으로는 즐거운 일이지만, 한편으로는 항상 배워야 하는 부담감도 준다. 이런 연구를 즐기는 사람들이 문화기획자로서 성공할 수 있다.

양주 회암사지의 경험

연구소를 운영하면서 가장 보람된 기억으로 남은 유산은 2022년 초 세계유산 잠정목록에 등재된 양주 회암사지이다.

2017년 양주시의 의뢰를 받아 처음 세계유산 잠정목록 연구에 착수했다. 2018년 '회암사의 건축'이라는 학술연구총서 작업에 참여하여 2017년의 연구를 보완했고, 2019년에는 회암사의 대외교류 학술연구총서 작업과 세계유산 잠정목록 등재 심화 연구의 책임 연구를 맡아서 진행했다. 2020년에는 회암사지 종합 정비의 활용 분야 연구를 진행했다. 2017년부터 양주 회암사지의 세계유산적 가치를 연구하는 한편, 지속적으로 세계유산 잠정목록 등재에 꾸준히 도전했다. 이후 양주시와 연구자들의 꾸준한 노력으로 회암사지는 세계유산 잠정목록으로 등재되었다.

회암사지의 세계유산 연구를 처음 맡게 되었을 때, 회암사지는 불교 건축 혹은 고고학 연구자들 사이에서는 꽤 유명한 유적이었지만 대중 인지도는 부족한 곳이었다. 또한 유네스코 세계유산위원회에서 중요하게 생각하는 OUV(탁월한 보편적 가치)도 설정되지 않은 상황이었다.

연구를 진행하면서 한·중·일, 즉 동아시아 선종 불교의 과거를 잘 보여주는 유적이자 한국의 독자적 콘텐츠인 온돌의 대표적인 유적이라는 생각이 들었다. 국내에서만 인정받는 유산이 아닌 세계에서 인정받아야 하는 세계유산제도를 염두에 두고 진행된 연구였기에, 중국과 일본의 유산들과 비교하고 필요한 경우엔 직접 답사하기도 했다. 또한 회암사지를 포함한 우리 온돌의 우수성과 독창성의 진위를 판단하기 위해 유럽, 아시아, 아메리카 등 세계 곳곳에 남아있는 온돌 유적을 비교하여 한국의 온돌이 '현재까지 이어져 온 가장 발전된 형태의 온돌 방식'임을 확인하고 논문으로 발표하기도 했다.

이런 다양한 연구 성과를 발표하고, 전시하고, 대중들에게 공개하는 과정을 거치면서 회암사지는 점차 대중적인 유적으로 변화했다. 축적된 연구 성과를 모아 세계유산 잠정목록 등재라는 첫 관문도 통과했다.

역사와 유적, 지역을 연구하여 다양한 콘텐츠로 생산하는 직업을 가진 필자는 카페, 전시관, 복합문화 공간의 운영부터 강의, 학술 연구 등 다양한 방식으로 활동하지만, 기본적으로 연구자의 입장에서 업무를 진행하기 때문에 세계유산 등재 등 가시적인 성과를 거둔 연구가 가장 보람

양주 회암사지의 세계유산 잠정목록 등재 기념 전시회 모습.

된 기억으로 남아있다.

문화기획자가 보람을 느낄 때와 좌절을 느낄 때

인문학이 위기라고 한다. 문화기획자는 인문학이 기반인 직업이다. 이에 현실적으로 녹록하지 않은 상황에 당면할 수도 있다. 현장성과 창의력, 실천력이 없다면 쉽지 않은 직업이다.

하지만 반대로 생각해 보면 상대적으로 경쟁자가 적은 블루오션이기도 하다. 무엇보다 역사와 유산, 기획을 좋아하는 사람이라면 자신의 취미를 직업으로 연결할 수 있는 매력이 있는 직업이다. 또한 국가적으로 역사인식 함양, 애국심 고양, 정체성 확립 등의 목적으로 육성이 필요한 분야이기 때문에 점차 발전하는 분야라고 본다. 다양한 디지털 콘텐츠 등이 융복합될 수 있는 분야이기 때문에 업무 분야를 어떻게 확장하느냐에 따라 타 분야에 비해 전망도 밝은 편이다.

문화기획자는 장점이 많은 직업이다. 재화를 많이 모으지는 못했지만, 역사와 관련된 다양한 경험을 할 수 있다. 문화재 및 박물관과 관련된 다양한 분야에서 연구해 볼 수 있고, 여러 가지 유산을 직접 보기 위해 여행도 많이 간다. 내가 생각한 바를 발표할 수 있는 자리도 많고, 대학교 및 대학원에서 강의를 하기도 한다. 지자체 학예연구사를 퇴직하면서 '실컷 답사하고 실컷 강의하고 싶다'라는 희망을 가졌는데, 이제 여한이 없다.

물론 힘든 직업이기도 하다. 다양한 기관이 '갑'인 업무를 진행하는 경우가 많아 '을'의 고통을 여실히 느껴야 하는 직업이다. 연구소를 운영하는 입장에서는 언제 발생할지 모르는 위기에 대처해야 하는 부담감도 매우 크다. 조직이 커질수록 조직의 안과 밖에서 주는 부담감은 점점 커지며, 위기를 잘 관리하지 못하면 큰 피해를 입기도 한다. 항상 예상되는 위기를 사전에 제거할 수 있는 안목이 필요한 직업이다.

분야의 특성상 '재능 기부'를 원하는 공공기관이나 민간(개인)이 많아서 재정상 적자가 발생하는 경우가 심심치 않게 일어나기도 한다. 공공기관은 지급예산보다 과도하게 업무를 부여하는 경우가 많아 실제로 적자가 나는 연구 용역도 많고, 민간 영역이지만 '공공성'을 띠는 업무를 담당하다 보니 민간에서도 좋은 취지로 추진하는 사업이라는 명목으로 재능 기부를 많이 요구한다. 가끔은 강제성 있는 재능 기부도 있어서 연구소의 운영에 어려움이 생기기도 한다. 거절을 체계적으로 잘하는 것도 능력이 되는 분야이다.

공공역사가 역할을 위한 현실적 뒷받침

역사나 문화유산을 대중과 함께 나누기 위해 노력하는 사람들을 보는 학계의 시선은 '장사꾼' 보듯 다소 냉담한 경우가 많다. 이런저런 학술대회에서 발표를 할 때면 공공역사 파트는 상대적으로 보조 역할을 담당하는 경우가 많다는 것을 느낄 때가 있다. 공공역사에 대한 인식이 부족한 연구진이 주축이 된 학술대회에서는 상대적 박탈감을 느끼는 경우도 종종 있었다. 앞으로 공공역사에 대한 인식의 공감대가 넓어지면 자연스럽게 해결될 일이라고 생각하고, 후배들은 나와 같은 아픔을 겪지 않았으면 한다.

또 다른 측면에서 문화기획자는 '사업'과 연계가 되어야 하는데, 다른 사업과 구분되는 특징이라면 '공공성을 띤 사업'으로서 '국가의 지원' 없이 100퍼센트 자생력을 갖추기는 어려운 분야라는 것이다. 역사와 문화 유산 등을 콘텐츠로 활용하기 때문에 공공기관과의 연계는 꼭 필요하다. 그래서 공공예산에 대한 의존도가 상당히 높다. 현장에서 활동하는 문화 기획자는 자생력의 확보를 위해 꾸준히 노력해야 하는 숙제를 안고 있지만, 공공기관은 문화기획자들이 업무에 집중할 수 있는 여건을 조성해 주는 노력이 더욱 필요하다. 문화기획자들에게 돈을 많이 벌게 해줘야 한다는 의미가 아니다. 업무를 창의적으로 추진할 수 있도록 업무적 자율성을 보장해야 하고, 정말 목적에 부합하는 기획을 하는 기획자를 우대해 주는 정책 등이 검토되어 실현되었으면 한다.

역사를 사랑하는 사람으로서 순수 역사 연구에 관심을 가지는 것도 의미가 있지만, 대중과 함께 역사를 나누는 작업을 함께 기획하고 실현시키는 과정도 매우 중요한 부분이다. 특히 지방 인구가 많이 감소하고 있는 상황에서 많은 지역에서 문화기획자가 활동함으로써 거주 인구는 적지만 문화적으로 풍성한 지역을 만들 수 있을 것이다. 앞으로 많은 지역에서 다양한 문화 기획으로 우리 역사와 문화유산을 알리는 목소리가 많아지기를 기대해 본다. ●심준용

10
문화해설사:
창의적인 공공역사가가 되는 길

현장에서 이야기로 메시지를 전하는 활동

박물관, 역사 기념관, 궁궐, 왕릉, 사당, 사찰, 마을 등에서 문화해설이 이루어진다. 이 현장들을 생각하면 문화해설이 지닌 가치나 면모를 짐작할수 있다. 문화해설이란 현장에서 이야기로 메시지를 전하는 활동을 뜻하고 문화해설사란 그 활동을 하는 사람을 말한다. 문화관광 해설사, 문화유산 해설사 등도 있지만 (수식어가 붙지 않는) 문화해설사가 기본적이고도 포괄적인 개념이다. 문화해설사는 프리랜서와 단체에 소속된 해설사로 나뉜다. 후자는 자신이 속한 단체의 영역만을 전문으로 해설한다. 두경우 모두 역사학에 뿌리를 두고 있다.

독일의 공공역사를 소개한 《공공역사란 무엇인가》의 저자들은 공공역사가들이 역사를 흥미롭고 진지하게 매개하면서도 개인이 저마다의 삶에서 과거를 역사로서 사용할 수 있도록 폭넓은 지식을 제공해야 한다고 강조한다. 핵심어는 '폭넓은'이란 말이다. 현장의 많은 문화해설사가 폭넓은 지식을 제공하기 위해 정성을 다한다. 어느 분야나 학문과 대중 사이에는 거리가 있다. 거리가 멀수록 요구하는 내용이 늘어나게 된다. 차이가 너무 크면 기대나 요구가 생기지 않을 수도 있다. 최근 중요하게 눈에 띄는 점은 학문에 대한 사회 일반의 요구다. 《공공역사란 무엇인가》에 의하면 박물관은 엘리트를 위한 신전이었다가 교육적으로 준비된 학습 장소가 되었다가 지식의 장이 되었다. 공공역사가 역할을 하는 문화해설사들이 염두에 두어야 할 부분이다.

여기에서 '지식의 장으로 기능하는 박물관은 향후 어떤 위상을 갖게 될까?'란 궁금증이 생긴다. 이는 공공역사가 효과적으로 기능하기 위해 가질 만한 궁금증이다. 한 과학자의 말을 들어보자. 그는 과학을 도구로만 받아들이고 사유 방식이나 문화로는 받아들이지 않은 우리나라의 현실을 안타까워하며 과학이 문화로서 스며든 사회, 문화로서의 과학(의 역할)이 필요하다고 했다.[1]

문화란 구성원들이 함께 만들어 가는 가치 있고 쓸모 있는 유·무형의 자산, 그리고 그 자산들을 즐기는 삶의 방식을 말한다. 문화로서의 과학이 필요하듯 문화로서의 해설이 필요하다. 해설은 역사라는 줄기에서 뻗은 가지다. 하나의 문화처럼 역사와, 역사에 뿌리를 둔 해설이 실속 있는 역할을 다하는 사회를 그리게 된다. 공공역사가 뿌리내린 사회를 희망하는 것이다. 역사와 해설이 문화로서 정착한 사회, 즉 공공역사의 사회를 위해 역사학계와 문화해설사들이 함께 힘을 기울여야 한다.

문화해설사가 되는 길

국가가 주관하는 문화해설사 제도는 없지만 시·도 단위로 문화해설사를 선발해 운영하는 제도는 있다. 가령 서울에는 각 궁궐과 종묘 등에 속한 문화재청 산하 해설사들이 있다. 등록제로 운영되는 민간의 문화해설 교육기관 중 인지도가 높은 단체는 궁궐문화원, 문화유산시민연대가 운영하는 궁궐지킴이 및 궁궐길라잡이 등이다. 민간과정 지원자들은 일정 기간 수업을 들은 후 필기와 해설 시연을 치러 기준점 이상을 얻어야 문화해설사 자격을 얻을 수 있다. 해설사 지원자들의 유형은 크게 셋이다. 1) 대학(원) 등에서 사학을 전공하고 사학 관련 일을 한 뒤 해설사가 되는 경우, 2) 대학(원) 등에서 사학을 전공했으나 사학과 무관한 일을 한 뒤 해설사가 되는 경우, 3) 사학 외의 분야를 전공하고 사학과 무관한 분야에 종사하다가 해설사가 되는 경우다. 1)이 가장 유리하고 다음으로 2)가 유리할 것이되 최선을 다한다는 전제하에서이지만 2) 또는 3)의 경우도 공공역사를 활성화할 수 있는 요원이라는 데에서는 예외가 없다.

필자는 2017년 궁궐, 왕릉, 종묘 등에서 활동하는 프리랜서 해설사를 뽑는 민간 교육단체의 기초 및 전문가 과정을 통과해 문화해설사가 되었다. 앞서 말한 유형 중 3)의 경우로 국문학을 전공했다. 당시까지 책을 통해 가진 지식을 어떻게 활용할 수 있을까를 궁리하다가 해설사의 길을 택했다. 문화해설사가 되기 위해 교육받는 사람들, 해설을 듣기 위해 오는 사람들 모두 40대 이상이 주를 이루었고, 역사를 전공한 사람들보다 전공하지 않은 사람들이 더 많았다. 필자와 같이 역사학 외의 분야 중 국문학 전공자는 문화해설사로 활동하는 데 유리한 면이 있다. 역사(한국사)와 연관지어 생각할 부분이 있기 때문이다. 송강 정철(1536~1594), 고산 윤

선도(1587~1671), 약천 남구만(1629~1711) 등 역사의 인물들은 이름 있는 문인이기도 했다. 문화해설사들은 이 인물들의 정치적 입장과 문학 작품 속 감수성이 어떤 관계를 보였는지 등에 대해 익숙하기 때문이다.

문화해설사 자격증을 확보하는 것은 문화해설의 시작점에 섰다는 뜻일 뿐이다. 그때나 지금이나 자격증이 있어야 문화해설을 할 수 있는 것은 아니다. 해설사로서 어느 정도의 절차를 밟았다는 사실이 중요하다. 충실한 콘텐츠로 수용자들과 지속적으로 만나고자 하는 의지, 그리고 그에 바탕한 준비가 필요하다.

나의 경우 역사 지식이 많지 않았으나 충분히 따라갈 수 있을 것이라 생각했다. 철학, 역사, 고고학, 자연과학 등의 다양한 책을 읽었고 해설 내용에 맞는 책을 골라 읽으며 역사를 대하는 시각을 배웠다. 궁궐, 왕릉 등 현장을 돌면서는 실질적인 지식을 두루 얻었다. 그 이전부터이지만 당시 이미 사회 차원에서 공공역사 활동이 이루어지고 있었다. 지금처럼 당시에도 문화해설을 비롯해 공공역사의 범주에 포함되는 여러 활동이 있었다는 의미다. 그런 현상이 해설사들이나 다른 사람들의 입에 구체적인 개념으로 오르내리지는 않았다. 나 역시 공공역사 관점의 움직임을 인식하지 못했다. 해설 경력이 어느 정도 쌓이자 사정이 달라졌다. 그간 내가 해온 해설의 특성은 물론 해설이 가진 공공역사적 미덕을 얼마나 적극적으로 의식하며 일선에서 준비하고 임했는지 여부를 돌아보게 되었다는 의미다. 경험으로 인해 여유를 갖게 된 결과다.

문화해설사가 되기 위한 준비

문화해설사가 되기 위해 필요한 공부는 많다. 내 경우 해설사 교육과정에서 문화유산, 조선의 건축물, 조선사 등에 대해 배웠다. 한국 근·현대사와 의례, 성리학 등을 가르치는 곳도 있었다. 이 단체들은 지금까지 4대궁과 종묘처럼 제한된 영역에서 자원봉사를 기본으로 설정해 활동하고 있다. 공공역사 활동의 대표 사례인 셈이다. 단체들 사이에 교육 기간이나 내용 면에서는 차이가 있다. 그러나 몇 달에 걸쳐 받는 해설사 교육보다 더 중요한 것은 스스로 하는 공부다. 정규교육 기간은 짧고 스스로 하는, 또는 해야 하는 공부 기간은 길다. 공부는 계속되어야 한다. 미술, 유교 경전, 경우에 따라서는 풍수 공부까지 필요하다.

내 경험으로 보면 문화해설은 조선과 대한제국기, 일제강점기의 내용을 주요 해설 대상으로 삼는다. 지금껏 영향을 미치는 일제강점기는 지금 이곳에서 가장 가까운 시기들이며, 조선과 대한제국의 수도였으며 일제 식민지배의 주요 근거지였던 서울 중심의 이야기가 계속 만들어져 왔고 앞으로도 그럴 것이다. 서울 밖의 문화유산들도 상당히 중요하고 의미 있음은 물론이다.

서울이든 서울이 아니든 문화해설 현장에서 만나는 항목들은 건물-인물-사건이다. 이 항목들은 서로 얽혀있다. 가령 창경궁에서는 9대 임금 성종이 세 대비—세조 비 정희왕후 윤씨, 덕종 비 소혜왕후 한씨, 예종 비 안순왕후 한씨—를 위해 지은 여성들의 공간이기에 사생활 보호를 위해 궐 밖에 왕실 정원인 함춘원을 조성했으며 창덕궁 및 종묘의 배치와 관련이 있다는 사실이 드러난다. 건물 중심의 전달—인물 중심의 전달—사건 중심의 전달로 이어지는 해설을 할 수 있다. 그래야 질서 있고 효율적인 해설이 된다. 건물을 이야기하고 이어 인물이나 사건을 이야기하는 것과 같은 원칙이 필요하다. 항목들이 긴밀하게 얽혔다면 하나로 아우르는 이야기를 하면 된다.

특별한 일이 없는 한 건물은 별 이야깃거리 없는 전달의 대상이다. 인물과 사건은 대체로 듣는 이의 정서를 자극하는 소재가 되곤 한다. 조선의 궁궐, 왕릉, 도성 등에서 해설을 들으면 우울하거나 무거워진다는 말을 듣곤 한다. 파란과 곡절의 사건 때문에 우울하거나 무거워지는 것이다. 이런 점을 헤아려 그렇지 않은 이야기들을 찾아내 전하는 노력도 필요하다.

효과적으로 이야기를 다루는 법을 보기 위해 예로 들 수 있는 것이 존현각이다. 경희궁의 편전이었던 만큼 중요한 이 전각의 건축적 특징을 논하고 세손(정조) 암살 미수 사건을 전하면 좋다. 관련 문학 작품이 있는지도 알아보면 좋다. 이 전각과 관련된 문학 작품이《존현각 일기》다. 이 일기는 정조가 즉위 전(세손 시절) 자신의 영조에 대한 대리청정을 반대했던 홍인한, 정후겸 등을 제거하게 된 경위를 기록한 글이다. 《명의록明義錄》의 서두에 수록한 대화체의 작품인《존현각 일기》는 이야기의 힘을 느끼게 하는 가치 있는 작품이다.[2]

18세기 한 비범한 왕의 일기체의 이 글은 하나의 생각거리를 준다. 건조한 글과 감성적 문체의 일기가 보여주는 선명한 대조점이 그것이다. 문화해설사에게는 건조한 글은 감성적인 글로, 감성적인 글은 엄격한 글로 만들어 전하는 연습도 필요하다. 새로운 자료를 자신의 기존 이야기 풀 pool에 자연스럽게 스며들게 하는 유연성을 갖추기 위해서다.

문화해설사의 역할

사람들은 이야기 형태의 역사를 좋아한다. 지금은 어느 때보다 역사에 대한 관심이 높은 때다. 많은 사람이 역사를 이해하기 쉽게 설명해 주는 프로그램들을 소망한다. 사람들이 이야기 형태의 역사를 좋아하는 이유는 무엇일까? 건조한 이론서를 통해서는 해결하기 어려운 역사에 대한 갈증을 쉽고 재미있는 드라마적 콘텐츠들을 통해서 풀 수 있기 때문이다. 꼭 기억해야 할 부분이다. 문화해설사는 학문과 이야기 사이의 거리를 좁히고 관계를 조율하는 사람이다. 엘리트를 위한 신전—교육적으로 준비된 학습 장소—지식의 장소 등으로 바뀌어 온 외국의 박물관에 대한 인식 변화와 비슷한 사례가 한국에도 있다. 논어 해석과 관련된 추사 김정희의 〈세한도〉 이야기가 하나다. 조선 22대 임금 정조에 대한 평가가 다른 하나다.

논어 해석과 관련된 이야기란 〈세한도〉의 송백松柏이 소나무와 잣나무에서 소나무와 측백나무로, 그리고 소나무와 곰솔로 바뀐 현상을 말한다. 정조에 대한 평가는 정조가 반대 세력에게 둘러싸였던 나약한 군주로 인식되다가 유교적 계몽 절대군주로 인식된 이야기, 이어 근대화 실패의 원인으로까지 받아들여지고 있는 사정을 이르는 말이다.

송백을 소나무와 곰솔로 보는 것은 생태와 기후에 더해 공자의 삶까지 두루 고려한 결과다. 앞서 말한 박물관에 대한 관점의 변화는 동시대 사람들이 현존하는 건물에 대해 가졌던 인식의 변화다. 반면 정조에 대한 평가가 달라진 것은 고정된 사실을 당대의 필요에 맞춰 새롭게 본 결과다. 둘은 차원이 다른 문제다. 문화해설사는 동시대의 소망을 역사에 투영해 보고 싶은 것에 들어맞는 사실만 취하고 그렇지 않은 사실은 버리는 분위기에 휩쓸리면 안 된다. 당대에 통용되는 관점만 바라보지 말고 시대의 변화를 파악하고 현상의 내부까지 헤아리는 노력을 할 필요가 있다.

공공역사가로서의 문화해설사

역사 해석의 다양성은 자연스러운 일이다. 공공역사가들도 자연스럽게 역사를 해석하고 전할 자유가 있다. 공공역사가들은 권위적 존재가 아니며 공공역사가가 되는 데 자격이 필요한 것도 아니다. 역사적 개연성을 충분히 헤아리는 합리적 해석을 목표로 하면 좋다. 해설 현장에서 역사를 전공하지 않은 일반인들의 합리적이고 날카로운 질문을 접하곤 한다. 무리하거나 개연성이 부족한 해석은 대답하기 어려운 반론에 부딪힐 가능성이 크다. 이런 과정들을 통해 문화해설사는 책임감 있고 창의적인 공공역사가가 된다.

이런 점을 기억해 공공역사가로서의 문화해설사의 역할에 대해 알아보자. 문화해설은 그 자체로 공공성을 띠는 역사 활동의 한 부분이다. 문화해설사들은 공공역사가로서 보람과 즐거움, 책임감 등을 느낀다. 앞서 말했듯 문화해설사는 궁궐이나 왕릉 등에서 고정적으로 근무하는 해설사들과 프리랜서 해설사들로 나뉜다. 전자는 1,000원 또는 3,000원의 입장료를 지불한 분들에게 해설을 제공한다. 한 시간 해설이 일반적이다. 가격 대비 최고의 효용을 누릴 수 있는 장치인 셈이다. 후자는 1만 원 또는 2만 원의 참가비를 지불한 분들에게 해설을 제공한다. 두 시간 해설이 일반적이다. 어느 경우든 대체로 프로그램의 반은 걷는 시간으로, 반은 정지한 채 해설하는 시간으로 채워진다. 걸으면서 듣는, 또는 말하는 경우는 흔하지 않다. 참가자들이 전자에게 기대하는 바와 후자에게 기대하는 바는 같지 않다.

문화해설사로 활동하기 시작하면서 종종 재미있는 해설을 해야 한다는 말을 듣곤 한다. '재미있다'는 말의 뜻을 헤아릴 필요가 있다. 재미란 재치 있는 언어 전달 능력으로 만들 수 있는 장점이다. 반면 예상하지 못한 새롭고 깊이 있는 내용을 자연스럽게 연결함으로써 만들 수 있는 장점이기도 하다. 궁궐, 왕릉, 종묘 등 왕조시대에 임금이 거주했던 세 영역을 비롯 도성, 박물관, 문학관, 마을 등 다양한 해설 현장에 참여하는 분들에게서 진지함을 자주 발견한다. 정해진 절차에 따라 참가 신청을 하고 날이 되기를 기다려 시작 시각에 맞춰 찾아와 걸으며 두 시간을 보내는 분들이 단순한 재미를 찾는 사람들일 가능성은 크지 않다. 더구나 질문을 하고 의견도 내는 분들임에랴. 해설 시간의 차이가 지향성이나 정신의 차이로 나타나지는 않으리라 생각한다. 두 시간 해설의 경우 내용이 많아야 하는 만큼 운영의 묘를 살릴 여지도 크다.

다른 공공역사가와 구별되는 특징

문화해설사는 공공역사가 역할을 하는 다른 직역들과 다르게 언어로써 대중과 직접 소통한다. 문화해설사도 다른 공공역사가들처럼 내용을 기획한다. 뿐만 아니라 기획한 내용을 전한다. 일선에 선 다차원적 존재인 셈이다. 문화해설사들도 피드백을 받는다. 현장에서 실시간으로 받는 질문 형태의 피드백이다. 그런 점에서 다른 직역들과 차별적이다. 문화해설사들이 자주 사용하는 말 가운데 '미술관 다리'라는 말이 있다. 이는 미술관에서 가만히 서있는 사이사이 오랜 시간 천천히 걸은 후 생기는 다리의 통증을 뜻하는 말이다. 미술 작품을 감상할 때 여러 번 멈춰 섰다가 다시 걷는 등 불규칙적으로 움직이기 때문에 생기는 문제다.[3] 통증이라기보다 불규칙한 움직임이라고 해야 타당한 말이다. 이 말을 문화해설 현장에 응용할 수 있다. 해설팀(해설사와 관람객들)은 어떤 지점에서는 오래, 어떤 지점에서는 짧게 머문다. 해설사는 해설을 통해 만나는 (눈에 보이지 않는) 사건을 비롯 건축물, 공간, 길들이 제각기 다르고 개성적이라는 사실을 잊지 말아야 한다. 그런 사실에 근거해 강세를 많이 둘 부분과 적게 둘 부분을 구별해야 한다. 그래야 각 영역이 자연스럽게 조화를 이룰 수 있다.

서울에는 궁궐, 왕릉, 종묘 같은 조선의 건축물만이 아닌 근대 건축물, 현대 건축물들이 두루 섞여있다. 문화해설사는 공공역사가 가운데서 가장 실존적인 활동가다. 해설지를 사전답사하고 실제 해설을 위해 많은 곳을 다니기 때문이다. 그런 점은 특별히 시행착오가 일상적인 사전답사(코스 설정) 시에 더 많이 감지된다. 가령 걷고 또 걸으면서 확인한 '나'를 지도 제작자이자 지리의 선구자였던 고산자 김정호와 같은 인물과 연결지어 생각할 수도 있다. 이런 점은 일선에 선 당사자만이 누릴 수 있는 장점이기도 하다. '왼손에 지도, 오른손에 역사책'이란 의미의 '좌도우사左圖右史'란 말이 공공역사가인 문화해설사에게 더 없이 어울린다. 이는 지리학의 연구 성과들을 충분히 활용하는 계기로 삼을 수 있는 부분이기도 하다.

전업 문화해설사의 현황과 전망

한 곳의 문화유산 현장에서 일하는 문화해설사들이라고 모두 안정적이지는 않다. 고용 형태가 어떤가에 따라 사정이 많이 다르다. 무기계약직의 경우 안정적인 반면 근무 일수에 따라 일비를 받는 특정 단체 소속의 문화해설사들은 비정기적인 다른 일들을 함께한다. 프리랜서 문화해설사들은 해설 기회나 수입 등의 면에서 격차가 크다. 실력이 탄탄하다고 해서 반드시 해설 기회가 많이 생기는 것도 아니다. 프리랜서 해설사들은 해설 기회를 충분히 얻지 못할 경우 회당 금액을 많이 받지 못하는 한 경제적으로 어려울 수밖에 없다. 그래도 꾸준한 활약으로 안정적 수입을 올리는 프리랜서 문화해설사들이 적지 않다. 많은 경우 안정적 수입은 단가가 높아서가 아니라 기회를 많이 얻어서 취할 수 있는 결과로 보인다.

공부 결과와 해설 내용을 책으로 출간하는 것을 목표로 준비하는 것이 바람직하다. 이는 주위의 해설사들과 다른 자신만의 콘텐츠를 만들기 위한 한 방법이 될 수 있다. 해설과 강연은 통하는 부분이 많다. 수입이 어떻든 해설만을 하는 사람에게 전업 활동가라는 말을 쓰기에는 아쉬운 부분이 있다. 공공역사가들이 맡은 일을 충실히 수행할 수 있도록 하기 위해 제도적·학문적·현실적 뒷받침이 필요하다.

최근 나온 눈길을 끄는 책 한 권을 소개하고자 한다.《먹고살고 글 쓰고》란 책이다. '일하며 글 쓰는 작가들이 일하며 글 쓰는 이들에게' 란 부제를 가진 책이다. 책 제목을 '먹고살고 해설하고' 로 바꾸어도 무리가 없다. 공통의 키워드는 '안정적이지 않은 현실' 이란 말이다.

프리랜서 문화해설사들의 상황은 대체로 불안정하다. 그런 상황에서 코로나 19가 발발해 더욱 어려웠다. 당시 소득이 줄어든 해설사들에게 일정 금액이 지원되었다. 이런 제도를 상시 운영할 필요가 있다. 공공역사로서의 문화해설이 정착될 수 있게 몇 가지 제도가 시행되어야 한다.

프리랜서 문화해설사들 가운데 지원금을 받는 분들이 문화해설 수요자들에게 해당 지역의 문화를 무료 해설하는 자원봉사를 제도화할 필요가 있다. 처우 개선이 요구되는 특정 단체 소속의 문화해설사들에게 주업무인 관광 안내만큼 해설은 자주 하지 않는 국내 여행 안내사(한국관광협회 주관), 관광통역 안내사(한국관광공사 주관)들에게 주요 유적지에 대해 정기교육을 시행하는 등의 제도도 고려해 볼 만하다. 지자체 소속의 문화해설사들에 대한 처우도 개선이 필요하다.

무료 해설과 유료 해설은 몇 가지 면에서 다르다. 글자 그대로 돈을 내고 안 내고의 차이 외에 듣는 이들의 자세가 많이 다르다. 유료라면 공급자의 마음도, 수용자의 마음도 달라진다. 공급자는 더욱 책임감 있게 해설할 것이고, 수용자는 더욱 집중력 있게 들을 것이다. 이런 과정을 통해 공급자, 수요자 모두 만족하고 보람을 느끼는 상승효과를 기대할 수 있다. 그래야 공공역사 발전의 중심축을 담당하는 문화해설이라는 말을 할 수 있다.

역사학 전공자들에 대한 기대

역사를 좋아하는 일반 대중이 역사 현장에 활발하게 참여할 수 있게 하기 위해 역사학 전공자들이 지원해 주어야 할 것들은 많다. 참여란 말이 공공역사의 가치와 역할을 잘 말해준다. 공공역사는 정치사·사회경제사보다 사회사·문화사와 관련이 깊다. 가치 있는 역사 인물과 사건들을 많이 찾아내 널리 알려주기 바란다. 새 인물이나 사건들을 위주로 하는 작업이 바람직하다. 익숙한 인물이나 사건에 대한 새 해석만큼 관심을 끄는 것이 있다. 새 이야깃거리를 발굴, 가공하고 전달하는 것이다. 익숙한 것과 새로운 것이 새의 두 날개처럼 조화롭게 작동하기를 소망한다. 공공역사는 삶과 맞닿은 역사 현장에 잘 뿌리내릴 수 있는 충분한 역량이 있다. 다만 이는 역사학 전공자들의 활발한 참여를 전제로 해야 가능하다. 역사학과 고고학, 역사학과 보존과학의 만남도 참여의 한 예로 꼽을 수 있다. 흥미와 진지함이 함께하는 이야기 문화가 역사 바르게 알기로도 이어지기 바란다.

•박태웅

11
대학 강사도 공공역사가다

○○ 대 강사

이것이 나의 소속과 직위다. ○○이라는 소속과 강사라는 직위는 언제 변경되거나 사라질지 모르는 불안정한 것이다. 이에 최대 3년간의 고용을 보장하고, 강사를 대학의 교원으로 인정하는 등 처우 개선을 목적으로 2019년 8월 강사법이 시행되었다. 그러나 강사법은 그 목적과 달리 현실에서 강사를 대량 해고하는 칼날이 되었다.

강사법 시행 직후인 2019년 2학기 대학에서 강사의 강의 담당 비율은 17.3퍼센트로 예년에 비해 5퍼센트가량 떨어졌다. 그로부터 1년 뒤, 교육부의 '2020년 10월 대학정보공시' 분석에 따르면 강사의 강의 담당 비율이 4년제 대학에서 21.3퍼센트, 전문대에서 20.9퍼센트로 회복되었다고 한다. 대량 해고 1년 만에 다시 회복세라……. 이러한 상황은 대학 교육에서 강사가 차지하는 비중이 매우 크다는 것을 의미한다. 혹자는 전체 강의의 20퍼센트, 즉 5분의 1 남짓 담당하는 것이 뭐 그리 큰 비중이냐고 반문할 것이다. 대학 교육은 전공 교육과 교양 교육 두 축으로 운영되는데, 대부분의 강사가 '교양 과목Liberal Arts'을 담당하며 교양 교육은 대부분 강사에 의해 운영되니 실질적으로 대학 교육의 절반을 책임지고 있다고 해도 과언이 아니다.

사학과, 국사학과 등을 졸업하고 대학원으로 진학하여 학위논문을 쓰면서 역사학자의 길을 걷게 된다. 이르면 박사과정부터, 또는 박사학위를 취득한 후 교육 활동을 시작하며—최근에는 박사학위가 강사 자격의 필수 조건이 되고 있다—이때 대부분 '강사'의 신분을 얻게 되고, 〈한국사의 이해〉, 〈한국 근현대사〉, 〈한국 문화사〉 등 교양 과목을 주로 맡게 된다. 강좌명에서 보듯이 교양 한국사는 폭넓게 포괄적인 내용을 담아야 하므로, 내 전공과 거리가 먼 시대·분야 등도 강의하게 된다. 이 점은 전공 과목을 주로 담당하는 전임교원에 비해 강사들에게 부담이 되는 부분이기도 하다. 수강 학생 수에 있어서도 교양 과목이 훨씬 많으며, 여러 전공의 학생들이 모이다 보니 수강생의 수준 및 기대치 또한 천차만별이라 강의 수준을 결정하는 일 또한 쉽지 않다. 어느 교수는 전공 과목만 강의하다 처음으로 교양 과목을 맡아 강의해 본 후 교양 강의의 어려움을 토해내기도 했다.

강사는 말 그대로 강의를 하는 사람이지만, 대학의 강사는 교육 활동만 하는 것이 아니다. 강사법에 의거, 교원으로 인정됨에 따라 연구 경력 또한 지원 시 작성해야 한다. 이에 강사는 교육과 연구, 두 마리 토끼를 쫓아야 한다. 물론 강사는 대학의 전임교원이 되고자 희망하므로 스스로 연구 활동에 더 무게를 두기도 하지만, 앞서 언급한 교양 과목의 특성 및 대학에서 교양 교육이 강화되면서 강사에게 요구되는 교육 관련 활동이 많아지고 있다. 이런 상황에서 연구와 교육, 두 가지를 병행한다는 것은 결코 쉬운 일은 아니다.

대학 강사는 공공역사가?

공공역사는 기본적으로 학문 밖 영역Outside of Academia, 상아탑 바깥 Outside the ivory tower의 역사적 실천을 의미한다. 이 정의에 따르면 대학 이라는 상아탑 속에서 교육뿐 아니라 학술적 연구, 즉 학문 활동도 병행 하고 있는 강사는 공공역사가로 보기 어렵다. 대부분의 강사들도 스스로 를 공공역사가로 인식하지 못하고 있을 것이다.

그러나 오늘날 공공역사는 전문 학술 공간을 넘어, 학문 밖 영역에서 의 활동에만 국한하지 않는다. 'public'에 주목한다. 공적인 영역에서의 역사 관련 실천, 공공성의 가치 투여, 공중公衆에게 전달 및 공중의 참여 등이 강조되고 있다.

앞서 언급했듯이 강사는 주로 교양 과목을 담당한다. 교양 과목으로 서 역사는 사학 전공이 아닌 타 전공 학생들이 주로 수강하므로—사학 전공 학생들은 교양역사 강의를 수강하지 못하게 하는 대학도 있다—이 들 수강생은 곧 비전문적인 청중[공중]이라 할 수 있다. 교양 과목으로서 역사 강의에서 공중인 학생들에게 역사학과 역사학적 방법을 전달하는 역사교육이 진행되고, 역사인식 등 공공성의 가치 전달이 이루어진다. 그러므로 교양역사 강의는 곧 공공역사 활동이라 할 수 있으며, 역사를 학생에게 전달하는 '강사는 공공역사가'가 되는 것이다.

공공역사가로서 강사의 활동은 강의 계획서 작성에서부터 시작한다. 강사는 해당 학기에 진행할 강의의 주제를 선정하고—대체로 강의 주제는 강좌명에 좌우되는 경우가 많다—그 대주제를 뒷받침하는 소주제로 15주 차의 강의 내용을 구성한다. 박물관의 전시 기획자가 전시를 통해 주제와 의도를 관람객에 보여주듯이, 강사는 강의 계획서를 통해 해당 강의의 목표·방향성 및 학생의 참여 활동 등을 비교적 상세히 제시하고, 이에 따라 수업을 진행한다. 학생들은 강의 계획서를 보고 강의를 신청하기 때문에 어떤 역사 활동을 해야 하는지 미리 알고 수업에 참여한다. 이로써 학생들은 스스로 역사 활동에 참여하는 주체가 되기도 한다. 공공역사가인 강사와 공중인 학생을 연결하는 매개체가 강의 계획서이다. 뿐만 아니라 한 학기 강의가 마무리된 후 강사 스스로 강의 개선 보고서, 즉 CQI (Continuous Quality Improvement) 보고서를 작성하는데 이때도 강의 계획서의 내용이 기준이 된다. 따라서 강의 계획서가 잘 작성되었다면 강의 및 학생들과의 소통, 평가까지 비교적 순탄하게 진행할 수 있다. 강사가 강의 계획서 작성에 심혈을 기울여야 하는 이유이기도 하다.

공공역사는 역사를 매개로 한 사회적 실천이라고 폭넓게 정의 내리기도 한다. 공공역사가로서 강사는 교양역사 강의를 통해 어떤 사회적 실천을 실현하고 있을까?

학생들은 초등학교 5학년부터 중·고등학교까지 학교 교육과정에서 한국사를 비롯한 역사 과목을 배운다. 특히 수학능력시험에 한국사가 필수 과목이라 대학에 입학하는 모든 학생이 한국사 기초 지식을 가지고 있다고 볼 수 있다. 그러나 실제 대학 강의실에서 만나는 학생들의 한국사 기초 지식은 기대 이하인 경우가 종종 있다. 유구한 역사가 방대한 시험 범위로 학생들에게 인식되면서 학생들의 학습 부담을 줄여주기 위해 수

능에서 쉬운 한국사를 지향한 결과 학생들의 역사 지식이 그리 깊지 않다. 시험 중심의 학습으로 역사에 대한 관심과 흥미를 잃은 학생들도 많다. 이러한 학생들에게 대학 교양에서 만나는 한국사 및 역사 과목은 마지막 역사교육의 기회가 될 수도 있다.

다양한 기관에서 평생교육·시민교육의 일환으로 역사 강좌가 개설되고 있어 사회인이 된 후 역사를 접할 수 있는 기회는 열려있지만, 직업인으로 활동하는 속에서, 역사에 대한 관심이 없는 상황에서 그 기회를 찾아가기란 쉽지 않다. 최근에는 유튜브에 역사 관련 콘텐츠가 많아 쉽게 접할 수도 있지만, 콘텐츠를 선택하기 위해서는 올바른 역사 이해와 인식이 필요하다. 무엇보다 유튜브 콘텐츠는 짧은 시간 안에 일방통행으로 진행되는 강의이기 때문에 시청자에게 생각할 시간을 주지 않아 무턱대고 시청하다간 오류에 찬 내용을 사실로 받아들이거나 잘못된 역사인식을 가질 위험이 크다. 따라서 잃어버린 역사에 대한 관심을 다시 갖게 하고, 이들이 올바른 역사인식을 가진 시민으로 성장하는 기반을 마련해 줄 수 있는 것이 대학의 교양 강의이기 때문에 '역사교육의 마지막 기회'라고도 할 수 있다.

대학에서의 교양역사 강의는 중·고등학교 역사교육의 연장이기도 하지만, 시험·교과서·진도 등의 틀에서 벗어나 비교적 자유롭게 역사를 다양하게 해석하고 다르게 보고, 역사의 효용성, 공공성 등을 생각해 볼 수 있는 새로운 장場이 될 수 있다. 그러므로 강사는 역사교육을 담당하는 교사로서, 역사학을 쉽게 전달하는 역사커뮤니케이터로서 공공역사를 실천하고 있다.

공공역사가로서 대학 강사의 활동과 자질

이제 더 이상 평생직장이라는 개념이 없다. 멀티 잡 시대라고 한다. 사회는 빨리 변화하고, 다양해지는 만큼 이에 적응할 수 있는 인재를 필요로 한다. 즉 전공만으로 살아갈 수 없다. 전공 교육은 특정 전문 분야의 직업인으로 활동하기 위한 교육이며, 교양 교육은 사회인으로, 시민으로서의 삶을 살아가기 위한 인격체를 형성케 하는 교육이자 비판적 사고력의 함양, 새로운 지식을 생산해 낼 수 있는 상상력·호기심 등을 자극함으로써 변화에 적응할 수 있는 힘을 길러주는 교육이다. 그러므로 대학에서 교양교육을 강화하면서 교양 교육을 전담하는 학부대학, 교양대학 등의 기관을 마련해 왔다.

역사학도 마찬가지다. 사학 전공자만이 역사가로 활동할 수 있는 것이 아니다. 역사책을 저술하는 작가나 역사커뮤니케이터로 활동하는 사람들 중에 역사 전공자가 아닌 경우가 많다. 교양역사에서 다루는 다양하고 폭넓은 주제와 내용은 물론, 토론, 발표, 보고서, 답사, 콘텐츠 제작 등 다양한 역사하기를 경험하게 되고, 이러한 경험 속에서 비전공자인 학생들이 역사적 식견과 자질을 갖춰 공공역사 활동을 하는 계기가 될 수도 있다. 그런 점에서 교양역사 및 강사의 역할이 크다.

정보가 넘쳐나고 언제 어디서나 정보에 접근할 수 있기 때문에 더 이상 지식이 절대적 힘을 가지지 않는다. 지식이 중요한 것이 아니라 사회현상을 종합적으로 이해하는 능력이 요구된다. 이 또한 교양 교육이 강조되는 이유이다. 공공역사가 토마스 코빈은 "오늘날의 시대적 요구에 역사학을 응용하는 것 또한 공공역사"라고 하였다. 따라서 교양역사는 교양 교육으로서의 역량을 발휘하고, 공공역사의 장으로서 역할을 수행하기 위해 오늘날의 '시대적 요구'를 적극적으로 담아야 한다.

인권, 다문화, 환경, 인공지능, 4차 산업혁명 등 현대 사회의 중요한 이슈에 민감하게 반응할 필요가 있다. 생태환경사 연구(김동진, 《조선의 생태환경사》, 푸른역사, 2017), 4차 산업혁명과 한국사(《4차 산업혁명과 한국사 연구》, 역사인, 2019) 등 오늘날 이슈와 관련된 연구들도 서서히 이루어지고는 있다. 그러나 이러한 주제가 대중인 학생들을 대상으로 한 역사 강의에서 심도 있게 다루어지는 경우는 많지 않다. 무엇보다 강좌명에 따라 강의 내용을 구성하게 되는데, 〈한국사의 이해〉, 〈한국 근현대사〉와 같은 개설적인 강좌명으로는 현대 사회의 이슈를 담기 쉽지 않으며, 설령 환경·인권 등의 주제를 강의 내용에 포함시켰다 해도 강좌명으로 표현되지 않아 학생들에게 전달되지 못한다. 그러므로 강좌명의 변화가 필요하다. 강좌명을 강사가 임의대로 변경할 수는 없지만, CQI 보고서 작성 시 학교에 건의하는 방법 등을 활용해야 할 것이다. 세계적·사회적 이슈가 다양하고 영향력도 큰 만큼 교양역사 과목도 그러한 변화에 맞춰 다양성을 꾀할 필요가 있다.

또한 과거의 역사적인 사건을 배경 – 전개 – 결과 등으로 정리함으로써 과거에 묶어둘 것이 아니라, 그것이 오늘날 추구해야 할 가치 및 문제 해결에 어떻게 작용할 수 있는가 하는 역사의 현재성·효용성을 강의에 녹여야 한다. 예컨대 병자호란의 경우, 명·청 사이에서 조선의 선택이 어떤 결과를 낳았는지를 통해 오늘날 미·중 사이에서 우리는 어떤 선택을 해야 하는지를 생각해 보게끔 하는 것이다. 과학적·실천적 역사학을 표방하는 한국역사연구회에서 발간하는 《역사와 현실》이라는 학술 잡지가 있다. 이 '역사와 현실'이라는 표현이야말로 교양역사에서 추구해야 할 방향이라고 생각된다. 그러므로 강사는 본인이 현실에, 사회적·세계적 이슈에 늘 관심을 두고 있어야 한다.

시대 변화는 수업 방식에도 변화를 요구한다. 역사는 사료에 기반한 해석의 학문이다. 그렇다면 비전공자를 대상으로 한 교양 강의에서 사료의 제시가 필요할까? 필요하다. 다양한 해석과 그로 인한 논쟁이 많은 분야가 역사이기도 하다. 사료가 어떻게 해석되는지를 통해 비판적·분석적 사고를 키우고, 역사의 진위성을 살필 수 있다. 게다가 사료의 디지털화가 많이 진행되어 있어 사료에 대한 접근도 용이하므로 디지털화된 사료를 활용하여 학생들의 역사하기 활동 및 공공역사에 참여할 수 있는 방법과 기회를 제공할 수도 있다.

또한 사료를 텍스트에 한정할 필요는 없다. 요즘 세대는 디지털 세대이고 짧은 영상에 익숙한 세대이다. 이러한 학생들의 성향에 맞춰 영상을 활용한 강의가 많이 이루어지고 있다. 영화와 같은 영상은 주제가 선명해서 학생들과 역사적 해석을 둘러싼 논의를 이끌어 내고, 학생들의 참여도 유도할 수 있다. 대표적인 영화가 〈황산벌〉(2002)이다. 6~7세기 삼국을 둘러싼 국제 정세, 삼국 간의 관계, 삼국통일에 대한 평가, 오늘날 우리가 바라보는 '민족'·'민족주의'의 문제점 등 과거에서 현재까지 많은 얘깃거리를 던져준다. 이 영화를 본 대다수의 학생이 교과서에서 배운 '삼국통일의 의의'에 대해 비판적 입장을 표현하는 것을 볼 때 영화 등 영상은 학생들의 비판적 사고 능력 및 역사 해석의 다양성을 향상시키는 데 기여한다.

뿐만 아니라 영화는 과거의 공간과 모습을 시각적·입체적으로 재현해 보여준다. 물론 역사적 고증이라는 꼬리표가 늘 붙어 다니지만, 시각적으로 재현된 영상은 역사적 이해에 도움이 된다. 이제 가상 현실VR, 증강 현실AR, 메타버스가 부상하고 있다. 코로나19로 인해 비대면 학습의 경험이 축적되면서 온라인, 가상 세계 속에서의 활동이 전혀 낯설지가 않다. 유물·유적 복원 및 박물관 역사 체험 등에서 VR, AR이 적극 활용되고 있고, 메타버스 속에서 강의가 진행되고 있다. 아직 일반화되지 않았지만 이러한 변화는 가속화될 것이다. 따라서 강사는 강의 주제뿐 아니라 수업 방식, 강의 도구 등의 변화에도 민감해야 하며 어떻게 활용할 것인가를 고민해야 한다. 역사를 쉽고 명확하게 전달하는 것이 공공역사가로서 강사의 역할이기 때문에.

한 가지 안타까운 점은 대학에서 교양 교육이 강화되는 흐름과 반대로 역사 관련 교양 과목이 줄어들고, 특히 직업인 육성을 목표로 하는 2년제 대학의 경우 교양 자체가 축소되고 있다는 점이다. 대학 밖에서 공공역사 활동이 활발해지고 있는 것과 대조적으로 대학 내에서는 시장경쟁체제에 따라 경쟁·효율·생산성 등을 중시하면서 역사와 같은 인문학은 점차 축소되고 있다. 대학 내에서 역사학의 입지가 좁아지면서 밖으로 활동 영역을 확장하고자 하는 움직임이 공공역사에 대한 관심으로 나타나는 것이라 생각된다.

앞서 살펴본 바와 같이 대학 교양역사 강의는 공공역사의 활동이므로, 공공역사에 대한 논의가 본격적으로 이루어지고 공공역사가의 활동이 구체적으로 보여짐에 따라 대학 교양 교육에서 역사 강의도 다시 제자리를 찾게 되지 않을까 기대해 본다. 그러기 위해서는 역사 강사 스스로가 공공역사가임을 인식해야 한다.　　　　　　　　　　●박미선

주

서설

1 'public history'를 'パブリック ヒストリー'라고 가타카나로 표기한 쓰가 유카타菅豊·
호조 가쓰타카北條勝貴는 그 이유에 대해 현재 일본에서 '역사'나 '역사학' 앞에 '공공'이
라는 접두사를 붙이는 것이 익숙하지 않기 때문에 '당분간' 표기하는 것이라고 설명한
다(菅豊·北條勝貴 編,《パブリック ヒストリー入門: 開かれた歷史学への挑戦》, 勉誠出版, 2019,
61쪽; 박삼헌,〈일본의 공공역사 연구 현황과 쟁점〉,《현대사와 박물관》3, 대한민국역사박물관,
2020, 20쪽에서 재인용). 하지만, 쓰가 유카타가 2009년에는 '공공역사학'이라고 번역했다
는 것을 생각할 때 10년이 흘렀는데도 '역사' 앞의 '공공'이 익숙하지 않다는 것은 일본
역사학계의 분위기를 엿볼 수 있는 대목이 아닌가 추측된다. 菅豊,〈公共歷史学—日本
史が研究が進み行くひとつ方向一〉,《日本歷史》728, 吉川弘文館, 2009.

2　Thomas Cauvin, *Public History: A Textbook of Practice*, New York and London;
Routledge, 2016, p. 10.

3 이 정의들의 출처에 대해서는 마르틴 뤼케·이름가르트 췬도르프, 정용숙 옮김,《공공역
사란 무엇인가》, 푸른역사, 2020, 30~34쪽 참조.

4 Paul Ashton, *What is public history globally?: working with the past in the present*, London;
New York: Bloomsbury Academic, 2019.

5 Thomas Cauvin, 앞의 책, pp. 10~15.

6 Thomas Cauvin, "New Field, Old Practices: Promises and Challenges of Public History",
2020. 11. 26. https://www.youtube.com/watch?v=j2WPbSSeaa0.

7 정근식,〈공공역사의 관점에서 본 민주인권기념관 조성의 쟁점과 과제〉, 최호근 편,《지
구화 시대의 기념문화: 역사적 장소에서 만들어가는 민주·인권의 기억》, 민주화운동기
념사업회, 2020.

8 강선주,〈공공역사와 역사교육—제도적 역사교육 기관으로서 박물관의 책임과 역사 전

시 방향〉,《현대사와 박물관》3, 2020, 35~37쪽.

9   김선정, 〈공공역사와 한국의 구술사〉,《현대사와 박물관》3, 2020, 48~55쪽.

10 김재원, 〈소셜 미디어Social Media에서의 한국사 콘텐츠 생산과 판매—팟캐스트Podcast와 유튜브를 중심으로〉,《한국사연구》183, 2018; 김태현·김재원, 〈공공역사, 게임과 미디어를 만나다—연구자와 기업의 협업을 중심으로〉,《동국사학》68, 동국대학교사학회, 2020.

11 이동기, 〈공공역사: 개념, 역사, 전망〉,《독일연구》31, 한국독일사학회, 2016, 127쪽.

12 역사커뮤니케이터History Communicator란 과학커뮤니케이터Science Communicator의 용례에서 따온 말이다. Jason Steinhauer, "Introducing History Communicators", *official site of National Council on Public History*, 29 January 2015.

13 Joanna Wojdon, "Public Historian and their Professional Identity", *Public History Weekly*, 2020. 4. 2. https://public-history-weekly.degruyter.com/8-2020-4/public-historians-videogames/

14 제롬 드 그루트, 이윤정 역,《역사를 소비하다—역사와 대중문화》, 한울아카데미, 2014, 13~17쪽.

15 역사공장과 공공역사문화연구소의 설립 취지 및 활동에 대해서는 홈페이지(http://histofacto.com/) 참조.

16 이동기, 〈공공역사의 쟁점과 과제〉,《독일연구》52, 2023; 윤택림, 〈공공역사와 공공역사가〉,《현대사와 박물관》3, 대한민국역사박물관, 2020,

1부 공공역사 개념의 한국적 수용과 맥락

1. 공공역사 논의의 한국적 맥락

* 이 글은《역사비평》136(2021. 8)에 실린 글을 수정한 것이다.

1   Constance B. Shchulz, "Becoming a Public Historian", *In Public History: Essays from the Field*, edited by James B. Gardener and Peter LaPaglia, Malabar: Krieger Press, 2006, p. 31.

2 이동기, 〈공공역사: 개념, 역사, 전망〉, 《독일연구》31, 한국독일사학회, 2016. 김정인도 비
슷한 시기에 '공공역사학'을 주창했다. 김정인, 〈역사 소비시대, 공공역사학의 길〉, 《해람
인문》41, 강릉원주대학교 인문학연구소, 2016.

3 박진빈, 〈미국 퍼블릭 히스토리와 원주민Native American의 역사〉, 《서양사론》139, 서양사
학회, 2018; 윤택림, 〈개인적 서술에서 공공의 기억으로: 구술사와 공공역사〉, 《구술사연
구》11-1, 구술사학회, 2020, 12~18쪽.

4 마르틴 뤼케·이름가르트 췬도르프, 정용숙 옮김, 《공공역사란 무엇인가》, 푸른역사, 2021
(Martin Lücke, *Einführung in die Public History*, Vandenhoeck and Ruprecht, 2018).

5 미국에서는 1976년, 산타바바라의 캘리포니아주립대학이 처음으로 공공역사 대학원을 설
립한 이래로 1980년대에 이미 100개 이상의 대학에서 공공역사 석사과정을 운영 중이며,
이러한 추세는 오스트레일리아, 뉴질랜드, 캐나다 등으로 확산되었다. 2013년 현재 공공
역사를 다루는 전 세계의 대학 프로그램은 220개에 달한다(Thomas Cauvin, *Public History: A
Textbook of Practice*, New York and London; Routledge, 2016, pp. 9~10·207). 유럽에서의 공공역
사 프로그램의 도입은 이에 비하면 다소 늦은 편인데, 독일의 경우에는 1984년 기센대학
에 역사가와 언론인의 협업을 추구하는 역사 저널리즘 전공 학과가 설치되고, 1990년대에
는 '공공역사'와 '역사문화' 같은 이름의 강좌가 대학에 만들어지기 시작했으며, 2008년 겨
울 베를린자유대학과 하이델베르크대학교에 공공역사 석사과정이 개설된 이래로 여러 대
학에 공공역사 담당 교수직이 설치되기 시작했다고 한다. 나인호, 〈시민을 위한 역사교육
으로서 독일의 공공역사〉, 《역사교육논총》69, 역사교육학회, 2018, 80~81쪽.

6 대표적인 예로는 한국역사연구회에서 기획한 〈~시대 사람들은 어떻게 살았을까?〉 시리즈
를 들 수 있다. 한국역사연구회 편, 《조선시대 사람들은 어떻게 살았을까? 1, 2》, 청년사,
1996; 《고려시대 사람들은 어떻게 살았을까? 1, 2》, 1997; 《삼국시대 사람들은 어떻게 살
았을까?》, 1998; 《우리는 지난 100년 동안 어떻게 살았을까? 1, 2》, 역사비평사, 1998. 이
시리즈는 2005년에 개정판이 나왔으며, 2022년 재개정판이 출간되었다.

7 허영란, 〈한국 근대사 연구의 '문화사적 전환'―역사 대중화, 식민지 근대성, 경험세계의 역
사화〉, 《민족문화연구》53, 민족문화연구원, 2010; 이하나, 〈1990년대 이후 한국 사학계의
방법론적 모색―쟁점·좌표·가능성에 대한 비평적 검토〉, 《시대와 철학》22-2, 2011.

8 해방전후사회사연구반, 〈해방 직후 사회적 동원과 남한 사회〉, 《제66회 한국역사연구회 연
구발표회 자료집》, 1999.

9 정대현, 《표현인문학: 인문학의 위기를 넘어서》, 생각의나무, 2000; 김치수, 〈표현인문학 논쟁, 이렇게 본다〉, 《인문언어》 1, 2001.

10 역사교육연대회의, 《뉴라이트 위험한 교과서 바로 읽기》, 서해문집, 2009; 이동기, 〈현대 사박물관, 어떻게 만들 것인가?—'독일연방공화국 역사의 집'과 '대한민국역사박물관'의 건 립과정 비교〉, 《역사비평》, 2011. 8; 이동기·홍석률, 〈'대한민국역사박물관' 사업 비판과 정책 대안〉, 《역사비평》, 2012. 5; 젊은역사학자 모임, 《한국고대사와 사이비역사학》, 역사 비평사, 2017; 이문영, 《유사역사학 비판: 〈환단고기〉와 일그러진 고대사》, 역사비평사, 2018.

11 J. Mark Ramseyer, "Contracting for sex in the Pacific War", *International Review of Law and Economics*, Vol. 65, 2021.

12 오항녕, 〈역사 대중화와 역사학—역사의 향유와 모독 사이〉, 《역사와 현실》 100, 한국역사 연구회, 2016.

13 전국역사학대회협의회, 《제61회 전국역사학대회 자료집—역사 소비시대, 대중과 역사학》, 2018.

14 정다함, 〈역사학은 어떻게 예능이 되었나—2000년대 이후 한국사의 대중화와 TV 미디어 의 여러 문제들〉, 《한국사연구》 183, 한국사연구회, 2018, 133~135쪽.

15 2020년 한 TV 교양 프로그램에서의 역사 왜곡과 이로 인한 스타 강사(설민석)의 프로그램 하차는 이를 잘 보여준다. tvN의 〈벌거벗은 세계사〉 클레오파트라편(2020. 12. 19) 강의와 관련하여 이 프로그램에 자문을 했던 곽민수 한국이집트학연구소장은 이 방송이 역사적 사실과 풍문을 뒤섞어 놓아 틀린 부분이 너무나 많으며 자신이 자문한 내용은 수용하지도 않았다고 폭로하면서, 이른바 '설민석류'에 대한 사회적 경각심이 높아졌으면 한다고 덧붙 였다. 이 사건을 통해 미디어에서 학자의 전문성이 존중받지 못하는 현실이 그대로 노출되 었다. 《서울신문》 인터넷판 2020년 12월 21일자.

16 김진형, 《문화콘텐츠의 비판적 인식: 디지털 숭배와 상업주의에 빠진 문화산업계, 그들에 게 던지는 대담한 메시지》, 북코리아, 2018.

17 Thomas Cauvin, 앞의 책, p. 8.

18 오종록, 〈21세기 역사 대중화의 방향〉, 《20세기 역사학, 21세기 역사학》, 역사비평사, 2000, 293쪽.

19 Thomas Cauvin, 앞의 책, pp. 216~217.

[20] 제롬 드 그루트, 이윤정 역, 《역사를 소비하다: 역사와 대중문화》, 한울아카데미, 2014 (Jerome de Groot, *Consuming History: Historian and heritage in contemporary popular culture*, London ; New York: Routledge, 2009).

[21] 이동기는 '역사 소비'라는 개념 자체가 애초에 잘못된 문제 설정이라고 본다. 이동기, 〈연구실 밖의 역사 재현과 활용: '공공역사' 개념과 관점〉, 《대한민국역사박물관 공공역사토론회 자료집》, 2019.

[22] '역사/문화콘텐츠'나 '문화기술' 등의 용어가 탄생된 데에는 "민족과 국가에서 자본과 테크놀로지로" 무게중심이 옮겨간 한국 사회의 변화라는 보다 심층적인 요인이 있음은 물론이다. 정다함, 앞의 글, 114~121쪽.

[23] 신정숙, 〈콘텐츠가 문화커뮤니케이션에 미치는 영향〉, 《디자인학연구》 23, 한국디자인학회, 1998; 이하나, 〈인문학 콘텐츠 소스의 활용〉, 세미나 발표문, 연세대학교 미디어아트연구소, 1998; 김호근, 〈21세기 정보통신 콘텐츠와 문화〉, 《기독교언어문화논집》 2, 국제기독교언어문화연구원, 1999.

[24] 김기덕, 〈문화콘텐츠의 등장과 인문학의 역할〉, 《인문콘텐츠》 28, 2013, 13~15쪽.

[25] 콘텐츠 관련 저널은 2000년부터 창간되었다. 한국디지털콘텐츠학회의 《한국디지털콘텐츠학회논문지》(2000), 한국콘텐츠학회의 《한국콘텐츠학회논문지》(2001)와 *International Journal of Contents*(2005). 문화콘텐츠 관련 저널로는 다음과 같은 것이 있다. 중앙대학교 문화콘텐츠기술연구원의 《다문화콘텐츠연구》(2002), 인문콘텐츠학회의 《인문콘텐츠》(2003), 글로벌문화콘텐츠학회의 《글로벌문화콘텐츠》(2008), 건국대학교 글로컬문화전략연구소의 《문화콘텐츠연구》(2011), 동국대학교 영상문화콘텐츠연구원의 《영상문화콘텐츠연구》(2008) 등.

[26] 이들 학과의 설립 배경이나 커리큘럼 분석에 대해서는 다음을 참조. 김기정·이종대, 〈문화콘텐츠 교육연구(1)—동국대 영상대학원 문화콘텐츠학과 교과과정을 중심으로〉, 《영상문화콘텐츠연구》 1, 동국대학교 영상문화콘텐츠연구원, 2008; 김은경, 〈역사문화콘텐츠 전공 교육의 현실과 전망—상명대 역사콘텐츠학과의 사례를 중심으로〉, 《한국문화연구》 20, 이화여자대학교 한국문화연구원, 2011; 김기덕·김동윤, 〈인문학 기반의 문화콘텐츠학 수업론 정립을 위한 시론〉, 《인문콘텐츠》 41, 2016; 김정인, 앞의 글, 2016.

[27] Thomas Cauvin, 앞의 책, pp. 207~215. 한편, 독일에서 공공역사 대학원을 처음으로 만든 베를린자유대학의 경우, 공공역사 프로그램이 역사뿐만 아니라 문화 연구의 토대 위에 진

행된다는 특징이 있다. 베를린자유대학교 공공역사 프로그램 소개글. https://www.fu-berlin.de/en/studium/studienangebot/master/public_history/index.html.

28 김기덕은 역사문화콘텐츠가 대중문화 분야에서 디지털 기술을 활용한다는 점이 다를 뿐, 전통 역사학과 마찬가지로 사실fact을 통해 진실을 말한다는 목표와 지향은 같다고 주장한다. 김기덕·이병민, 〈문화콘텐츠의 핵심 원천으로서의 역사학〉, 《역사학보》 224, 2014, 437쪽.

29 임지현, 〈권력의 역사학에서 시민의 역사학으로〉, 《역사비평》, 1999. 2, 57~68쪽.

30 백영서, 《사회인문학의 길》, 창비, 2014.

31 김정인, 〈역사 소비시대, 공공역사학의 길〉, 《해람인문》 41, 강릉원주대학교 인문학연구소, 2016, 85~101쪽.

32 2016년 1월에 결성된 '만인만색연구자네트워크', 2016년 12월 한국역사연구회 총회에서 스타트업사업단이라는 명칭으로 출발하여 2018년 9월부터 독자 법인으로 활동하고 있는 '역사공장', 2018년 4월 문을 연 '역사디자인연구소'가 그것이다.

2. 공공역사의 쟁점과 과제

1 필자는 2016년 2월에 '공공역사' 개념과 관점을 국내에 소개하며 학문적 토론이 필요하다고 말했다(이동기, 〈공공역사: 개념, 역사, 전망〉, 《독일연구》 31, 2016, 119~142쪽). 그동안 여러 주장이 개진되었다. 이 글은 그것과 대결하며 쟁점을 부각하고 과제를 제시하고자 한다. 생산적인 논쟁이 이어지길 바란다.

2 전국역사학대회 협의회, 《제61회 전국역사학대회 자료집—역사 소비시대, 대중과 역사학》, 2018.

3 제롬 드 그루트, 이윤정 역, 《역사를 소비하다: 역사와 대중문화》, 한울, 2014.

4 김정인, 〈역사 소비시대, 대중 역사에서 시민 역사로〉, 《역사학보》 241, 2019, 1~33쪽.

5 이하나, 〈공공역사 논의의 한국적 맥락과 공공역사가들〉, 《역사비평》 136, 2021, 397쪽.

6 이하나, 앞의 글, 2021, 397쪽.

7 '역사 대중화' 개념과 관점의 결함과 문제에 대해서는 이동기, 《현대사 몽타주, 발견과 전복의 역사》, 돌베개, 2018, 355~357쪽을 참조하라.

8 그것에 대해서는 마르틴 뤼케·이름가르트 췬도르프, 정용숙 옮김, 《공공역사란 무엇인가》,

푸른역사, 2020; 이동기, 앞의 글, 2016, 119~142쪽; Faye Sayer, *Public History. A Practical Guide*, 2nd Edition, London: Bloomsbury, 2019를 참조하라.

9 이하나, 2021, 앞의 글, 393쪽. 김태현 박사는 공공역사에 대한 관심이 탈근대 담론의 성세 속에서 등장한 것이라고 주장했다. 하지만 필자는 정반대의 양상에 더 주목한다. 탈근대 담론에 물든 역사학자들이 역사학의 사회적 실천을 놓치면서 공공 영역에서 역사 실천의 거대한 공백이 발생한 측면을 무시할 수 없다. 역사학계 일부가 탈근대 담론에 사로잡혀 사회 속 역사 관련 실천과 매개 과제를 놓치면서 비전문 역사 재현과 서술의 주체들이 공공 영역에서 우후죽순으로 등장한 것이다. 게다가 한국의 경우, 역사학계 다수가 인습적인 민족주의 지향과 저항 민중 담론을 극복했지만 정치와 언론은 그렇지 못했다. 김정인이 말한 '대중사학'은 바로 그 시차 내지 간극을 파고들면서 정치와 언론을 이용해 역사학계를 공격하거나 무력화했다. 그래서 문제는 '대중사학'의 보수성이나 민족주의 성격에 그치지 않는다. 김정인, 〈역사 소비시대, 대중 역사에서 시민 역사로〉, 4~22쪽. 김태현, 〈공공역사를 위한 아카이브 큐레이팅과 콘텐츠 커뮤니케이션 전략 연구〉, 한국외국어대학교 대학원 정보기록학과 박사학위논문, 2021, 34쪽.

10 김태현·김재원, 〈공공역사, 게임과 미디어를 만나다―연구자와 기업의 협업을 중심으로〉, 《동국사학》68, 2020, 87~117쪽. 유튜브와 역사의 관계에 대해서는 Christian Bunnenberg and Nils Steffen eds., *Geschichte auf YouTube: Neue Herausforderungen für Geschichtsvermittlung und historische Bildung*, De Gruyter Oldenbourg, 2021를 참조하라.

11 이하 공공역사의 기원과 로버트 켈리의 개인 경험에 대해서는 Jennifer Lisa Koslow, *Public History. An Introduction from Theory to Application*, Wiley Blackwell, 2021, pp. 1~3을 참조하라.

12 마르틴 뤼케·이름가르트 췬도르프, 앞의 책, 22~23쪽.

13 임지현, 〈권력의 역사학에서 시민의 역사학으로〉, 《역사비평》46, 1999, 57~68쪽.

14 홍정완 외, 〈한국 근현대사의 대중화, 어떻게 볼 것인가〉, 《역사문제연구》41, 2019, 483쪽.

15 이하나, 〈공공역사 논의의 한국적 맥락과 공공역사가들〉, 404~405쪽; 윤택림, 〈개인적 서술에서 공공의 기억으로: 구술사와 공공역사〉, 《구술사연구》11(1), 2020, 33~40쪽.

16 역사와 정체성의 관계에 대해서는 이동기, 《현대사 몽타주. 발견과 전복의 역사》, 339~341쪽을 참조하라.

[17] 역사와 기억의 차이와 관계에 대해서는 Lutz Niethammer, "Erinnerung ohne Geschichte, Geschichte ohne Erinnerung", Volkhard Knigge ed., *Jenseits der Erinnerung-Verbrechensgeschichte begreifen: Impulse für die kritische Auseinandersetzung mit dem Nationalsozialismus nach dem Ende der Zeitgenossenschaft*, Frankfirt am Main: Wallstein, 2022, pp. 41~45; 토니 주트·티머시 스나이더, 《20세기를 생각한다》, 353~354쪽을 참조하라. 특히 기억과 기억문화 개념의 과잉과 오용을 비판하고 비판적 역사 연구와 성찰적 역사의식의 중요성을 부각한 독일 역사가 폴크하르트 크니게의 글을 주목해야 한다. Volkhard Knigge, "Zur Zukunft der Erinnerung", *Aus Politik und Zeitgeschichte*, 25~26/2010, pp. 10~16.

[18] Lutz Niethammer, "Erinnerung ohne Geschichte, Geschichte ohne Erinnerung", p. 43.

[19] 제프리 올릭, 김경아 옮김, 《기억의 지도—집단기억은 인류의 역사와 사회, 그리고 정치를 어떻게 뒤바꿔 놓았나?》, 옥당, 2011, 166쪽.

[20] 물론, 독일의 '기억문화' 개념은 기억이 기억 주체의 생애를 넘는 시간 지평을 가진다고 강조했다. 마르틴 뤼케·이름가르트 췬도르프, 앞의 책, 43~44쪽.

[21] 임지현, 《기억전쟁—가해자는 어떻게 희생자가 되었는가》, 휴머니스트, 2019, 14쪽. 그 책은 기억을 역사에 대립시키더니 결국 역사와 기억의 구분을 지웠다. 그 저자가 스스로 역사가가 아니라 '기억활동가'를 자임하는 길로 떠난 것은 당연했다.

[22] 토니 주트·티머시 스나이더, 《20세기를 생각한다》, 열린책들, 2015, 353쪽.

[23] 역사문화와 기억문화 개념에 대해서는 마르틴 뤼케·이름가르트 췬도르프, 앞의 책, 42~50쪽; 이동기, 〈공공역사: 개념, 역사, 전망〉, 《독일연구》 31, 2016, 119~142쪽; 이동기, 〈현대사박물관, 어떻게 만들 것인가?: '독일연방공화국 역사의 집'과 '대한민국역사박물관'의 건립과정 비교〉, 《역사비평》 96, 2011, 243~279쪽을 참조하라.

[24] 독일에서는 기억문화나 역사문화가 공공역사의 핵심 개념으로 수용되었다. 하지만 공공역사의 심화 논의과정에서 두 개념은 재론을 거쳐야 한다. 독일어권 국가를 넘어서면 그 개념들은 낯설다. 그 개념들의 수용 여부와는 별도로 공공역사에서 집단기억의 형성과 변화를 따로 토론할 수 있다. 공공역사의 핵심 개념들에 대해서는 Christine Gundermann u.a. (Hg.), *Schlüsselbegriffe der Public History*, Göttingen: Vandenhoeck & Ruprecht, 2021을 참조하라.

[25] 그 한 예로 이동기, 〈'민주인권기념관' 건립 구상: 10개의 테제〉, 《기억과 전망》 40, 2019,

279~315쪽을 참조하라.

26 윤택림, 〈개인적 서술에서 공공의 기억으로: 구술사와 공공역사〉, 《구술사 연구》 11권 1
호, 2020, 21~22쪽.

27 마르틴 뤼케·이름가르트 췬도르프, 앞의 책, 243~305쪽; Faye Sayer, *Public History. A
Practical Guide*, pp. 283~297.

28 '진본성' 개념에 대해서는 이동기, 〈'민주인권기념관' 건립 구상: 10개의 테제〉, 《기억과 전
망》, 297~298쪽; Martin Sabrow and Achim Saupe (Hg.), *Historische Authentizität*,
Göttingen: Wallstein, 2016을 참조하라.

29 공공역사는 대개 문자 텍스트를 넘는 시청각 소통 매체와 디지털화, 또는 과거 사건의 현
장과 장소를 매개로 이루어진다. 그것에 대해서는 Faye Sayer, *Public History. A Practical
Guide*, pp. 45~156을 참조하라,

30 공공역사의 실천 윤리에 대해서는 Jennifer Lisa Koslow, *Public History*, pp. 185~197을 참
조하라.

31 공공역사문화연구소 http://histofacto.com/(2023년 1월 8일 열람).

32 마르틴 뤼케·이름가르트 췬도르프, 앞의 책, 19~22쪽. 국제공공역사연맹에 대해서는
https://ifph.hypotheses.org/(2023년 1월 8일 열람)을 참조하라.

33 세계 각국, 특히 서구 국가들뿐 아니라 중국과 인도, 인도네시아와 남아프리카 공화국의
공공역사에 대해서는 다음을 참조하라. Paul Ashton and Alex Trapeznik ed., *What is Public
History Globally? Working with the Past in the Present*, London: Bloomsbury, 2019, pp.
11~156. 게다가 정보 소통 기술의 질적 발전에 기초한 '세계사회'의 등장과 로컬의 초국적
연루의 강화로 인해 공공역사는 이미 글로벌화와 글로컬glocal 연계의 심화로 진입했다.
Serge Noire and Thomas Cauvin, "Internationalizing Public History", James B. Gardner and
Paula Hamilton ed., *The Oxford Handbook of Public History*, New York: Oxford University
Press, 2017, pp. 25~43.

2부 공공역사의 현장

1장 박물관과 역사 전시

1. 여성사박물관과 공공역사: 쟁점과 대안들

* 이 글은 《역사비평》 139(2022. 5)에 실린 글을 수정한 것이다.

1 기계형, 〈서구 '여성(사)박물관운동'의 현황과 과제〉, 《서양사론》 124, 2015, 69쪽.
2 필자는 '여성사박물관'이라는 용어를 쓰지만 기계형은 서구의 '여성(사)박물관'이라는 용어를 사용한다. 외국의 경우에는 '여성(사)박물관'이라는 용어를 사용한다.
3 기계형, 〈서구 '여성(사)박물관운동'의 현황과 과제〉, 70쪽.
4 Bonnie Huskins, "Progress and Performance: Women and the New Brunswick Museum: 1880~1980. Virtual exhibit, http://www.unbf.ca/womenandmuseum/Home.htm", The Public Historian, vol. 31. no. 1, 2009, p. 133.
5 기계형, 〈서구 '여성(사)박물관운동'의 현황과 과제〉, 77쪽.
6 일라리아 포르치아니, 김수진 옮김, 〈공공역사와 박물관: 복합적 관계〉, 《현대사광장》 8, 대한민국역사박물관, 2016, 124쪽.
7 일라리아 포르치아니, 〈공공역사와 박물관: 복합적 관계〉, 139쪽.
8 일라리아 포르치아니, 〈공공역사와 박물관: 복합적 관계〉, 126~127·136~138쪽.
9 일라리아 포르치아니, 〈공공역사와 박물관: 복합적 관계〉, 136쪽.
10 Thomas Cauvin, Public History: A Textbook of Practice, New York: Routledge, 2016, p. 42.
11 Thomas Cauvin, Public History: A Textbook of Practice, p. 46.
12 일라리아 포르치아니, 〈공공역사와 박물관: 복합적 관계〉, 141쪽.
13 여성사박물관 건립추진협의회, 〈여권통문과 박에스더〉, 《제11차 여성사박물관 포럼 자료집》, 2020.
14 김인순·이성숙·이춘하·최선경, 《〈여성사전시관〉 혁신 운영: 〈(가칭)국립여성역사박물관〉으로의 발전 방안》, 한국여성정책연구원, 2012, 3쪽.

15 김인순·이성숙·이춘하·최선경, 《〈여성사전시관〉 혁신 운영: 〈(가칭)국립여성역사박물관〉
으로의 발전 방안》, 67쪽의 〈표 IV-1〉의 일부임.

16 이나영, 〈서사적 박물관, 정동적 공간: 전쟁과여성인권박물관〉, 《현대사와 박물관》 1권,
2018, 85쪽.

17 이나영, 〈서사적 박물관, 정동적 공간: 전쟁과여성인권박물관〉, 86쪽.

18 김명희, 〈두 전쟁박물관과 젠더 인지적 공공역사의 가능성: 이행기 정의의 코뮤니타스〉,
《젠더와 문화》 11권 2호, 2018, 29쪽.

19 김명희, 〈두 전쟁박물관과 젠더 인지적 공공역사의 가능성: 이행기 정의의 코뮤니타스〉,
25~32쪽.

20 윤택림, 〈개인적 서술에서 공공의 기억으로: 구술사와 공공역사〉, 《구술사연구》 11-1,
2020, 33쪽.

21 박정애, 〈정대협 운동사의 현재를 담다: 전쟁과여성인권박물관〉, 《역사비평》 106, 2014,
253쪽.

22 천경호, 〈전쟁과여성인권박물관과 공공기억〉, 《인문사회》 9-1, 2018, 714쪽.

23 윤지현, 〈아카이브 중심의 전쟁과여성인권박물관〉, 《한국기록관리학회지》 20-4, 2020.

24 Bonnie Huskins, "Progress and Performance:Women and the New Brunswick Museum:
1880~1980. Virtual exhibit, http://www.unbf.ca/womenandmuseum/Home.htm", *The
Public Historian*, vol. 31. no. 1, 2009, p. 131.

25 Claire Haywood, "Waxworks and Wordless Women: The Jack the Ripper Museum", *The
Public Historian*, vol. 39. no. 2, 2017, p. 56.

26 Claire Haywood, "Waxworks and Wordless Women: The Jack the Ripper Museum", p. 57.

2. 전근대사박물관의 공공역사로서 가치

1 신상철, 〈뮤지엄 브랜드화 정책과 소장품 운영 방식의 변화: 구겐하임 빌바오 미술관과 루
브르 아부다비 사례를 중심으로〉, 《박물관학보》 36, 2019, 133~138쪽.

2 김혜진, 〈'기억'의 딸들을 위한 전당—알렉산드리아 무세이온〉, 《박물관·미술관에서 보는
유럽사》, 책과함께, 2018, 19~34쪽.

3 도미니크 풀로, 김한결 옮김, 《박물관의 탄생》, 돌베개, 2014, 48~50쪽.

4 전진성, 《박물관의 탄생》, 살림, 2004, 9~16쪽; 백령, 《멀티미디어 시대의 박물관 교육》, 예경, 2005, 29쪽.

5 전진성, 《박물관의 탄생》, 16~31쪽; 앙케 테 헤젤, 조창오 옮김, 《박물관 이론 입문》, 서광사, 2018, 39~41쪽.

6 도미니크 풀로, 《박물관의 탄생》, 127~132쪽.

7 캐롤 던컨, 김용규 옮김, 《미술관이라는 환상: 문명화의 의례와 권력의 공간》, 경성대학교출판부, 2015, 60쪽.

8 전진성, 《박물관의 탄생》, 38~41쪽.

9 도미니크 풀로, 《박물관의 탄생》, 60~61쪽.

10 스티븐 핑거, 김한영 옮김, 《지금 다시 계몽: 이성, 과학, 휴머니즘, 그리고 진보를 말하다》, 사이언스북스, 2021, 25쪽.

11 전진성, 《박물관의 탄생》, 42~43쪽.

12 백령, 《멀티미디어 시대의 박물관 교육》, 11쪽.

13 백령, 앞의 책, 34~37쪽.

14 도미니크 풀로, 《박물관의 탄생》, 51~53쪽.

15 도미니크 풀로, 《박물관의 탄생》, 193쪽.

16 https://www.museum.go.kr/site/main/content/major_plan(검색일: 2023. 2. 28).

17 https://www.gogung.go.kr/gogung/main/contents.do?menuNo=800074(검색일: 2023. 2. 28).

18 도미니크 풀로, 《박물관의 탄생》, 193~195쪽.

19 https://icom.museum/en/news/the-challenge-of-revising-the-museum-definition/(검색일: 2022. 9. 24).

20 https://icom.museum/en/resources/standards-guidelines/museum-definition/(검색일: 2022. 9. 24).

23 마르틴 뤼케·이름가르트 췬도르프, 정용숙 옮김, 《공공역사란 무엇인가》, 푸른역사, 2020, 30쪽.

22 이동기, 〈공공역사: 개념, 역사, 전망〉, 《독일연구》 31, 2016, 123~125쪽.

23 마르틴 뤼케·이름가르트 췬도르프, 정용숙 옮김, 《공공역사란 무엇인가》, 2020, 181쪽.

24 UNESCO, "UNESCO REPORT: Museums around the world in the face of COVID-19",

2021, 4~19쪽.

25 옥재원, 〈박물관 교육의 사회적 위기 대응 성과와 성찰적 과제—코로나19 유행기 국립중앙박물관의 온라인 교육 운영〉, 《박물관 교육》5, 2021, 40~41쪽.

3. 다크 투어리즘: 국가폭력과 집단 트라우마의 시청각 체험

1 諸橋轍次, '旅'항, 《大漢和辭典》5, 大修館書店, 1967, 691~692쪽 참고.

2 Lesley Brown, *THE NEW SHORTER OXFORD ENGLISH DICTIONARY ON HISTORICAL PRINCIPLE* V.2, Oxford University Press, 1993, p. 3377.

3 국립국어원은 2008년 4월 22일 '말다듬기위원회' 회의에서 '다크 투어리즘'을 '역사 교훈 여행'으로 순화, 사용할 것을 결정했다(https://opendic.korean.go.kr/dictionary/view?sense_no=828613&viewType=confirm).

4 한숙영·조광익, 〈현대사회에서의 위험과 관광—다크 투어리즘의 경우〉, 《관광학연구》34-9, 한국관광학회, 2010, 21~22쪽.

5 Rojek Chris, *Ways of escape: modern transformations in leisure and travel*, Rowman & Littlefield, 1994.

6 A. V. Seaton, "Guided by the dark: From thanatopsis to thanatourism", *International Journal of Heritage Studies* 2-4, 1996.

7 Malcolm Foley & J. John Lennon, "Heart of darkness", *International Journal of Heritage Studies* 2-4, 1996. pp. 195~197; "JFK and Dark Tourisn: A fascination with assassination", *International Journal of Heritage Studies* 2-4, pp. 198~211.

8 Malcolm Foley & J. John Lennon, *Dark tourism*, Continuum, 2000.

9 서헌, 〈다크 투어리즘의 부정적 측면에 관한 고찰—고베 지역 주민을 사례로〉, 《관광레저연구》30, 한국관광레저학회, 2018, 479~480쪽.

10 서헌, 〈다크 투어리즘의 부정적 측면에 대한 고찰〉, 478쪽.

11 이와 같은 방향에서 1987년 6월민주항쟁을 전후하여 1990년대 중반까지의 대표적인 연구 성과에 대해서는 한국역사연구회, 《1894년 농민전쟁연구》1~4, 역사비평사, 1991~1995; 《일제하 사회주의운동사》, 한길사, 1991; 강만길, 《고쳐 쓴 한국 근대사》, 창작과비평사, 1994; 《고쳐 쓴 한국 현대사》, 창작과비평사, 1994; 브루스 커밍스, 김자동 옮김, 《한

국전쟁의 기원》, 일월서각, 1986; 한국민중사연구회, 《한국민중사》, 풀빛, 1986; 박세길, 《다시 쓰는 한국현대사》1~2, 돌베개, 1988~1989; 구로역사연구소, 《바로 보는 우리 역사》1~2, 거름, 1990 등 참고.

12 서현, 〈다크 투어리즘의 부정적 측면에 대한 고찰〉, 484~485쪽: 한지은, 〈전장에서 관광지로─동아시아의 기억산업〉, 《문화역사지리》27−2, 문화역사지리학회, 2015, 57쪽.

13 長崎原爆資料館, 《ながさき原爆の記録》, 長崎市, 2004. 이 화보집은 1945년 8월 원폭 투하 당시의 사진 및 원폭자료관의 전시 내용을 담고 있다.

14 1945년 8월 해방 후, 서대문형무소는 11월 21일 서울형무소로 명칭이 변경되어 대한민국 정부의 교도 기능을 수행했다. 그 후 1961년 서울교도소, 1967년 서울구치소로 명칭이 바뀌어 1987년 11월 경기도 의왕시로 이전하기까지 교도 시설로 사용되었다(서대문형무소역사관, 《독립과 민주의 현장 서대문형무소》, 2014. 서명에서 '독립과 민주'를 강조하고 있으나, 150여 쪽의 화보 및 해설에서 민주화운동 관련 내용은 매우 소략하다).

15 Thomas Cauvin, *Public History─A textbook of Practice*, Routledge, Taylor & Francis Group, 2016, p. 150.

2장 미디어와 대중문화

1. 대중문화의 역사 활용과 공공역사로서의 역사영화

* 이 글은 《역사비평》 139(2022. 5)에 실린 글을 수정한 것이다.

1 김정인, 〈역사 소비시대, 대중역사에서 시민역사로〉, 《역사학보》 241, 역사학회, 2019, 4~10쪽.

2 윤택림, 〈공공역사와 공공역사가〉, 《현대사와 박물관》 3, 대한민국역사박물관, 2020, 25쪽.

3 예컨대, 외국 작품을 리메이크한 〈스캔들─조선남녀상열지사〉(이재용, 2003)와 〈아가씨〉(박찬욱, 2016) 등이 여기에 속한다. 드라마 중에서도 아예 자막으로 가상의 시대라는 점을 밝힌 〈해를 품은 달〉(MBC, 2012), 판타지 사극을 표방한 〈환혼〉(2022)과 같은 작품들이 있다.

4 로버트 A. 로젠스톤 편, 김지혜 역, 《영화, 역사: 영화와 새로운 과거의 만남》, 소나무,

2002.

5 이하나, 〈역사영화를 매개로 한 역사비평의 가능성―역사 대중화와 역사의 대중문화화 사이에서 역사 연구자의 역할을 고민함〉,《사학연구》121, 2016, 19~25쪽.

6 전평국, 〈영화의 역사화 범주 가능성에 관한 연구〉,《영화연구》35, 한국영화학회, 2008, 31쪽.

7 〈하재봉의 영화 사냥〉,《더 게임스 데일리》2006. 1. 4(http://www.tgdaily.co.kr/news/articleView.html?idxno=118590).

8 〈영화〈청연〉제작자, 친일 논란에 공식 입장 밝혀〉,《조이뉴스》2005. 12. 28.

9 황진미, 《〈덕혜옹주〉, 누가 이렇게 황당한 황실 미화에 공감하는가〉,《엔터미디어》2016. 8. 16.

10 《〈덕혜옹주〉, 허진호 감독 인터뷰〉,《씨네 21》2016. 8. 8.

11 대표적인 역사커뮤니케이터인 최태성은 〈군함도〉가 역사영화인 줄 알았더니 블록버스터 탈출 영화였다는 뼈있는 말을 남겼다. 〈한국사 강사 최태성이 영화 〈군함도〉에 내린 평가〉,《허프포스트코리아》2017. 7. 27. 반면, 또 다른 역사커뮤니케이터 심용환은 이 영화가 비교적 정확한 고증에 근거하고 있다고 주장하면서 역사 왜곡 논란은 '이상한 애국주의'라고 비판하고 영화에 대한 '도덕주의적 심판'에 문제를 제기하였다. 〈역사가 심용환, '군함도' 조리돌림, 어처구니없다〉, CBS 〈노컷뉴스〉 2017. 7. 28.

12 JTBC 〈뉴스룸〉 배우 송중기 인터뷰(2000. 7. 27) 참조.

13 〈인터뷰―'군함도'는 류승완의 통제로 만들어진 영화가 아니다〉,《서울경제》2017. 8. 6.

14 신미 한글 창제론은 승려 신미가 한글이 창제되기 8년 전에 《원각선종석보圓覺禪宗釋譜》를 출간했다는 것에 근거한 것인데, 이 책은 역사학계에서 위서僞書로 받아들여지고 있다.

15 〈나랏말싸미 역사 왜곡 논란, 전문가들은 어떻게 받아들일까〉,《뉴스 1》2019. 8. 2.

16 조철현 감독에 의하면 영화의 구상과정에서 박해진 작가의 《훈민정음의 길: 혜각존자 신미 평전》(나녹, 2014)을 참고했으나, 이 책이 원작은 아니라고 한다. 재판부는 영화사 쪽의 손을 들어주어 개봉할 수 있었다.

17 2018년 10월 불교방송BTN과의 인터뷰(https://nc.asiae.co.kr/view.htm?idxno=2019072614141524534).

18 〈인터뷰 365〉, 2019년 7월 29일자(https://www.interview365.com/news/articleView.html?idxno=87915).

[19] Hayden White, "Historiography and Historiophoty", *American Historical Review*, Vol. 93, No. 5, 1988, p. 1194.

[20] Robert Brent Toplin, "Oliver Stone as Cinematic Historian", *Film & History: An Interdisciplinary Journal of Film and Television Studies*, 28-1, 1998.

[21] 〈인터뷰―이준익 감독, '자산어보' 속 철목어, 유일한 허구〉, 《하비엔》 2021. 4. 21.

[22] 역사학자가 영화 제작에 참여하는 과정과 그 어려움에 대해서는 Thomas Cauvin, *Public History: A Textbook of Practice*, New York and London; Routledge, 2016, pp. 171~172 참조.

[23] 영화 등 예술 작품의 제작비 조달을 위해 온라인 네트워크에서 불특정 개인들로부터 투자를 받는 것.

[24] 천정환, 〈'역사전쟁'과 역사영화 전쟁: 근현대사 역사영화의 재현 체계와 수용 양상〉, 《역사비평》 117, 2016, 433~434쪽.

[25] 테사 모리스 스즈키, 김경원 옮김, 《우리 안의 과거―과거는 미디어를 통해 어떻게 기억되고 역사화되는가》, 휴머니스트, 2006.

[26] '개연성으로서의 역사'는 대체역사를 가리키는 '가능성possibility으로서의 역사'와는 다르다. 후자에 대한 논의는 鹿島 徹, 《可能性としての歷史―越境する物語り理論》, 岩波書店, 2006 참조.

2. 공공역사, 게임을 만나다

* 이 글은 《동국사학》 68(2020. 8)에 실린 글을 수정·보완한 것이다.

[1] 김헌주, 〈드라마 〈미스터 션샤인〉의 애국 서사 분석과 역사 콘텐츠의 명과 암〉, 《글로벌문화콘텐츠》 38, 2019.

[2] David Auerbach, *Sustainable Sanitation Provision in Urban Slums—The Sanergy Case Study*, Broken Pumps & Promises, 2016, pp. 211~212.

[3] 〈게임사도 소셜 벤처가 될 수 있는 이유―임팩트 게임〉, 《벤처스퀘어》 2019. 7. 18.

[4] Game review: 'Valiant Hearts' a grim WWI tribute, Associated Press: Worldstream, July 3, 2014.

5 〈전쟁 참상 전파, '디스 워 오브 마인' 판매량 450만 장 돌파〉, 《게임메카》 2019. 4. 5.

6 《반교》는 1960년대 타이완 계엄 시기의 한 중학교를 배경으로 이루어진 사상 검열과 국가 폭력을 모티브로 하고 있다. 특히, 일련의 게임 규칙들을 따라가는 과정에서 주인공은 잃어버린 기억과 마주하게 되고, 이로 인해 트라우마적 과거사에 대한 연루의 문제에 직면하게 된다. 《반교》는 영화로 제작되는 등 임팩트 게임의 미디어 믹싱 가능성을 보여줬다. 하버드 옌칭연구소는 《반교》 후속작인 《환원》의 경우 타이완 현대사 묘사가 학술 연구에도 좋은 참고 자료가 될 수 있다는 판단으로 도서관 학술 자료로 채택했다.

7 〈사회적 가치를 게임 안에서 찾다……임팩트 게임의 세계〉, 《조선일보》 2020. 9. 21.

8 '연루'와 '역사의 진지함'의 개념에 대해서는 다음을 참조할 것. 테사 모리스 스즈키, 김경원 옮김, 《우리 안의 과거》, 휴머니스트, 2006.

9 인디문화를 언급할 때 일반적으로 '거대 자본으로부터의 독립'과 '주류 문화에 대한 저항'이라는 의미가 가장 중시된다. 게임의 경우 게임의 창작 방식뿐만 아니라 판매, 배급, 플레이에 이르는 게임 전반에서 주류에 대응하는 대안을 제시하는 움직임을 의미한다. Chase Bowen Martin and Mark Deuze, "The Independent Production of Clulture: A Digital Games Case Study", *Games and Culture*, Vol. 4, 2009, pp. 278~279.

10 이 문제는 웹툰 〈인천상륙작전〉에서 표현되었다.

11 송희영, 〈국가사회주의와 여성—어머니에서 여간수까지〉, 《카프카연구》 41, 2019.

12 임상훈, 〈나치의 아이를 키우다—잊히는 역사 정면으로 다룬 노르웨이 게임 〈마이 차일드 레벤스보른〉〉, 《한겨레21》 2018. 5. 30.

13 〈오늘도 난 아무 잘못 없이 맞았다. 나치의 자식이라는 이유로〉, 《디스이즈게임》 2018. 5. 13.

14 폴란드 바르샤바에 위치한 11비트스튜디오의 2014년 작품이다.

15 김철민, 〈내전 종결 20년, 보스니아 민족들의 역사인식 공유 현황 연구: 조각 난 역사 퍼즐과 역사인식의 상이성〉, 《동유럽발칸연구》 41-2, 2017, 88~89쪽.

16 Charles Ecenbarger, "In war, not everyone's a soldier", *A Review of This War of Mine*, Press Start 3-2,

17 E. Toma, "Self-reflection and morality in critical games. Who is to be blamed for war?", *Journal of Comparative Research in Anthropology and Sociology* 6(1), 2015.

18 서형걸, 〈두 개발자가 '제주 4·3사건' 게임을 스팀으로 내려고 한다〉, 《게임메카》 2019,

10. 7.

[19] 제주 4·3평화재단, 〈제주 4·3 국민인식도 꾸준히 상승〉, 2019. 12. 20.

[20] 고현나, 〈역사 소재 게임의 기억 재현 방식에 관한 연구─문화적 기억과 게임의 매체적 특성을 통한 사례분석〉, 건국대학교 대학원 문화콘텐츠/커뮤니케이션학과 석사학위논문, 99~100쪽.

3장 역사교육의 안과 밖

1. 학교 공공역사 교육의 현주소

[1] 5·18기념재단은 여론조사 전문기관 ㈜서던포스트에 의뢰해 2022년 10월 4일부터 31일까지 전국 18개 시·도에 거주하는 중학생 2학년과 고등학생 2학년 1,012명을 대상으로 '2022년 5·18 청소년 인식 조사'를 실시했다.

[2] 2007년 미국 콜로라도주에서 시작되어 미국 전역과 영어권 국가로 퍼진 수업 방식으로 "확 뒤집다"는 뜻의 영단어 "플립드flipped"와 교실을 이르는 "클래스룸classroom"의 합성어로 우리나라 말로는 "거꾸로 교실", "반전 교실" 등으로 해석한다.

[3] 미래학자 앨빈 토플러Alvin Toffler는 그의 저서 《제3의 물결》에서 생산자producer와 소비자consumer를 합성해 프로슈머prosumer란 신조어를 만들어 냈다. 프로슈머는 생산자이면서 소비자이며, 소비자이면서 생산자라는 뜻이다.

2. 학교 역사교육과 공공역사의 만남, 어떻게 볼까

* 이 글은 〈한국 역사교육과 공공역사public history의 만남, 어떻게 볼까〉, 《역사교육논집》 79(2022. 2)을 책의 구성에 맞도록 수정한 것이다.

[1] Daisy Martin, "Teaching, Learning, and Understanding of Public History in Schools as Challenge for Students and Teachers", Marko Demantowsky ed., *Public History and School: International perspectives*, Berlin/Boston: Walter de Gruyter GmbH, 2018, p. 84.

[2] 조현서, 〈학생들의 조금은 특별한 3·1운동 공공역사 프로젝트〉, 전국역사교사모임, 《역사

교육》122, 2018; 이재호, 〈수업사례 특집 1―중학교 자유학기제 주제 선택 활동: 역사적 상상력, 수업에서 어떻게 녹여낼까〉, 전국역사교사모임, 《역사교육》131, 2020.

3 Marko Demantowsky, "What is Public History", Marko Demantowsky ed., *Public History and School: International perspectives*, Berlin/Boston: Walter de Gruyter GmbH, pp. 4~5.

4 Faye Sayer, *Public History. A practical guide*, London, 2015, p. 9.

5 Hilda Kean and Paul Martin(ed), *The Public History Reader, Routledge*, 2013, xiii~xvi; Faye Sayer, *Public History. A practical guide*, London, 2015, pp. 7~9.

6 이동기, 《현대사 몽타주》, 돌베개, 2018, 360쪽.

7 이동기, 〈공공역사: 개념, 역사, 전망〉, 《독일연구》31, 122쪽.

8   Joanna Wojdon, "Between Public History and History Education", David Dean ed., *Companion to Public History*, Hoboken, NJ: Wiley Blackwell, 2018, p. 456.

9 김육훈, 〈정체성 교육을 넘어 시민 형성으로〉, 《역사비평》107, 2014; 윤세병, 〈바람직한 역사교육의 상을 어떻게 만들어 갈 것인가?〉, 《역사와 교육》15, 역사교육연구소, 2017; 구경남, 〈국가주의를 넘어서 '민주시민으로서의 다원적 정체성' 함양을 위한 역사교육 모색〉, 《학습자 중심 교과교육연구》19, 2019; 강화정, 〈학생의 삶에 중심을 둔 현대사 교육, 어떻게 만들어갈까〉, 《역사교육연구》41, 2021; 방지원, 〈역사 교과서 도입 주제 구성, 어떻게 할까?〉, 《역사교육연구》41, 2021.

10 Joanna Wojdon, "Between Public History and History Education", David Dean ed., *Companion to Public History*, Hoboken, NJ: Wiley Blackwell, 2018, pp. 460~463. 이 글의 저자는 자신의 나라 폴란드의 상황을 바탕으로 범주를 나눴다. 그러나 국제회의 등에서 세계적 동향을 충분히 살핀 결과임을 강조했다. 따라서 우리의 여건에서도 참고할 수 있다. 〈표 1〉은 원문의 내용을 요약하여 필자가 정리한 것이다. 원문에는 표가 제시되지 않았음을 밝혀둔다.

11 나인호, 〈시민을 위한 역사교육으로서 독일의 공공역사〉, 《역사교육논집》69, 2018, 79쪽.

12 Jörn Rüsen, *History: Narrative-Interpretation-Orientation*, Nework·Oxford: Berghahn Books, 2005, pp. 1~20 참조.

13 Marko Demantowsky, "What is Public History", Marko Demantowsky ed., *Public History and School: International perspectives*, Berlin/Boston: Walter de Gruyter GmbH, p. 19.

14 Marko Demantowsky, "What is Public History", p. 27.

15 (원주)Margret R. Somers, "The narrative constitution of identity", *Theory and Society* 23, 1994, pp. 605~649.

16 역사교육을 위한 교사모임,《살아있는 삶을 위한 역사교육 1》, 푸른나무, 1989; 전국역사교사모임,《살아있는 삶을 위한 역사교육 2》, 푸른나무, 1991; 전국역사교사모임,《20주년 기념백서》, 2008 참조.

17 전국역사교사모임,《역사, 무엇을 어떻게 가르칠까》, 휴머니스트, 2008.

18 역사교육연구소,《역사의식 조사, 역사교육의 미래를 묻다》, 휴머니스트, 2020.

19 강선주,〈역사교육계의 역사의식 이론과 학생들의 역사의식 조사 연구에 대한 검토〉,《역사교육논집》51, 역사교육학회, 2013; 이해영,〈역사적 사건이 학생들의 생활에 미치는 영향〉,《학습자 중심 교과교육연구》16(1), 2016; 이해영,〈5·18민주화운동에 대한 광주·대구·서울 학생의 역사인식 비교〉,《역사와 교육》12, 역사교육연구소; 이해영,〈고등학생들의 인터넷을 활용한 역사 지식 탐색 과정〉,《역사교육논집》73, 2020; 김민수,〈5·18 부정에 대한 고등학생들의 인식—역사부정에 대한 교육적 시사점〉,《역사와 세계》58, 2020.

20 김한종,《역사교육으로 읽는 한국 현대사》, 책과함께, 2013; 역사교육연구소,《역사의식 조사, 역사교육의 미래를 묻다: 그 10년의 기록》, 휴머니스트, 2020.

21 방지원,〈기억의 정치와 역사 부정, 역사교육은 어떻게 대처할까?〉,《역사와 세계》58, 2020; 강화정,〈역사교사의 역사 부정 접근법〉,《역사와 세계》58, 2020; 양정현,《《반일종족주의》의 역사인식과 역사교육에서의 비판적 사고〉,《역사와 세계》58, 2020; 김육훈,〈역사 부정 현상의 확산과 역사교육의 과제〉,《역사교육논집》77, 2021; 이경훈,〈역사 부정의 파고 속 일본군 '위안부' 역사교육, 어떻게 해야 하나?〉,《역사와 교육》20, 역사교육연구소, 2021.

22 황현정 외,《민주적 가치 실현을 위한 역사 교육과정 구성방안 연구》, 경기도교육연구원, 2017; 방지원·윤세병 외 8인,《교육자치 시대 민주시민 교육을 위한 교과 교육과정 구성방안 연구—역사 교육과정을 중심으로》, 전국시도교육감협의회 정책연구보고서, 2019.

23 김정인,〈역사 소비시대, 공공역사학의 길〉,《해람인문》41, 2016; 김정인,〈역사 소비시대, 대중 역사에서 시민 역사로〉,《역사학보》241, 2019; 김태현,〈퍼블릭 히스토리의 공론 주체에 관한 연구—연구자, 당사자, 시민-대중을 중심으로〉,《기록과 정보문화 연구》9, 2019; 나인호,〈시민을 위한 역사교육으로서 독일의 공공역사〉,《역사교육논집》69, 2018; 박상욱,〈대중적 역사 현상의 이론적 메커니즘—외른 뤼젠의 역사문화 이론을 중심으로〉,

《서양사론》128, 2016; 오정현, 〈역사 소비시대와 역사교육〉, 《제61회 전국역사학대회 자료집》, 2018; 오항녕, 〈역사 대중화와 역사학—역사의 향유와 모독 사이〉, 《역사와 현실》 100, 2016; 윤택림, 〈개인적 서술에서 공공의 기억으로—구술사와 공공역사〉, 《구술사연구》11-1, 2020; 이동기, 〈공공역사: 개념, 역사, 전망〉, 《독일연구》31, 2016; 이하나, 〈공공역사 논의의 한국적 맥락과 공공역사가들〉, 《역사비평》136, 2021.

24 이하나, 〈공공역사 논의의 한국적 맥락과 공공역사가들〉, 《역사비평》 136, 2021, 392~395쪽.

25 마르틴 뤼케·이름가르트 췬도르프, 정용숙 옮김, 《공공역사란 무엇인가》, 푸른역사, 2020.

26 Joanna Wojdon, "Between Public History and History Education", p. 456.

27 Marko Demantowsky, op.cit., p. 11.

28 나인호, 〈시민을 위한 역사교육으로서 독일의 공공역사〉, 《역사교육논집》69, 2018; 이동기, 〈공공역사: 개념, 역사, 전망〉, 《독일연구》31; 최호근, 《독일의 역사교육》, 대교출판, 2009; 고유경, 〈헤레로 전쟁을 어떻게 가르칠 것인가?: 다원적 관점의 독일 식민주의 역사교육〉, 《독일연구》40, 2019; 박미향, 〈역사학습이란 무엇인가?—외른 뤼젠Jörn Rüsen의 역사의식 이론을 중심으로〉, 《역사교육연구》36, 2020.

29 John D. Bransford, Anne L. Brown, Rodney R. Cocking, eds., *How People Learn: Brain, Mind, Experience, and School*, Washington, D.C.: National Academy Press, 2000; Richard Anderson, "The notion of schemata and the Educational Enterprise: General Discussion of the Conference", Richard C. Anderson et al. ed., *Schooling and the Acquisition of Knowledge*, New Jersey: Erlbaum, 1977, pp. 415~432.

30 Daisy Martin, Teaching, "Learning, and Understanding of Public History in Schools as Challenge for Students and Teachers", p. 84.

31 Christoph Kühberger, "The Private Use of Public History and its Effects on the Classroom", Marko Demantowsky ed., *Public History and School: International perspectives*, Berlin/Boston: Walter de Gruyter GmbH, p. 69.

32 *Ibid.*, p. 70.

33 교사 양성과정 프로그램의 일부로 계획, 실행된 것으로 2019~2020년에 걸쳐 점진적으로 보완하여 2021년 실행과정에서 일차 마무리되었다. 사례 1의 프로그램을 실행하기 전 3주 간에 걸쳐 '사회적 기억의 중요성과 과거를 기념한다는 것'을 주제로 다루었다. 사례 2 프

로그램을 실행하기 전에는 '사료의 뜻과 사료 비판'을 주제로 3주간 수업했다. 모든 수업(과제 포함)은 주제별로 제공된 활동지에 개인 기록으로 남기도록 했다. 일종의 개인 프로젝트와 연구과제 형식으로 진행했으며, 중요한 활동은 학교에서 제공하는 LMS 온라인 게시판에 탑재하여 모두가 공유하며 비평하도록 했다.

34 Daisy Martin, Teaching, "Learning, and Understanding of Public History in Schools as Challenge for Students and Teachers", p. 86.

35 *Ibid.*, p. 202.

36 Robert J. Parkes, "Public Historians in the Classroom", Marko Demantowsky ed., *Public History and School: International perspectives*, Berlin/Boston: Walter de Gruyter GmbH, p. 124.

3. 대중역사에서 시민역사로, 그 가교로서의 공공역사

* 이 글은 《역사학보》 241(2019)에 실린 글을 수정한 것이다.

1 만인만색연구자네트워크, 《한 뼘 한국사》, 푸른역사, 2018, 4~5쪽.

2 만인만색연구자네트워크 블로그(http://10000history.tistory.com/2).

3 만인만색연구자네트워크, 앞의 책, 6~7쪽.

4 역사공장 홈페이지(http://www.histofacto.com).

5 역사디자인하우스 홈페이지(http://www.historydesign.net/main#).

6 임지현, 〈권력의 역사학에서 시민의 역사학으로〉, 《역사비평》 46, 1999, 62쪽.

7 시민과학센터, 《시민의 과학》, 사이언스북스, 2011, 8~9쪽.

8 이동기, 〈공공역사: 개념, 역사, 전망〉, 《독일연구》 31, 2016, 124쪽.

9 김정인, 앞의 글, 22~30쪽.

10 하워드 진, 김한영 옮김, 《역사의 정치학―가치 있는 역사는 어떻게 만들어지는가?》, 마인드큐브, 2018, 98쪽.

11 이하의 글은 김정인, 〈공감의 역사교육: 5·18로의 문화적 여정〉, 《역사교육연구》 25, 2016의 내용을 정리한 것이다.

12 5·18기념재단·5·18민주유공자유족회, 《부서진 풍경》, 5·18기념재단, 2008, 9~10쪽.

¹³ 김성재 글·변기현 그림,《망월》3, 5·18기념재단, 2010, 157쪽.

¹⁴ 5·18 당시 전남대 2학년이었던 김원중이 1990년에 발표한 노래〈바위섬〉은 5·18과 이후 광주의 모습을 그리고 있다.

¹⁵ 한강,《소년이 온다》, 창비, 2014, 114쪽.

¹⁶ 한철호 외,《고등학교 한국사》, 미래엔, 2014, 330~331쪽.

¹⁷ 이순원,〈얼굴〉,《꽃잎처럼》, 풀빛, 1995, p.142.

¹⁸ 5·18기념재단·5·18민주유공자유족회, 앞의 책, p.10.

4장 구술사와 지역문화

1. 지역사와 구술사 그리고 공공역사

* 이 글은《역사비평》139(2022)에 실린〈공공역사로서의 구술사와 지역사〉를 수정하고 재구성한 것이다.

¹ 지방 또는 지역의 역사문화에 대한 관심이 커지게 된 맥락과 배경에 대해서는 허영란,〈지방사를 넘어 지역사로의 전환〉,《지방사와 지방문화》20-2, 2017, 350~352쪽.

² 주용국,〈마을공동체 아카이브의 평가 모형 탐색과 적용: 부산 동구 산복도로 아카이브의 사례를 중심으로〉,《인문학논총》40, 2016, 106~109쪽.

³ 〈"내 삶도 역사의 한 조각" 기록자가 된 보통사람들〉,《한국일보》2018. 11. 24(https://www.hankookilbo .com/News/Read/201811221519038531).

⁴ 허영란,〈재조선 일본인이 재현하는 '지방'─일제시기 지방지 편찬을 중심으로〉,《지역과 역사》34, 40~50쪽.

⁵ 앞의 논문, 36쪽.

⁶ Thomas Cauvin, "The Rise of Public History: An International Perspective", *Historia Critica*, no. 68, 2018, p. 7(https://doi.org/10.7440/histcrit68.2018.01).

⁷ 제롬 드 그루트, 이윤정 옮김,《역사를 소비하다》, 한울, 2014, 131쪽.

⁸ 앞의 책, 133쪽.

⁹ 서울은 물론이고 과천, 이천, 수원, 화성 등 경기도의 기초자치단체가 선도적으로 구술 자

료를 적극 지역사 편찬에 도입한 이래, 지금은 구술사를 활용하는 사례가 전국으로 확산되고 있다. 또 일일이 나열할 필요가 없을 정도로 많은 지역에서 특정 주제사나 여성사 등에 대한 구술 인터뷰 작업을 진행하여 책자 등으로 간행하고 있다.

10 허영란, 〈지방사를 넘어, 지역사로의 전환―한국 근대 지역사 연구의 현황과 새로운 모색〉, 《지방사와 지방문화》 20(2), 2017, 366~373쪽.

11 '공공역사'라는 개념을 제기한 로버트 켈리 교수의 정의이다. 마르틴 뤼케·이름가르트 췬도르프, 《공공역사란 무엇인가》, 푸른역사, 2020, 29쪽.

12 Thomas Cauvin, op.cit., p. 11; 윤택림, 〈개인적 서술에서 공공의 기억으로―구술사와 공공역사〉, 《구술사연구》 11-1, 2020, 13쪽.

13 Thomas Cauvin, op.cit., pp. 14~16.

14 제롬 드 그루트, 앞의 책, p. 14.

15 윤택림, 앞의 글, 19~22쪽.

16 〈지역문화진흥법〉(법률 제17893호, 2021. 1. 12) 제2조 1항.

17 〈생뚱맞은 공공조형물……혈세 낭비에 흉물 논란까지〉, 《한국일보》 2019. 9. 26(https://www.hankookilbo.com/News/Read/201909251556036328).

18 최근 몇 년 동안 학령인구 감소와 서울과 수도권 집중 때문에 지방대학들은 학생 모집에 어려움을 겪게 되었다. 그런 대학의 위기는 곧장 인문학 관련 학과의 존폐 문제로 연결되어, 지방대학에서 역사학과가 존속하리라고 낙관하기 쉽지 않은 상황이다. 이런 객관적 조건 역시 역사학과의 교육과정과 목표, 소속 교수들의 역할을 진지하게 재검토할 것을 요구하고 있다.

19 제롬 드 그루트, 이윤정 옮김, 《역사를 소비하다》, 한울, 2014, 28쪽.

20 주용국, 〈마을공동체 아카이브의 평가 모형 탐색과 적용―부산 동구 산복도로 아카이브의 사례를 중심으로〉, 《인문학논총》 40, 2016, 109~113쪽.

21 미국에서도 1980년대 이후 구술사가와 공공역사가가 지역사회에 기초한 프로젝트에서 만나고 지역 차원에서 성과를 내는 협업을 발전시켜 오면서 상호 접근하게 되었다고 한다. 윤택림, 앞의 글, 30쪽.

22 역사학과 구술사의 만남이 순조롭기만 한 것은 아닌데, 양자의 관계에 대해서는 다음 논문을 참고할 수 있다. 허영란, 〈한국 구술사의 현황과 대안적 역사쓰기〉, 《역사비평》 102, 2013, 312~331쪽; 윤택림, 〈구술사와 역사학의 어색한 관계―그 성과와 전망〉, 《구술사연

구》 7-2, 2016, 45~84쪽.

23 한국의 구술사 현황에 대해서는 윤택림, 《역사와 기록 연구를 위한 구술사 연구방법론》, 아르케, 2019, 48~75쪽.

24 마르틴 뤼케·이름가르트 췬도르프, 앞의 책, 43~45쪽.

25 전진성, 《역사가 기억을 말하다》, 휴머니스트, 2005, 91쪽.

26 허영란, 〈집합기억의 재구성과 지역사의 모색―울산 장생포 고래잡이 구술을 중심으로〉, 《역사문제연구》 32, 2014, 396쪽.

27 앞의 글, 397쪽.

28 알라이다 아스만, 《기억의 공간》, 그린비, 2014, 337~340쪽.

29 마르틴 뤼케·이름가르트 췬도르프, 앞의 책, 121~127쪽.

30 필자가 근무하는 울산대학교 역사문화학과에서는 2022년 1학기부터 〈구술사 연습〉을 3학년 과목으로 신설했다. 기존에 〈기록학 개론〉과 〈박물관학 개론〉 등이 개설되어 있었기 때문에 〈구술사 연습〉 신설은 공공역사 교육을 체계적으로 제도화하기 위한 시도인 셈이다.

31 Thomas Cauvin, op.cit., p. 8.

32 이동기, 《현대사 몽타주》, 돌베개, 2018; 최호근, 《기념의 미래―기억의 정치 끝에서 기념 문화를 이야기하다》, 고려대학교출판문화원, 2019.

33 김혜영, 〈기록자가 된 보통사람들, 호모 아키비스트의 시대〉, 《기록인》 45, 2018, p. 84.

34 문화도시 청주의 기록 웹진 《월간 다음 세대 기록인》, 청주시 공식 블로그(https://blog.naver.com/cjcityblog/222654712501).

35 Thomas Cauvin, op.cit., p. 5.

36 테사 모리스 스즈키, 김경원 옮김, 《우리 안의 과거―미디어·메모리·히스토리》, 휴머니스트, 2006, 9쪽.

2. 공공역사로서의 지역문화 콘텐츠 만들기

1 김학훈, 〈한국의 지역학 30년: 성과와 전망〉, 《지역연구》 30-4, 2014.

2 지역학 연구는 1990년대 후반 본격적인 지방자치제도의 시행으로, 지방의 문화적·역사적 특수성과 정체성에 대한 인식이 확산되고, 자료 발굴과 수집 및 연구가 병행되면서 학문적 영역으로 확산되어 왔다. 현재는 민간이나 대학 내 연구소 안에 머물러 있던 지역학이 지

자체의 공식적인 지역학 전담기관 설립의 단계로 진전되었고, 광역·시·도는 물론 기초지 자체에서도 지역학 연구기관들이 설립되어 가는 추세이다. 정정숙 외, 〈지역문화 진흥을 위한 지역학 활성화 방안 연구〉, 한국문화관광연구원, 2014, 13~57쪽.

3 성북문화원, 〈성북구 역사문화자원 조사를 통한 지역 정책개발 연구〉, 성북구의회, 2021.

3. 지역 조사·연구의 방법과 과제

1 김우창, 〈사회공간과 문화공간〉, 《김우창 전집 5: 이성적 사회를 향하여》, 민음사, 1990, 379쪽.

2 문화유산은 지역의 대표적인 공공재로 시민 누구나 이용할 수 있는 것이다. 이러한 공공재 의 보존과 활용은 도시 생활의 공동성을 유지하고 대안적 도시문화를 창조해 가는 토대가 된다. 현대 도시의 공유재에 관한 논의는 데이비드 하비David Harvey, 《반란의 도시》, 에이 도스, 2014, 128~160쪽을 참조하기 바란다.

3 발터 벤야민, 반성완 역, 〈기술복제시대의 예술작품〉, 《발터 벤야민의 문예이론》, 민음사, 1983, 202쪽.

4 기본적인 지역 조사 가이드로서는 《마을민속 조사연구 방법》(임재해, 민속원, 2007)과 《민속 조사의 현장과 방법》(임재해 외, 민속원, 2010)을 참고할 수 있다. 지역 조사의 기획과 방법, 현지 조사에서 겪는 갖가지 상황까지 아우른 각 분야 연구자들의 경험을 살려 저술한 명저 이다. 이 밖에 국립민속박물관에서 매년 발간하는 지역 민속지와 서울역사박물관에서 발 간하는 서울생활문화자료조사집은 그 자체로 지역 조사를 위한 자세한 지침서이다. 《지역 조사 매뉴얼 ABC》(협동조합 성북신나, 2014), 《마을활동가를 위한 우리 마을 자원조사 안내 서》(서울시 마을공동체 종합지원센터, 2019)에는 마을이나 동 단위 지역 조사의 기획부터 결과 보고까지 관련 절차가 간명하게 정리되어 있다.

5 〈'대구 신 택리지' 발간으로 도시 변천사 한눈에〉, 《한겨레》 2007. 3. 23.

6 도스토리연구소 홈페이지 http://www.dotoriartn.com/?page_id=90&mode=view&board_pid=77.

7 이광주, 《대학의 역사》, 살림출판사, 2008, 47쪽.

제3부 공공역사가를 위하여

1. 공공역사가로서의 역사학자

[1] 주진오, 〈한국사 전공 교육의 위기와 개혁 방안〉, 《역사와 현실》 52, 2004.

[2] 일라리아 포르치아니, 김수진 옮김, 〈공공역사와 박물관: 복합적 관계Public History and Museums: a Complex Relationship〉, 《현대사 광장》, 2016.

[3] 쟝 셰노, 주진오 옮김, 《역사는 누구를 위한 것인가?》, 포북출판사, 2023.

2. 큐레이터: 작은 박물관의 학예사들

[1] 박물관 및 미술관 진흥법 시행령 [별표 1] 학예사 등급별 자격 요건(제3조 관련).

[2] 박물관 및 미술관 진흥법 제4장 사립 박물관과 사립 미술관 제13조(설립과 육성) 1항 법인·단체 또는 개인은 박물관과 미술관을 설립할 수 있다[개정 2007. 7. 27].

3. 아키비스트: 아카이브와 공공역사가

[1] 공무원은 일반직과 특수경력직으로 나뉘는데, 흔히 알고 있는 고위 공무원단~9급 체계는 일반직 중에서도 행정직군에 관한 분류이다. 연구직은 일반직 중 연구직군에 속하여 2급 체계이다(연구관·연구사). 통상 행정기관의 기록연구사는 6~7급 상당, 기록연구관은 5급 이상으로 구분된다.

4. TV 역사 다큐멘터리, 이렇게 만들었다

[1] 〈다큐멘터리극장〉 1993년 5월~1994년 9월(KBS 1 TV 일요일 밤 8~9시), MC: 고원정(소설가).

[2] 〈역사의 라이벌〉 1994년 10월~1995년 9월(KBS1TV(토요일 밤 8~9시) MC: 고원정(소설가).

[3] 〈역사 추리〉: 1995년 9월~1997년 2월(KBS 1TV 화요일 밤 10:15~11:00 52회 방송) MC: 김청원(KBS 보도국 문화부 기자).

[4] 〈TV 조선왕조실록〉 1997년 3월~1998년 5월(KBS 1TV 화요일 밤 10:15~11:00 50회 방송) MC: 유인촌(배우).

[5] 〈역사스페셜〉 1998년 10월~2003년 6월(KBS 1TV 토요일 밤 8시~9시 214회 방송) MC: 유인촌(배우).

5. 역사 저술가: 직업으로서의 역사, 취미로서의 역사

[1] '대중적인 글쓰기'라는 것에 합의된 정의는 없다. 이 글에서는 학계에서 요구하는 형식의 논문이 아닌 시중의 대중서에서 볼 수 있는 정형적이지 않은 여러 형태의 글쓰기로 규정하고자 한다.

[2] 근대 역사학을 정립한 인물로 평가되는 독일 역사학자.

[3] 〈의료기기 영업사원에 대리 수술시켜 뇌사에 빠트린 병원장〉, 《중앙일보》 2018. 9. 7.

[4] 여기에 더해 존경하는 분들도 다수임을 또한 밝히는 바이다.

[5] 이하나, 〈공공역사 논의의 한국적 맥락과 공공역사가들〉, 역사비평, 2021, 389쪽 재인용. Constance B. Shchulz, "Becoming a Public Historian", in *Public History: Essays from the Field*, edited by James B. Gardener and Peter LaPaglia, Malabar: Krieger Press, 2006, p. 31.

[6] 윤택림, 〈개인적 서술에서 공공의 기억으로: 구술사와 공공역사〉, 《구술사연구》 제11권 1호, 2020, 14쪽.

[7] 김정인, 〈역사 소비시대, 대중 역사에서 시민 역사로〉, 《역사학보》 제241, 2018, 1~33쪽.

[8] 이하나, 〈공공역사 논의의 한국적 맥락과 공공역사가들〉, 《역사비평》, 2021, 401쪽: 공공역사가에 대한 두 가지 정의 중 애호가들을 포괄하는 두 번째 정의가 아닌 전문가로 한정한 첫 번째 정의를 말한다.

[9] 마르틴 뤼케·이름가르트 췬도르프, 정용숙 옮김, 《공공역사란 무엇인가》, 푸른역사, 2020: 전문가가 아닌 광범위한 대중을 지향하는 공적인 역사 표현의 모든 형태로 공공역사를 해석한다.

[10] 정동연, 《《공공역사란 무엇인가》 서평〉, 《역사교육》 제159, 2021, 369쪽.

[11] 윤택림, 〈개인적 서술에서 공공의 기억으로: 구술사와 공공역사〉, 《구술사연구》 11-1, 2020, 12쪽.

[12] 윤택림, 앞의 논문, 13쪽.

6. 스토리텔러: 사극 전문 작가에게 궁금한 것들

[1] 주요 작품: KBS 대하드라마 〈정도전〉(2014), SBS 금토드라마 〈녹두꽃〉(2019) 등. 주요 수상: 제22회 KBS 극본 공모 당선(2009), 제41회 한국방송대상 작가상(2014), 제7회 코리아 드라마어워즈 작가상(2014), 대한민국 콘텐츠 대상 국무총리 표창(2014), KBS 연기대상 작가상(2014), 한국방송통신위원회 방송대상 작가상(2015), 제32회 한국방송작가상(2019).

7. 역사커뮤니케이터: 역사학의 안과 밖을 잇는 사람

[1] 좀 더 정확하게 말하자면, 이 말은 그가 1963년에 발표한 '클라크의 3법칙' 중 세 번째 법칙이다.

[2] 심재훈, 《고대 중국에 빠져 한국사를 바라보다》, 푸른역사, 2016, 222~223쪽.

[3] 나카노 도오루, 〈과학의 진보에 따른 반지성주의〉, 《반지성주의를 말하다》, 이마, 2016, 247쪽.

[4] 〈정부 R&D 예산 중 인문학은 1%……"연구생 월 30만 원도 못준다"〉, 《중앙일보》 2022년 3월 24일자.

[5] 톰 니콜스, 《전문가와 강적들》, 오르마, 2017, 135~189쪽.

[6] https://en.wikipedia.org/wiki/Science_communication(검색일: 2022년 6월 14일).

[7] 영국의 소설가 이언 매큐언의 《속죄》는 2003년에 한국에 번역·출판되었으나 큰 반향을 일으키지는 못했다. 2008년에 개봉한 영화 역시 국내 관객 수는 20만을 조금 넘기는 정도에 그쳤다. 그런데 2014년 '이동진의 빨간 책방'이라는 팟캐스트에 이 책이 소개된 후 갑자기 인기가 치솟아, 방송 전 1년 동안 750부가 출고되었던 것이 방송 후 12일 동안에 2,900부가 출고되었다. 이건웅·박성은, 〈출판산업에서 팟캐스트 활용 사례 연구〉, 《글로벌문화콘텐츠》 19, 2015, 157쪽.

[8] 2021년을 기준으로 인스타그램과 유튜브의 점유율은 각각 2위와 3위를 기록했다. 1위인 카카오톡이 인스턴트 메신저로서의 성격이 강하다는 점을 감안하면 사실상 SNS 중에서는 인스타그램과 유튜브가 수위라고 보아도 무방할 것이다. 반면 페이스북, 트위터 등의 텍스트 기반 SNS는 이용 중단 소셜미디어 순위에서 상위를 차지했다. 〈2021 소셜미디어 이용자 조사〉, 한국언론진흥재단, 2021.

9. 컬처 플래너: 지역 기반의 문화기획자

[1] 필자가 운영하고 있는 A&A문화연구소의 업무와 실적에 대해서는 네이버 블로그(https://blog.naver.com/wnsyd)에서 좀 더 자세하게 볼 수 있다.

10. 문화해설사: 창의적인 공공역사가가 되는 길

[1] 김우재, 《과학의 자리》, 김영사, 2021, 365쪽.
[2] 김백철, 《정조의 군주상》, 이학사, 2023, 133쪽.
[3] 요한 이데마, 손희경 옮김, 《미술관 100% 활용법》, 아트북스, 2016, 25쪽.

참고문헌

국내

●단행본

김기봉, 《팩션 시대, 영화와 역사를 중매하다》, 웅진씽크빅, 2006.

김인순·이성숙·이춘하·최선경, 《〈여성사전시관〉 혁신 운영: 〈(가칭)국립여성역사박물관〉으로의 발전 방안》, 한국여성정책연구원, 2012.

김정인 외, 《너와 나의 5·18》, 오월의봄, 2019.

만인만색연구자네트워크, 《한뼘 한국사》, 푸른역사, 2018.

백령, 《멀티미디어 시대의 박물관 교육》, 예경, 2005.

유득순, 《선생님을 위한 교실 속 역사영화 읽기》, Holidaybooks, 2019.

윤택림 편역, 《구술사, 기억으로 쓰는 역사》, 아르케, 2000.

이동기, 《현대사 몽타주》, 돌베개, 2018.

이하나, 《'대한민국', 재건의 시대(1948~1968)—플롯으로 읽는 한국 현대사》, 푸른역사, 2013.

전진성, 《박물관의 탄생》, 살림, 2004.

정대현, 《표현인문학: 인문학의 위기를 넘어서》, 생각의나무, 2000.

주진오, 《주진오의 한국현재사》, 추수밭, 2021.

최호근 편, 《지구화 시대의 기념문화: 역사적 장소에서 만들어가는 민주·인권의 기억》, 민주화운동기념사업회, 2020.

최효진, 《'공공영상 문화유산' 아카이브 구축 방안 연구: 방송·영상 컬렉션 수집 및 활용 방향》, 한국외국어대학교 박사학위논문, 2021.

한국역사연구회, 《한국사, 한 걸음 더》, 푸른역사, 2018.

도미니크 폴로, 김한결 옮김, 《박물관의 탄생》, 돌베개, 2014.

로버트 A. 로젠스톤 편, 김지혜 역, 《영화, 역사: 영화와 새로운 과거의 만남》, 소나무, 2002 (Robert A. Rosenstone, *Revisioning history: film and the construction of a new past*, Princeton: Princeton

University Press, 1995).

리아넌 메이슨·앨리스터 로빈슨·엠마 코필드, 오영찬 옮김, 《한 권으로 읽는 박물관학》, 사회평론아카데미, 2020.

리처드 샌델, 고현수·박정언 옮김, 《편견과 싸우는 박물관》, 연암서가, 2020.

마르틴 뤼케·이름가르트 췬도르프, 정용숙 옮김, 《공공역사란 무엇인가》, 푸른역사, 2020 (Martin Lücke, *Einführung in die Public History*, Vandenhoeck and Ruprecht, 2018).

스티븐 핑거, 김한영 옮김, 《지금 다시 계몽: 이성, 과학, 휴머니즘, 그리고 진보를 말하다》, 사이언스북스, 2021.

앙케 테 헤젠, 조창오 옮김, 《박물관 이론 입문》, 서광사, 2018.

요한 하위징아, 이종인 역, 《호모 루덴스》, 연암서가, 2018(J. Huizinga, *Homo Ludens: A Study of the Play-Element of Culture*, London: Routledge & Kegan Paul, 1949).

제롬 드 그루트, 이윤정 역, 《역사를 소비하다: 역사와 대중문화》, 한울아카데미, 2014 (Jerome de Groot, *Consuming History : Historian and heritage in contemporary popular culture*, London ; New York: Routledge, 2009).

쟝 셰노, 주진오 옮김, 《역사는 누구를 위한 것인가?》, 포북출판사, 2023.

캐롤 던컨, 김용규 옮김, 《미술관이라는 환상—문명화의 의례와 권력의 공간》, 경성대학교 출판부, 2015.

키어스톤 F. 라탐·존 E. 시몬스, 배기동 옮김, 《박물관학의 기초—진화하는 지식의 시스템》, 주류성, 2019.

테사 모리스 스즈키, 김경원 역, 《우리 안의 과거—과거는 미디어를 통해 어떻게 기억되고 역사화되는가》, 휴머니스트, 2006(Tessa Morris-Suzuki, *(The) past within us: media, memory, history*, London ; New York : Verso, 2005).

● 논문

강선주, 〈공공역사와 역사교육—제도적 역사교육기관으로서 박물관의 책임과 역사 전시 방향〉, 《현대사와 박물관》 3, 대한민국역사박물관, 2020.

강성률, 〈역사 재해석과 영화적 재현에 대한 연구: 〈덕혜옹주〉, 〈나랏말싸미〉를 중심으로〉, 《씨네포럼》 34, 2019.

국립여성사박물관 건립추진위원회, 〈국립여성사박물관, 무엇을 담아낼 것인가〉, 제1차 여성사박물관포럼 자료집, 2014.

기계형, 〈서구 '여성(사)박물관운동'의 현황과 과제〉,《서양사론》124, 2015.

김경아, 〈공공역사public history의 교육적 실천으로서의 구술사 방법의 의미와 가치〉,《역사교육연구》39, 역사교육연구회, 2021.

김기덕, 〈문화콘텐츠의 등장과 인문학의 역할〉,《인문콘텐츠》28, 2013.

_____, 〈팩션 영화의 유형과 '대중적 몰입'의 문제〉,《역사문화연구》34, 2009.

김기덕·김동윤, 〈인문학 기반의 문화콘텐츠학 수업론 정립을 위한 시론〉,《인문콘텐츠》41, 2016.

김기덕·이병민, 〈문화콘텐츠의 핵심 원천으로서의 역사학〉,《역사학보》224, 2014.

김기란, 〈정동의 수사와 매혹된 관객들—대한제국의 멜로드라마적 재현과 식민의 문화적 기억〉,《한국문학의 연구》63, 한국문학연구학회, 2017.

김기봉, 〈"과거는 낯선 나라다"—재현의 욕망과 욕망의 재현〉,《한국사회사학보》10, 한국사회사학회, 2004.

김명희, 〈두 전쟁박물관과 젠더 인지적 공공역사의 가능성〉,《젠더와 문화》11-2, 계명대학교 여성학연구소, 2018.

김병길, 〈대학 교양교육으로서 역사문화콘텐츠 강좌 개설의 방향성에 관한 일 제언—숙명여자대학교〈대중매체와 역사문화의 이해〉강좌 개발 사례를 중심으로〉,《교양교육과 시민》2, 숙명여자대학교 교양교육연구소, 2020.

김상민, 〈역사 in 영화—영화로 보는 역사 신년특집: 팩션, 역사의 대중화인가 역사인식의 왜곡인가 1~3〉,《역사&문화》4~5, 역사문화연구회, 2006.

김선정, 〈공공역사와 한국의 구술사〉,《현대사와 박물관》3, 대한민국역사박물관, 2020.

김영주, 〈OTT 서비스 확산이 콘텐츠 생산, 유통, 소비에 미친 영향에 관한 연구〉,《방송문화연구》27-1, 한국방송공사, 2015.

김은경, 〈역사문화콘텐츠 전공 교육의 현실과 전망—상명대 역사콘텐츠학과의 사례를 중심으로〉,《한국문화연구》20, 이화여자대학교 한국문화연구원, 2011.

김인호, 〈영화와 역사적 상상력의 차이—〈나랏말싸미〉를 중심으로〉,《역사적 사실과 영화적 표현의 자유》학술대회 자료집, 2019.

김재원, 〈소셜 미디어에서의 한국사 콘텐츠 생산과 판매—팟캐스트와 유튜브를 중심으로〉,《한국사연구》183, 2018.

김정인, 〈공감의 역사교육: 5·18로의 문화적 여정〉, 《역사교육연구》 25, 2016.

_____, 〈역사 소비시대, 공공역사학의 길〉, 《해람인문》 41, 강릉원주대학교 인문학연구소, 2016.

김치수, 〈표현인문학 논쟁, 이렇게 본다〉, 《인문언어》 1, 2001.

김태현, 〈퍼블릭 히스토리의 공론 주체에 관한 연구─연구자, 당사자, 시민-대중을 중심으로〉, 《기록과 정보·문화연구》 9, 한국외국어대학교 정보·기록학연구소, 2019.

김태현·김재원, 〈공공역사, 게임과 미디어를 만나다─연구자와 기업의 협업을 중심으로〉, 《동국사학》 68, 동국대학교사학회, 2020.

김헌주, 〈드라마 〈미스터 션샤인〉의 애국 서사 분석과 역사 콘텐츠의 명과 암〉, 《글로벌문화콘텐츠》 38, 글로벌문화콘텐츠학회, 2019.

김혜진, 〈'기억'의 딸들을 위한 전당─알렉산드리아 무세이온〉, 《박물관·미술관에서 보는 유럽사》, 책과함께, 2018.

김호근, 〈21세기 정보통신 콘텐츠와 문화〉, 《기독교언어문화논집》 2, 국제기독교언어문화연구원, 1999.

나경찬, 〈영화 〈남한산성〉 제작보고서: 기획 측면에서 역사영화의 역사적 사실과 허구에 대하여〉, 동국대학교 영상대학원 석사학위논문, 2018.

나인호, 〈시민을 위한 역사교육으로서 독일의 공공역사〉, 《역사교육논총》 69, 역사교육학회, 2018.

_____, 〈팩션과 역사교육〉, 《대구사학》 98, 대구사학회, 2010.

문재철, 〈영화적 기억과 문화적 정체성에 대한 연구: Post-Korean new wave cinema를 중심으로〉, 중앙대학교 박사학위논문, 2002.

박경하·박주영, 〈역사 민속콘텐츠의 창출 현황과 대중화의 과제〉, 《역사민속학》 55, 한국역사민속학회, 2018.

박노현, 〈히스토리·미디어·스토리─텔레비전 역사드라마에 대한 존재론적 시론〉, 《한국문학연구》 43, 동국대학교 한국문학연구소, 2012.

박삼헌, 〈일본의 공공역사 연구현황과 쟁점〉, 《현대사와 박물관》 3, 대한민국역사박물관, 2020.

박상욱, 〈'퍼블릭 히스토리Public History'에서 '역사문화Geschichtskultur'로〉, 《서양사론》 139, 2018.

박상욱, 〈대중적 역사 현상의 이론적 메커니즘—외른 뤼젠의 역사문화Geschichtskultur 이론을 중심으로〉, 《서양사론》128, 한국서양사학회, 2016.

박승호, 〈역사와 공공성〉, 《월간 공공정책》179, 한국자치학회, 2020.

박유희, 〈한국 사극영화 장르 관습의 형성에 관한 일 고찰—신필름의 연산군 연작을 중심으로〉, 《문학과영상》9-2, 문학과영상학회, 2008.

박은봉, 〈역사의 대중화와 대중역사서〉, 《내일을 여는 역사》20, 2005.

박정애, 〈정대협 운동사의 현재를 담다: 전쟁과여성인권박물관〉, 《역사비평》106, 2014.

박진빈, 〈미국 퍼블릭 히스토리와 원주민Native American의 역사〉, 《서양사론》139, 서양사학회, 2018.

박진호, 〈디지털박물관 시대의 박물관 디지털 트렌드〉, 《현대사와 박물관》3, 대한민국역사박물관, 2020.

박찬교, 〈행위 주체로서 역사교사들의 교육과정 인식〉, 《역사교육연구》40, 2021.

박현숙, 〈대중과 역사의 소통의 장으로서의 여성사박물관: 수잔 B. 안소니 박물관과 여권운동의 성지 세네카 폴즈를 중심으로〉, 《대구사학》126, 2017.

서재석, 〈디지털 시대의 역사 읽기, TV의 역사 대중화〉, 《역사비평》57, 역사비평사, 2011.

손석영, 〈'공공역사'에 기초한 학교 역사교육으로의 변화 가능성 탐색, 퍼블릭 히스토리에 대한 비판〉, 《역사와 교육》33, 2021.

_____, 〈역사과 선택과목 〈역사탐구〉 신설의 필요성과 가능성〉, 《역사와교육》16, 2017.

신상철, 〈뮤지엄 브랜드화 정책과 소장품 운영 방식의 변화: 구겐하임 빌바오 미술관과 루브르 아부다비 사례를 중심으로〉, 《박물관학보》36, 2019.

신정숙, 〈콘텐츠가 문화커뮤니케이션에 미치는 영향〉, 《디자인학연구》23, 한국디자인학회, 1998.

안숙영, 〈젠더와 국가: 〈전쟁과여성인권박물관〉 건립과정을 중심으로〉, 《여성학연구》24-2, 2014.

양근애, 〈TV 드라마 〈대장금〉에 나타난 '가능성으로서의 역사' 구현 방식〉, 《한국극예술연구》28, 한국극예술학회, 2008.

양혜정, 〈재현과 재구성의 영역으로서의 역사 기술 영화 연구〉, 서강대학교 언론대학원 석사학위논문, 2000.

여성사건립추진협의회, 〈여권통문과 박에스더〉, 제11차 여성사박물관 포럼 자료집, 2020.

오정현, 〈역사 소비와 역사교육〉, 《제61회 전국역사학대회 자료집》, 2018.

오종록, 〈역사의 대중화와 출판문화─한국 역사의 대중화를 위하여〉, 《역사비평》 38, 1997.

오항녕, 〈'사이비 역사학'의 평범성에 대하여─역사학의 전문성을 위한 단상〉, 《역사학보》 241, 역사학회, 2019.

오항녕, 〈역사 대중화와 역사학─역사의 향유와 모독 사이〉, 《역사와현실》 100, 한국역사연구회, 2016.

옥재원, 〈박물관 교육의 사회적 위기 대응 성과와 성찰적 과제─코로나19 유행기 국립중앙박물관의 온라인 교육 운영〉, 《박물관 교육》 5, 2021.

유길상, 〈디지털 기기를 활용한 박물관 전시기술 동향〉, 《현대사와 박물관》 3, 대한민국역사박물관, 2020.

윤선희, 〈아시아 공동체의 문화 정체성: 한국 역사 드라마의 아시아 미디어 수용에 대한 문화 연구〉, 《한국언론정보학보》, 한국언론정보학회, 2009.

윤지현, 〈아카이브 중심의 전쟁과여성인권박물관〉, 《한국기록관리학회지》, 20-4, 2020.

윤택림, 〈개인적 서술에서 공공의 기억으로: 구술사와 공공역사〉, 《구술사연구》 11-1, 구술사학회, 2020.

_____, 〈공공역사와 공공역사가〉, 《현대사와 박물관》 3, 대한민국역사박물관, 2020.

_____, 〈민족주의 담론과 여성: 여성주의 역사학feminist historiography에 대한 시론〉, 《한국여성학》 10, 1994.

_____, 〈서평: 구술, 기억, 공공역사─*Oral History and Public Memories*, Paula Hamilton and Linda Shopes, eds., (Temple University Press, 2008)〉, 《구술사연구》 10-1, 2019.

_____, 〈여성은 스스로 말할 수 있는가: 여성 구술 생애사 연구의 쟁점과 방법론적 논의〉, 《여성학논집》 27-2, 2010.

이개석, 〈후기 산업사회의 역사학과 대중〉, 《역사학보》 241, 역사학회, 2019.

이기형, 〈미디어 역사에서의 구성주의적 접근과 초기 텔레비전: 나치 TV를 중심으로〉, 《언론과 사회》 12, 2004.

이나영, 〈서사적 박물관, 정동적 공간: 전쟁과여성인권박물관〉, 《현대사와 박물관》 1, 2018.

이남희, 〈서구 여성사 연구의 형성과 전개〉, 《한국사 시민강좌》 15, 1994.

이동기, 〈'공공역사'와 역사박물관〉, 《제61회 전국역사학대회 자료집─역사 소비시대, 대중과 역사학》, 2018.

_____, 〈공공역사: 개념, 역사, 전망〉, 《독일연구》31, 한국독일사학회, 2016.

이동기, 〈연구실 밖의 역사 재현과 활용: '공공역사' 개념과 관점〉, 《대한민국역사박물관 공공
　　역사토론회 자료집》, 2019.

_____, 〈현대사박물관, 어떻게 만들 것인가?—'독일연방공화국 역사의 집'과 '대한민국역사
　　박물관'의 건립과정 비교〉, 《역사비평》, 역사비평사, 2011. 8.

이동기·홍석률, 〈'대한민국역사박물관' 사업 비판과 정책 대안〉, 《역사비평》99, 역사비평사,
　　2012. 5.

이용석, 〈대한민국역사박물관, 새로운 변화의 시작—상설전시실 '역사관' 개편을 중심으로〉,
　　《현대사와 박물관》3, 대한민국역사박물관, 2020.

이인범, 〈역사, 진실, 그리고 예술에 대하여: 〈동시대 예술과 미디어, 진실과 '탈-진실'〉에 붙
　　여〉, 《미학 예술학 연구》57, 한국미학예술학회, 2019.

이춘하, 〈미국 여성사박물관 건립을 위한 여성계의 노력〉, 《젠더 리뷰》가을호, 2013.

이하나, 〈1990년대 이후 한국사학계의 방법론적 모색—쟁점·좌표·가능성에 대한 비평적 검
　　토〉, 《시대와 철학》22-2, 2011.

_____, 〈공공역사 논의의 한국적 맥락과 공공역사가들〉, 《역사비평》136, 2021.

_____, 〈역사영화를 매개로 한 역사비평의 가능성—역사 대중화와 역사의 대중문화화 사이
　　에서 역사 연구자의 역할을 고민함〉, 《사학연구》121, 2016,

_____, 〈한국 대중문화에서의 반공주의—'반공영화'의 진화와 불화〉, 김동춘 외, 《반공의 시
　　대—한국과 독일, 냉전의 정치》, 돌베개, 2015,

이현진, 〈5·18 영화의 전개와 재현양상 연구: 영화의 역사서술 가능성을 중심으로〉, 한양대
　　학교 석사학위논문, 2009.

일라리아 포르치아니, 김수진 옮김, 〈공공역사와 박물관: 복합적 관계〉, 《현대사광장》8, 대
　　한민국역사박물관, 2016.

임지현, 〈권력의 역사학에서 시민의 역사학으로〉, 《역사비평》46, 1999.

전진성, 〈국가의 기억과 국민의 기억 사이—대한민국역사박물관 상설전시에 대한 단상〉, 《역
　　사비평》134, 2021.

전평국, 〈영화의 역사화 범주 가능성에 관한 연구〉, 《영화연구》35, 한국영화학회, 2008,

정근식, 〈공공역사의 관점에서 본 민주인권기념관 조성의 쟁점과 과제〉, 최호근 편, 《지구화
　　시대의 기념문화: 역사적 장소에서 만들어 가는 민주·인권의 기억》, 민주화운동기념사업

회, 2020.

정다함, 〈역사학은 어떻게 예능이 되었나—2000년대 이후 한국사의 대중화와 TV 미디어의 여러 문제들〉,《한국사연구》183, 한국사연구회, 2018.

정병설, 〈길 잃은 역사 대중화〉,《역사비평》94, 역사비평사, 2011.

주성지, 〈역사 대중화와 디지털 역사자료—역사 소비의 변곡〉,《역사민속학》55, 한국역사민속학회, 2018.

주은우, 〈극영화의 역사 (다시) 쓰기—〈국제시장〉과 〈포레스트 검프〉의 경우〉,《사회와 역사》120, 한국 사회사학회, 2018.

주진오, 〈한국사 전공 교육의 위기와 개혁 방안〉,《역사와 현실》53, 2004.

_____, 〈역사콘텐츠 교육의 목표와 전망〉,《제58회 전국역사학대회 자료집—역사학과 역사교육의 소통》, 2015.

진성철, 〈사극을 근간으로 하는 한국영화의 역사 재현에 관한 연구—역사의 재해석과 역사 왜곡의 경계에서〉,《동서언론》15, 동서언론학회, 2012.

천경호, 〈전쟁과여성인권박물관과 공공기억〉,《인문사회》9-1, 2018.

천정환, 〈'역사전쟁'과 역사영화 전쟁: 근현대사 역사영화의 재현 체계와 수용 양상〉,《역사비평》117, 2016.

최숙경, 〈한국 여성사 연구의 성립과 과제〉,《한국사 시민강좌》15, 1994.

최승연, 〈미디어 수용자 주체에 의한 역사 이미지 생산과 소비: 서울 익선동 한옥마을과 인스타그램의 의상 체험 사례를 중심으로〉,《한국문화인류학》53-2, 한국문화인류학회, 2020.

최은정, 〈알랭 레네 영화로 본 재현의 윤리 연구—〈밤과 안개〉, 〈히로시마 내 사랑〉, 〈뮤리엘〉을 중심으로〉,《대중서사연구》25-1, 대중서사학회, 2019.

한정숙, 〈역사의 대중화와 출판문화—《역사비평》을 말한다〉,《역사비평》38, 역사비평사, 1997.

허영란, 〈역사 교과서와 지역사, 기억의 굴절〉,《역사문제연구》37, 2017.

_____, 〈역사교육의 '문화적 전환'과 고등학교 《한국사》의 내용 구성 검토〉,《한국사연구》172, 한국사연구회, 2016.

_____, 〈한국 근대사 연구의 '문화사적 전환'—역사 대중화, 식민지 근대성, 경험세계의 역사화〉,《민족문화연구》53, 민족문화연구원, 2010.

황인성·강승묵, 〈영화 〈꽃잎〉과 〈화려한 휴가〉의 영상 재현과 대중의 기억Popular Memory이

구성하는 영화와 역사의 관계에 관한 연구〉,《영화연구》35, 한국영화학회, 2008.

해외

Bonnie Huskins, "Progress and Performance: Women and the New Brunswick Museum: 1880~1980. Virtual exhibit, http://www.unbf.ca/womenandmuseum/Home.htm", *The Public Historian*, vol. 31. no. 1, 2009.

Claire Haywood, "Waxworks and Wordless Women: The Jack the Ripper Museum", *The Public Historian*, vol. 39. no. 2, 2017.

David F. Trask, "Review Essay: Popular History and Public History: Tuchman's The March of Folly", *The Public Historian*, Vol.7, No. 4, Regents of the University of California, 1985.

Gyan Prakash, "Museum Matters", in *Museum Stuides: An Anthology of Contexts*, ed. by B. M. Carbonell' Wiley-Blackwell, 2012.

Hayden White, "Historiography and Historiophoty", *American Historical Review*, Vol. 93, No. 5, 1988.

James B. Gardener and Peter LaPaglia ed., *Public History: Essays from the Field*, Malabar: Krieger Press, 2006,Hadden, Sally , "How Accurate Is the Film?", *The History Teacher*, 31-3, 1998.

Joan Scott, *Gender and the Politics of History*, New York: Columbia University Press, 1988

Joanna Wojdon, "Public Historian and their Professional Identity", *Public History Weekly*, 2020. 4. 2.

Michael Frisch, *A Shared Authority: Essays on the Craft and Meaning of Oral and Public History*, Albany: State University of New York Press, 1990.

Michel Foucault, "Film and popular memory: an interview with Michel Foucault", *Radical Philosophy*, Vol. 11, 1975.

Paul Ashton, *What is public history globally?: working with the past in the present*, London; New York: Bloomsbury Academic, 2019.

Robert Brent Toplin, "Oliver Stone as Cinematic Historian", *Film & History: An Interdisciplinary Journal of Film and Television Studies*, 28-1, 1998.

Thomas Cauvin, *Public History: A Textbook of Practice*, New York and London; Routledge, 2016.

UNESCO, 〈UNESCO REPORT: Museums around the world in the face of COVID-19〉, 2021.

菅豊,《パブリック・ヒストリーとは何か?》, 現代民俗学会 第33回研究会, 2016.

菅豊-北條勝貴 編,《パブリック・ヒストリー入門》, 勉誠出版, 2019.

三瓶弘喜,〈パブリック・ヒストリーについて〉,《西洋史研究室年報》20, 2019.

岡本充弘,〈パブリックヒストリー研究序論〉,《東洋大学 人間科学総合研究所紀要》22, 2020.

菊池信彦,〈未来で〈歴史〉にするために: コロナ禍におけるデジタルパブリックヒストリー〉, 《情報知識学会誌》30-4, 2021.

錢茂偉,《中國公衆 史學通論》, 中國社會科學出版社, 2015.

錢茂偉,〈公衆史學的定義及學科框 架〉《浙工學刊》, 제1기, 2014.

姜萌,〈通俗史學, 大衆史學和公共史學〉《史學理論研究》, 제4기, 2010.

王希,〈誰擁有歷史 美國公共史學的起源, 發展与 挑戰〉《歷史研究》, 제3기, 2010.

何多奇-代繼華,〈簡論20世紀美國的大衆史學〉《史學理論研究》, 제3기, 2009.

許海云,〈從西方史學的文化視覺看我國當前的史學大衆化〉《社會科學戰線》, 제6기, 2006.

찾아보기

공공역사를 실천 중입니다

2023년 9월 12일 초판 1쇄 인쇄
2023년 9월 26일 초판 1쇄 발행

기 획	공공역사문화연구소
글쓴이	이하나 외 23인
펴낸이	박혜숙
디자인	이보용 김진
펴낸곳	도서출판 푸른역사

　우) 03044 서울시 종로구 자하문로8길 13

　전화: 02)720−8921(편집부) 02)720−8920(영업부)

　팩스: 02)720−9887

　전자우편: 2013history@naver.com

　등록: 1997년 2월 14일 제13−483호

ⓒ 공공역사문화연구소, 2023

ISBN 979−11−5612−262−3 03900

· 잘못 만들어진 책은 교환해드립니다.